Using French Synonyms

Companion titles to *Using French Synonyms*

Using French
A guide to contemporary usage
R. E. Batchelor and M. H. Offord
[ISBN 0 521 44361 X hardback]
[ISBN 0 521 44821 2 paperback]

Using Spanish
A guide to contemporary usage
R. E. Batchelor and C. J. Pountain
[ISBN 0 521 42123 3 hardback]
[ISBN 0 521 26987 3 paperback]

Using German
A guide to contemporary usage
Martin Durrell
[ISBN 0 521 42077 6 hardback]
[ISBN 0 521 31556 5 paperback]

Using Spanish synonyms
R. E. Batchelor
[forthcoming]

Using French Synonyms

R. E. BATCHELOR

Senior lecturer in the School of Modern Languages,
University of Nottingham

and M. H. OFFORD

Reader in the French Language, School of Modern Languages,
University of Nottingham

CAMBRIDGE
UNIVERSITY PRESS

Published by the Press Syndicate of the University of Cambridge
The Pitt Building, Trumpington Street, Cambridge CB2 1RP
40 West 20th Street, New York, NY 10011–4211, USA
10 Stamford Road, Oakleigh, Victoria 3166, Australia

First published 1993

Printed in Great Britain at the University Press, Cambridge

A catalogue record for this book is available from the British Library

Library of Congress cataloguing in publication data

Batchelor, R. E. (Ronald Ernest)
Using French synonyms/R.E. Batchelor and Malcolm Hugh Offord.
    p.   cm.
Includes index.
ISBN 0 521 37277 1 – ISBN 0 521 37878 8 (pbk.)
1. French language – Synonyms and antonyms. 2. French language –
Usage. I. Offord, M. H. II. Title
PC2591.B37   1993
443′.1 – dc20   91-43524   CIP

ISBN 0 521 37277 1 hardback
ISBN 0 521 37878 8 paperback

Contents

Acknowledgements

We are immeasurably indebted to the following French friends who have unstintingly helped us in the compilation of this book: Michaël Abecassis, Jean-Pierre Boulé, Myriam Deniel, Christine Doublet, André Gillissen, Philippe Kimpe, Philippe Lanoë, Catherine Mourre, Yvon Perherin, Dominique Porte and Isabelle Vinet.

Ronald Batchelor and Malcolm Offord

Introduction

Word or lexical item?

In this introduction the term 'lexical item' will be used instead of 'word'. Normally 'word' refers to single items, whereas quite often the synonyms listed here consist of more than one word: for example *débit de boisson* and *faire de la peine* are made up of three and four words respectively, but constitute a single entity for the speaker. Consequently it seems preferable to use a term such as 'lexical item', which implies no preconceptions as to the number of words contained in the item, to cover such eventualities as well as the single-word items.

What is a synonym?

Strictly speaking, synonyms are lexical items with identical meanings. However, total synonymy, whereby two or more lexical items are interchangeable in each and every circumstance, is extremely rare. In this dictionary, synonymy is understood to refer to lexical items which are closely connected by their meaning – not necessarily those which are identical in meaning and interchangeable in many circumstances. It also includes those items between which the link is not even so close as that but which, if one indulged in a game of word-associations, would be highly likely to suggest each other (excluding of course those items suggested because their meaning is the opposite of the previous item or which are akin to it in sound only). Since by this definition synonymy is conceived of as a matter of close meanings, it is obvious that it is to be viewed as an elastic principle, which inevitably entails a certain degree of subjectivity. How closely does an item have to be related in meaning to another to qualify as a synonym of it? This is an unanswerable question. In the final analysis the answer has to be left to the dictionary-producer to judge. It is to be hoped that none of the decisions taken here will offend the user's sense of synonymy!

What is a dictionary of synonyms?

Dictionaries make an enormous contribution to our understanding of a language, perhaps even of its users. They also play an indispensable role in the language-learning process itself.

They provide information on the meaning, spelling, pronunciation and grammatical usage of a particular item, even on its origin and the historical development of its meaning. A feature of a traditional dictionary, which is in fact both an advantage and a disadvantage, is that it is designed along alphabetical lines. This is an advantage in the sense that it permits rapid location of the lexical item in question, and a disadvantage in the sense that it brings together words which are in no way connected to each other, except by their spelling. For example, *affaisser*, *affaitage*, *affaler*, *affamé* occur in succession in one dictionary, but have nothing in common except their spelling. Such a dictionary also separates other lexical items which are connected by meaning, for example *alentours*, *banlieue*, *environs*, *faubourg*, or by being derived from each other, for example *démettre*, *émettre*, *mettre*, *omettre*, *promettre*.

A dictionary of synonyms, on the other hand, seeks to group together lexical items which are related by their meanings, and to explain the differences, if any, between them. The related items are displayed either according to a preconceived, systematized division of the world and human life into a large number of categories (for example, the sky, earth, plants, animals, humans) or according to their relationships with specific head-words (see below). A dictionary of synonyms allows lexical items with related meanings to be discriminated between much more effectively and efficiently than a traditional dictionary. It gives, among other things, insights into the way in which a language is organized.

Why produce a dictionary of French synonyms?

The market for traditional dictionaries of French is well catered for. English–French/French–English dictionaries of all sizes are produced regularly and are regularly revised and expanded to take account of the new lexical items entering the language. Dictionaries of French synonyms intended for a French-speaking public have also been produced. Unfortunately these dictionaries are often unserviceable for non-French speakers, since they answer needs which are different from those experienced by 'foreigners'. It seems to be customary for dictionaries of synonyms prepared for native speakers to avoid the 'lower' levels of usage – which dictionaries usually call 'popular', 'familiar' or 'vulgar' – and to concentrate instead on more refined, intellectual usages, frequently making distinctions which the ordinary non-native speaker finds esoteric in the extreme. What is certain is that the non-native speaker requires information about everyday lexical choices (which are intuitive to the native speaker) as well as the more specialized, technical type (which are what dictionaries of synonyms usually provide). It is considerations and difficulties involved in everyday communication that are paramount in the mind of the non-native speaker.

The purpose of *Using French Synonyms*

Using French Synonyms is an attempt to respond to these needs. It aims to present its material in an easily accessible, highly practical and eminently clear manner, and is designed to promote easy assimilation and personal use of the material. Its object is to help its users increase their communicative potential in French. By providing a range of lexical items for most of the commonly encountered objects, events and experiences of everyday living, it enables users to increase their word-power, to converse in greater depth and detail on many topics, and above all to avoid the insult of being termed 'boring', perhaps the most heinous crime of contemporary society! *Using French Synonyms* enables users to register surprise, appreciation, scorn or approval by more varied and exciting expressions than the banal terms which, perhaps, reflect an uninspired mind or imagination (*étonnant, bon, mauvais, d'accord*). It is hoped that a richer, more sophisticated vocabulary will become readily available to the dictionary's users.

The design of *Using French Synonyms*

The entries

The material contained in the dictionary is presented through a large number of entries. Since a dictionary of synonyms cannot hope to be exhaustive in the way that a traditional, alphabetically ordered dictionary can, the **choice** of entries is a vitally important issue. This choice, which inevitably involves a degree of subjectivity, is determined by a number of factors. The present choice was made partly after examination of dictionaries of French synonyms and partly by instinct and experimentation: if only a small number of synonyms could be produced for a potential entry, it was normally rejected. No entry has simply been copied from another dictionary of synonyms: each and every one has been sifted and discussed at length with a team of native French speakers, whose names are gratefully mentioned in the acknowledgements. Close co-operation with members of this team was maintained throughout the preparation of the dictionary.

A consequence of the fact that each entry has a separate existence, is not linked in anyway with what precedes or follows it and is not strictly delimited from other entries is the possibility of **overlap** of entries. Certain words appear more than once in the dictionary (as can be seen by referring to the index of French lexical items). Overlap is in fact beneficial, since it underlines the point that items do not always have strictly defined, invariable meanings – indeed the meaning of some items changes according to context. Overlap also allows associations between items to be noted and, if appropriate, exploited. Overlap allows the organic, flexible nature of language to be appreciated.

Consideration has also had to be given to the size of the entry. The larger the entry and the subtler the distinctions drawn between the items contained in it, the more unmanageable it becomes. An entry which is too large loses its pedagogical impact and makes it more difficult for the user to assimilate the information. Consequently entries have in the main been restricted to a maximum of twenty items.

Semantic frames

The entries discussed above are set out in **semantic frames**. This is the name given to the schematic way in which an entry is laid out. Each one consists of a frame title, head-words (ie the synonyms associated with the frame title) and the information (definitions and examples) relating to them. All the semantic frames adopt the same pattern, which is as follows:

French frame title	English equivalent of frame title
head-words *definition and* examples grammatical information *comments on meaning* register level	

Frame title

In the top left-hand corner of the semantic frame, in bold type and underlined, is the French frame title, which acts as the point of reference, the lead-in lexical item for the entry. The French frame title is selected according to three criteria:

1 As far as possible, it is to be a general term, which can be used in a wide range of contexts (for example, *dire* rather than *énoncer*); there are relatively few limitations upon its use, whereas some of the items associated with it have a more restricted usage.

2 As far as possible, it is to be a neutral term, in that it should not evoke a particular social situation; it should not be too formal or too informal (for example, on the one hand *attester* is too formal and on the other *sortir* too informal to act as frame title instead of *dire*). There are one or two exceptions to this principle: these exceptions involve a collection of terms relating to bodily functions and terms of abuse, where it seems more natural to take as frame title an item which is itself in keeping with the type

of function or abuse under review (see, for example, *chier* and *salaud*).

3 The frame title is to be a central term: the synonyms relating to it should radiate out in all directions, rather than develop a single aspect of it.

The frame titles are presented in alphabetical order in the dictionary.

In the top right-hand corner of the semantic frame is the English equivalent of the French frame title.

Head-words

The first column of the semantic frame contains the head-words or synonyms of the frame title (including the frame title itself). The head-words are presented in alphabetical order within each entry according to their register level (see below). It sometimes happens that an item occurs twice in the same entry, if it has a slightly different meaning according to its register level. For example, *raconter* normally means 'to tell a story', but in a more informal context it can mean 'to be on about'.

Grammatical information

Grammatical information is supplied next to or below the head-word. If the item is a noun, its gender is indicated; if the item is a verb, the preposition which normally accompanies the verb in relation to a following noun or verb is given; if no such indication is made, it is to be assumed that the verb is not followed by a preposition and/or is intransitive.

Register

This is the most original part of the dictionary. Register is the guiding principle behind the organization: it determines the order of the head-words in the semantic frames. The register level, the degree of formality or informality, of each lexical item is indicated by the number below the head-word. The conventions used to describe the register level of a particular item are as follows: **3** is the most formal level, **2** is neutral, **1** informal and **1*** indecent. These are not sharply delimited divisions, absolutely immutable in their application, but convenient points on a scale of formality. Consequently, sometimes the designation **3–2** or **2–1** occurs; however, most items seem to lodge easily within the four basic categories.

R3 refers to vocabulary used in situations which are formal in nature, usually in the written medium, usually directed towards an unknown or unfamiliar audience, often associated with officialdom. The context usually implies that serious intellectual processes and careful organization of thought or argument have been employed; 'good' or correct usage is of the essence. The vocabulary associated with **R3** often appears pedantic and artificial, 'snobbish' even.

R2 refers to the vocabulary associated with a more relaxed environment, the vocabulary which the average intelligent man or woman would use naturally and unaffectedly, among colleagues and people of similar status and background. This would cover careful spoken as well as written usage, but not excessively careful usage.

R1 covers those types of items which are often classed as 'popular', 'familiar' or 'vulgar' in dictionaries. It describes the vocabulary used in spontaneous, uncontrolled conversation, where little care is taken over linguistic niceties. Consequently, there is a tendency for this register to sound impolite, racy, coarse, often 'near the knuckle'. It is very rarely written, and then usually for special effect.

The vocabulary designated **R1★** is not for polite usage; it is often extremely rude and should normally be avoided in all but the most informal and intimate of contexts; it is often considered offensive. Non-native French speakers would do well simply to note these items and not actually use them.

Using an item of an inappropriate register is a major handicap to communication and can at times cause deep offence, at others unintentional humour. It is vitally important, therefore, that non-native speakers of French acquire insights into the workings of register and an ability to choose words with the correct degree of formality.

Definitions

The second column contains the definitions of the various head-words, as well as comments on particular usages of the items, such as whether the item is technical, scientific, literary, humorous or pejorative; if there is no such comment, it may be used in all contexts. Restrictions on usage are also noted here – some verbs, for example, are most commonly used as infinitives or past participles. Occasionally there are explicit comparisons with close synonyms. This is the only column where English is regularly used.

Examples

The last column contains examples which illustrate the definitions and other comments made in the previous column, and also, where possible, the register level of the item. Every effort has been made to provide examples which illustrate typical usages and contexts of the items.

Indexes

There are two indexes: one for all the English items contained in
the definitions and the other for all the French items contained in
the dictionary. They are designed to provide access to the body of
the dictionary, whether the user is starting from English or from
French. The items in bold type in the right-hand columns are the
frame titles. The items in the left-hand columns are those listed
and discussed within the semantic frames. All the significant
elements of an expression are recorded separately; for example *ne
pas tenir compte de* is recorded under both *tenir* and *compte*.

Using *Using French Synonyms*

1 A single lexical item may have a number of nuances of
meaning, which means that the translator is regularly faced with a
difficult choice when it comes to finding the appropriate
corresponding lexical item in a foreign language. For example,
English *nice* occurs in all sorts of contexts: *It's nice that you can
come*; *According to the weather forecast, it's going to be nice tomorrow*;
Nice doggy!; *That's a nice dress you're wearing*; *Now you be nice to
your little brother*; *Nice to see you, to see you, nice!* How would you
define or translate *nice* in all these cases? Judicious use of the
dictionary will guide you to an appropriate decision. You might
find it useful to try to list the possible meanings of some other
English words with general meanings, such as *to do, to take, good,
girl, school*, and then see if you can find the French equivalents in
this dictionary.

Of course, this phenomenon – one lexical item, many values –
operates in all languages. The following list provides examples of
the various values associated with *faire*: *Qu'il fait chaud!*; *Qu'est-ce
que tu fais là?*; *Il fait des jouets en bois*; *Ça fait deux heures que je
t'attends*; *Je dois faire mes devoirs avant de sortir*; *Deux et deux font
quatre*; *Fais-la venir*. Try making a list of the values of *avoir, mettre*
and *prendre* and then see which synonyms the dictionary suggests
in each case.

2 One meaning may have a number of lexical items associated
with it – synonymy. How many French lexical items can you
think of, apart from *dire*, which mean more or less 'to say'? How
many English lexical items do you know which can be used
instead of 'to say'? In what sorts of circumstances might you use
them? When you have completed your lists, check them against
the dictionary.

3 In addition to being a means of testing your ability to
manipulate synonyms, the dictionary is above all a source of
reference, illustrating schematically and comparatively the
relationships between closely connected lexical items. It not only

provides information about meanings, but also shows exactly how items are to be used – their register and their habitual contexts.

4 It should also help users introduce greater variety into their spoken and written French. It should encourage them to leave the well-worn and well-tried ruts and be more ambitious and adventurous in the way they express themselves, and to discover alternative expressions for such over-worked items as *beaucoup de*, *dire* or *faire*. A wide range of alternatives is available, so there is no excuse for unquestioning recourse to such items as these.

5 A more narrow use of the dictionary involves forming derivatives from the items provided, thus creating parallel series of synonyms. Adjectives may be derived from nouns, verbs from nouns, nouns from verbs. In this way the frame title and its associated head-words may be used for grammatical benefit rather than simply for the exploitation of meaning.

6 Similarly, by consulting the indexes, users will discover that certain common French verbs, for example *faire* and *mettre*, generate large numbers of verbal expressions and that certain types of word-formation are very common, whereas others are much less so. Students of French are notoriously reluctant to use verbal expressions such as *faire abstraction de*, *faire disparaître*, *mettre en cause*, *mettre fin*, preferring single-word items. This is unfortunate as it leaves untapped a large stock of French vocabulary commonly used by native speakers.

7 More abstractly, the dictionary provides insights into the way in which the French vocabulary as a whole is organized, showing that in certain domains synonyms abound (why are there so many synonyms for *dire* and *fou*, the two entries with the highest number of synonyms?), whereas there is a dearth in others (why only two synonyms for *passager* and *rachat*?). It is also worthy of note that certain entries attract large numbers of R3 items and others of R1 or R1★. It is very likely that the way a language's vocabulary is organized reflects the mentality of its speakers! Speakers need more vocabulary for what they are really interested in than for what does not seem particularly important to them.

8 Finally, an echo of what was said earlier about the purpose of *Using French Synonyms*: the dictionary has been compiled to enable its users to develop, broaden and enrich their awareness of the French vocabulary and also acquire a sense of the important relationship between register and choice of lexical item. Such an awareness is absolutely essential if speaking French appropriately is to become an intimate and natural part of the non-native French learner's linguistic expertise. Spontaneous choice of appropriate lexical items, in terms of meaning and register value, is the mark of the confident, fluent speaker of a foreign language. It may be true that manners maketh the man (and of course the woman), but it is even more true that appropriately selected lexical items maketh the competent communicator.

abîmer
see also **se détériorer**

to damage, to spoil

dilapider 3–2	to squander, to waste (possessions)	elle a dilapidé tout l'héritage que ses parents lui ont laissé ; il a dilapidé sa fortune au jeu
endommager 3–2	to cause extensive damage to (usually by natural disaster), to damage (often occurring in the passive voice)	la tempête / la grêle a endommagé la récolte ; d'après le chirurgien, le cerveau n'a pas été endommagé ; les tapisseries ont été à peine / gravement endommagées
abîmer 2	to damage, to spoil	couvre ton livre, tu vas l'abîmer ; elle m'a abîmé ma poupée
bâcler 2	to botch up, to do (something) in a slapdash way (because of insufficient time) (usually occurring as a past participle)	un devoir bâclé ; les délais sont trop courts, le travail sera bâclé
détraquer 2	to put (something) out of order, to wreck (usually occurring as a past participle)	une machine / une montre détraquée ; des cadences infernales qui détraquent les nerfs
gâcher 2	to spoil, to ruin	zut ! il pleut, le weekend est gâché ; une vie gâchée par une erreur de jeunesse
gaspiller 2	to squander, to waste	gaspiller son argent / sa fortune / son temps ; ne gaspille pas la nourriture
gâter 2	to spoil, to ruin	une enfant trop gâtée ; une dent / de la viande gâtée ; ce grand bâtiment gâte notre vue
amocher 1	to mess up, to bash (usually occurring as a past participle)	une voiture / une personne amochée ; je vais lui amocher le portrait (= face)
bousiller 1	to louse up, to botch (through carelessness)	les peintres ont bousillé la moquette avec leurs allées et venues ; mon voisin a bousillé le moteur en essayant de le réparer
déglinguer 1	to bash to pieces, to break up, to cause to fall apart (usually occurring as a past participle)	un vieux vélo tout déglingué
esquinter 1	to mess up, to damage	les mains esquintées par les travaux ménagers ; la télé est complètement esquintée

c'est fichu [1]	*it's hopeless, it's messed up*	c'est fichu, on n'y sera jamais pour deux heures
c'est foutu [1]	*it's hopeless, it's messed up* (also used as an adjective)	le temps est dégueulasse, c'est foutu ; la radio est foutue, je ne m'en sers plus
c'est râpé [1]	*it's a goner, it's too bloody late*	après ce qui s'est passé, pour mon augmentation, c'est râpé

---

abondamment   in abundance, lavishly

à satiété [3]	*fully, to one's fill* (of food and drink)	boire/manger à satiété
à foison [3–2]	*aplenty, in profusion*	des fleurs à foison ; des histoires de ce genre, il y en a à foison
abondamment [2]	*in abundance, lavishly*	un livre abondamment illustré
en abondance [2]	*in abundance*	de la nourriture / des provisions en abondance ; il a neigé en abondance
à profusion [2]	*in profusion*	il y avait tous les fruits et les légumes de la saison à profusion
à gogo [1]	*in abundance*	des boissons à gogo ; il y avait à boire à gogo
en pagaille [1]	*tons of, stacks of* (with a slightly pejorative connotation)	des mecs comme ça, il y en a en pagaille
à tire-larigot [1]	*by the ton*	il y avait à boire / à manger à tire-larigot
vachement de [1]	*stacks of, tons of*	il y avait vachement de monde

---

s'abstenir   to abstain from, to refrain from

faire abstinence [3]	*to abstain* (often for a religious purpose)	faire abstinence le vendredi

se défendre de + infinitif ☐3	to refrain from	elle ne peut se défendre de pleurer ; je l'aime, je ne peux pas m'en défendre (= *I can't help it*)
s'abstenir de ☐2	to abstain from, to refrain from	elle s'est abstenue de tout commentaire / de répondre
s'empêcher de ☐2	not to be able to refrain from (always used with *pouvoir* in the negative)	elle était si ridicule que je n'ai pas pu m'empêcher de rire
éviter + nom **de** + infinitif ☐3	to avoid	j'ai soigneusement évité leurs questions ; elle a évité de répondre tout de suite
se passer de ☐2	to do without	il n'est pas là, tant pis, nous nous passerons de ses services ; je pourrais très bien me passer de devoir travailler ce weekend
se priver de ☐2	to deprive oneself of, to deny oneself (something pleasurable)	elle se prive de dessert pour ne pas grossir ; il ne se prive pas de faire des réflexions désagréables
renoncer à ☐2	to relinquish, to abandon	j'ai dû renoncer à mes études ; il a renoncé à la voir
se serrer la ceinture ☐1	to tighten one's belt (regarding food, drink or expenditure)	il ne reste que 100F pour finir le mois, il va falloir se serrer la ceinture ; ses parents se sont serré la ceinture pour lui payer ses études

absurde   absurd

déraisonnable ☐3	unreasonable	une conduite déraisonnable ; des dépenses déraisonnables ; c'est malheureusement déraisonnable
aberrant ☐2	absurd	une conduite aberrante ; des propos aberrants
absurde ☐2	absurd	comment veux-tu que j'y croie ? c'est trop absurde !
bête ☐2	stupid, foolish	une personne bête ; un comportement bête ; des propos bêtes ; ce n'est pas bête, ton idée
illogique ☐2	illogical	un acte / un argument illogique ; ce serait complètement illogique de rejeter leurs propositions maintenant

incohérent 2	*incoherent*	des propos incohérents; une conduite incohérente; ton raisonnement est complètement incohérent
insensé 2	*mad, insane*	un projet insensé; une idée / une personne insensée; le laisser voyager seul me paraît insensé
irrationnel 2	*irrational*	un comportement irrationnel; un désir irrationnel d'enfant
dingue 2–1	*nutty*	un comportement dingue; une idée dingue; des propos dingues; t'es dingue d'avoir refusé
con 1	*bloody daft*	c'est complètement con de s'y prendre comme ça; il est loin d'être con, ce mec

---

accepter   to accept

acquiescer **à** + nom 3	*to approve, to approve of, to acquiesce in*	elle acquiesça du regard; il a acquiescé à mon désir de partir
agréer 3	*to accept* (usually at the end of a letter) (when **agréer** is used as a participle, it often = *recognized by*)	veuillez agréer mes salutations distinguées; une entreprise agréée par l'état
approuver 3	*to approve of, to give one's approval to* (a person; see below) (NB no preposition in French)	vous avez bien fait, je vous approuve totalement
accepter 2	*to accept*	c'est trop, je ne peux pas accepter; elle accepta l'invitation / le cadeau
admettre 2	*to admit, to allow*	une hypothèse généralement admise; Marguerite Yourcenar a été la première femme admise à l'Académie Française
approuver 2	*to approve of* (not a person; see above) (NB no preposition in French)	approuver une idée / un projet; un comportement que je n'approuve pas
se résigner à 2	*to accept, to be resigned to*	elle s'est résignée à son sort; il se résigne à partir

accident   accident

accident m [2]	*accident*	il y a un embouteillage sur l'autoroute à la suite d'un accident
accrochage m [2]	*collision, bump* (not serious)	la vitre arrière a été brisée dans l'accrochage
catastrophe f [2]	*catastrophe*	une catastrophe aérienne; l'inondation a pris l'ampleur d'une catastrophe
collision f [2]	*collision* (between vehicles)	sa camionnette est entrée en collision avec une autre voiture
sinistre m [2]	*large-scale accident, disaster* (natural or man-made), *ordinary accident in insurance*	le sinistre a causé de graves dégâts; les assureurs refusent de rembourser les dégâts du sinistre
pépin m [1]	*accident, hitch, a spot of bother*	il a eu des gros pépins de santé l'année dernière; désolé pour le retard, j'ai eu un pépin avec ma voiture
tuile f [1]	*accident, bad luck*	il m'est arrivé une tuile; zut! quelle tuile!

accomplir   to accomplish, to carry out

s'acquitter de [3]	*to carry out, to fulfil*	s'acquitter d'une tâche / d'une obligation; elle s'est acquittée de ses fonctions de déléguée
achever [3–2]	*to complete* (not = *to achieve*)	achever un travail / une tâche; il est mort sans avoir achevé ses mémoires
exécuter [3–2]	*to execute, to carry out*	exécuter un projet / une tâche / une mission; les fouilles ont été exécutées par des amateurs
mener à bien [3–2]	*to carry out, to complete* (NB the word order may be either (a) or (b); see also **mener à terme**)	(a) mener une affaire à bien; (b) mener à bien une affaire; vous êtes tenu de mener à bien votre contrat
mener à terme [3–2]	*to carry out, to complete* (NB the word order may be either (a) or (b); see also **mener à bien**)	(a) mener mon travail à terme; (b) mener à terme mon travail; sans votre soutien financier le projet ne pourra pas être mené à terme

accomplir 2	*to accomplish, to carry out*	accomplir un acte / un devoir / une tâche ; il a accompli une superbe performance ; mission accomplie !
effectuer 2	*to carry out, to perform, to effect, to make*	effectuer une mission / une opération / un paiement / un voyage ; quelques changements ont été effectués sur le manuscrit ; la traversée a été effectuée en quelques heures
finir **de** + infinitif 2	*to finish*	il a fini son repas ; elle a fini de déjeuner
réaliser 2	*to realize, to fulfil, to carry out, to make*	réaliser une ambition / un projet / un film ; j'ai enfin les moyens de réaliser un vieux rêve
remplir 2	*to fulfil*	vous n'avez pas rempli vos engagements ; dans un composé un nom peut remplir la fonction / le rôle d'un adjectif
terminer 2	*to finish* (more common than *to terminate*)	attendez-moi, j'ai presque terminé ; il reviendra quand il aura terminé ses études

---

accomplissement   performance

accomplissement m 2	*performance* (an action), *the process of doing* (something)	une formation acquise pendant l'accomplissement de son service militaire
exécution f 2	*performing, performance* (of music)	l'interprétation d'une exécution magistrale a été retransmise en direct
performance f 2	*performance* (of an actor, car or in sport)	la performance d'un acteur / d'une voiture ; ses performances à Roland-Garros en font un favori
représentation f 2	*performance* (of a play)	les guichets seront fermés une heure avant la représentation
séance f 2	*performance* (eg in a cinema or circus)	rendez-vous à la séance de minuit

d'accord

fine, OK

d'accord [2]	*fine, OK*	on prend ma voiture ? – d'accord !
entendu [2]	*agreed*	vous effectuerez le paiement demain, c'est entendu ? ; je t'attendrai à quatre heures. – entendu !
soit [2]	*agreed, accepted* (suggesting concession) (NB the final **t** is pronounced)	tu ne veux vraiment pas venir ? – eh bien, soit !
OK [1]	*OK*	tu t'en charges, OK ?

être d'accord

to agree to

s'accorder **avec** + nom **à** + infinitif [3]	*to fit in with, to agree on*	son emploi du temps s'accorde avec le mien ; les ministres s'accordent à imposer des sanctions
convenir de [3–2]	*to agree to, to agree on* (conjugated with **être** ; but see below)	elle est convenue de le faire ; les Etats-Unis et l'URSS sont convenus d'un accord sur les armements nucléaires ; il a raison, j'en conviens
être / tomber d'accord pour [2]	*to agree to*	je suis / suis tombé d'accord avec toi pour y aller ; nous sommes / sommes tombés d'accord pour les rencontrer à Paris
convenir de [2]	*to agree to, to agree on* (conjugated with **avoir** ; but see above)	elle a convenu de le faire ; nous avons convenu d'un accord ; à la semaine prochaine, comme convenu

---

s'accroupir

to crouch

all the verbs in this frame very often occur as past participles

s'accroupir [2]	*to crouch, to squat, to sit on one's haunches*	une silhouette accroupie ; elle s'est accroupie pour arracher les mauvaises herbes / pour faire pipi / pendant les contractions
se blottir [2]	*to curl up, to huddle* (for warmth or safety)	viens te blottir dans mes bras / contre moi ; blotti derrière les cartons, il y avait là un petit chat

se rouler en boule ☐2	*to curl up* (of an animal)	le chat s'est roulé en boule sur le coussin
se nicher ☐2	*to huddle* (into a small but comfortable space)	un petit chat s'était niché entre les piles de linge
se pelotonner ☐2	*to curl up* (like a ball; suggesting a feeling of comfort)	il se pelotonne contre sa mère et s'endort
se ramasser ☐2	*to curl up, to hunch up* (like an animal, ready to spring), *to crouch*	ramassé sur lui-même, il attendait le ballon; comme un tigre qui se ramasse prêt à bondir
se recroqueviller ☐2	*to huddle, to shrink away* (with cold or fear), *to curl up*	il attendait, recroquevillé d'effroi; elle s'était recroquevillée sous le porche pendant l'orage
se tapir ☐2	*to crouch, to lie in wait* (often with the idea of lurking, like a predatory animal)	tout honteux le chien s'est tapi sous le canapé; c'est alors que j'ai aperçu une silhouette tapie dans l'ombre

---

achats   shopping

achats mpl ☐2	*shopping*	faire des achats; j'ai des achats à faire en ville; elle a déposé les achats sur la table
commissions fpl ☐2	*shopping* (usually for food)	faire les commissions; la liste des commissions; zut! j'ai laissé les commissions dans la voiture
courses fpl ☐2	*shopping* (usually for food)	faire des courses; c'est moi qui suis chargé des courses
shopping m ☐1	*shopping* (for pleasure)	j'ai profité de mon passage à Paris pour faire un peu de shopping

---

acteur   actor

acteur m / **actrice** f ☐2	*actor, actress*	il fait jouer des acteurs et des actrices non professionnels
comédien m / **comédiene** f ☐2	*actor* (in the theatre)	elle a été engagée dans une troupe de comédiens ambulants

interprète m ou f [2]	*actor, performer* (in the theatre or cinema)	c'est l'un des meilleurs interprètes de Beckett
jeune premier m [2]	*leading man*	c'est un inconnu qui tient le rôle du jeune premier
star f [2]	*film star* (male or female)	elle rêvait d'une carrière de star
vedette f [2]	*star* (male or female; in the theatre or cinema and of song)	un gala où toutes les vedettes étaient présentes; dans son pays elle est une grande vedette de la chanson / du cinéma
cabotin m [1]	*poor, ham actor* (in the theatre) (used with a pejorative but literary connotation)	il ne fallait pas confier le rôle à ce vieux cabotin

administration

administration

administration f [2]	*administration*	il est responsable de l'administration de l'établissement
bureaucratie f [2]	*bureaucracy* (used with a pejorative connotation)	la bureaucratie est si lourde que vous attendez votre visa très longtemps
direction f [2]	*management, running* (of a business or school)	en cas de vol, la direction décline toute responsabilité; la direction de l'école a été confiée à un étranger
gestion f [2]	*management, running* (usually of a business or the finances of a company)	la gestion financière est enseignée dans l'école de commerce; on lui a confié la gestion du projet
chinoiseries administratives / de l'administration [2]	*red tape*	que de chinoiseries administratives pour un simple renouvellement de passeport!

affection

affection

all the nouns in this frame are followed by the preposition **pour**
see also **ardeur**

flamme f [3]	*passion*	déclarer sa flamme

affection f 2	*affection*	il a beaucoup d'affection pour son neveu
amitié f 2	*friendship*	ils se sont liés d'amitié; je dois admettre que j'éprouve plus que de l'amitié pour elle
amour m 2	*love*	l'amour maternel; ils ont fait un mariage d'amour
attachement m 2	*affection, attachment*	il gardait un certain attachement pour son père / son ex-femme
passion f 2	*passion*	il éprouvait pour elle plus que de l'amour, de la passion
sentiment m 2	*feeling*	il avait pour elle un sentiment de profonde tendresse
tendresse f 2	*tenderness*	elle a beaucoup de tendresse pour ses enfants
toquade f 2	*infatuation, craze, crush* (disappearing from use)	Henri, c'est sa nouvelle toquade
béguin m 1	*infatuation, crush* (a slightly old-fashioned word)	il a vraiment le béguin, il veut se marier

---

affiche   poster, sheet, advertisement

affiche f 2	*poster, sheet* (on a wall), *advertisement*	je collectionne les affiches de cinéma
annonce publicitaire / **annonce** f 2	*advertisement* (often in a newspaper) (a technical term)	les espaces réservés aux annonces publicitaires dans la ville de Paris; faire passer une annonce dans l'édition de samedi
banderole f 2	*advertising banner*	un petit avion passait avec une banderole publicitaire
écriteau m 2	*notice with information for public* (a less common word than **pancarte**)	un écriteau portant: Défense d'entrer

pancarte f 2	*notice* (on a wall, post or pole)	une pancarte à la vitrine d'un magasin; les manifestants défilaient brandissant des pancartes
panneau m 2	*advertisement, signpost*	un panneau publicitaire; un panneau indicateur / de signalisation
placard m 2	*public notice* (usually on a wall, but also in a newspaper) (a less common word than **affiche**)	un placard publicitaire; à l'entrée de la mairie un placard annonçait une campagne de dératisation
plaque f 2	*name plate* (for a doctor or dentist)	une plaque de dentiste; une plaque minéralogique (= *car number plate*)
poster m 2	*decorative poster* (in a house or public place)	faire encadrer un poster
pub f 2	*advertisement, advert* (a contemporary word)	passer une pub excellente à la télé
publicité f 2	*advertisement, advertising*	réglementer la publicité pour l'alcool
réclame f 2	*advertisement* (an old-fashioned word)	une réclame ancienne vantait l'excellence de leur produit

---

affronter to face

braver 3	*to stand up to, to hold out against* (suggesting the use of the will)	braver l'autorité de quelqu'un / un danger / la mort; c'est un âge où vos enfants voudront braver tous les interdits
affronter 2	*to face* (especially something unpleasant)	affronter un danger; je vais devoir encore affronter sa colère / sa mauvaise humeur
confronter 2	*to place face to face* (as in a police identity parade), *to confront*	confronter deux témoins / deux opinions / deux accusés; nous avons confronté leurs témoignages, tout concorde
faire face à 2	*to confront, to face up to*	faire face à un danger / à un problème; comment faire face à la crise sans licencier?
faire front à 2	*to confront, to face up to* (suggesting resistance)	faire front à un danger / à un problème; avec toutes ces factures qui s'accumulent, je ne sais pas comment faire front (= *how to cope*)

agréable   pleasant

doux 3	*pleasant*	un souvenir très doux
exquis 3	*exquisite*	une exquise tarte Tatin
plaisant 3–2	*entertaining, agreeable*	le cadre est plaisant et le menu très abordable ; la conversation prenait un tour plaisant
accueillant 2	*welcoming, gracious* (often suggesting physical pleasure)	le plaisir de se retrouver autour d'une table accueillante ; les gens du village sont très accueillants
agréable 2	*pleasant* (often suggesting physical pleasure)	une sensation agréable ; passer la soirée en compagnie agréable ; l'accueil est agréable et le décor charmant
appétissant 2	*appetizing, tempting*	ce n'est pas très appétissant ; des desserts plus appétissants les uns que les autres
délicieux 2	*delicious*	merci, c'était délicieux
divertissant 2	*entertaining* (intellectually rather than physically)	un film / un livre divertissant ; une pièce divertissante ; pour moi, il n'y a rien de plus divertissant qu'un bon western à la télé
doux 2	*mild, gentle, soft, low* (of heat)	nous avons eu un hiver très doux ; la rhubarbe relève la saveur douce des poires ; la cuisson se fait à feu doux

aider   to help

assister 3	*to help* (somewhat old-fashioned)	il se fait assister par son fils pour la gestion de l'entreprise
secourir 3	*to help, to succour* (occurring as a past participle or infinitive)	c'est l'armée qui est intervenue pour secourir les sinistrés
épauler 3–2	*to support* (someone in her/his aspiration)	épauler un candidat ; le député a promis de l'épauler dans sa demande ; nos moniteurs sont là pour vous épauler
aider 2	*to help*	aide-moi à mettre la table

appuyer 2	*to support, to back up*	appuyer une demande / la politique du gouvernement ; je suis heureux d'appuyer votre candidature
donner un coup de main à 2	*to lend (someone) a hand*	donne-moi un coup de main, tu vois bien que je suis débordé
seconder 2	*to help, to support*	je tiens à remercier mon adjoint qui m'a si bien secondé pendant mon absence
soutenir 2	*to support, to back up*	soutenir une demande / la politique du gouvernement ; je suis heureux de soutenir votre candidature
venir en aide à 2	*to come to the aid of, to come to the help of*	recueillir des fonds pour venir en aide aux réfugiés
dépanner 2–1	*to help* (with a difficulty)	aurais-tu cinquante balles ? ça me dépannerait
filer un coup de main à 1	*to give (someone) a hand*	si t'as besoin qu'on te file un coup de main, appelle
pistonner 1	*to pull strings for*	elle a été pistonnée pour obtenir son poste comme lectrice

---

d'ailleurs   besides

these expressions are used to qualify, complete or summarize a statement

au demeurant 3	*moreover, nevertheless*	il est excessivement strict sur la discipline, mais bon père au demeurant
au reste 3	*what is more*	une table excellente – au reste, la meilleure de la région
de/par surcroît 3	*moreover*	un instrument indispensable, et peu cher de/par surcroît
en outre 3	*what is more, furthermore*	il est bel homme – en outre, c'est un bon parti
par ailleurs 3–2	*besides, nevertheless*	nous n'avons pas les mêmes opinions politiques – c'est par ailleurs quelqu'un de très bien

d'ailleurs 2	*besides*	il est très paresseux, je ne l'ai jamais vu faire aucun effort — d'ailleurs, il vient d'échouer à ses examens ; tu ne m'a pas écouté — d'ailleurs, tu ne m'écoutes jamais
de plus 2	*besides*	je ne l'aime pas énormément et de plus, c'est trop cher
du reste 2	*what is more*	c'est un excellent chef — du reste, son restaurant est toujours plein
en plus 2	*besides*	je les connais à peine — en plus, ils sont tous plus âgés que moi
là encore 2	*what is more*	ce n'est pas ce que j'ai dit — là encore, tu n'as pas compris ce que je voulais dire
tout au plus / au plus 2	*at the most*	il y aura dix personnes tout au plus / au plus

---

aimable   pleasant, nice

affable 3	*affable*	une personne / un sourire affable ; il a répondu sur le même ton affable
bienveillant 3	*kindly (suggesting indulgence and protection)*	des propos bienveillants ; un regard bienveillant ; leur tante a toujours été bienveillante envers eux
bon 3	*good, kind*	le prêtre l'a beaucoup soutenu, c'est un homme très bon
charitable 3	*charitable*	une organisation charitable ; y aura-t-il une âme charitable pour m'aider à débarrasser la table ?
obligeant 3	*obliging, helpful*	un appui obligeant ; merci, vous êtes très obligeant
aimable 2	*pleasant, nice*	des manières aimables ; un sourire aimable ; merci, vous êtes bien aimable
brave 2	*good, reliable (suggesting honesty and good will)*	une brave dame ; de/des braves gens
gentil 2	*nice*	elle est gentille, ta maîtresse d'école ? ; sois gentil, apporte-moi un verre d'eau

ouvert [2]	*frank, open*	elle a la chance d'avoir des parents très ouverts
serviable [2]	*obliging*	il est venu tout de suite, c'est un homme très serviable
sympathique [2]	*nice, friendly*	quelle bonne soirée ! vos amis sont très sympathiques ; je vous trouve très sympathique ; il ne m'est guère sympathique
chouette [1]	*very friendly*	un endroit très chouette ; il est chouette, ton copain
sympa [1]	*nice, friendly*	elle est sympa / très sympa / super-sympa, ta soeur

---

aimer   to like, to love
all the verbs in this frame as used in this sense are followed by a noun or pronoun

s'éprendre de [3]	*to become enamoured of/with*	elle s'est éprise de lui au premier regard
être friand de [3]	*to be fond of*	j'ai commandé des escargots, j'en suis très friand ; des détails qui plaisent aux lecteurs friands de scandale
affectionner [3–2]	*to have a liking for*	affectionner un endroit / une couleur ; elle l'a acheté pour un de ses neveux qu'elle affectionne particulièrement
idolâtrer [3–2]	*to idolize (suggesting excess)*	à part son fils aîné qu'elle idolâtre, elle n'écoute personne
adorer [2]	*to adore*	j'adore les glaces ; elle adore ses enfants
aimer [2]	*to like, to love*	dis-moi que tu m'aimes ; il n'aime pas son métier
tomber amoureux de [2]	*to fall in love with*	elle est tombée amoureuse de lui dès leur première rencontre
s'enticher de [2]	*to become infatuated with, to have an obsession for*	il s'est entiché de sa prof de maths
raffoler de [2]	*to be very keen on*	je raffole du chocolat de Chez Angelina

s'amouracher de [1]	*to become infatuated with (used with a pejorative connotation)*	elle est allée s'amouracher d'un petit voyou plus jeune qu'elle
être fou de [1]	*to be madly in love with, to be mad keen on*	je suis fou de toi; c'est gentil d'avoir préparé des fruits de mer, mais je n'en suis pas fou
en pincer pour [1]	*to be nuts on*	je sais que tu ne la trouves pas géniale, mais j'en pince pour elle

---

aller   to go

s'acheminer vers [3]	*to make one's way towards, to move towards (on foot, in a car or on a train)*	pendant que la procession s'achemine lentement vers le temple
se rendre à [3–2]	*to go to, to move towards*	se rendre au travail; il s'est rendu à Rouen prendre sa voiture
aller [2]	*to go*	si tu vas en ville, rapporte-moi le journal
se diriger vers [2]	*to go towards, to move towards*	elle se dirigeait vers la sortie

---

aller aux toilettes   to go to the toilet

uriner [3–2]	*to urinate (a rather technical term)*	on m'a fait uriner dans un bocal
aller au cabinet / aux cabinets [2]	*to go to the toilet*	tu veux aller au cabinet / aux cabinets?
aller aux toilettes [2]	*to go to the toilet*	une seconde, je dois aller aux toilettes
aller aux waters [2]	*to go to the toilet*	si tu veux aller aux waters, c'est en bas, à droite
faire la commission [2]	*to do a wee (an expression used by and to a child)*	maman, je veux faire la commission

| **faire pipi**
 2 | *to go to the loo* | j'ai très envie de faire pipi |
| **pisser un coup /**
 pisser
 1 | *to have a piss* | allez, je vais pisser un coup |

---

améliorer   to improve

orner 3	*to decorate*	orner un objet / une pièce ; des tapisseries richement ornées ; une rose ornait ses cheveux
parer 3	*to adorn, to bedeck*	parer quelqu'un / quelque chose de quelque chose ; être paré de quelque chose ; elle avait paré ses cheveux de rubans ; parée pour la cérémonie, la façade resplendissait
parfaire 3	*to perfect, to put the finishing touch to*	parfaire un travail / un ouvrage ; il ajoutait une couche pour parfaire l'éclat du vernis
améliorer 2	*to improve*	améliorer un objet / un état ; un revenu supplémentaire améliorerait notre quotidien / leur niveau de vie
décorer 2	*to embellish, to decorate*	décorer un objet / une maison ; la vitre était décorée avec art
embellir 2	*to make beautiful, to embellish (used literally and figuratively)*	embellir un objet / une personne / la vérité ; sa nouvelle coiffure l'embellit
peaufiner 2	*to finish off nicely, to improve on*	peaufiner son travail ; un service qu'il peaufinait au cours du match
perfectionner 2	*to perfect*	perfectionner son français / son style ; un matériel électronique ultra-perfectionné ; le stage m'a permis de perfectionner ma pratique de l'italien
réhabiliter 2	*to restore, to give (something) a facelift*	on a récemment réhabilité le quartier de la Goutte d'Or
rénover 2	*to renovate*	rénover une maison / un appartement ; l'immeuble a été complètement rénové
fignoler 2–1	*to touch up, to polish*	fignoler un ouvrage ; j'aurais aimé plus de temps pour fignoler mon rapport

| **retaper** | *to do up* | j'ai retapé une vieille ferme |
| 2–1 | | |

---

amener   to bring, to take

amener	*to bring, to take* (a person; see below)	je dois amener mon fils chez le médecin; le bus m'amène devant mon bureau
2		
apporter	*to bring* (an object)	j'apporterai une bouteille pour le dîner; le facteur n'a pas apporté le courrier hier
2		
ramener	*to bring back* (a person; see below)	il m'a ramené en voiture
2		
rapporter	*to bring back* (an object)	n'oublie pas de rapporter le panier
2		
faire venir	*to bring, to send for*	elle a fait venir le médecin
2		
amener	*to bring* (an object; NB this usage is criticized by purists; see above)	elle a amené les outils; il a amené le vin
1		
ramener	*to bring back* (an object; NB this usage is criticized by purists; see above)	elle a ramené la voiture à cinq heures; ramène-moi le journal
1		

---

ami   friend

condisciple m	*classmate, fellow student*	nous fûmes condisciples, il y a bien longtemps, au collège
3		
ami m / **amie** f	*friend*	cher ami / chère amie
2		
camarade m	*friend, pal, classmate, comrade*	c'est un camarade d'école
2		
intime m	*close friend*	le mariage s'est déroulé en présence des intimes de la famille seulement
2		
copain m / **copine** f	*mate, boyfriend/girlfriend*	il a plein de copains; il m'a présenté sa copine
2		

pote m [1]	*pal*, *mate*	après le boulot, je retrouve mes potes au bistrot

---

petit ami   boyfriend

bien-aimé m / **bien aimée** f [3]	*beloved*, *sweetheart* (used with a literary connotation)	elle a rejoint son bien-aimé
amant m / **amante** f [2]	*lover* (suggesting an extra-marital relationship)	elle a pris un amant
ami m / **amie** f [2]	*boyfriend*, *girlfriend* (the strength of the friendship depends upon how the word is pronounced)	il dit qu'il sort avec des amis, et moi je crois plutôt que c'est une amie
petit ami m / **petite amie** f [2]	*boyfriend*, *girlfriend*	il a une petite amie ; c'est son petit ami
amoureux m / **amoureuse** f [2]	*sweetheart* (a less strong word than **amant**)	elle a rendez-vous avec son amoureux
maîtresse f [2]	*lover*, *mistress*	il entretient une maîtresse en ville
mec m [1]	*boyfriend*	je n'ose pas la déranger, elle est avec son mec ; son mec est là pour le weekend

---

amuser   to amuse, to entertain

distraire [3]	*to entertain*	il y avait un bon film à la télé, ça nous a distraits un peu
divertir [3]	*to entertain*, *to amuse*	il a raconté des blagues qui nous ont bien divertis
égayer [3-2]	*to brighten up*	ses propos égayèrent la conversation / l'atmosphère ; il faudrait un foulard pour égayer ta tenue

amuser 2	to amuse, to entertain	ça l'amuse toujours, les mauvaises plaisanteries
faire rigoler 2	to make (someone) laugh	qu'est-ce que ça m'a fait rigoler!
s'éclater 1	to let off steam	on est allé en boîte, on avait besoin de s'éclater
faire marrer 1	to make (someone) laugh	si tu crois que j'ai des sous, tu me fais marrer
faire poiler 1	to make (someone) laugh, to give (someone) a good time	qu'est-ce que ça m'a fait poiler!

---

an   year

an and **année** are interchangeable in some instances, but each is also restricted to certain expressions, as the examples show

an m 3	year (restricted to a limited number of expressions)	en l'an de grâce
année f 3	year (used in the plural in a limited number of expressions, in which it often suggests a sense of nostalgia)	pendant ses jeunes/vertes années
an m 2	year	l'an dernier/prochain; en l'an 1990; elle a 40 ans; le jour de l'an / le Nouvel An
année f 2	year (when used in the plural, the reference is ill-defined)	l'année dernière/prochaine; pendant l'année 1980; pendant les années 60; en fin/début d'année; la bonne année; l'année sainte/scolaire; les années s'écoulent; les années folles

---

ancêtres   ancestors

| **aïeux** mpl **aïeul** m 3 | ancestors | la terre de ses aïeux; elle tenait ses cheveux frisés d'un lointain aïeul africain |
| **ascendants** mpl 3 | forebears (often a legal term) | il a des ascendants normands |

ancêtres mpl [2]	*ancestors*	nos ancêtres les Gaulois
prédécesseurs mpl [2]	*predecessors, forerunners*	je tâcherai d'être à la hauteur de mes prédécesseurs à cette fonction

---

animal

animal

animal m [2]	*animal*	les animaux sauvages/domestiques / de basse-cour ; la classification des animaux
bestiaux mpl [2]	*all large farm animals*	le marché aux bestiaux
bestiole f [2]	*small creature* (especially insects)	je me suis fait piquer par une bestiole
bétail m [2]	*cattle, livestock*	le gros bétail (bovins, chevaux) ; le petit bétail (ovins, porcins)
bête f [2]	*animal* (from the largest to insects) (a less formal word than **animal**; often used with a pejorative connotation)	il y a une bête dans mon lit ! ; nos amis les bêtes

---

annuler

to cancel, to quash, to annul

abroger [3]	*to abrogate, to repeal* (a legal term)	abroger une loi / un décret ; le règlement a été abrogé par décret
infirmer [3]	*to invalidate, to overturn* (a legal term)	infirmer un jugement / une décision ; le jugement a été infirmé par la cour d'appel
révoquer [3]	*to revoke, to rescind* (a legal term)	révoquer un contrat / un acte juridique ; l'acte a été révoqué
résilier [3–2]	*to terminate, to cancel*	résilier un contrat / un abonnement ; le client peut résilier son contrat dans les huit jours
abolir [2]	*to abolish*	abolir une loi / une coutume ; dès que la peine de mort a été abolie

annuler [2]	*to cancel, to quash, to annul*	annuler une commande / une décision / un contrat / un mariage ; il a annulé son rendez-vous à la dernière minute
décommander [2]	*to cancel*	décommander une marchandise / un rendez-vous ; on est déjà en retard, je téléphone au restaurant pour décommander
laisser tomber [2]	*to drop*	laisser tomber un projet / une idée ; nous avons dû laisser tomber le concert à cause du temps

---

apparaître   to appear

affleurer [3]	*to appear at the surface* (used literally and figuratively)	à marée basse on pouvait voir les rochers affleurer à la surface de l'eau ; une sensualité qui affleurait de temps à autre
apparaître [3]	*to appear* (usually used literally, but occasionally figuratively)	le soleil apparaît derrière les nuages ; elle est apparue à la porte ; la vérité m'est apparue soudainement ; d'après les différents témoignages, il apparaît que le défendant n'est pas coupable
comparaître [3]	*to appear* (a legal term)	il a été appelé à comparaître devant le juge / le tribunal
se manifester [2]	*to make oneself known, to show oneself* (used literally and figuratively)	quand tu arriveras à Nantes, manifeste-toi ; les symptômes mettent du temps à se manifester
se montrer [2]	*to show oneself, to present oneself*	elle a tellement honte qu'elle ne veut plus se montrer
paraître [2]	*to appear*	paraître dans le journal ; son livre n'est pas encore paru ; d'après le voisin il paraît qu'elle n'est rentrée qu'à minuit
se présenter [2]	*to present oneself, to sit* (an exam)	il s'est présenté aux élections municipales ; elle se présentera aux examens de septembre
surgir [2]	*to appear, to rise up unexpectedly* (used literally and figuratively)	c'est alors qu'une ombre a surgi ; de nouvelles difficultés surgissent
survenir [2]	*to appear, to arise unexpectedly*	les changements survenus dans la société ; de nombreuses difficultés sont survenues depuis

appartement

flat, apartment

garçonnière f
3–2

bachelor flat (with the idea of a second home)

il a une garçonnière en ville pour ses soirées de célibataire

appartement m
2

flat, apartment

notre appartement est au troisième ; dimanche, j'ai fait les carreaux et j'ai passé l'aspirateur dans l'appartement

duplex m
2

split-level apartment, duplex (US) (usually in Paris and other large cities ; prestigious accommodation, sought after by trendies)

un duplex avec vue sur la Seine

F2, F3, F4 m
2

F2 = *flat with one bedroom* ; **F3** = *flat with one/two bedrooms* ; **F4** = *flat with two/three bedrooms*

je suis sur une liste d'attente pour un F3 dans un HLM en banlieue

meublé m
2

furnished flat (a rather old-fashioned word, but still used in the language of housing agencies)

louer un meublé ; emménager dans un meublé

studio m
2

self-contained, one-bedroomed flat (usually for a single person, young couple or student)

ils habitent un studio minuscule, sans ascenseur

T2, T3, T4 m
2

= **F2, F3, F4**

HLM f ou m
2–1

(= **habitation à loyer modéré**) *block of council flats* (a large building for underprivileged residents) (invariable in the plural)

à neuf heures du matin une auxiliaire de police a commencé ses enquêtes dans l'HLM

appart m
1

flat

c'est la galère pour trouver un appart dans Paris

appeler

to call

appeler
2

to call

appelle ton frère, on va manger

convoquer 2	*to summon officially*	convoquer quelqu'un à une interview / une réunion ; j'ai été convoqué au bureau du directeur
héler 2	*to hail* (a taxi), *to call out to*	héler un taxi / un porteur ; héler le marchand de souvenirs qui passe sur la plage
nominer 2	*to nominate* (for an award)	l'actrice a été nominée pour le meilleur second rôle
nommer 2	*to name*	ses parents l'ont nommée Jeanne ; nomme-moi cinq mammifères

---

approcher   to approach, to come closer, to bring closer

aborder 2	*to approach* (used literally and figuratively)	aborder une personne / une question / un endroit / un sujet ; je me permets de vous aborder
accoster 2	*to approach, to draw alongside*	accoster le quai / une rive ; accoster quelqu'un dans la rue ; j'ai été accostée par un inconnu
approcher 2	*to approach, to come closer, to bring closer* (used transitively and intransitively)	elle approche la cinquantaine ; approche, j'ai à te parler ; il approcha le journal de ses yeux ; approche la lampe, tu verras mieux ; le moment de partir approche
approcher de 2	*to approach* (not necessarily with intention)	la voiture approche de la ville
s'approcher de 2	*to approach* (with intention)	elle s'approche de la porte ; ne t'approche pas de moi
avancer 2	*to bring closer, to move forward* (not necessarily with intention) (used transitively and intransitively)	tu peux avancer la table ? ; il avança dans le noir ; elle a avancé avec difficulté vers la sortie
s'avancer 2	*to move forward* (with intention)	elle s'est avancée vers le public
rapprocher 2	*to bring still nearer*	rapproche ta chaise, tu seras mieux
se rapprocher de 2	*to come still nearer*	rapproche-toi de moi

après

afterwards

au lendemain de [3]	*immediately after*	cela s'est passé au lendemain de la guerre
postérieurement [3]	*after the event, subsequently*	l'acte de vente a été établi postérieurement
ultérieurement [3]	*later*	nous vous écrirons ultérieurement
alors [2]	*then*	alors il m'a embrassée
ensuite [2]	*afterwards, next*	ce n'est qu'ensuite que je m'en suis souvenu ; d'abord vous remuez, ensuite vous versez
par la suite [2]	*subsequently*	je n'ai plus eu de ses nouvelles par la suite
plus tard [2]	*later*	je rappellerai plus tard

---

arc

arc

arc m [2]	*arc* (of style or shape) (a technical term ; NB **l'Arc de Triomphe**)	un arc en ogive / en plein cintre
arche f [2]	*arch* (an architectural term)	l'arche du pont
cintre m [2]	*arch* (a technical term)	le cintre est la courbure d'une voûte / d'un arc
voûte f [2]	*arch* (in a building)	la voûte romane d'une cathédrale

---

ardeur
see also **affection**

ardour, passion

| **ardeur** f [3] | *ardour, passion* | son ardeur à terminer sa tâche |

ferveur f ③	*fervour, zeal*	il pria avec ferveur
fougue f ③	*spirit, fire*	la fougue d'une personne / d'un discours; elle se défendait avec fougue
acharnement m ②	*fierceness, relentless effort*	il travaille avec acharnement
chaleur f ②	*warmth, fervour*	la chaleur d'une personne / d'une conviction; ils m'ont toujours reçu avec chaleur
énergie f ②	*energy*	ils se battaient avec l'énergie du désespoir
ténacité f ②	*tenacity*	elle a toujours fait preuve de ténacité
vigueur f ②	*vigour*	il a nié avec vigueur
vitalité f ②	*vitality, liveliness*	ton grand-père est d'une belle vitalité
zèle m ②	*zeal, care*	elle a réalisé ce projet avec beaucoup de zèle; j'ai porté un zèle tout particulier à votre voiture
punch m ①	*drive*	je manque de punch ces temps-ci; une bonne douche, ça donne du punch
tonus m ①	*dynamism, energy*	prends un jus de fruit, c'est bon pour le tonus

argent   money

lucre m ③	*lucre*	le goût du lucre
argent m ②	*money*	t'as de l'argent sur toi?; l'argent ne fait pas le bonheur
argent comptant / **comptant** m ②	*cash*	payer comptant / argent comptant

devises fpl 2	*foreign currency*	le cours officiel des devises étrangères
monnaie f 2	*small change*	rendre de la monnaie; je n'ai qu'un billet de 500F, tu as de la monnaie?
fric m 2–1	*cash*	je suis sorti sans fric
sou m 2–1	*money, cash, copper*	tu peux me prêter des sous?; je n'ai plus un sou
balles fpl 1	*francs* (uncertainty exists over their exact value: originally they referred to old francs, ie modern centimes; now they refer to new francs)	ça m'a coûté deux cents balles (ie 200 nouveaux francs)
brique f 1	*one million centimes / ten thousand francs*	la Mercédès lui a coûté dans les trente briques
flouse/flouze m 1	*cash, dough*	passe-moi du flouse/flouze, je suis un peu court en ce moment
oseille f 1	*bread, cash, dough, lolly*	ces gens-là ont de l'oseille
pèze m 1	*bread, cash, dough, lolly*	demande-lui, il doit avoir du pèze
pognon m 1	*bread, cash, dough, lolly*	du pognon plein les poches
un radis 1	*a bean* (used figuratively)	j'ai plus un radis
un rond 1	*a bean* (used figuratively)	j'ai plus un rond

---

argument argument

argument m 2	*argument*	il était à court d'arguments
argumentation f 2	*line of reasoning, way of arguing*	elle s'est lancée dans une longue argumentation

raisonnement m   *reasoning*   ton raisonnement ne tient pas debout
2

---

arme à feu   firearm, gun

arme à feu f   *firearm, gun*   il a été arrêté pour détention illégale d'arme
2   à feu

canon m   *cannon, heavy gun*   un canon antiaérien/antichar
2

carabine f   *special rifle* (often used in   tirer à la carabine ; un stand de tir à la
2   hunting and fighting ; less   carabine
                       powerful than a **fusil**)

fusil m   *rifle*   un fusil de chasse ; un coup de fusil
2

fusil mitrailleur m *light sub-machine gun* les membres du commando étaient tous
2   armés d'un fusil mitrailleur

mitraillette f   *light sub-machine gun* on entendait un tir de mitraillette
2

mitrailleuse f   *machine gun*   une mitrailleuse légère/lourde
2

pistolet m   *pistol*   elle a sorti son pistolet et a tiré
2

revolver m   *revolver*   tirer un coup de revolver sur quelqu'un
2

---

s'arranger   to manage, to get by

s'arranger   *to manage, to get by* à cette heure-ci les magasins sont fermés,
2   mais je m'arrangerai pour faire à dîner

se débrouiller   *to get by, to sort it out, to* il se débrouille bien pour un débutant ;
2   *muddle through*   laisse-la se débrouiller toute seule

se dépatouiller   *to get out* (of a difficult   elle ne parle pas leur langue, mais elle arrive
2   situation), *to get by*   à se dépatouiller pour se faire comprendre

| **s'en sortir** [2] | *to get out* (of a scrape) | avec un peu de chance, on devrait s'en sortir sans emprunter ; la voiture est en miettes, lui s'en est sorti sans une égratignure |

---

sans arrêt

without stopping, constantly

sans désemparer [3]	*without ceasing, without letting up*	il s'est défendu sans désemparer jusqu'à la fin du match
sans discontinuer [3]	*without ceasing, continuously*	il a plu sans discontinuer pendant tout le weekend
sans relâche [3]	*without let up, without interruption*	travailler sans relâche
sans trêve [3]	*without let up, without interruption*	étudier sans trêve
d'affilée [3–2]	*continuously*	pendant quatre heures d'affilée
d'arrache-pied [3–2]	*unremittingly* (suggesting serious effort)	elle travaillait d'arrache-pied pour payer ses dettes
durant [3–2]	*for, over the period of* (NB **durant** follows the noun ; see below)	ils ont parlé trois heures durant
sans arrêt [2]	*without stopping, constantly*	il bouge sans arrêt
sans s'arrêter [2]	*without stopping*	elle a couru dix kilomètres sans s'arrêter ; on a fait Paris–Brest sans s'arrêter
sans cesse [2]	*without stopping*	elle parle sans cesse
continuellement [2]	*continuously*	il se plaint continuellement
durant [2]	*for, over the period of, during* (NB **durant** precedes the noun ; see above)	ça s'est passé durant la nuit
sans interruption [2]	*without interruption*	la projection a duré trois heures sans interruption

| **de suite**
2 | *in a row* | il a neigé dix jours de suite |
| **d'un seul trait /**
d'une seule traite
2 | *in one go, in a single go* | il a vidé son verre d'un seul trait / d'une seule traite |

---

arrêter   to stop
see also **s'arrêter**

cesser **de** + infinitif 3–2	*to cease, to renounce*	elle a cessé toute activité; elle a cessé de travailler quand son fils est né
enrayer 3–2	*to halt*	enrayer une maladie / une épidémie; les mesures prises pour enrayer l'inflation
suspendre 3–2	*to suspend*	suspendre une activité / un journal / un joueur; la séance a été suspendue; en attendant les résultats des tests en laboratoire la production est suspendue
arrêter **de** + infinitif 2	*to stop*	arrêter le travail / sa voiture; quand il a une idée en tête, rien ne l'arrête; là je t'arrête, je ne suis pas d'accord; elle a arrêté de fumer l'année dernière
bloquer 2	*to block, to freeze* (used figuratively)	bloquer les fonds / un paiement; un compte bloqué
freiner 2	*to brake* (used literally and figuratively)	freiner l'inflation / l'ascension démographique; l'échec a freiné son ambition
geler 2	*to freeze* (used figuratively)	geler les salaires / les fonds; la décision a gelé les négociations en cours
immobiliser 2	*to immobilize*	immobiliser une personne / une voiture; sa chute l'a immobilisé pendant trois semaines; l'usine est immobilisée par la grève
refouler 2	*to hold back, to turn back*	elle refoula ses larmes; ils ont été refoulés à la frontière
retenir 2	*to hold back* (an emotion)	il a retenu sa joie / ses larmes / son souffle
stopper 2	*to stop*	stopper un véhicule / une personne; une lotion pour stopper la chute des cheveux

s'arrêter
to stop

see also **arrêter**

cesser 3–2	*to stop*	la pluie a cessé
s'arrêter **de** + infinitif 2	*to stop*	la pluie s'est arrêtée (de tomber) ; ma montre s'est arrêtée ; il s'est arrêté de courir pour reprendre son souffle
faire une pause 2	*to have a break*	à dix heures, je fais une pause et je prends une tasse de café
faire escale 2	*to break a journey, to stop over*	l'avion a fait escale à Rome ; le premier ministre va faire escale à Marseille
faire halte 2	*to make a stop*	nous allons faire halte à Versailles avant de rentrer ; l'autobus fait halte dans un petit village
finir **de** + infinitif 2	*to finish*	attends, je n'ai pas fini ; auras-tu bientôt fini de m'embêter ?
freiner 2	*to brake* (used literally and figuratively)	il a freiné brutalement ; on a dit que la hausse des prix va freiner sous peu
s'immobiliser 2	*to stop dead, to come to a standstill*	le véhicule s'est immobilisé devant le passage à niveau ; la boule a semblé hésiter avant de s'immobiliser sur le numéro 9
s'interrompre 2	*to stop, to break off*	il a parlé pendant une heure sans s'interrompre ; je dois m'interrompre sans cesse pour répondre au téléphone
plafonner 2	*to level off, to level out*	le niveau des ventes plafonne depuis trois mois
prendre fin 2	*to end, to come to an end*	son congé prendra fin à la fin du mois
stationner 2	*to park*	il est interdit de stationner sur le passage clouté
stopper 2	*to stop*	je n'ai pas le temps de stopper ; la moto n'a pas stoppé au carrefour

arrivée   arrival

arrivage m 2	*arrival* (of goods)	le chef décide du menu en fonction des arrivages sur le marché ; arrivage de fruits de mer frais chaque jour
arrivée f 2	*arrival* (of a train or person)	l'arrivée du Tour de France ; l'arrivée de la gauche au pouvoir
avènement m 2	*arrival, advent* (with pomp) (used figuratively)	l'avènement de Jésus-Christ ; depuis l'avènement des socialistes
venue f 2	*arrival* (of a person) (used literally)	des mesures de sécurité ont été prises pour la venue du ministre

arriver   to arrive

survenir 3–2	*to occur* (unexpectedly)	si un ennui / une complication survenait, prévenez-moi
apparaître 2	*to appear, to come into view* (conjugated with **être** in this sense)	elle est apparue à la porte ; un message est apparu sur l'écran
arriver 2	*to arrive*	ils arrivent à trois heures ; il est arrivé bon premier
débouler 2	*to burst in* (suggesting a disorderly entry)	les jeunes gens ont déboulé comme des fous dans la salle des fêtes
surgir 2	*to appear* (suddenly), *to burst into view* (from behind something)	une silhouette surgit de l'obscurité
s'abouler 1	*to turn up* (of a slightly lower register than **s'amener**; old-fashioned)	elle s'aboule chaque dimanche
s'amener 1	*to turn up*	il s'est amené à toutes les discos en ville
débarquer 1	*to turn up*	elle a débarqué avec son mec pour le weekend
se pointer 1	*to turn up*	le voilà qui se pointe

| **se radiner** [1] | *to roll up, to show up* | elle s'est radinée à la dernière minute |

aspect appearance

dehors mpl [3]	*(external) appearance*	des dehors modestes pour un restaurant au menu fastueux ; sous des dehors trompeurs, il cache une excellente nature
extérieur m [3]	*(external) appearance (of a person ; see below)*	un homme d'extérieur peu chaleureux
air m [2]	*air, appearance*	elle a l'air sympa
allure f [2]	*look, appearance, style (of a person)*	elle a l'allure décidée d'une gagneuse
apparence f [2]	*(external) appearance*	des gâteaux à l'apparence douteuse
aspect m [2]	*(external) appearance (of an object)*	le poisson frais a l'aspect ferme et brillant
extérieur m [2]	*outside, outer appearance (of an object ; see above)*	il a complètement modernisé la maison sans toucher à l'extérieur
dégaine f [2]	*ridiculous or weird look*	tu as vu un peu la dégaine ! on dirait un clochard
look m [1]	*appearance, style (of a person)*	elle avait un look d'enfer ; il s'est fait un nouveau look

assassin murderer

homicide m ou f [3]	*homicide, murderer/ murderess*	l'homicide fut pendu en place publique
assassin m [2]	*murderer (with a wider meaning than English* assassin *; suggesting premeditation)*	c'était un accident, je ne suis pas un assassin
criminel m [2]	*(often) murderer*	un criminel de guerre

| **meurtrier** m
 2 | *murderer* | le meurtrier a été identifié |
| **tueur** m
 2 | *killer* | le tueur attendait sa victime ; un tueur à gages (= *hired killer*) |

---

en avoir assez   to have had enough

être agacé 2	*to be annoyed*	je suis agacé par son désordre
en avoir assez de 2	*to have had enough of*	j'en ai assez de voir ces chiffres défiler sur l'écran ; je ne peux plus continuer, j'en ai assez ; un beau jour il en a eu assez et il a démissionné
être à bout de nerfs 2	*to reach one's limit*	attention ! parce que papa est déjà à bout de nerfs
être énervé 2	*to be fed up*	ne m'en veux pas, j'étais énervé
être exaspéré 2	*to be exasperated*	elle est exaspérée par son indifférence
être excédé 2	*to have gone beyond the limit*	à la fin du trimestre les professeurs sont tous excédés
être horripilé 2	*to have lost one's patience*	je suis horripilé par tes mensonges
jeter l'éponge 2	*to have had enough, to give in*	tu ne vas pas jeter l'éponge maintenant ?
n'en pouvoir plus 2	*not to be able to take any more*	à la fin de la journée je n'en peux plus
saturer 2	*to have had more than enough*	je m'arrête, je sature
être saturé 2	*to have had more than enough*	je suis saturée de mes révisions
suffire 2	*to be enough (used with an impersonal or indefinite pronoun only)*	ça suffit comme ça, tais-toi !

en avoir plein le dos de 2–1	*to be fed up with*	j'en ai plein le dos de tes disputes avec ta soeur
en avoir sa claque de 1	*to be sick to death*	j'en ai ma claque de faire la vaisselle à chaque repas
en avoir jusque-là 1	*to be sick to death* (said with the hand indicating the top of the head)	parlons d'autre chose, parce que les problèmes au travail, j'en ai jusque-là
en avoir marre de 1	*to be fed up with*	métro, boulot, dodo, j'en ai marre; j'en ai marre de travailler tout le temps
en avoir par-dessus la tête 1	*to be sick to death, to be cheesed off*	je commence à avoir par-dessus la tête; les réunions syndicales, j'en ai par-dessus la tête
en avoir plein les bottes de 1	*to be sick to death with*	les promesses du gouvernement, on en a plein les bottes
en avoir ralbol / ral'bol / ras l'bol / ras le bol de 1	*to have it up to here with, to be sick to death with*	les examens, j'en ai ras le bol; j'en ai eu ral'bol, je suis partie
en avoir plein le cul de 1*	*to be pissed off with*	ne me parle plus de ta soeur, j'en ai plein le cul; j'en ai plein le cul de la tondeuse du voisin

associé associate

acolyte m 3–2	*side-kick*	accompagné de son inséparable acolyte
adjoint m 2	*assistant* (an administrative term)	l'adjoint du maire (= *mayor's adviser*)
aide f + quelquefois m 2	*helper* (often manual)	une aide familiale/ménagère; un aide de camp
assistant m 2	*assistant* (in teaching or medicine)	mon assistant vous recevra à 15h

associé m
2
associate (in business)
M. Duras et son associé ; ils sont associés dans le garage

partenaire m
2
partner (in sport, dancing or a profession)
elle a été son partenaire dans un film

vice- + nom
2
vice- + noun
le vice-consul / le vice-président / le vice-ministre

---

atmosphère   atmosphere

ambiance f
2
(*social*) *atmosphere*
quand l'ambiance battait son plein

atmosphère f
2
(*physical, social*) *atmosphere*
dans notre section l'atmosphère est très détendue ; la fusée a quitté l'atmosphère sans encombre

---

attache   fastener

agrafe f
2
staple (for fastening sheets of paper), *hook* (for clothes)
une agrafe de bureau / d'un soutien-gorge

attache f
2
fastener of any sort
la bretelle est retenue par une attache invisible ; un câble, une corde, un crochet, une épingle sont des attaches

bouton-pression m / **pression** f
2
press stud
un chemisier fermé par des boutons-pression

fermoir m
2
clasp
le fermoir de mon poudrier est cassé ; le fermoir d'un sac à main / d'un porte-monnaie

pince f
2
peg (for clothes), *clip* (for cyclist's trousers)
une pince à linge ; des pinces de cycliste

trombone m
2
paper clip
les documents étaient retenus par un trombone

attaquer
in the literal sense
see also **attaquer** in the figurative sense

to attack

assaillir 3	to assault (usually occurring as an infinitive or past participle)	ils rassemblaient leurs troupes pour assaillir la ville ; il n'a pas pu identifier la personne qui l'avait assailli
agresser 2	to attack, to mug (in the street or in a pub)	elle a été agressée dans la rue
attaquer 2	to attack	attaquer l'ennemi ; j'attaque la vaisselle dans cinq minutes
foncer sur/vers 2	to charge at, to rush at (the choice of preposition depends upon the focus of the verb)	le taureau fonçait sur la cape ; incontrôlable, le véhicule fonçait vers la foule
se jeter sur 2	to charge at, to rush at	il s'est jeté sur lui pour l'empêcher de fuir
se lancer à l'assaut de 2	to make an attack on	ils se sont lancés à l'assaut de la place forte
molester 2	to knock about, to push about (not = to molest)	des manifestants se sont plaints d'avoir été molestés par la police
s'en prendre à 2	to attack	les grévistes s'en sont pris aux forces de l'ordre
se ruer sur 2	to rush at	les enfants se ruaient sur leur père pour l'embrasser

attaquer
in the figurative sense
see also **attaquer** in the literal sense

to attack

salir 3	to tarnish, to sully	salir l'image / la mémoire / la réputation de quelqu'un
souiller 3	to tarnish, to sully	souiller l'image / la mémoire / la réputation de quelqu'un
ternir 3	to tarnish, to besmirch	son image publique a été ternie par les révélations sur son passé

vilipender [3]	*to revile*	le film a été vilipendé par la critique
blâmer [3–2]	*to blame* (less used than *to blame*)	elle est plus à plaindre qu'à blâmer
accuser [2]	*to accuse*	ils l'ont accusé du meurtre de son associé ; tu m'accuses de mentir ?
agresser [2]	*to attack*	tu m'agresses avec tes questions
assaillir [2]	*to assail* (often occurring as an infinitive or past participle)	être assailli de questions / par les journalistes
attaquer [2]	*to attack* (see below)	il faut attaquer le mal à sa racine
s'attaquer à [2]	*to attack* (the reflexive form is stronger than the non-reflexive ; see above)	ils se sont tous attaqués au gouvernement / au problème
critiquer [2]	*to criticize*	elle critique tout ce que je fais
dénigrer [2]	*to denigrate*	il dénigre systématiquement les propositions de ses collègues
faire le procès de [2]	*to put on trial, to make a case against*	un long discours qui fait le procès de la peine de mort
injurier [2]	*to insult*	d'accord, j'ai tort, ce n'est pas une raison pour m'injurier
insulter [2]	*to insult*	oui, je l'ai frappé, mais il m'avait insulté
mettre en cause [2]	*to call into question*	un rapport qui met en cause sa compétence / sa bonne foi
s'en prendre à [2]	*to attack, to blame*	il n'y avait personne, elle s'en est prise à la standardiste
engueuler [1*]	*to give (someone) a rocket*	il s'est fait engueuler par son patron

attendre

to wait

guetter 3–2	*to wait for* (anxiously)	j'ai désespérément guetté l'arrivée du bus
se morfondre 3–2	*to fret* (often used in conjunction with **en attendant**)	je me suis morfondu en attendant
attendre 2	*to wait, to wait for*	je l'ai attendue une demi-heure à la gare
patienter 2	*to be patient*	excusez-moi de vous avoir fait patienter
faire le poireau 1	*to kick one's heels*	j'ai fait le poireau deux heures dans le couloir
poireauter 1	*to kick one's heels*	j'ai dû poireauter ici pendant que ma femme finit ses achats

attente

expectation, waiting

expectative f 3–2	*expectancy*	la famille des otages est toujours dans l'expectative
ambition f 2	*ambition*	l'ambition de réussir
aspiration f 2	*aspiration*	il a de hautes aspirations
attente f 2	*expectation, waiting* (often with an uncertain outcome)	l'attente a été longue; un produit qui répond à l'attente du consommateur
attentisme m 2	*policy of wait and see* (often used with a political connotation)	l'attentisme n'est pas toujours la meilleure des politiques
espérance f 2	*hope, expectation* (**espérance** and **espoir** are interchangeable in some instances, but each is also restricted to certain expressions)	l'espérance en Dieu / de vie; il garde l'espérance de jours meilleurs; foi, espérance et charité

| **espoir** m [2] | *hope, expectation* (**espérance** and **espoir** are interchangeable in some instances, but each is also restricted to certain expressions) | conserver/garder un espoir ; l'espoir en Dieu ; il n'a plus d'espoir ; j'ai de l'espoir ; dans l'espoir de te voir bientôt ; l'espoir du tennis américain |
| **prévision** f [2] | *(weather) forecast* | les prévisions météorologiques |

---

attentif   attentive

prévenant [3–2]	*considerate, thoughtful*	une hôtesse prévenante
appliqué [2]	*careful, assiduous*	un élève appliqué
assidu [2]	*assiduous, painstaking*	un étudiant assidu ; une lecture assidue
attentif [2]	*attentive* (to what is being said)	un auditoire / un spectateur attentif
attentionné [2]	*full of consideration* (for someone)	une épouse attentionnée
concentré [2]	*concentrating* (hard), *concentrated*	ne me dérange pas, je suis concentré ; une expression concentrée

---

atterrir   to land

amerrir [2]	*to land* (on the sea)	la cabine spatiale a amerri sans encombre
atterrir [2]	*to land* (on the ground, moon or another planet)	l'avion a pu atterrir avec un seul moteur ; on a atterri à trois heures
se poser [2]	*to land* (from flight, especially of an aircraft)	l'avion s'est posé sur la piste une heure en retard ; l'oiseau s'est posé sur la branche
alunir [1]	*to land* (on the moon)	c'est la première fusée à alunir

attrayant   attractive

alléchant 2	*attractive, appetizing*	une odeur / de la nourriture / une situation alléchante ; voilà une proposition bien alléchante ! ; le salaire est très alléchant
appétissant 2	*apppetizing* (of food ; see below)	un dessert appétissant ; hum, tout ça n'a pas l'air bien appétissant
attirant 2	*attractive* (of a person)	je vous trouve très attirante
attractif 2	*attractive* (of a person), *that which attracts* (like a magnet) (less used than English *attractive*)	le programme de réjouissances est très attractif ; la force attractive de l'aimant
attrayant 2	*attractive* (of a person or object)	des couleurs attrayantes ; une proposition / une brochure attrayante ; il s'est arrangé pour paraître sous un jour attrayant
captivant 2	*captivating*	un livre / un récit captivant ; j'ai trouvé que son rapportage était captivant
charismatique 2	*charismatic*	un homme politique / une personnalité charismatique ; c'est le délégué le plus charismatique que le parti ait connu
fascinant 2	*fascinating*	mon quotidien est moins fascinant que tu n'imagines ; le charme fascinant des pays lointains
séducteur 2	*seductive* (a stronger and more active word than **séduisant**)	il est très séducteur avec ses grands yeux bleus
séduisant 2	*attractive*	c'est un homme très séduisant ; avec les années elle s'est transformée en une séduisante jeune femme ; je trouve l'idée séduisante
appétissant 1	*delectable* (of a woman ; see above)	elle est plutôt appétissante, la voisine
sexy 1	*sexy* (an invariable adjective)	elle avait un accent plein de charme, très prenant, très sexy
bandant 1*	*attractive* (with a sexual connotation), *which 'turns on'* (of an object)	elle est vachement bandante, ton idée ; une moto bandante ; il est vraiment pas bandant, son mec

attrister
to sadden

most of the verbs in this frame are often used as past participles

accabler 3	*to overwhelm* (with grief)	accablé de chagrin, il ne disait rien
affliger 3	*to afflict, to distress*	c'était vraiment cruel, il en a été très affligé
fâcher 3	*to grieve, to sadden, to distress*	la réaction du public l'avait profondément fâché
navrer 3–2	*to grieve, to sadden, to distress* (suggesting very strong feelings)	la nouvelle de la mort de ta mère m'a sincèrement navrée
attrister 2	*to sadden*	la nouvelle de son départ l'a beaucoup attristé
chagriner 2	*to distress, to upset*	ta décision de partir me chagrine beaucoup
désoler 2	*to distress, to upset*	désolé, je ne peux pas venir ce soir
faire de la peine à 2	*to distress, to upset* (by far the commonest expression in this frame)	j'ai dû annuler mes vacances, ça me fait de la peine, je t'assure
peiner 2	*to distress, to upset*	ça me peine de te voir pâle comme ça

aube
dawn

all the words and expressions in this frame are often also used to mean *early*

point du jour m / **pointe du jour** f 3	*daybreak*	au point du jour; il est debout dès le point du jour; j'aime écouter les oiseaux chanter à la pointe du jour
aurore f 3–2	*dawn* (used both in the singular and plural)	ils se sont levés dès l'aurore pour aller pêcher; elle se lève tous les jours aux aurores / à/dès l'aurore
aube f 2	*dawn*	il n'est rentré qu'à l'aube
lever du soleil m 2	*sunrise*	au lever du soleil, il n'y avait personne sur la plage

| **premières lueurs** fpl [2] | *first light* | aux premières lueurs; dès les premières lueurs du jour |
| **petit matin** m [2] | *sunrise* | ils sont partis au petit matin |

---

augmenter
used transitively
see also **augmenter** used intransitively

to increase

accroître [3]	*to augment, to increase*	accroître sa fortune / son patrimoine; une information précise accroîtrait la confiance du consommateur
agrandir [3]	*to make bigger*	agrandir une table / une pièce / un vêtement; on a agrandi notre maison
aller crescendo [3–2]	*to become bigger and bigger*	les intérêts de la dette allaient crescendo; l'intérêt du public pour le cinéma va crescendo
amplifier [2]	*to amplify, to increase*	les journaux ont amplifié la rumeur qui circulait déjà; nous devons amplifier nos efforts pour les aider; il faudrait un micro pour amplifier la musique
augmenter [2]	*to increase*	augmenter le nombre de postes disponibles; ils ont augmenté le loyer
développer [2]	*to develop*	ils ont développé l'entreprise familiale; c'est un exercice qui développe leur intelligence / leur habileté
dilater [2]	*to dilate, to expand, to cause to swell*	la chaleur lui dilatait les veines; l'estomac dilaté par un bon repas (*used humorously*)
doubler [2]	*to double*	voilà qui nous permettra de doubler nos bénéfices
étendre [2]	*to extend*	nous avons étendu nos investissements aux pays du tiers-monde
grossir [2]	*to increase*	une acquisition qui vient grossir le capital de l'entreprise
multiplier [2]	*to increase*	multiplier les possibilités de croissance économique; multiplier les exemplaires d'un texte; le concours multiplie les difficultés pour les candidats

faire pousser 2	*to grow* (plants)	le jardinier fait pousser des plantes / des fleurs ; je vais essayer de faire pousser du basilic sur mon balcon
faire prospérer 2	*to cause to prosper*	faire prospérer une affaire / un commerce ; une restructuration ferait prospérer l'entreprise
tripler 2	*to treble, to triple*	voilà qui nous permettra de tripler nos bénéfices

---

augmenter
used intransitively
see also **augmenter** used transitively

to become bigger, to go up, to grow

croître 3	*to grow* (of a person, plant or number) (much less common than **s'accroître**)	elle croît en beauté et en sagesse ; croissez et multipliez (*a biblical expression*)
s'accroître 2	*to increase*	leur nombre s'était dangereusement accru ; sa fortune s'est accrue considérablement ces dernières années
s'amplifier 2	*to grow, to expand*	la rumeur s'est amplifiée
augmenter 2	*to become bigger, to go up, to grow*	la population / la fortune / le volume / le prix / le nombre augmente ; les prix n'ont pas augmenté depuis l'année dernière
se développer 2	*to develop*	l'industrie / l'idée / le commerce se développe ; un environnement chaleureux où les enfants se développent harmonieusement
se dilater 2	*to dilate, to expand*	le métal s'est dilaté sous l'action de la chaleur
doubler 2	*to double*	l'entreprise / ta fille a doublé de taille ; attendez que la pâte soit doublée de volume
grandir 2	*to grow*	qu'est-ce qu'elle a grandi, cette petite ! ; il n'a pas grandi d'un pouce
grossir 2	*to get bigger, to get fatter*	elle a grossi après son troisième enfant
se multiplier 2	*to increase, to have many children / offspring* (of both humans and animals)	c'est alors que les difficultés se sont multipliées ; nos lapins se sont multipliés comme … des lapins

pousser [2]	*to grow* (of a plant)	une plante / une fleur pousse ; il pousse bien, ton ficus
prospérer [2]	*to prosper*	une industrie / une affaire prospère ; depuis son rachat la société prospère
tripler [2]	*to treble, to triple*	l'entreprise a triplé de taille depuis 1986

austère   austere

claustral [3]	*monastic*	la vie claustrale ; il régnait un silence claustral
ascétique [3–2]	*ascetic*	une vie / une personne ascétique ; il s'est replié sur lui-même et mène une existence ascétique
calviniste [3–2]	*calvinist, calvinistic*	la doctrine / la religion calviniste ; une attitude calviniste
austère [2]	*austere*	une vie / une personne / une attitude austère ; tu devrais adopter une coiffure moins austère
frugal [2]	*frugal*	une nourriture frugale ; il se contenta d'un repas frugal et alla se coucher
monacal [2]	*monastic*	la vie monacale ; depuis ton départ, je mène une vie monacale
puritain [2]	*puritan, puritanical*	la morale puritaine ; j'ai eu une éducation très puritaine
rigoriste [2]	*austere, morally rigid*	une éducation / une opinion rigoriste ; ils restent rigoristes malgré l'évolution des moeurs
sec [2]	*hard, rigid*	un coeur sec ; un homme froid et sec ; il m'a répondu sur un ton très sec
sobre [2]	*sober*	une tenue / un style sobre ; elle est toujours vêtue de façon très sobre
spartiate [2]	*spartan*	des conditions spartiates ; les athlètes sont soumis à un entraînement spartiate

| **stoïque**
2 | *stoical* | une personne / une attitude stoïque ; je n'ai pas pu rester stoïque et refuser cet excellent dessert |

---

auteur   author

littérateur m 3	*person concerned with literary activity*	un piètre littérateur
prosateur m 3	*prose-writer*	il est surtout connu pour ses poèmes, mais c'est un prosateur de talent
femme f / **homme** m **de** **lettres** 3–2	*woman/man of letters*	un homme de lettres de grand renom
auteur m 2	*author*	un auteur de romans policiers ; des corrections d'auteur
dramaturge m 2	*dramatist*	c'est l'oeuvre d'un dramaturge célèbre
écrivain m 2	*writer*	une femme écrivain ; elle est écrivain
poète m 2	*poet*	il est poète à ses heures
romancier m / **romancière** f 2	*novelist*	elle a un véritable talent de romancière

---

autobus   bus

| **autobus/bus** m
2 | *bus* (in a town) | on prend l'autobus pour aller au centre ville |
| **autocar/car** m
2 | *coach* (linking towns) | on prend l'autocar pour aller à la ville voisine |

autour de   around

aux alentours de 3–2	*in the region of, near, about*	quand vous arriverez aux alentours de Nantes ; aux alentours de huit heures ; elle gagne aux alentours de 20 000F par mois
aux abords de 2	*about, near* (of place)	aux abords de la ville
à peu près 2	*approximately, about*	il gagne à peu près quinze mille francs par mois
approximative-ment 2	*approximately, about*	cela fait approximativement dix pour cent
autour de 2	*around* (of place or time)	il y avait une foule autour d'elle ; elle a autour de cinquante ans
aux environs de 2	*around* (usually of time)	elle est arrivée aux environs de dix heures

autrefois   formerly, once upon a time

par avance 3	*in advance*	leur union avait été décidée par avance
jadis 3	*formerly, in times past*	comme cela se passait jadis
naguère 3	*a little time ago, recently*	comme cela se passait naguère
dans le temps jadis 3	*formerly, in times past*	cela se passait aussi dans le temps jadis
antérieurement 2	*formerly*	comme nous l'avons signalé antérieurement
auparavant 2	*before, beforehand*	la maison avait été vendue un mois auparavant ; vous obtiendrez votre avancement, mais auparavant vous devrez effectuer un stage
autrefois 2	*formerly, once upon a time*	autrefois, elle habitait une belle maison

à l'avance 2	*in advance*	préviens-moi à l'avance ; je m'y suis pris trois semaines à l'avance	
d'avance 2	*in advance*	elle est arrivée avec dix minutes d'avance ; je ne pouvais pas savoir d'avance ce qui allait arriver	
dans/par le passé 2	*in the past*	dans/par le passé les légumes avaient du goût	
dans le temps 2	*in the past*	dans le temps on s'amusait plus	
préalablement 2	*beforehand, first*	non sans avoir préalablement rempli un formulaire	
précédemment 2	*before, previously*	si le cas se présente, vous agirez comme précédemment	
avant 1	*once, before*	avant, il était comptable ; ça ne sera plus jamais comme avant	

---

avance   advance

marche f 3–2	*progress, course, march (of history)*	la marche des événements / du temps / de l'histoire ; rien ne pouvait arrêter la marche du progrès
avance f 2	*advance (of time, money or an army)*	une avance d'un quart d'heure ; je vous fais une petite avance, vous me rembourserez après ; l'avance des troupes ennemies a été stoppée ; faire des avances (= *to make amorous advances*) ; si elle ose encore te faire des avances, gare à elle !
avancée f 2	*projecting part, leap*	là où le bras de mer fait une avancée dans la côte ; le cours en bourse a fait une avancée spectaculaire
avancement m 2	*advance (in a career)*	il n'a aucun espoir d'avancement dans la compagnie
cours m 2	*course*	au cours de l'histoire / de la vie
déroulement m 2	*unfolding*	le déroulement des événements

développement m [2]	*development*	le développement d'une idée / des événements / d'une carrière / d'une industrie ; l'aide au développement ; les pays en voie de développement
évolution f [2]	*development*	l'évolution de la vie / des moeurs ; je m'inquiète de l'évolution des moeurs
progrès m [2]	*progress, development*	le progrès d'une carrière / de la science ; on peut noter un léger progrès du franc sur le marché ; faire des progrès
promotion f [2]	*promotion* (in career)	arroser/fêter sa promotion ; une promotion méritée/attendue

---

avare   miserly

avaricieux [3]	*miserly* (often with a humorous connotation)	je laisse quand même un pourboire, ne soyons pas avaricieux !
avare [2]	*miserly* (much more common than **avaricieux**)	ils sont tellement avares que tu n'imaginerais jamais qu'ils sont riches
mesquin [2]	*mean* (not only of money)	un esprit mesquin ; une attitude mesquine ; des petits calculs mesquins
pingre [2]	*stingy, niggardly* (occurring more often as a noun)	elle est un peu pingre ; il est tellement pingre qu'il ne m'a jamais payé un pot
regardant [2]	*careful with money*	il n'a jamais été regardant à la dépense
chiche [2–1]	*mean*	tu as vu les portions, ils sont chiches avec la nourriture !
dur à la détente [1]	*mean, reluctant to part with money*	j'ai déjà demandé trois fois une augmentation, mais ils sont durs à la détente
radin [1]	*tight-fisted*	ne sois pas radine !

---

aveuglement   blindness

| **aveuglement** m [3] | *moral blindness* | j'étais dans l'aveuglement, vous m'avez ouvert les yeux |

| **cécité** f
 2 | *physical blindness* | atteint d'une cécité complète |

---

avocat   lawyer, barrister

administrateur de biens m 2	*trustee*	tant qu'il n'est pas majeur, sa fortune est gérée par un administrateur de biens
avocat m 2	*lawyer, barrister*	mon avocat m'a très bien défendu
avoué m 2	*solicitor* (but who can also represent clients in important cases; thus sometimes = *lawyer*)	un cabinet d'avoué
juge d'instruction m 2	*examining magistrate*	le juge d'instruction refuse de la relâcher
juriste m 2	*anyone whose profession is the law*	une querelle de juristes
notaire m 2	*solicitor*, *notary* (who usually authenticates certificates, contracts, etc)	la vente de la maison a eu lieu chez le notaire

---

avoir   to have

disposer de 3–2	*to have at one's disposal*	elle dispose d'une fortune considérable / de beaucoup de moyens; vous disposerez d'une voiture de fonction
jouir de 3–2	*to enjoy*	elle jouit d'une excellente réputation; elle jouit d'une santé de fer
avoir 2	*to have*	j'ai une maison à la campagne; j'ai deux sœurs
détenir 2	*to hold, to have*	détenir un record / un secret / un otage / l'exclusivité de quelque chose; le brevet est détenu par une société américaine
posséder 2	*to possess*	il a perdu tout ce qu'il possédait

bafouiller — to splutter, to babble, to stammer

bafouiller 2 — *to splutter, to splutter out, to babble, to stammer* (but not from a disability) — il a bafouillé des excuses ; je n'ai pas pu m'empêcher de bafouiller

balbutier 2 — *to speak indistinctly, to mumble* — il balbutiait sous le coup de l'émotion

bégayer 2 — *to stammer* (from disability) — depuis son accident il bégaie

bredouiller 2 — *to mumble* — il a bredouillé quelques mots de remerciement ; il bredouillait dans son délire

baragouiner 2–1 — *to jabber on about* — qu'est-ce que tu baragouines encore ? ; il a baragouiné quelque chose en anglais

bagarre — fight, brawl, fighting

échauffourée f 3 — *brawl, clash* — les gendarmes sont arrivés pour interrompre l'échauffourée

rixe f 3 — *violent brawl* (often used in a legal context) — une rixe éclata au bal entre deux bandes rivales

bagarre f 2 — *fight, brawl, fighting* — il aime la bagarre

baroud m 2 — *last-ditch stand* (usually combined with **d'honneur**) — un baroud d'honneur

bataille f 2 — *battle* — une bataille de rue ; une bataille rangée

corps à corps m 2 — *fight* (between two people) — après un violent corps à corps

dispute f 2 — *dispute, quarrel* (not necessarily physical) — après des années de disputes ils finirent par divorcer

(faire) du grabuge 2 — *(to kick up a) rumpus* — les voisins ont fait du grabuge toute la nuit

mêlée f 2 — *scrap, scuffle* (a less strong word than **bagarre**) — il se jeta dans la mêlée

| **querelle** f | *quarrel* | une petite querelle d'amoureux |
| 1 | | |

| **du vilain** m | *nasty incident* | il va y avoir du vilain, on se tire |
| 1 | | |

---

bague   ring

| **alliance** f | *wedding ring* | porter une alliance ; il lui passa l'alliance au doigt |
| 2 | | |

| **anneau** m | *ring* (often decorative), *any circular object* (usually metallic) | l'anneau d'un tronc d'arbre ; l'anneau autour d'une planète ; elle avait des anneaux d'or aux oreilles ; il a attaché le bateau à un anneau |
| 2 | | |

| **bague** f | *ring* | elle avait une bague de fiançailles au doigt ; il collectionne les bagues de cigare |
| 2 | | |

| **chevalière** f | *signet ring* | une chevalière aux armes de sa famille |
| 2 | | |

| **coup de poing américain** m | *knuckle duster* | il m'a attaqué avec un coup de poing américain |
| 2 | | |

---

baisser   to lower

| **abaisser** | *to lower* (less common than **baisser**) | abaisser la hauteur du mur / les prix ; le barrage a permis d'abaisser le niveau du fleuve |
| 2 | | |

| **baisser** | *to lower* (usually used literally, but sometimes figuratively) | baisser les prix / la tête / le son / un store ; sa valeur a beaucoup baissé ; elle baissait les yeux |
| 2 | | |

| **diminuer** | *to lower, to diminish* | diminuer la hauteur / le prix ; cela ne diminue en rien votre mérite |
| 2 | | |

| **rabaisser** | *to lower* (only used figuratively) | rabaisser le prix / la valeur de quelque chose ; tu rabaisses ton importance à ses yeux |
| 2 | | |

| **rabattre** | *to bring (back) down, to put back down* | rabattre le couvercle sur la marmite / le capot d'une voiture ; elle n'a pas voulu rabattre un centime du prix |
| 2 | | |

balancer
to swing

balancer [2]	*to swing*	balancer les bras / les jambes; il balance ses bras dans tous les sens
bercer [2]	*to rock*	bercer un enfant; il se laissait bercer par les vagues

balançoire
swing, see-saw

escarpolette f [2]	*swing* (a slightly old-fashioned word)	installez-vous sur l'escarpolette
balançoire f [2]	*swing, see-saw*	on va faire de la balançoire
tape-cul m [2]	*swing*	tu fais du tape-cul avec moi?

balle
ball

balle f [2]	*ball* (usually small)	une balle de tennis; jouer à la balle
ballon m [2]	*ball* (usually large), *balloon*	un ballon de foot; une partie de ballon; monter en ballon
bille f [2]	*marble, billiard ball*	une bille de verre; jouer aux billes; un sac de billes
boule f [2]	*ball* (usually solid), *bowl, snowball*	une boule de pétanque / de billard; jouer aux boules; une boule de neige
boulet m [2]	*cannon ball, nut* (of coal)	un boulet de canon / de charbon; le mur de la forteresse a été abattu à coups de boulet
boulette f [2]	*small ball* (of compressed material)	une boulette de pain / de papier
cochonnet m [2]	*jack* (in bowls)	un cochonnet de pétanque; lancer le cochonnet
montgolfière f [2]	*hot air balloon*	monter en montgolfière

| **pelote** f
 2 | *ball of wool, ball* (for game of **pelote**) | une pelote de laine; il a lancé la pelote contre le mur de toutes ses forces |

---

banlieue   suburbs

abords mpl 2	*outskirts* (of a town)	aux abords de la ville
alentours mpl 2	*surrounding area* (of a town)	aux alentours de la ville; Rouen et ses alentours
banlieue f 2	*suburbs* (a more modern word than **faubourg**)	en banlieue parisienne
environs mpl 2	*surrounding area* (more distant and vague than **faubourg**)	les environs de Paris comprennent Versailles et Fontainebleau
faubourg m 2	*suburb* (disappearing from use)	l'accent du faubourg
zone f 2–1	*poor area, outskirts* (of a town)	ah, c'est la zone, tu vois, ici

---

baraque   hut, shack

galetas m 3	*hovel*	un immonde galetas
baraque f 2	*hut, shack, poor dwelling* (see below)	il habite une vieille baraque délabrée
baraquement m 2	*group of shacks, group of huts*	ils campent dans le baraquement qui est derrière l'usine
bicoque f 2	*poorly built house, dump*	une bicoque sans eau ni électricité
bouge m 2	*hovel*	c'est un véritable bouge
masure f 2	*wretched, squalid dwelling*	une famille de six enfants tenait dans cette masure

taudis m [2]	*hovel*, *slum*	un taudis infesté par les rats
baraque f [1]	*house* (with a humorous connotation) (see above)	une superbe baraque

---

barre   bar

barre f [2]	*bar* (not set into anything at ends, bigger and stronger than **barreau**; also of chocolate)	un exercice de barres parallèles; une barre de chocolat
barreau m [2]	*bar* (filling a specific space)	un lit à barreaux; les barreaux d'une prison / d'une chaise / d'une fenêtre / d'une balustrade
lingot m [2]	*gold bar*, *ingot*	l'or est coulé dans des lingots

---

barrière   gate

barrière f [2]	*gate* (of wood or metal)	la barrière à l'extrémité du champ
grille f [2]	*gate* (of metal)	la grille du jardin
portail m [2]	*portal* (of a church) (often impressive), *any gate of a property, large or small*	le portail d'une église / d'une cathédrale; le guide signala le portail roman de l'église; le portail est en fer forgé
porte f [2]	*gateway* (to a walled city)	la porte St Denis à Paris; la porte Brandebourg à Berlin
portillon m [2]	*gate*, *barrier* (in the Underground)	le portillon automatique du métro
tourniquet m [2]	*barrier* (in a supermarket), *turnstile* (in a museum or stadium)	introduire votre billet pour actionner le tourniquet

base   basis

assises fpl 3	*foundation* (used figuratively only; see below)	les assises scientifiques de la théorie
assises fpl 2	*foundations* (a building term; see above)	les assises d'un mur / d'un bâtiment
base f 2	*basis, foundation* (used both literally and figuratively; less formal than **fondement**)	la base de sa doctrine; il a des bases solides de maths; la base de la pyramide de Chéops
fondement m 2	*basis, foundation* (used figuratively only)	ton raisonnement manque de fondement; son accusation est dénuée de tout fondement
fondation f 2	*act of founding*	depuis la fondation de la ville
fondations fpl 2	*foundations of a building* (a more common word than **assises**)	les fondations d'un immeuble / d'un bâtiment; ils ont découvert une voûte romane sous les fondations

bateau   boat

vaisseau m 3	*large ship, vessel*	un vaisseau fantôme
barque f 2	*small rowing boat*	on est allé se promener sur le lac en barque
bateau m 2	*boat*	j'aime regarder les bateaux passer le long de la côte
bâtiment m 2	*large ship* (as in a navy)	un bâtiment de guerre; affréter un bâtiment
canoë m 2	*canoe*	on fait du canoë dans/sur les rapides
canot m 2	*small rowing boat*	on a fait une partie de canot sur la rivière
chaland m 2	*barge* (a less common word than **péniche**)	le chargement sera acheminé sur des chalands
croiseur m 2	*cruiser* (a technical term)	un croiseur léger / lourd

cuirassé m [2]	*battleship* (a technical term)	la flotte comporte trois cuirassés
embarcation f [2]	*any small craft*	une frêle embarcation ; l'embarcation a chaviré
kayak m [2]	*kayak*	un kayak esquimau
navire m [2]	*ship*	un navire de guerre / de commerce / de plaisance
paquebot m [2]	*liner*	une croisière sur un paquebot de luxe
péniche f [2]	*barge*	les péniches qui parcourent les fleuves de France
pirogue f [2]	*dugout canoe* (in Africa and Asia)	ils creusent des pirogues dans les troncs d'arbres
planche à voile f [2]	*sailboard, windsurfer*	faire la planche à voile
sous-marin m [2]	*submarine*	un sous-marin torpilleur
yacht m [2]	*yacht*	il nous a invités à bord de son yacht
rafiot m [1]	*boat* (with a pejorative connotation)	si tu crois que je vais m'embarquer sur ce rafiot !

---

bâtiment building

bâtiment m [2]	*building*	j'habite le bâtiment B, troisième étage ; les bâtiments construits après la guerre
bâtisse f [2]	*big building* (not necessarily ugly)	une vieille bâtisse ; la faculté est une énorme bâtisse en béton
building m [2]	*large, modern building* (like **gratte-ciel**)	un grand building tout en verre
construction f [2]	*building* (often with an emphasis upon its architecture)	c'est de la bonne construction ; c'est une construction d'inspiration art nouveau

édifice m [2]	*building* (imposing)	l'édifice accueillera les bureaux de la mairie et la bibliothèque municipale
gratte-ciel m [2]	*sky-scraper* (only used for American sky-scrapers; invariable in the plural)	les gratte-ciel de New York
immeuble m [2]	*large building* (in a town, consisting of several storeys)	ils habitent dans un grand immeuble; c'est un immeuble de huit étages
tour f [2]	*tower block* (European equivalent of US sky-scraper)	la Tour Montparnasse; les Tours de la Défense

---

bâton   stick

badine f [3]	*rod* (thin and flexible)	il se servait d'une badine comme cravache
houlette f [3]	*crozier* (of a bishop, but a less common word than **crosse** in this sense), *shepherd's crook*	la houlette du berger
verge f [3]	*rod, cane* (for punishment)	des coups de verge
baguette f [2]	*stick, conductor's baton, long loaf of French bread*	la baguette du chef d'orchestre; une baguette de tambour; une baguette de pain
bâton m [2]	*stick*	taper sur quelqu'un à coups de bâton; la carotte et le bâton (= *the carrot and the stick*)
canne f [2]	*walking stick, rod, cane*	il marchait à l'aide d'une canne; une canne à pêche; la canne à sucre (= *sugar cane*)
crosse f [2]	*crozier* (of a bishop), *golf club*	la crosse de l'évêque; une crosse de golf
gaule f [2]	*long rod*	on fait tomber les noix à l'aide d'une gaule
gourdin m [2]	*heavy, roughly made club* (like **massue**)	ils l'ont assommé d'un coup de gourdin
massue f [2]	*heavy, roughly made club* (as used by primitive man)	il se servit du chandelier comme d'une massue

matraque f 2	*truncheon* (of the police)	ils l'ont battu à coups de matraque
trique f 2	*cudgel*	donner des coups de trique

---

battre to hit, to batter

rouer de coups / rouer 3–2	*to thrash, to beat*	son père le rouait de coups
battre 2	*to hit, to batter*	un enfant battu; une femme battue (= *a battered wife*)
donner une claque / une fessée / une râclée à 2	*to thump (someone), to give (someone) a belt/belting* (on face: **claque**; on behind: **fessée**; anywhere: **râclée**)	si tu répètes encore ça, je te donne une claque / une fessée / une râclée
frapper 2	*to strike, to hit*	elle l'a frappé au visage
malmener 2	*to treat roughly*	il a été malmené par ses ravisseurs
maltraiter 2	*to ill-treat*	maltraiter un enfant / un animal; des malades se sont plaints d'avoir été maltraités
matraquer 2	*to whack with a truncheon*	il s'est fait matraquer à la sortie du stade
passer à tabac 2	*to beat up, to work over* (someone who cannot defend himself/herself)	la police l'a passé à tabac pour le faire parler
rosser 2	*to thrash*	il s'est fait rosser par un voyou
arranger la cravate à 2–1	*to sort (someone) out*	ferme-la, ou je t'arrangerai la cravate
arranger le portrait à 1	*to bash (someone's) face in*	amène-toi par ici, que je t'arrange le portrait

casser la figure à [1]	*to belt (someone), to give (someone) a good hiding*	retenez-moi ou je lui casse la figure
cogner [1]	*to bang, to bash*	si on me cherche, je cogne
flanquer une branlée / une volée à [1]	*to belt (someone), to give (someone) a good hiding*	je vais lui flanquer une bonne volée, tu verras qu'il comprendra
tabasser [1]	*to beat up*	il s'est fait tabasser par les flics
casser la gueule à [1*]	*to wallop (someone), to give (someone) a bloody good hiding*	je ne sais pas ce qui me retient de lui casser la gueule
foutre une branlée / une volée à [1*]	*to wallop (someone), to give (someone) a bloody good hiding*	je ne sais pas ce qui me retient de lui foutre une bonne branlée
foutre sur la gueule [1*]	*to give (someone) a helluva wallop*	pour ce qu'il a fait à ma soeur, j'aurais dû lui foutre sur la gueule

---

se battre   to fight

se colleter [3]	*to tussle (used literally and figuratively)*	je me collette avec la dure réalité; ils se sont colletés comme des enragés
en découdre avec [3]	*to fight*	j'aurais préféré éviter d'avoir à en découdre avec lui
livrer bataille à [3]	*to give battle to*	il a livré bataille à l'adversaire
lutter contre [3–2]	*to struggle against* (as an individual or in a group), *to fight (used literally and figuratively)*	lutter contre le racisme; luttons ensemble pour un avenir meilleur
batailler [2]	*to fight (usually used figuratively)*	il nous a fallu batailler avec lui pour le convaincre
se battre avec/pour [2]	*to fight*	il s'est battu avec son frère; elle se bat pour la paix dans le monde

combattre [2]	*to fight* (as an individual or in a group)	combattre l'ennemi ; il a courageusement combattu la maladie jusqu'à la fin
s'expliquer [2]	*to have it out* (used euphemistically)	ils se sont expliqués un peu violemment
se taper dessus [2]	*to wade into each other*	j'ai dû les séparer, ils commençaient à se taper dessus
en venir aux mains [2]	*to come to blows*	ils en sont rapidement venus aux mains

---

beaucoup de

many, much, a lot of

légion [3]	*legion* (invariable in the plural)	ses frères et ses soeurs étaient là et ils sont légion ! ; il a fallu trouver un spécialiste et ils ne sont pas légion
maints/maintes [3]	*many, many a*	je l'ai pourtant prévenu maintes et maintes fois / à maintes reprises
bon nombre / nombre de [3]	*a good number of* (if the expression is the subject, the following verb is plural)	bon nombre d'entre eux sont méchants
innombrable [3–2]	*innumerable, vast* (of a crowd)	une foule innombrable se bouscule dans les magasins ; d'innombrables invités
beaucoup de [2]	*many, much, a lot of*	il y avait beaucoup de monde ; j'ai eu beaucoup de mal à le contacter ; il y a beaucoup de voitures sur le périphérique ce matin
bien de la / du / des [2]	*many, much*	il a bien de la chance ; j'ai lu bien des livres sur la France ; tu t'es donné bien du mal
énormément de [2]	*lots of*	il y avait énormément de monde ; ça a coûté énormément d'argent
un monde fou [2]	*tons of people*	il y a un monde fou sur la plage
nombreux [2]	*numerous*	de nombreux Britanniques traversent la Manche chaque été

en pagaille 1	*tons of*	des mecs comme lui, il y en a en pagaille
plein de 1	*lots of, stacks of* (invariable in the plural)	il y en a plein ; il y a plein de chaises / de gens / de monde / de voitures
vachement de 1	*stacks*	il y avait vachement de monde en ville aujourd'hui

---

bêche   spade

| **bêche** f
 2 | *spade* (for the garden) (an agricultural term) | le jardinier se sert d'une bêche |
| **pelle** f
 2 | *spade* (for a child), *shovel* (for building, or moving rubble) | donner un coup de pelle ; un petit garçon jouait dans le sable avec une pelle et un seau |

---

bicyclette   bicycle/cycle

petite reine f 3	*bicycle*	1936 : c'était le Front populaire, les congés payés et on partait en petite reine
bicyclette f 2	*bicycle, cycle*	elle a fait un tour de bicyclette
deux-roues m 2	*bicycle* (but also including any transport on two wheels, eg **mobylette**)	les deux-roues sont interdits sur les autoroutes
tandem m 2	*tandem*	on s'est mis tous les deux sur le tandem
tricycle m 2	*tricycle*	mon petit frère a eu un tricycle pour Noël
vélo m 2–1	*bike*	il va à l'école en (R1) / à vélo
bécane f 1	*bike* (but a less common word than **vélo**)	tu me prêtes ta bécane pour aller faire des courses ?
clou m 1	*bike* (old and in a poor state of repair)	c'est un vieux clou

biens possessions

patrimoine m 3–2	*patrimony, inheritance*	son patrimoine lui vient de ses parents ; la souscription permettrait de garder le tableau dans le patrimoine national
affaires fpl 2	*belongings* (of less importance than **biens**)	je ne trouve plus mes affaires
avoirs mpl / **avoir** m 2	*assets, holdings*	elle a bien géré ses modestes avoirs ; tout son avoir est déposé à la banque
biens mpl 2	*possessions*	il a dilapidé tous ses biens au jeu
possessions f 2	*possessions* (property, money, jewels)	ses possessions étaient immenses
propriété f 2	*property*	elle a une belle propriété à la campagne

bientôt soon

dans un proche avenir 3–2	*in the near future*	le ministre se rendra à Lille dans un proche avenir
dans les meilleurs / les plus brefs délais 3–2	*very soon* (used in written correspondence and formal radio broadcasts)	vous êtes prié de vous présenter dans les meilleurs / les plus brefs délais
d'ici peu 3–2	*shortly*	je vous enverrai une lettre d'ici peu
sous peu 3–2	*shortly*	je vous enverrai une lettre sous peu
bientôt 2	*soon*	à bientôt ; j'espère vous revoir bientôt
tout à l'heure 2	*presently*	je reviens tout à l'heure ; à tout à l'heure
prochainement 2	*shortly* (used in journalistic style)	le ministre se rendra à Lille prochainement

| **tantôt** | *soon, presently* (somewhat | il le fera tantôt; à tantôt |
| 2 | old-fashioned or regional) | |

---

billet   ticket

| **récépissé** m | *(acknowledgement of) receipt* | quand vous recevrez le chèque, veuillez |
| 3–2 | | m'envoyer un récépissé |

billet m	*ticket*	un billet d'avion / de train / de cinéma /
2		de théâtre; n'oubliez pas de composter
		votre billet

| **bulletin** m | *slip, luggage ticket* | un bulletin de vote / de consigne |
| 2 | | |

| **étiquette** f | *price tag, label* (on a | l'étiquette indique le prix / la marque |
| 2 | packet) | |

| **reçu** m | *receipt* | il m'a donné un reçu; n'oubliez pas votre |
| 2 | | reçu |

ticket m	*ticket* (smaller and cheaper	un ticket de métro / de bus / de parking /
2	than a **billet**)	de restaurant; on vous l'échangera à
		condition de présenter le ticket de caisse

---

blague   joke

| **astuce** f | *joke* (suggesting wit) | une astuce lamentable; faire des astuces |
| 2 | | |

blague f	*joke* (in word and act) (less	faire des blagues; raconter une blague; une
2	wit is required than for	mauvaise blague (= *a practical joke*)
	astuce)	

farce f	*joke, hoax* (usually an act,	une bonne/mauvaise farce; faire une farce à
2	either pleasant or	quelqu'un
	unpleasant)	

| **plaisanterie** f | *joke* (like **blague**) | une excellente plaisanterie; faire/raconter |
| 2 | | des plaisanteries |

| **tour** m | *trick* | jouer un tour à quelqu'un; il m'a encore |
| 2 | | joué un sale tour |

blesser

to harm

léser [3]	*to wrong, to harm* (used figuratively only)	léser quelqu'un / les intérêts de quelqu'un ; elle s'est sentie lésée
blesser [2]	*to harm* (used literally and figuratively)	elle s'est blessée au genou ; ta remarque l'a blessée
contusionner [2]	*to bruise* (often occurring as a past participle)	le conducteur a été légèrement contusionné
estropier [2]	*to cripple, to harm, to maim* (often used in an exaggerated way)	tu aurais pu l'estropier ; fais attention, tu vas m'estropier !
faire mal à [2]	*to hurt, to harm* (usually physically)	fais attention, tu vas te faire mal ; ça ne m'a pas fait mal
faire du mal à [2]	*to hurt* (usually used figuratively)	son départ lui a fait du mal ; il n'a pas voulu te faire de mal
faire tort à [2]	*to harm* (used figuratively only)	son caractère emporté lui fait souvent tort
meurtrir [2]	*to bruise, to wound* (like **contusionner** ; often occurring as a past participle)	les genoux tout meurtris par sa chute
nuire à [2]	*to harm* (used figuratively ; more formal than **faire du mal à**)	nuire à la réputation de quelqu'un / aux intérêts de quelqu'un ; il essaiera de vous nuire
amocher [1]	*to bash* (usually in the face), *to mess up*	l'enfant est revenu tout amoché de la bagarre ; tu t'es bien amoché en te rasant
faire bobo à [1]	*to hurt* (*someone*) (used by or to a child)	il t'a fait bobo, ton frère ?

boire

to drink

s'abreuver [3]	*to drink* (of an animal), *to quench one's thirst* (of a person)	les bêtes allaient s'abreuver à la source
se désaltérer [3]	*to slake one's thirst*	après cette longue promenade nous avions besoin d'une pause pour nous désaltérer

avaler [2]	*to swallow*	il avala le sirop en grimaçant
boire [2]	*to drink* (usually suggesting alcohol, if used without qualification)	elle boit comme un trou
boire à petits coups [2]	*to sip*	il a bu le cidre à petits coups
ingurgiter [2]	*to ingurgitate*	il a ingurgité des litres et des litres de bière
laper [2]	*to drink* (of a cat)	le chat lape son lait
prendre [2]	*to take* (a drink)	qu'est-ce que tu prends?
sabler [2]	*to drink* (champagne)	nous allons sabler du champagne ce soir, c'est mon anniversaire
siroter [2]	*to sip*	elle sirotait son verre tranquillement
se bourrer [1]	*to get drunk* (usually occurring as a past participle)	il est rentré complètement bourré
écluser [1]	*to drink heavily*	qu'est-ce qu'on a éclusé hier soir!
s'envoyer [1]	*to knock back* (quickly and large amounts)	il s'est envoyé quatre canettes de bière
picoler [1]	*to booze, to knock back* (a much more common word than **pomper**)	qu'est-ce qu'elle peut picoler!
pomper [1]	*to booze, to knock back*	qu'est-ce qu'il peut pomper!
se rincer la dalle [1]	*to swig back*	on a débouché encore une bouteille, histoire de se rincer la dalle
se taper [1]	*to knock back*	à nous deux on s'est tapé la bouteille de whisky
se péter la gueule [1*]	*to get sloshed, to get pissed*	avec un petit verre, histoire de se péter la gueule

se rincer la gueule | *to get sloshed, to get pissed* | avec un petit verre, histoire de se rincer la gueule
1*

---

boîte
box

boîte f | *box* | une boîte de bonbons / de biscuits ; une boîte à chaussures
2

boîtier m | *case* (usually small, sometimes with compartments) | un boîtier à compas ; le boîtier de l'appareil photo est très compact
2

cageot m | *wooden slatted crate* (for storing or transporting vegetables or fruit) | des cageots de fruit / de légumes ; il en a acheté un plein cageot
2

caisse f | *wooden box* (for storing or carrying) | des caisses de vaisselle / de livres ; les déménageurs déchargeaient les caisses
2

carton m | *cardboard box* | un carton de chaussures ; des cartons de livres
2

casier m | *pigeon-hole* (for letters), *locker* | il a mis les lettres dans les casiers ; chacun d'entre vous dispose d'un casier pour ses affaires personnelles
2

coffre m | *chest* (for storing linen, toys, etc), *safe* (in a bank) | un coffre à jouets ; les bijoux sont en sécurité dans un coffre à la banque
2

coffre-fort m | *strong box, safe* | les bijoux sont dans le coffre-fort
2

coffret m | *casket* (for jewels), *presentation box* | un coffret de chocolats / de pâtes de fruit ; un coffret à bijoux ; pour tout achat de plus de 200F, un coffret de maquillage vous est offert
2

écrin m | *case, casket* (for jewels) | la montre était rangée dans un écrin
2

étui m | *case* (for a specific object) | un étui à violon / à lunettes / à lentilles de contact ; range les jumelles dans un étui
2

trousse f | *vanity bag, pencil case* | une trousse de maquillage de toilette ; range ton stylo dans ta trousse
2

bord   edge

confins mpl ⃞3	*extremities, confines*	aux confins du monde / de la Chine ; l'expédition a disparu aux confins du Sahara
orée f ⃞3	*edge* (of a wood or forest)	à l'orée du bois / de la forêt ; des biches s'aventurent à l'orée du bois
lisière f ⃞3–2	*edge, selvage*	à la lisière du bois / du champ / de la forêt ; la couture se confond avec la lisière
berge f ⃞2	*edge, raised bank*	la berge du chemin / du fossé / du ruisseau / du fleuve ; les voies sur berge sont inondées
bord m ⃞2	*edge*	au bord de la mer / de la rivière / de la table ; il s'est garé au bord de la route
bordure f ⃞2	*edge, border* (often what serves as a border)	en bordure de la route ; une bordure d'arbres limite la propriété
bout m ⃞2	*end* (in space or time)	il s'est assis à l'autre bout de la table ; il habite au bout de la route ; au bout de cinq ou six minutes
extrémité f ⃞2	*extremity, end*	à l'autre extrémité de l'appartement
fin f ⃞2	*end* (in general, but not concrete)	la fin du roman / du monde / de la discussion ; des discussions sans fin
frontière f ⃞2	*frontier* (used literally and figuratively)	à la frontière espagnole ; à la frontière du possible
limite f ⃞2	*limit* (used literally and figuratively)	la limite de la propriété / du terrain de football ; il y a une limite de trois jours ; une limite à ne pas dépasser
marge f ⃞2	*margin* (used literally and figuratively)	la marge de la page ; j'ai une marge de manoeuvre très étroite ; laissez une marge pour les corrections
périmètre m ⃞2	*perimeter*	le périmètre du terrain de jeux
périphérie f ⃞2	*periphery, outskirts*	à la périphérie de la ville
pourtour m ⃞2	*perimeter, skirting board*	le pourtour de la place était pavé

bouchée
mouthful

bouchée f 2	*mouthful* (of food)	mange encore une petite bouchée pour grandir
gorgée f 2	*mouthful* (of liquid)	il savourait son thé à petites gorgées
lapée f 2	*gulp* (of liquid, by a small animal)	il vidait le bol à petites lapées

boue
mud

fange f 3	*mire* (used literally and figuratively)	se vautrer dans la fange
boue f 2	*mud*	des traces de boue
limon m 2	*silt* (in a riverbed)	le limon déposé par le Nil
vase f 2	*silt, sludge* (in a riverbed)	la voiture s'est enlisée dans la vase
gadoue f 1	*mud, muck, slush, melting snow*	il est revenu les godasses pleines de gadoue

bouger
to move

used transitively
see also **bouger** used intransitively

déplacer 2	*to move*	déplacer un objet / une chaise ; elle a déplacé l'armoire toute seule
mettre en marche 2	*to set going*	mettre une voiture / une machine en marche ; une manette met le mécanisme en marche
mettre en mouvement 2	*to set going* (of a heavy object, viewed from the outside)	pas un souffle d'air pour mettre l'éolienne en mouvement
bouger 1	*to move* (an object)	elle a bougé le piano de quelques centimètres

bouger
used intransitively
see also **bouger** used transitively

se mouvoir 3	*to move*	l'hippopotame se meut dans l'eau avec aisance
bouger 2	*to move* (a very limited distance, of a person or object)	elle bougea de quelques centimètres
se déplacer 2	*to move* (of a person or object)	se déplacer de ville en ville ; pouvez-vous vous déplacer d'un rang ?
se mettre en marche 2	*to get underway, to get going* (of a machine, not a person)	le mécanisme se met en marche automatiquement
se mettre en mouvement 2	*to get going* (of a heavy object)	le lourd véhicule refusait de se mettre en mouvement
se mettre en route 2	*to set out* (of an individual)	il faut se mettre en route maintenant si on veut y arriver avant la nuit
remuer 2	*to move, to shift, to fidget*	qu'est-ce qu'il remue, cet enfant !
gigoter 1	*to wriggle about*	arrête de gigoter comme ça

bougie

chandelle f 3	*candle*	un dîner aux chandelles
bougie f 2	*candle*	à la lumière d'une bougie
cierge m 2	*candle* (for use in a church)	j'ai promis de brûler un cierge à Saint François

bricole — object of little value

colifichet m
3
| *cheap jewellery, bauble, worthless knick-knack* | les poignets chargés de colifichets à la mode |

babiole f
2
| *knick-knack, trinket* | une babiole dénichée au Marché des Puces |

bibelot m
2
| *trinket, small decorative object* | la cheminée croulait sous les bibelots |

bricole f
2
| *object of little value* | une petite bricole que je t'ai ramenée de là-bas |

---

briller — to shine

briller
2
| *to shine* | le soleil brille ; ses yeux brillent de convoitise |

chatoyer
2
| *to shimmer* (usually suggesting movement) | la soie / l'eau chatoie ; un diamant chatoyait à son doigt |

étinceler
2
| *to sparkle* (usually of light) | les étoiles étincellent ; astiquez-moi tout ça, je veux que ça brille, que ça étincelle ! |

flamboyer
2
| *to flash, to blaze* | l'incendie de forêt flamboyait à l'horizon |

luire
2
| *to shine with one's/its own light* | le soleil luit ; la transpiration faisait luire sa peau |

miroiter
2
| *to reflect light* | ébloui par la mer qui miroite |

pétiller
2
| *to sparkle* | ses yeux pétillent d'intelligence |

reluire
2
| *to shine* (after polishing, not like **luire**) | l'argenterie / le cuivre reluit ; les casseroles reluisent ; rien de tel pour faire reluire l'argenterie |

resplendir
2
| *to shine, to beam* | le soleil resplendit ; son visage resplendissait de bonheur |

scintiller
2
| *to shine intermittently, to twinkle, to sparkle, to glisten* | les étoiles scintillent ; ses yeux scintillaient ; des gouttes d'eau scintillaient dans ses cheveux |

brochure brochure

brochure f 2	*brochure* (for information)	une brochure de tourisme ; la brochure vous renseigne sur les diverses carrières offertes aux bacheliers
dépliant m 2	*brochure, prospectus* (for tourism, banking or advertising)	un dépliant de tourisme ; le directeur de ma banque m'a donné un dépliant sur les eurochèques
fascicule m 2	*part, section* (to be incorporated into a larger work or treatise ; or the explanation of some important matter, scientific or medical)	son travail a été publié en fascicules
mode d'emploi m 2	*instruction leaflet* (for a gadget, eg a domestic appliance)	bien lire le mode d'emploi
programme m 2	*programme* (for a concert or sporting event)	un programme au théâtre ; achetez un programme !
prospectus m 2	*prospectus, advertising brochure* (explaining the publication of a book or the inauguration of a building)	distribuer des prospectus ; il n'y avait que des prospectus dans la boîte aux lettres

bruit noise

cacophonie f 3–2	*cacophony, racket*	tu vas payer pour écouter cette cacophonie ?
brouhaha m 2	*hubbub*	le brouhaha m'empêchait de l'entendre
bruit m 2	*noise*	faire du bruit ; un bruit de pas dans l'escalier
rumeur f 2	*rumbling hum*	une rumeur montait de la rue
son m 2	*sound*	j'aime le son de sa voix ; il n'a pas pu proférer un son
tapage m 2	*racket*	c'est bientôt fini, ce tapage ?

tintamarre m [2]	*din*	les voisins ont fait tout un tintamarre
vacarme m [2]	*din*	cessez ce vacarme !
boucan m [1]	*din*	l'explosion a fait un boucan épouvantable
foin m [1]	*row*	je m'absente quelques minutes, n'en profitez pas pour faire du foin

---

brûler   to burn

brûler [2]	*to burn*	il a brûlé les mauvaises herbes
calciner [2]	*to burn to a cinder* (like **brûler**, but a more technical term)	la terre était calcinée par le soleil
carboniser [2]	*to reduce to ashes, to burn to a cinder*	le rôti était complètement carbonisé ; les occupants du véhicule ont péri carbonisés
griller [2]	*to grill* (meat), *to roast, to toast, to barbecue* (used literally and figuratively)	griller de la viande sur le barbecue ; vivement l'été, qu'on se fasse griller au soleil ! ; je mange à mon petit déjeuner du pain grillé
incendier [2]	*to set fire to*	des hectares de forêt ont été incendiés par des vacanciers négligents
incinérer [2]	*to incinerate* (a body)	il a demandé à être incinéré
mettre le feu à [2]	*to set fire to*	le pompier avait lui-même mis le feu à l'entrepôt
prendre feu [2]	*to catch fire*	l'avion a pris feu immédiatement
cramer [1]	*to go up in smoke, to be burnt up*	zut, le rôti est cramé ; la voiture a cramé en un clin d'oeil

buisson bush

arbuste m 3	*shrub, bush*	des arbustes soigneusement taillés formaient une haie
hallier m 3	*thicket, brake*	un épais hallier dissimulait l'entrée
arbrisseau m 2	*shrub, bush* (smaller than an **arbuste**)	un petit chemin bordé d'arbrisseaux ployant sous le vent
broussailles fpl 2	*undergrowth, bushes*	des mûres se cachaient dans les broussailles
buisson m 2	*wild, uncultivated bush*	j'ai accroché mon pull à un buisson de ronces; la voiture avait été soigneusement dissimulée dans les buissons; le buisson ardent (*a biblical allusion*)
fourré m 2	*thicket*	il y avait un nid caché dans les fourrés; il l'a entraînée derrière les fourrés
sous-bois m 2	*undergrowth*	on s'est promené dans les sous-bois

bureau office

bureau m 2	*office*	le bureau de Monsieur le Directeur; il n'est pas dans son bureau
cabinet m 2	*surgery* (of a doctor or dentist), *office* (of a lawyer or solicitor)	je vous recevrai dans mon cabinet
cabinet d'étude m / **étude** f 2	*office* (of a lawyer or solicitor)	il a ouvert un cabinet d'étude en banlieue
secrétariat m 2	*secretary's office, secretarial offices*	adressez-vous au secrétariat; le secrétariat de la section de langues étrangères

cabane cabin

cabane f 2	*cabin* (a primitive kind of construction made out of planks of wood)	les habitations, souvent de simples cabanes, ont été arrachées par le cyclone

cabanon m 2	*habitable cabin, small country house in Provence*	ils nous ont invités à passer le weekend dans leur cabanon, dans le Var
cabine f 2	*(beach) hut*	les baigneurs sont priés de se changer dans les cabines
case f 2	*hut (a permanent dwelling for African natives)*	la case du chef est située au centre du village
chalet m 2	*chalet (in the mountains or by the sea; usually made of wood)*	on a loué un chalet à Megève pour les vacances de Noël
hutte f 2	*hut (made of wood or earth; a very rudimentary dwelling)*	des huttes sans mur, formées d'une toiture de palme supportée par un tronc
paillotte f 2	*native hut (with straw roof; often temporary in nature; also associated with the **Club Méditerranée**)*	sur la plage une paillotte était aménagée en buvette
refuge m 2	*mountain hut (offering shelter in case of difficulty)*	ne vous surchargez pas, le refuge fournira les couvertures
remise f 2	*(garden) shed*	tu trouveras les outils dans la remise

---

cacher   to hide

occulter 3	*to hide, to cover up (used figuratively only)*	occulter un problème; un souvenir pénible longtemps occulté; le chômage est une réalité que le gouvernement précédent a préféré occulter
masquer 3–2	*to mask, to hide (used literally and figuratively)*	une bibliothèque masquait l'entrée du passage secret; vous vous servez de sondages pour masquer la vérité; un paravent masquait le vestiaire à la vue des curieux
receler 3–2	*to hide, to conceal (suggesting something precious or rare), to receive (stolen goods)*	receler des marchandises volées; les sous-sols recèlent des minerais rares; c'est un guide touristique qui recèle en plus une foule de conseils pratiques
cacher 2	*to hide (used literally and figuratively)*	cacher quelque chose à quelqu'un; je ne vais pas vous cacher que je le trouve peu sympathique; il m'a caché sa véritable identité; où a-t-il caché la clef?

camoufler [2]	*to camouflage, to hide* (through disguise), *to cover up* (used literally and figuratively)	le char était camouflé sous des branches ; comment camoufler ses premiers cheveux blancs ? ; il camoufle sa peur sous des airs crânes ; c'est un meurtre camouflé en suicide
dissimuler [2]	*to hide* (used literally and figuratively)	un maquillage simple suffit à dissimuler les petites imperfections de visage ; il a détourné les yeux pour dissimuler sa gêne ; les cartes étaient dissimulées dans sa manche
planquer [2–1]	*to put away, to stash away*	tout leur fric est planqué en Suisse ; je t'ai planqué une part de gâteau
mettre à gauche [1]	*to stash away* (suggesting saving money in secret)	elle avait mis un peu d'argent à gauche, sur les dépenses du ménage

---

cachet   seal

estampille f [3–2]	*stamp mark, stamp* (of an establishment)	le meuble porte l'estampille d'un élève de Boulle
cachet m [2]	*seal, postmark* (produced by a **tampon**)	le 29 janvier au plus tard, le cachet de la poste faisant foi ; le document est authentifié par le cachet de l'entreprise
tampon m [2]	*(rubber) stamp* (the instrument which produces the stamp)	j'ai dû faire la queue pendant trois heures pour un simple coup de tampon
sceau m [2]	*seal* (of a king or state) (of greater importance than **cachet**)	le document portait le sceau du roi

---

cadeau   present, gift

présent m [3]	*present, gift*	une cérémonie rituelle où des présents sont échangés
aumône f [2]	*alms*	faire l'aumône ; demander l'aumône ; il vivait d'aumône/d'aumônes
cadeau m [2]	*present, gift*	un cadeau d'anniversaire / de Noël ; il m'a fait un cadeau
don m [2]	*gift* (of money or of one's body for research)	adressez vos dons au compte bancaire … ; il fait don de son corps à la médecine

donation f 2	*gift, donation* (a legal act whereby a property or possession is officially handed over)	faire une donation à une oeuvre de charité ; le tableau fait partie de la donation X ; Médecins sans frontières a reçu un million de francs en donation
étrennes fpl 2	*New Year present, sum of money* (given by town residents to dustmen, caretakers, etc ; = *Christmas box*)	les éboueurs sont passés pour leurs étrennes
offrande f 2	*religious offering* (= *collection*)	déposer des offrandes au temple

---

cadre   frame

cadre m 2	*frame* (for a picture ; when used for a door, it has a technical connotation)	le cadre met la toile en valeur ; pour la porte, j'ai fait poser un cadre métallique
châssis m 2	*frame, chassis* (especially of a car)	la voiture a pour numéro de châssis …
encadrement m 2	*door frame* (a more common word than **cadre** in this sense), *window frame*	il m'attendait, appuyé contre l'encadrement de la porte ; la silhouette d'un chat se profilait dans l'encadrement de la fenêtre

---

café   café

estaminet m 3	*small, unpretentious café* (often in northern France)	le lieu de rendez-vous était un estaminet enfumé et sentant la frite
taverne f 3	*inn, tavern*	une taverne fréquentée par les marins du port
bar m 2	*bar* (for all types of drinks ; often suggesting an evening drink ; more up-market than **café**)	je l'ai trouvé au bar de l'hôtel
brasserie f 2	*pub* (for alcoholic and non-alcoholic drinks and meals ; suggesting specialities from Alsace ; bigger and more important than **bar** ; suggesting a lively atmosphere)	une brasserie alsacienne ; j'ai envie d'une choucroute – si on allait plutôt dans une brasserie ?

buvette f [2]	*refreshment stall* (at a railway station, dance or fair)	il ne restait pas un seul sandwich à la buvette de la gare
café m [2]	*café* (for food and alcoholic and non-alcoholic drinks)	il passe son temps au café
débit de boisson m [2]	*café* (a general term which does not indicate whether food is available)	sa femme tient l'unique débit de boisson du village
pub m [2]	*pub*	on avait rendez-vous au pub
bistro/bistrot m [2–1]	*café, small restaurant*	un bistrot charmant au menu très abordable ; j'ai pris un verre au bistrot du coin
troquet m [1]	*café*	on va prendre un pot au troquet, tu viens ?

---

caillou   pebble

caillou m [2]	*pebble, small stone*	attends, j'ai un caillou dans ma chaussure ; un tas de cailloux bloquait le passage
galet m [2]	*pebble* (usually round, found in a river or the sea), *shingle*	une plage de galets
pierre f [2]	*stone*	une pierre précieuse ; un immeuble en pierres de taille ; l'âge de la pierre ; il m'a lancé une pierre
rocher m [2]	*rock, large stone*	il a plongé du rocher dans la mer

---

calculatrice   calculator

calculatrice f [2]	*small pocket-calculator*	une calculatrice de poche
calculette f [2]	*small calculator*	ma calculette me sert aussi de réveil
machine à calculer f [2]	*calculating machine*	j'ai fait tous les comptes à la machine à calculer

machine à traitement de texte f / **traitement de texte** m 2	*word processor*	avec une machine à traitement de texte, les corrections sont un jeu d'enfant
Minitel/minitel m 2	*Minitel* (French equivalent of Oracle or Teletext)	sur votre minitel tapez 36–15 code RF
ordinateur m 2	*computer*	je suis désolé, l'ordinateur central est en panne
micro-ordinateur m 2	*micro–computer*	je me sers du micro-ordinateur pour faire mes comptes
micro m 2–1	*micro–computer*	je me sers du micro pour ma comptabilité

---

calculer   to calculate

quantifier 3–2	*to quantify* (a technical term, with a connotation of jargon)	pouvez-vous quantifier le nombre d'heures que le travail prendra ?
calculer 2	*to calculate* (numbers)	j'ai mal calculé mon budget ; il a tout calculé mentalement
faire des calculs 2	*to make calculations*	il vaut mieux faire des calculs précis avant de se lancer dans un tel projet
chiffrer 2	*to assess*	la dette extérieure est chiffrée à des centaines de millions de francs
se chiffrer à 2	*to add up to*	le coût se chiffre à plusieurs millions
chronométrer 2	*to time* (in athletics)	le premier essai n'a pas été chronométré
compter 2	*to count*	je compte les moutons avant de m'endormir ; ça fait 7, dit-il, en comptant sur ses doigts ; nous étions dix, sans compter les enfants

| **peser** 2 | *to weigh* | il pèse 12 kg ; n'oubliez pas de faire peser votre bébé après la visite |
| **soupeser** 2 | *to weigh up* (usually by hand) | qu'est-ce que tu as dans la valise ?, demanda-t-il en la soupesant ; ce melon fait plus d'un kilo, estima-t-elle, après l'avoir soupesé |

---

calme   calm, relaxed

serein 3	*serene* (of one's soul, faith or face ; suggesting a lack of anxiety)	difficile de rester serein avec des enfants qui hurlent ; il montre un visage serein en toute circonstance
flegmatique 3–2	*unruffled, unperturbed*	il n'a montré aucune émotion, tu sais comme il est flegmatique
placide 3–2	*placid* (in manner and appearance)	il est resté placide alors que la foule le huait
calme 2	*calm, relaxed*	une personne / un endroit calme ; il m'a répondu d'une voix calme ; restons calmes, ne nous affolons pas
décontracté 2	*relaxed* (of a person or atmosphere) (sometimes used with a pejorative connotation)	il est arrivé dans une tenue un peu trop décontractée pour la soirée
détendu 2	*relaxed* (of a person or atmosphere)	il a toujours l'air détendu ; nous avons passé une excellente soirée dans une ambiance détendue ; les entretiens ont eu lieu dans un climat détendu
paisible 2	*quiet, peaceful* (of a place or person)	un endroit paisible ; des voisins paisibles ; le quartier est très paisible ; il dort d'un sommeil paisible
relax 1	*relaxed* (of a person) (an invariable adjective)	elle est relax, ta prof !

---

calmer   to calm

| **adoucir** 2 | *to soften, to tone down* (a colour) | il adoucit sa voix quand il parle de sa femme ; mets un foulard rose, ça adoucira le violet |

alléger 2	*to lighten* (a load or expenses), *to relieve* (pain or grief)	alléger un fardeau / les charges publiques / la douleur ; il a dû alléger sa valise pour ne pas avoir à payer l'excédent ; la présence de ses petits-enfants a allégé sa peine
calmer 2	*to calm* (a person or a situation)	il n'y a que sa mère qui puisse le calmer quand il pleure comme ça ; le sirop a calmé sa toux ; le communiqué a calmé les esprits
rassurer 2	*to reassure*	le médecin l'a rassuré, l'opération ne comporte aucun risque ; rassure ta soeur, elle a peur en avion
sécuriser 2	*to give a sense of security*	les enfants ont besoin de se sentir sécurisés
soulager 2	*to alleviate, to relieve* (pain or anxiety)	pouvez-vous me donner quelque chose pour soulager mon mal de tête ? ; je ne serai soulagée que quand ils seront rentrés
tranquilliser 2	*to calm, to calm down, to set someone's mind at rest*	tranquilliser une personne inquiète ; donne-moi un coup de fil pour me tranquilliser

---

caméra   camera

appareil photographique m 3	*camera*	le premier appareil photographique y est encore exposé
caméra f 2	*camera* (for TV or cinema)	une caméra de télévision / de cinéma
appareil-photo/appareil m 2	*camera*	zut ! j'ai oublié de mettre une pellicule dans l'appareil

---

cancans   gossip

bavardages mpl 3–2	*chatter, gossiping* (more neutral than the other terms in this frame)	des bavardages calomnieux ; ce n'était pas méchant, des bavardages de village
médisances fpl 3–2	*spiteful gossip*	son comportement très libre prêtait aux médisances

cancans mpl 2	*gossip, prattle* (not necessarily spiteful, but the actual connotation depends upon the tone used)	qu'est-ce qu'on entend comme cancans au café!
commérages mpl 2	*gossip, prattle* (the same comment applies as for **cancans**)	il y avait beaucoup de commérages dans l'immeuble
qu'en dira-t-on m 2	*gossip*	je me moque des/du qu'en dira-t-on
ragots mpl 2	*gossip* (unkind, even at times unjust)	c'est des ragots, je n'en crois pas un mot
potins mpl 2–1	*small items of gossip*	quels sont les derniers potins?

---

capricieux   capricious

inconstant 3	*inconstant, fickle* (when left vague, it refers to a love situation)	il est inconstant en amitié / dans ses opinions
volage 3–2	*fickle* (often suggesting a moral judgement in a love situation)	une femme / un mari volage; mais son coeur était volage et il/elle m'a trahi(e)
capricieux 2	*capricious, temperamental*	un enfant capricieux; une jument capricieuse; la chance est capricieuse; ton fils est d'humeur capricieuse ce matin
changeant 2	*changeable, fickle* (of a person's mood), *changeable* (of the weather)	il est d'humeur changeante; le temps est très changeant ces jours-ci
léger 2	*fickle* (suggesting a moral judgement), *promiscuous*	une femme légère; les vacanciers aux moeurs jugées trop légères par les villageois; une société puritaine où elle passait pour légère
versatile 2	*changeable, given to sudden changes* (of opinion or political allegiance)	un esprit versatile; c'est difficile de savoir quelles pièces auront du succès, les spectateurs sont si versatiles

capuche   hood

cagoule f [2]	*hood, balaclava with slits for eyes* (associated with terrorists)	Gabriel, ne sors pas sans ta cagoule ! ; les malfaiteurs avaient le visage masqué d'une cagoule
capuche f [2]	*hood* (of an anorak or raincoat)	la capuche d'un anorak ; un imperméable à capuche
capuchon m [2]	*hood* (attached to a coat or raincoat)	relève ton capuchon, il pleut

---

carburant   liquid fuel

brut m [2]	*crude oil*	le prix du brut sur le marché international
carburant m [2]	*liquid fuel*	faire le plein de carburant
diesel m [2]	*diesel*	ma voiture marche au diesel
essence f [2]	*petrol*	faire le plein d'essence ; le réservoir d'essence ; une voiture consomme beaucoup d'essence
fuel domestique / fuel m [2]	*oil* (for central heating)	on se chauffe au fuel ; la chaudière marche au fuel / au fuel domestique
gas-oil / gazole m [2]	*diesel oil* (**gazole** *is the official spelling*)	le prix du gas-oil/gazole a augmenté
huile f [2]	*oil* (for lubrication)	vidanger l'huile ; la jauge de niveau d'huile
kérosène m [2]	*kerosene*	un avion consomme des milliers de litres de kérosène
pétrole m [2]	*unrefined oil, paraffin*	un puits de pétrole ; une raffinerie de pétrole ; un gisement de pétrole ; un réchaud à pétrole

carnet   notebook

agenda m 2	*diary* (for future events)	j'ai noté la date de la réunion dans mon agenda
bloc-notes m 2	*writing pad* (with pages that tear off)	il garde toujours un bloc-notes sur son bureau
calepin m 2	*notebook* (smaller than a **carnet**)	je l'ai marqué sur mon calepin
carnet m 2	*notebook*	montre-moi ce que tu as écrit dans ton carnet

carré   square

carré m 2	*geometrical square, patch of land* (eg a garden), *square handkerchief*	calculer la surface du carré; un carré de légumes; elle portait un carré de soie autour du cou
carreau m 2	*tile* (in a house or on the floor, not on the roof), *window pane*	les carreaux recouvrent le sol de la cuisine; elle a frappé au carreau avant d'entrer; faire les carreaux (= *to clean the windows*)

carrefour   crossroads

bifurcation f 2	*fork in road*	en arrivant à la bifurcation, tu prends la route sur la gauche
carrefour m 2	*main crossroads*	c'est un carrefour où il y a régulièrement des accidents
croisement m 2	*crossroads, intersection of two roads* (of less importance than a **carrefour**)	déposez-moi au prochain croisement
rond-point m 2	*roundabout*	le rond-point des Champs-Elysées; le feu de signalisation a été remplacé par un rond-point

carrosse   coach

calèche f 2	*light, elegant, four-wheeled, open coach, drawn by a horse, with a hood at the rear*	on peut faire le tour de l'île en calèche
carrosse m 2	*coach* (usually for state occasions)	le carrosse de Cendrillon / de la reine
char m 2	*chariot, float* (in a procession)	le char de Ben Hur; le carnaval de Nice et ses chars fleuris
chariot m 2	*waggon* (as in a Western)	le chariot des colons faisait son chemin vers le Far West
charrette f 2	*cart* (on a farm)	la charrette du fermier
diligence f 2	*coach* (formerly to provide a service between two towns)	elle alla de Poitiers à Nantes en diligence

casser   to break

the verbs in this frame are used transitively, intransitively and reflexively

rompre 3	*to break* (used literally only; see below)	rompre un morceau de pain; la corde a rompu
se rompre 3	*to break* (used literally only)	la chaîne s'est rompue; tu vas te rompre le cou
briser 3–2	*to break, to shatter* (used literally only; see below)	briser un/du verre; des voyous ont brisé la vitrine du magasin
se briser 3–2	*to break, to shatter* (used literally only; see below)	mes lunettes se sont brisées sous le choc; le miroir s'est brisé en mille morceaux
fracturer 3–2	*to break* (violently)	fracturer une porte / une serrure; les cambrioleurs ont fracturé le coffre-fort
se fracturer 3–2	*to break* (violently)	il s'est fracturé la jambe; son bras s'est fracturé dans l'accident
briser 2	*to break* (used figuratively only; see above)	elle a le coeur brisé; le départ de son fils lui a brisé le coeur; nos espoirs de le voir libéré sont brisés
se briser 2	*to break* (used figuratively only; see above)	nos espoirs de le voir libéré se sont brisés

casser 2	to break (used literally only)	il a cassé son jouet ; la corde a cassé
se casser 2	to break (used literally only)	il s'est cassé la jambe ; l'assiette s'est cassée
fracasser 2	to shatter, to smash	je vais te fracasser la mâchoire
rompre 2	to break, to break off (used figuratively only ; see above)	ils ont rompu leurs fiançailles ; les relations diplomatiques ont été rompues ; on est sorti ensemble pendant deux ans et puis on a rompu
casser 1	to break up (used figuratively only)	ils vivaient ensemble, mais ils ont cassé

---

cassure break

cassure f 2	break (a fairly technical word)	une cassure du fémur ; les cassures des couches géologiques
coupure f 2	breaking, cutting, sudden break	une coupure de courant ; j'ai une coupure au doigt ; son départ pour l'étranger marque une coupure dans sa vie ; le film est présenté en version longue, sans coupures
fracture f 2	fracture, break (suggesting violence, as of a bone)	une fracture de la jambe
rupture f 2	break (used literally and figuratively), separation (used figuratively only)	c'est la tempête qui a provoqué la rupture de la digue ; ils ne se sont plus revus depuis la rupture ; nous regrettons la rupture des relations diplomatiques entre les deux pays

---

cause cause, reason

| cause f 2 | cause, reason (for something) | une relation de cause à effet ; quelle est la cause de son départ ? |
| mobile m 2 | motive (especially of a crime ; suggesting intention) | le mobile du crime ; un meurtre sans mobile apparent |

| **motif** m [2] | *motive* (for someone's conduct or a visit), *reason behind* (doing something, but not a crime; see **mobile**) | essayez de comprendre les motifs de sa conduite |
| **raison** f [2] | *reason, explanation* | pour quelle raison est-il parti?; je n'en vois pas la raison |

---

célèbre   famous

illustre [3–2]	*illustrious, outstanding*	c'est dans cette demeure qu'habitait l'illustre écrivain; le plus illustre des cinéastes sud-américains
renommé [3–2]	*wellknown, renowned* (a stronger word than **connu**, but less used)	une cantatrice renommée; le sud du pays est renommé pour ses broderies
célèbre [2]	*famous* (a stronger word than **connu**)	un artiste célèbre; il est célèbre pour ses expéditions au Pôle Nord
connu [2]	*wellknown*	un écrivain connu; son oeuvre poétique est beaucoup moins connue; c'est un acteur qui commence à être connu
fameux [2]	*famous*	c'est un restaurant fameux pour ses desserts; les plus fameux crus de Bourgogne figurent à la carte
notoire [2]	*famous* (but not necessarily **notorious**; not usually used of people)	un fait notoire; être d'une beauté/gentillesse notoire; ma tante, dont l'avarice est notoire

---

cependant   nevertheless

nonobstant [3]	*notwithstanding* (now a legal and very archaic term)	nonobstant sa déclaration
néanmoins [3–2]	*nevertheless, however* (suggesting *despite that*)	elle ne plaisait pas à ses parents, c'est néanmoins elle qu'il a épousée
cependant [2]	*nevertheless* (suggesting a restriction, opposition or contrast)	elle est moins jolie que sa soeur, cependant elle a plus de succès; nous ne partageons pas les mêmes opinions, mais nous sommes cependant amis; il jure qu'il dit la vérité, cependant je n'en crois pas un mot

cela n'empêche pas que 2	*nevertheless* (suggesting *despite that*) (+ indicative or subjunctive)	elle a été exclue de la compétition, cela n'empêche pas qu'elle est/soit la meilleure
pourtant 2	*nevertheless* (suggesting a contradiction)	il s'est perdu, pourtant je lui avais fait un plan ; essaie encore, ce n'est pourtant pas si difficile
il n'empêche que 2–1	*however* (+ indicative) (particularly a spoken form)	c'est peut-être ton ami, il n'empêche que je ne lui fais pas confiance ; le film est certainement excellent, il n'empêche que le public le boude
n'empêche que 1	*however* (suggesting *despite that*) (+ indicative)	il n'admettra jamais qu'il s'est trompé – n'empêche que j'ai raison ! ; il est vraiment antipathique – n'empêche qu'il plaît

---

certainement   certainly

assurément 3	*assuredly, most certainly* (used to strengthen **oui**)	c'est assurément son meilleur roman ; vous viendrez lundi, malgré la grève ? – oui, assurément
certes 3	*most certainly, of course* (sometimes suggesting concession)	certes, j'en conviens ; il a eu tort certes, mais il s'est excusé
à n'en point douter 3	*undoubtedly* (used in the same way as **assurément**)	c'est à n'en point douter le plus brillant des candidats
à n'en pas douter 2	*undoubtedly* (used in the same way as **assurément**)	le film plaira-t-il au grand public ? — à n'en pas douter
certainement 2	*certainly*	il va certainement venir ; vous viendrez, n'est-ce pas ? – mais certainement !
sans aucun doute 2	*doubtlessly*	il a sans aucun doute raison
sûrement 2	*surely, certainly* (more common than **certainement**)	elle va sûrement t'écrire
à coup sûr 2–1	*certainly* (suggesting *very likely*)	si tu prends l'autoroute, tu te retrouveras à coup sûr dans un embouteillage

cervelle brain

cerveau m 2	*brain* (the organ), *very intelligent person*	l'hémisphère gauche du cerveau; la fuite des cerveaux (= *the brain drain*); c'est un cerveau, ce type!; c'est le cerveau du gang (= *the brains*)
cervelle f 2	*brain* (of an animal; see below)	en entrée: cervelles d'agneau au beurre
esprit m 2	*mind* (restricted to certain expressions in this sense)	un grand esprit; les grands esprits
cervelle f 2–1	*brain* (the organ) (= **cerveau**, but with a pejorative connotation; see above)	il n'a rien dans la cervelle; creuse-toi la cervelle
jugeotte f 1	*gumption* (usually used in negative contexts)	tu manques de jugeotte, mon vieux!; si tu avais un gramme de jugeotte, tu aurais refusé
matière grise f 1	*grey matter, brains*	allez, fais marcher ta matière grise!

champ field

champ m 2	*field* (of grass or crops)	un champ de blé
prairie f 2	*prairie* (producing grass and hay)	c'est une région de prairies consacrées à l'élevage bovin
pré m 2	*field, meadow*	mener les vaches au pré; nous avons pique-niqué au pré

champignon mushroom

cèpe m 2	*cepe, edible boletus*	omelette aux cèpes
champignon m 2	*mushroom*	la cueillette des champignons; champignon de Paris (= *cultivated, button mushroom*)

champignon vénéneux m [2]	*toadstool*	les champignons vénéneux sont responsables de nombreux empoisonnements
chanterelle f [2]	*chanterelle*	les chanterelles sont des champignons très recherchés
girolle f [2]	*chanterelle*	une omelette aux girolles

---

chance   (good) luck

chance f [2]	*(good) luck*	il n'a pas eu de chance; tu auras plus de chance la prochaine fois; je me suis fait voler mon passeport, et par une chance inouïe on me l'a renvoyé
baraka f [2–1]	*(good) luck*	il a vraiment la baraka, c'est le deuxième accident dont il s'échappe
bol m [1]	*luck*	il a eu un coup de bol; avec un peu de bol, ils ne s'en rendront pas compte; manque de bol, j'étais là avant
pot m [1]	*good luck*	j'ai vraiment eu du pot ! (= *I was really jammy*); manque de pot, le vol a été annulé
veine f [1]	*good luck*	il a eu de la veine; il a une veine de cocu

---

changer   to change

convertir [3]	*to change, to convert (one thing into another) (see below)*	il a converti sa fortune en biens immobiliers; les champs de pavots seront convertis en plantations de café
métamorphoser [3]	*to transform, to metamorphose (a person or thing into someone or something else) (suggesting an improvement)*	le mariage l'a métamorphosé; d'un coup de baguette magique, la citrouille est métamorphosée en carosse
se métamorphoser [3]	*to change into (someone or something else)*	le têtard se métamorphose en grenouille; le garçon manqué s'est métamorphosé en une charmante jeune fille

changer 2	to change	elle a changé de train / de côté; il a changé d'idée / d'avis / de style; j'ai changé mon argent; ta coiffure te change; le prince a été changé en crapaud
convertir 2	to convert, to win over (see above)	elle s'est convertie à l'Islam; c'est moi qui ai converti ta tante au Scrabble / au socialisme
modifier 2	to modify	j'ai dû modifier mon projet par la suite; il a modifié son testament
muer 2	to moult, to slough, to break (of one's voice) (NB only used intransitively)	le serpent mue; sa voix mue; les adolescents muent
muter 2	to transfer (with one's job)	muter un fonctionnaire; je suis muté en province
transformer 2	to transform	Circé transforma les compagnons d'Ulysse en pourceaux; le magasin a été transformé; le sport l'a transformé
se transformer 2	to change, to be changed	la chenille se transforme en papillon

---

chanson   song

cantique m 2	hymn (sung in a vernacular language)	les cantiques de Noël (= Christmas carols); le Cantique des Cantiques (= the Song of Songs (a book in the Bible))
chanson f 2	song (usually of a popular nature)	une chanson d'amour; une chanson à succès
chant m 2	song (of a special sort), singing	un chant de Noël; le chant du rossignol; elle prend des leçons de chant
hymne m 2	hymn (religious) (occasionally feminine with this meaning), song	le curé leur a appris un hymne en latin; les manifestants ont entonné un hymne révolutionnaire; l'hymne national (= national anthem)
tube m 2–1	pop song, hit	danser sur le tube de l'été

chanteur   singer

diva f 3–2	*famous opera singer, prima donna*	la soprano a été ovationnée comme une véritable diva
chantre m 2	*bard*	il est devenu le chantre du régime
barde m 2	*bard*	Assurancetourix est le barde qu'on empêche de chanter dans *Astérix*
cantatrice f 2	*opera singer, professional singer* (in the classical style)	le prochain récital de la cantatrice sera consacré à Schubert
chanteur m / **chanteuse** f 2	*singer* (on the radio or TV)	un chanteur de variétés; elle est chanteuse professionnelle
interprète m 2	*interpreter, performer*	le concours est ouvert aux jeunes interprètes de la chanson; quel brillant interprète de Schubert!
prima donna f 2	*prima donna*	ce sera la première fois que la prima donna chantera à Paris
troubadour m 2	*troubadour*	des chansons d'amour que chantaient les troubadours d'autrefois

chapeau   hat

béret m 2	*beret*	un béret basque
bonnet m 2	*close fitting woollen hat* (for warmth), (*swimming*) *cap*	un bonnet de nuit; un bonnet de laine; un bonnet de nage
calotte f 2	*skullcap*	la calotte rouge du cardinal
canotier m 2	*boater*	promenade en barque: ombrelles pour les dames et canotiers pour les messieurs
casque m 2	*helmet* (worn for protection)	il est obligatoire que les motocyclistes portent un casque
casquette f 2	*cap*	une casquette en tweed

chapeau m 2	*hat*	un chapeau de paille
chapeau haut-de-forme / haut-de-forme m 2	*top hat*	le magicien a sorti un lapin blanc de son haut-de-forme
chapeau melon / melon m 2	*bowler hat*	la mode des chapeaux melons a passé
feutre m 2	*felt hat*	il est coiffé d'un feutre gris
képi m 2	*peaked cap* (as worn by French police, etc)	le képi du policier
serre-tête m 2	*headband* (for a girl or skier, to hold back their hair)	mets ton serre-tête, tu n'auras plus les cheveux dans les yeux
sombrero m 2	*sombrero*	un sombrero mexicain
toque f 2	*fur hat* (as worn by Russians), *chef's hat*	une toque de fourrure noire ; une toque de cuisinier
bitos m 1	*hat* (a slightly old-fashioned word)	il est entré et a enlevé son bitos
galure/galurin m 1	*hat* (often worn by a peasant worker) (**galure** is less common than **galurin**)	il porte un drôle de galure/galurin

charge   load

faix m 3	*load, burden* (used figuratively only)	plier sous le faix des ans
charge f 2	*load* (used literally and figuratively ; a technical term)	évitez de transporter de lourdes charges ; la charge maximale d'un camion ; l'entretien d'une maison est une charge supplémentaire pour elle
chargement m 2	*load*	le camion / le bateau a été vidé de son chargement

| **fardeau** m [2] | *load, weight* (used literally and figuratively) | porter un fardeau sur les épaules ; me confier à vous m'a délivré d'un véritable fardeau ; le fardeau des responsabilités |
| **poids** m [2] | *load, weight* (used literally and figuratively) | la bibliothèque ne peut pas supporter un poids énorme ; il se sent écrasé par le poids des responsabilités |

---

charnière   hinge

| **charnière** f [2] | *hinge* (used literally and figuratively ; sometimes used as an adjective) | la charnière d'une boîte / d'une fenêtre / d'un coquillage ; il faut huiler la charnière de la porte, elle grince ; sa peinture se situe à la charnière entre le cubisme et le pointillisme ; une époque charnière |
| **gond** m [2] | *hinge* | le gond d'une porte / d'une fenêtre ; les gonds de la grille sont rouillés |

---

chasser   to go hunting

dépister [3–2]	*to track down* (see below)	dépister un criminel ; la police avait prélevé le numéro des billets de banque, ce qui a permis de dépister le malfaiteur
dépister [2]	*to detect* (especially an illness) (see above)	dépister une maladie ; dépister l'apparition précoce des cancers afin de mieux les traiter ; les experts ont dépisté des traces d'uranium
chasser [2]	*to go hunting*	chasser le tigre ; se lever de bon matin pour aller chasser
pourchasser [2]	*to chase* (in order to catch), *to pursue* (rarely used for animals)	pourchasser un voleur ; pourchassé par la justice, il s'est exilé en Amérique du Sud
poursuivre [2]	*to pursue* (a person or an animal)	poursuivi par un chien, le chat a grimpé tout en haut de l'arbre ; la police a poursuivi les malfaiteurs pendant plusieurs mois
rechercher [2]	*to seek out*	la police recherche l'assassin qui court toujours
traquer [2]	*to hunt down* (a person or an animal) (a stronger word than **dépister**, **rechercher**)	traquer une proie ; un homme traqué ; traquée par les chasseurs, la pauvre bête paraissait pétrifiée

chaussette   sock

bas m 2	*stocking*	tirer ses bas
chaussette f 2	*sock*	tes chaussettes tirebouchonnent
collant m / **collants** mpl 2	*tights*	enfiler un collant
socquette f 2	*ankle sock* (much smaller than a **chaussette**)	pour les filles : jupe plissée bleu marine et socquettes blanches

---

chaussure   shoe

basket f + quelquefois m 2	*plimsoll, sports shoe*	une paire de baskets ; mets tes baskets
botte f 2	*boot* (covering the ankle and lower calf, as in the case of soldiers)	des bottes d'équitation ; des bottes en caoutchouc
bottine f 2	*bootee* (for a child or woman in earlier times)	des petites bottines légères pour ses premiers pas
chausson m 2	*slipper, dancing shoe, bootees* (for a baby)	des chaussons fourrés ; des chaussons de danse ; elle m'a tricoté un bonnet et des chaussons en laine pour mon bébé
chaussure f 2	*shoe* (anything worn on the foot and covering it – ie not sandals)	une paire de chaussures ; des chaussures à talon ; des chaussures vernies
chaussure de foot / de marche / de ski f 2	*football/walking/skiing boot*	dans notre magasin, chaussures de foot, de marche et de ski
escarpin m 2	*actor's shoe* (very delicate, with a thin sole)	des escarpins vernis
godillot m 2	*military boot* (see below)	ses godillots lui pesaient aux pieds
mocassin m 2	*moccasin* (both for Indian and stylish footwear)	il portait des mocassins avec son costume

pantoufle f [2]	*slipper*	passer la soirée en pantoufle devant la télé
soulier m [2]	*shoe* (a less common word than **chaussure**)	des souliers à grosse semelle
tennis f + quelquefois m [2]	*plimsoll*, *sports shoe* (like **basket**)	en jeans et en tennis
godasse f [2]	*shoe*	des godasses toutes neuves
godillot m [1]	*big, roughly made shoe or boot* (see above)	des godillots inusables
grole / **grolle** f [1]	*shoe*	une paire de grolles
pompe f [1]	*shoe*	des pompes super classe
tatane f [1]	*shoe* (a word disappearing from use)	enlève tes tatanes, tu vas salir la moquette

chef   head, leader

animateur m [2]	*organizer* (of activities for a group)	il est animateur dans un club de vacances
chef m [2]	*head, leader, captain, chief*	c'est lui le chef de la bande; vous en référerez à vos chefs hiérarchiques; le chef de la tribu; chef d'orchestre (= *conductor*); chef de service (= *departmental head*)
cheftaine f [2]	*female leader of brownies, cub mistress*	une cheftaine scout
directeur m [2]	*manager, headmaster, head of administration, supervisor* (of a thesis at a university)	le directeur d'une banque / d'une usine / d'une école; le bureau du directeur; un directeur de thèse / de mémoire
dirigeant m [2]	*leader, director, manager*	le dirigeant d'un parti politique / d'un état; les dirigeants des pays les plus riches se réuniront à Paris
entraîneur m [2]	*trainer, manager* (of a sports team)	c'est elle l'entraîneur de l'équipe féminine

leader m 2	*political leader*	le leader de l'opposition
organisateur m 2	*organizer*	l'organisateur d'une fête / d'un jeu
patron m 2	*owner, manager, boss* (in commerce and industry), *a restaurant owner*	il a demandé une augmentation à son patron
grand patron m 2	*top employer*	les grands patrons de l'industrie / de la médecine / de la presse
président directeur général / PDG m 2	*managing director*	c'est lui le PDG de la boîte
responsable m 2	*person in charge, official, leader*	c'est un haut responsable syndical
grand chef m 2–1	*boss*	on propose, mais c'est le grand chef qui décide
ténor m 2–1	*star, big name* (usually in politics)	on se demande qui parmi les ténors du parti sera choisi
caïd m 1	*big shot, boss, top man* (in the underworld)	les gros caïds de la prostitution ; jouer au caïd
grand manitou m 1	*big white chief*	son père est un grand manitou de l'édition ; alors, qu'est-ce qu'il pense, le grand manitou ?

chemin   path

allée f 2	*(tree-lined) path, drive* (in a garden)	une allée de gravier ; la voiture emprunta la grande allée qui va de la grille au château
chemin m 2	*path*	le chemin serpentait entre les arbres ; le chemin qui longe la rivière
raidillon m 2	*short, steep path* (usually in the mountains)	gravir un raidillon ; il est rudement difficile, ce raidillon
ruelle f 2	*(narrow) alley*	des ruelles étroites où les voitures ne peuvent pas passer

sentier m 2	*path* (not usually in a town)	un sentier côtier

---

chercher

to look for, to search for

chercher 2	*to look for, to search for*	j'ai passé la matinée à chercher mes clefs ; tu n'aurais pas vu mes lunettes, je les cherche partout ? ; c'est un emploi dans l'industrie que vous cherchez ?
explorer 2	*to explore*	à la recherche de territoires non encore explorés ; c'est l'âge où les petits enfants voudront tout explorer
fouiller 2	*to search, to go through*	mais où sont mes clefs ? dit-elle en fouillant dans son sac ; ne fouille pas dans mes affaires ! ; les douaniers ont fouillé ses bagages / l'ont fouillé
fouiner 2	*to nose around* (with a pejorative connotation)	j'ai horreur qu'on vienne fouiner dans mes affaires
se mettre en quête de 2	*to go in search of*	dès qu'il aura obtenu son diplôme, il se mettra en quête d'un emploi ; si on se mettait en quête d'un café encore ouvert ?
se mettre à la recherche de 2	*to set about looking for*	les policiers se sont mis à la recherche du fuyard
rechercher 2	*to search for, to hunt, to hunt for*	il est recherché par la police ; les sauveteurs recherchent des survivants

---

cheval

horse

coursier m 2	*steed, charger*	un fringant coursier
rosse f 2	*nag*	une misérable rosse
cheval m 2	*horse*	un cheval de course ; monter à cheval

jument f 2	*mare*	la jument est la femelle du cheval
poulain m 2	*foal*	ce poulain a remporté plusieurs courses à Vincennes
pouliche f 2	*filly*	notre jument a donné naissance à une belle pouliche
bourrin m 1	*nag* (in the country)	un pauvre bourrin efflanqué
canasson m 1	*nag*	tu n'as pas parié sur ce canasson ?
dada m 1	*gee–gee* (a word used to or by a child)	viens jouer à dada sur les genoux de grand-père

---

cheveux   hair

cheveu m 3–2	*hair* (a slightly technical term, used by hairdressers and in women's magazines; see below)	elle a le cheveu très épais
chevelure f 3–2	*hair* (usually suggesting hair which is long, thick and silky)	une longue chevelure lisse/frisée/bouclée/brune/blonde/ rousse
cheveu m 2	*a single hair* (see above)	il y avait un cheveu dans l'assiette
cheveux mpl 2	*hair*	elle a les cheveux épais/courts/longs/frisés/teints
poil m 2	*hair* (on the human body, but not the head), (*animal*) *fur*	il avait la poitrine couverte de poils ; un chat à poil long / poils longs
tifs/tiffes mpl 1	*hair*	se faire couper les tifs

---

chier   to shit

déféquer 3	*to defecate*	je vous écris pour me plaindre du chien de la voisine qui persiste à déféquer dans mon jardin

aller à la selle [2]	*to go to stool* (a medical term)	vous êtes bien allée à la selle ce matin, Madame Durand?
faire la grosse commission [2–1]	*to do a big one* (an expression used by or to a child or pet)	et voilà que Rex fait sa grosse commission sur le tapis; c'est pour la grosse commission, mon chéri?
chier [1*]	*to shit*	ces saletés de chiens qui chient partout

chiffon   rag, duster, cloth

chiffon m [2]	*rag, duster, cloth*	un chiffon à poussière; passer un chiffon sur les meubles
essuie-mains m [2]	*hand towel*	il n'y avait pas d'essuie-mains dans les toilettes
essuie-verres m [2]	*glass cloth*	est-ce que tu as un essuie-verres pour les chopes?
serpillière f [2]	*floorcloth*	passer la serpillière / donner un coup de serpillière dans la cuisine
torchon m [2]	*cloth, duster, tea towel*	passer/donner un coup de torchon sur la table

chiffre   figure, digit

chiffre m [2]	*figure, digit*	le chiffre 9; un nombre à cinq chiffres
nombre m [2]	*number*	les nombres pairs/impairs; quel est le nombre d'habitants?; un nombre premier (= *prime number*)
numéro m [2]	*number* (in a series)	le numéro sept au guichet, s'il vous plaît

chuchoter

to whisper

murmurer 3	*to murmur, to babble* (of water)	le vent murmure dans les arbres ; le ruisseau murmurait doucement
susurrer 3	*to whisper*	il lui susurrait des mots tendres à l'oreille
chuchoter 2	*to whisper*	il lui a chuchoté quelque chose à l'oreille ; je les ai entendus chuchoter pendant tout le film
souffler 2	*to whisper, to prompt* (in a play)	ne soufflez pas ! c'est lui que j'interroge ; souffler une réplique à un acteur

cloque

blister

ampoule f 2	*blister* (from rubbing, usually on a hand or foot)	une ampoule à la main / au pied ; ça m'a fait des ampoules de ramer
cloque f 2	*blister* (from burning or scalding, usually on the body), *large blister* (on the palm of the hand)	tu auras des cloques si tu restes au soleil comme ça

clôture

fence

barrière f 2	*fence* (of metal or wood)	la jument s'est échappée en sautant par-dessus la barrière
clôture f 2	*fence* (suggesting complete enclosure, of metal or wood)	le fermier a fait poser une clôture électrique
grille f 2	*railing* (of iron)	la grille du jardin / du parc ; une grille de fer forgé
haie f 2	*hedge*	une haie d'hortensias ; tailler la haie
palissade f 2	*fence, boarding, stockade*	la palissade d'un jardin ; le chat a sauté par-dessus la palissade
treillage m 2	*trellis*	le terrain est bordé d'un treillage

treillis m 2	*trellis*	une clôture en treillis

clown   clown

bateleur 3	*buffoon, tumbler* (skilled in acrobatics)	venez voir le bateleur sur la place
paillasse m 3	*clown* (an old-fashioned word)	dans le temps il était paillasse dans un théâtre forain
bouffon m 2	*jester*	le bouffon du roi
clown m 2	*clown*	il fait le clown pour me faire rire ; les clowns entrent en piste
farceur m 2	*clown, joker, wag*	tu me fais marcher, sacré farceur, va !
guignol m 2	*puppet* (called Guignol, the hero in a puppet theatre)	j'amène les enfants au guignol ; arrêtez de faire les guignols (= *stop acting the clown*)
pitre m 2	*clown*	le pitre de la classe ; il n'arrête pas de faire le pitre pour faire rire ses camarades
plaisantin m 2	*joker* (a more pejorative word than **farceur**)	tu n'as pas cru ce plaisantin ?

club   club
see also **groupe**

cénacle m 3	*literary group*	un cénacle littéraire
coterie f 3	*literary, artistic or political set* (used with pejorative connotation)	une coterie artistique
association f 2	*professional association*	l'association des parents d'élèves ; une association professionnelle
cercle m 2	(*literary or sports*) *club* (has a 'select' connotation)	un cercle littéraire ; un cercle d'avirons ; le lundi il dîne à son cercle

| **club** m [2] | (*sports or interest*) *club* | un club de foot / de rugby / de bridge ; il anime le ciné-club local |
| **société** f [2] | *society* | une société secrète ; il est membre de notre société ; la Société protectrice des animaux (SPA = *RSPCA*) |

---

cochon   pig

pourceau m [3]	*swine*	un pourceau gros et gras
porcelet m [3–2]	*little pig*	une portée de porcelets ; un porcelet rôti
porc m [2]	*pig, hog* (now usually referring to the animal when dead and to be eaten)	une côtelette / un rôti de porc ; les éleveurs de porcs ; il ne mange pas de porc
cochon m [2]	*pig* (a more common word than **porc** in certain contexts)	un petit cochon en pain d'épice ; un cochon de lait (= *piglet*) ; ils ne mangent pas de cochon ; ils élèvent des cochons dans leur ferme
sanglier m [2]	*wild boar*	la chasse au sanglier
truie f [2]	*sow*	la truie a mis bas pendant la nuit
verrat m [2]	*male pig, boar* (for breeding purposes)	mener la truie au verrat

---

colère   anger

courroux m [3]	*wrath*	le courroux des dieux ; un courroux terrible
ire f [3]	*wrath* (an old-fashioned word)	l'ire de la tempête
emportement m [3–2]	*wrath, anger*	il m'a répondu avec emportement ; une décision prise dans un moment d'emportement

colère f 2	*anger*	se mettre en colère; ses colères sont redoutables
fureur f 2	*fury*	elle s'est mise dans une fureur noire; il a des accès de fureur
furie f 2	*fury*	une mer en furie; tâche de ne pas être en retard, ça le mettrait en furie
hargne f 2	*anger, belligerence*	il est plein de hargne; ça m'a mise dans une hargne!
mécontentement m 2	*discontent*	froncer les sourcils de mécontentement; calmer le mécontentement des consommateurs
rage f 2	*anger, fury*	les dents serrées de rage; il est fou de rage que personne ne l'ait prévenu
grogne f 1	*anger (usually of a group)*	c'est la grogne chez les syndiqués / les agriculteurs
rogne f 1	*fury*	être / se mettre en rogne; ça le met en rogne de perdre

---

se mettre en colère   to become angry

s'enflammer 3	*to flare up*	ta soeur s'enflamme toujours pour les grandes causes
fulminer 3	*to fulminate*	pendant toute la soirée elle a fulminé contre les grèves qui l'empêchent de partir en vacances
s'irriter 3–2	*to be annoyed, to be angry*	le professeur s'irrite toujours si nous ne remettons pas les devoirs à temps
enrager 2	*to be in a rage*	elle enrage de s'être fait prendre sa place
se mettre en colère 2	*to become angry*	elle s'est mise en colère parce qu'il lui a menti
s'emporter 2	*to lose one's temper*	ils ont commencé à parler politique, et il s'est emporté

s'énerver 2	*to get worked up*	papa s'énerve toujours dans les embouteillages; il n'y a pas de quoi s'énerver!
se fâcher 2	*to be angry, to get angry*	il s'est fâché parce que mon carnet n'était pas bon; ne te fâche pas contre lui
être fou de rage 2	*to be wild with rage*	elle était folle de rage qu'on ne l'ait pas invitée
être hors de soi 2	*to be beside oneself*	j'étais hors de moi, j'ai dit des choses que je regrette
tempêter 2	*to rant and rage*	il a tempêté contre ses chefs pendant tout le dîner
avoir les nerfs en boule 1	*to get in a temper, to get in a paddy*	elle avait les nerfs en boule parce qu'elle avait mal dormi
avoir les nerfs en pelote 1	*to get in a temper, to get in a paddy*	elle avait les nerfs en pelote parce que son petit ami l'avait laissé tomber
se mettre en boule 1	*to get in a huff*	il se met en boule pour un rien
voir rouge 1	*to see red*	parle-lui de sa belle-mère et il voit rouge!
avoir les boules 1*	*to get in a temper, to get in a paddy*	elle avait les boules parce que son chef l'avait virée sans raison

colline
hill

éminence f 3	*hill, knoll*	le château se dressait sur une éminence et dominait le village
tertre m 3	*flat-topped knoll, mound*	le tertre du Mont-Saint-Michel
coteau m 3–2	*small hill, hillside*	les flancs du coteau; une colline aux coteaux plantés de vignes
hauteur f 3–2	*height, hill*	les hauteurs du Massif Central

butte f 2	*hill, hillock*	la butte Chaumont; la butte Montmartre; le sommet de la butte; au pied de la butte
colline f 2	*hill* (suggesting a rounded shape)	le sommet de la colline; au pied de la colline; le village se construit sur une petite colline
monticule m 2	*hillock, mound*	au loin se dressait un monticule boisé

---

colorer   to colour, to stain, to dye

iriser 3	*to make iridescent*	des reflets irisés; le soleil irise les vitraux de l'église
colorer 2	*to colour, to give natural or artificial colour to, to stain, to dye*	les feuilles que l'automne colore de rouge; les joues colorées par le fard / le vent
colorier 2	*to colour in*	colorier un dessin / une carte; vous colorierez les zones tempérées en rose
teindre 2	*to dye* (with artificial colour)	teindre des vêtements; se teindre les cheveux; un produit pour teindre les chaussures
teinter 2	*to tint, to colour lightly* (with a uniform colour)	des verres teintés; un verre d'eau à peine teinté de vin

---

combinaison   overalls, jumpsuit

sarrau m 3–2	*smock*	le sarrau d'un peintre / d'un sculpteur
bleu de chauffe / **bleu de travail** / **bleu de** **mécanicien** m / **bleus** mpl 2	*workman's overalls* (often, but not always, blue)	des ouvriers en bleus de chauffe
blouse f 2	*smock* (worn by a farmer, workman or child), *surgeon's coat*	une blouse d'écolier / d'instituteur / de chirurgien

combinaison f ☐2	*overalls, jumpsuit* (for a pilot, diver or skier)	une combinaison de pilote / de ski / de planche à voile
cotte f ☐2	*dungarees*	une cotte de mécanicien ; une cotte bleue ; il avait passé une cotte pour nettoyer la chaudière
salopette f ☐2	*mechanic's dungarees, stylish female dungarees, jumpsuit* (for a skier)	une salopette de jeune fille / d'ouvrier
tablier m ☐2	*apron, child's smock* (for primary school)	un tablier d'écolier ; un tablier de cuisine

---

comique   comical

plaisant ☐3–2	*amusing*	une anecdote plaisante
amusant ☐2	*funny, amusing*	un livre amusant ; il essaie d'être amusant
cocasse ☐2	*comical, funny* (with a suggestion of something peculiar)	une mésaventure cocasse ; la situation devenait cocasse
comique ☐2	*comical*	un acteur / un film comique ; il est comique avec son chapeau
désopilant ☐2	*hilarious, screamingly funny*	une histoire désopilante ; je te recommande la pièce, elle est désopilante
drôle ☐2	*funny, laughable*	raconte-moi une histoire drôle ; il est drôle, tout barbouillé de confiture ; j'ai passé la soirée à t'attendre, ce n'était pas drôle !
hilarant ☐2	*hilarious* (not to be confused with **hilare** = *full of fun, mirthful*)	un spectacle hilarant
impayable ☐2	*comical, a real laugh* (a slightly old-fashioned word)	elle est impayable, ta soeur / ton histoire
marrant ☐2–1	*very funny*	ils sont marrants à cet âge ; une pièce vraiment marrante
rigolo ☐2–1	*funny, killing*	comme il est rigolo, ce petit chat ; elle est rigolote, ta petite soeur ; je dois aller chez le dentiste, c'est pas rigolo

bidonnant 1	*killingly funny, very funny*	un film bidonnant; il est bidonnant, cet acteur
crevant 1	*killingly funny, very funny*	une histoire crevante
poilant 1	*hilarious*	on s'était tous déguisés, c'était poilant
tordant 1	*side-splitting*	je te recommande d'aller le voir, il est tordant quand il fait des imitations
astap 1*	*bloody funny* (= **à se taper le cul par terre**)	c'est astap!

---

commencer   to begin, to start

initier 3	*to initiate*	initier une réaction / un processus
amorcer 3–2	*to begin, to open* (used literally and figuratively)	amorcer des pourparlers / des négociations / des travaux; amorcer un virage; il fallait amorcer le dialogue entre les deux belligérants
ébaucher 3–2	*to outline, to sketch*	ébaucher un projet / une peinture / un sourire; laissant une oeuvre à peine ébauchée
appareiller 2	*to get under way* (a nautical term)	le bateau appareillera demain; l'équipage s'apprête à appareiller
commencer 2	*to begin, to start*	commencer le travail / sa lecture; ça commence bien!; je viens à peine de commencer; le film n'a pas commencé
débuter 2	*to begin* (only used intransitively when R2; see below)	sa carrière a débuté brillamment; le spectacle débutera par un défilé de mode
démarrer 2	*to start* (of a car) (see below)	ma voiture démarre mal, il faut changer la batterie
engager 2	*to begin* (discussions)	engager des discussions / une conversation / une procédure judiciaire; il a engagé une conversation avec sa voisine de table; la victime a préféré ne pas engager de poursuites

entamer 2	*to start, to cut into*	entamer une bouteille / un pain / une discussion / un livre; entamer une somme d'argent; son repas à peine entamé, il monta se coucher
entreprendre 2	*to undertake* (something long and complex)	entreprendre une tâche / des travaux / une démarche; son père l'a encouragé à entreprendre des études de médecine
débuter 1	*to begin* (only used transitively when R1; see above)	j'ai mal débuté l'année
démarrer 1	*to begin* (see above)	j'ai bien démarré l'année

---

compagnon   companion

accompagnateur m 2	*assistant, helper, someone who accompanies* (someone or a group)	l'accompagnateur d'un violoniste / d'un groupe de touristes / d'un groupe d'enfants; les enfants voyageront avec un accompagnateur
compagne f 2	*female companion* (often but not necessarily one's wife)	une compagne de travail; il y aura mon neveu et sa compagne avec leurs enfants
compagnon m 2	*companion* (often but not necessarily one's husband)	un compagnon d'études; j'ai invité ma fille et son compagnon

---

compétence   skill, competence

adresse f 2	*skill, adroitness*	des mouvements pleins d'adresse
aptitude f 2	*ability, aptitude* (usually occurring in the plural)	votre fille montre des aptitudes pour la musique; vous devez passer un test d'aptitude avant de vous inscrire aux cours de pilotage
capacité f 2	*ability* (often plural)	il a la capacité de réussir, mais il est paresseux; il a accepté un travail au-dessus de ses capacités
compétence f 2	*skill, competence*	il s'est acquitté de son travail avec compétence; je regrette, la question est en dehors de ma compétence / mes compétences

facilité f 2	*ease, facility*	il apprend les langues étrangères avec une facilité étonnante ; il a beaucoup de facilité à s'exprimer
habileté f 2	*skill*	c'est un exercice / une broderie qui exige une grande habileté ; il jongle avec habileté
(être du) ressort (de quelqu'un) 2	*(to be within someone's) competence*	je regrette, la programmation informatique n'est pas de mon ressort
savoir-faire m 2	*know-how, knowledge*	réussir une pièce montée demande beaucoup de savoir-faire ; les techniciens occidentaux apportent leur savoir-faire
technique f 2	*skill, technique* (see below)	une pièce pour violon qui exige une grande technique
technique f 1	*technique* (used with a humorous connotation; see above)	j'ai la technique pour plaire aux filles

---

complications complications

avatars mpl 3	*misadventures, ups and downs* (used with a pejorative connotation)	il a connu de nombreux avatars avant de devenir champion
vicissitudes fpl 3	*vicissitudes*	on voit le héros aux prises avec les pires vicissitudes
péripéties fpl 3–2	*episodes, incidents*	notre voyage a été plein de péripéties
aventures fpl 2	*adventures*	un livre / un film d'aventures
complications fpl 2	*complications*	le passage de la frontière a donné lieu à des complications sans fin
histoires fpl 2–1	*fuss, complications*	le voyage s'est passé sans histoires ; ta mère fait toujours des histoires

---

complicité   complicity

collusion f 3	*collusion*	la collusion des partis de l'opposition renverserait le gouvernement

intelligence f 3	complicity, understanding	être/agir d'intelligence avec quelqu'un ; je les ai vus échanger des signes d'intelligence pendant la partie
connivence f 3–2	connivance	être de connivence avec quelqu'un ; les témoins sont de connivence ; elle lui adressa un sourire de connivence
accord m 2	agreement	il a donné son accord à son fils ; je ne signerai rien sans votre accord
complicité f 2	complicity	agir en complicité avec quelqu'un ; sans la complicité du gardien, il n'aurait pas pu s'introduire dans le domicile
concert m 2	agreement	agir de concert avec quelqu'un ; nous avons entrepris une démarche de concert avec les autorités locales
entente f 2	agreement, understanding	passer/conclure une entente ; les deux partis sont parvenus à une entente ; leur entente est parfaite
(être) de mèche avec 2	(to be) in league with	les témoins sont de mèche avec l'accusé

---

comportement   conduct, behaviour

port m 3–2	bearing, posture, deportment	un port de tête altier ; elle a un port de reine
allure f 2	attitude, demeanour	des allures suspectes ; elle a une drôle d'allure
comportement m 2	conduct, behaviour (of a person or animal)	avez-vous remarqué quelque chose de bizarre dans son comportement ?
conduite f 2	behaviour (usually of a person in an institution with rules, eg a prisoner or pupil)	il a été libéré pour bonne conduite ; si vous voulez rester dans notre établissement, il faudra changer de conduite
fonctionnement m 2	behaviour (of a machine)	le fonctionnement d'une machine / d'un appareil ; j'ai beau lire le mode d'emploi de la vidéo, je n'en comprends pas le fonctionnement
maintien m 2	bearing, posture, deportment	il a un maintien distingué ; elle a pris des cours de maintien

tenue f
2
(good) behaviour, posture
un peu de tenue, voyons !

---

comprendre   to understand

entendre
3
to understand
j'entends bien ; il m'a laissé entendre qu'il préférait que je reste ; qu'entendez-vous par là / par ce mot ?

pénétrer
3
to penetrate, to understand
pénétrer un mystère / un secret ; les savants n'ont pas pu pénétrer le secret de l'île de Pâques

assimiler
3–2
to absorb, to assimilate (often used as a euphemism for **comprendre***)*
il a du mal à assimiler l'informatique ; laissez-lui le temps d'assimiler ce qu'elle a appris

discerner
3–2
to discern
elle discerne mal les couleurs ; comment discerner le vrai du faux dans ce qu'il nous raconte ?

comprendre
2
to understand
si j'ai bien compris ... ; fais-moi répéter si tu ne comprends pas

avoir conscience de
2
to be aware of
il n'a pas conscience de son talent

prendre conscience de
2
to become aware of
c'est ce jour-là qu'elle a pris conscience de son appartenance à une classe sociale favorisée

déchiffrer
2
to decipher
déchiffrer un code / un texte difficile / un message / une partition ; son écriture est difficile à déchiffrer

décoder
2
to decode, to unscramble (more used than to decode)
décoder un texte / l'information

réaliser
2
to realize (gradually replacing **se rendre compte de***)*
avant que je n'aie eu le temps de réaliser ce qui se passait

se rendre compte de
2
to realize
elle s'est rendu compte de son erreur à temps

saisir
2
to seize, to come to understand
je n'ai pas saisi le message du film

suivre 2	*to follow*	tu suis bien en classe ?
piger 1	*to cotton on*	t'as pigé, ou je répète ?

---

comprimé   pill

comprimé m 2	*pill* (a medical term)	le médicament se présente sous la forme de comprimés
pastille f 2	*pastille, lozenge* (either medical or sweet)	je prends des pastilles pour la gorge
pilule f 2	*pill* (almost always referring to contraception; in which case it is usually preceded by **la**)	elle ne prend pas la pilule ; elle est contre la pilule
cachet m 2–1	*pill* (a medical term)	j'ai pris un cachet d'aspirine

---

ne pas tenir compte de   to ignore, not to take into account

faire abstraction de 3	*to ignore*	le principe essentiel de la science, c'est de faire abstraction du surnaturel
passer sous silence 3–2	*to ignore, to pass over in silence*	M. le Directeur passera sous silence votre mauvaise conduite
laisser pour compte 2	*to discard, to abandon* (usually occurring as a noun based on the past participle)	les laissés pour compte de la société
ne pas tenir compte de 2	*to ignore, not to take into account*	elle n'a pas tenu compte de vos intérêts / de votre avis
ignorer 2	*to ignore*	depuis notre dispute, elle m'ignore

| **négliger**
   de + infinitif
2 | *to neglect* | il a négligé ses obligations ; elle a négligé de me dire qu'elle ne viendrait pas aujourd'hui |
| **omettre**
   de + infinitif
2 | *to omit* | omettre un chiffre / un détail ; j'ai omis de vous mentionner que je serai absent toute la semaine prochaine |

---

compte-rendu   report, account

bulletin trimestriel / **bulletin** m 2	*school report* (for a term)	un bon/mauvais bulletin
compte-rendu m 2	*report, account*	le compte-rendu d'une commission / d'un spectacle / d'un livre ; il a rédigé un compte-rendu détaillé
expertise f 2	*expert's report*	l'expertise a démontré que le tableau était un faux
exposé m 2	*account, exposé* (by a pupil or student)	l'étudiante a choisi de faire son exposé sur Matisse
procès-verbal m 2	*official, legal report, minutes*	le procès-verbal du juge / du notaire / d'une séance ; je vous propose de commencer par lire le procès-verbal de notre dernière réunion
rapport m 2	*summary, report*	un rapport d'expert / de juge / d'arbitre ; les experts ont rendu un rapport détaillé
relevé m 2	*statement* (of accounts)	un relevé de comptes / de gaz / de dépenses / de téléphone ; un relevé bancaire ; toutes les opérations figurent sur votre relevé bancaire
résumé m 2	*summary*	elle a fait le résumé de ce qui s'est passé ; le dernier journal donne les nouvelles en résumé
synthèse f 2	*synthesis*	l'animateur du débat a conclu en faisant une synthèse des différentes possibilités évoquées ; la synthèse des informations disponibles

concernant — concerning

en ce qui concerne / pour ce qui concerne 2	concerning, as far as … is concerned	en/pour ce qui concerne votre proposition, il nous faut d'abord l'accord du directeur
concernant 2	concerning (this and the next three head words are interchangeable)	un rapport concernant la sécurité routière
à l'égard de 2	concerning	son attitude à l'égard de sa tante était ambigu
à propos de 2	concerning	j'ai à vous parler, c'est à propos de votre fille
au sujet de 2	concerning	c'est à quel sujet ? – je vous appelle au sujet de la petite annonce
niveau 1	as far as (…) is concerned, with respect to	niveau propreté, c'est impeccable !

concours — competition

compétition f 2	competition (usually in sport)	une compétition sportive ; un esprit de compétition ; se présenter à une compétition
concours m 2	competition (usually a competitive examination)	le concours d'agrégation ; un concours hippique ; passer un concours
concurrence f 2	competitiveness, rivalry	une concurrence déloyale ; les hypermarchés se font concurrence

congédier — to dismiss, to invite to leave

éconduire 3–2	to dismiss, to usher out, to get rid of (a salesman at the door)	éconduire un importun / un soupirant ; je me suis fait éconduire comme un trouble-fête
chasser 2	to get rid of, to chase away (either temporarily or permanently)	chasser un visiteur indésirable ; chasser quelqu'un de son poste ; la vache chassait les mouches de sa queue ; le vent a chassé les nuages ; si vous continuez à arriver en retard, vous finirez par vous faire chasser

congédier [2]	*to dismiss* (permanently), *to invite to leave*	congédier un salarié / un employé; il congédia le maître d'hôtel afin que nous soyons seuls; il a été congédié pour faute grave
destituer [2]	*to dismiss* (permanently) (from high office)	destituer un ministre / un haut fonctionnaire / un officier; le gouverneur de la banque a été destitué de ses fonctions
évincer [2]	*to supplant, to evict*	évincer un concurrent; le poste me revenait, mais je me suis fait évincer
expulser [2]	*to expel*	expulser un élève / un locataire; il a été expulsé de la classe pour insolence; les opposants au régime ont été expulsés de leur pays
licencier [2]	*to dismiss* (permanently; usually in industry)	licencier des salariés / du personnel; il a été licencié pour motif économique; nous serons obligés de licencier du personnel si nous ne voulons pas fermer
mettre à la porte [2]	*to dismiss* (either temporarily or permanently)	mettre à la porte un employé / un domestique / un élève; si vous persistez à être incorrect avec les clients, je serai obligé de vous mettre à la porte
renvoyer [2]	*to dismiss* (permanently), *to expel* (a pupil)	renvoyer un domestique / un élève; il s'est fait renvoyer de tous les établissements
expédier [2-1]	*to dispose of* (someone) *quickly, to dispatch*	je l'ai expédié dans sa chambre pour avoir la paix
limoger [2-1]	*to dismiss, to fire* (from high office)	limoger un ministre / un haut fonctionnaire / un officier; le préfet a été limogé sans égards
balancer [1]	*to kick out*	balancer un employé
flanquer à la porte [1]	*to throw out* (either temporarily or permanently)	s'il n'obéit pas, tu n'as qu'à le flanquer à la porte
sacquer/saquer [1]	*to sack, to give* (someone) *the boot, to fail* (an examination)	sacquer un employé / un élève; j'ai été saqué à l'oral
vider [1]	*to chuck out*	le vigile a vidé un loubard complètement saoul
virer [1]	*to chuck out* (either temporarily or permanently)	le videur a viré trois ivrognes; il s'est fait virer de son poste / de sa classe

| **foutre à la porte** [1*] | *to give (someone) the boot* (either temporarily or permanently) | il s'est fait foutre à la porte pour incompétence / insolence |

---

connaissances   knowledge

érudition f [3–2]	*erudition*	son travail montre beaucoup d'érudition ; il a de l'érudition
acquis m [2]	*knowledge, experience*	l'inné et l'acquis
bagage m [2]	*stock of knowledge, intellectual knowledge*	elle a un bagage littéraire formidable ; avec un bon bagage scientifique au départ
connaissances fpl [2]	*knowledge*	il a des connaissances étendues ; mes connaissances dans le domaine sont limitées
culture f [2]	*culture*	avoir une vaste/immense culture
savoir m [2]	*knowledge*	il exhibe son savoir
science f [2]	*knowledge (occasionally with a pejorative connotation)*	son frère, c'est un puits de science (= *the fount of all wisdom*) ; n'étale pas ta science !

---

conscience   consciousness

| **conscience** f [2] | *consciousness* | avoir conscience de quelque chose ; il n'a pas conscience de ce qu'il dit ; c'est à ce moment-là qu'il a pris conscience du danger (prendre conscience = *to become aware of*) |
| **connaissance** f [2] | *awareness, consciousness* (but usually restricted to certain expressions) | perdre/reprendre connaissance ; rester sans connaissance ; j'ai pris connaissance du rapport qu'il m'a envoyé |

---

content   happy

| **allègre** [3] | *lively* | vous me paraissez bien allègre ce matin ; il venait vers nous d'un pas allègre |

folâtre 3	*playful, jolly*	je ne me sens pas d'humeur folâtre
guilleret 3	*lively, jaunty*	un air / un ton guilleret ; elle est revenue toute guillerette
enjoué 3–2	*bright, lively*	une personne / une voix enjouée ; elle m'a répondu sur un ton enjoué
réjoui 3–2	*joyful*	elle avait une mine réjouie
animé 2	*lively, bustling*	une rue / une conversation animée ; un café très animé
content 2	*happy*	ton père ne sera pas content ; je suis bien contente d'être venue
gai 2	*gay, lively* (occasionally used with an ironic connotation ; = *great*)	une couleur / une chanson gaie ; elle est gaie comme un pinson (= *as happy as a sandboy*) ; encore un pneu crevé, c'est gai !
jovial 2	*jovial*	un ton / un homme jovial ; il est toujours d'humeur joviale
joyeux 2	*happy, joyful*	joyeux Noël ; des enfants poussaient des cris joyeux dans la cour
folichon 1	*joyful, jolly* (often used with a negative verb)	c'est pas folichon de rester à la maison

---

au contraire de   contrary to

au contraire de 2	*contrary to*	le dollar a eu une grimpée au contraire de ce qui avait été annoncé
contrairement à 2	*contrary to*	contrairement à ce que vous croyez, je l'ai encouragé à rester
à l'encontre de 2	*contrary to, counter to*	tu vas toujours à l'encontre de ce que je te dis
à l'opposé de 2	*opposite to*	ce qui s'est passé est à l'opposé de ce que j'avais imaginé

contredire   to contradict

réfuter 3–2	*to refute*	réfuter un argument / une accusation ; l'hypothèse de l'attentat a été réfutée
contredire 2	*to contradict*	elle contredit tout ce que dit son père ; votre décision contredit vos principes
démentir 2	*to deny the truth of*	la nouvelle n'a pas été démentie
nier 2	*to deny* (often used after being accused)	son système de défense est de tout nier en bloc
renier 2	*to renounce, to refuse to recognize, to disown*	renier Dieu / sa foi / sa famille ; des engagements politiques qu'il s'est empressé de renier

---

contrôler   to check, to check through, to examine

contrôler 2	*to check, to check through, to examine*	le test est destiné à contrôler vos connaissances ; nous avons été contrôlés dans le métro
examiner 2	*to examine* (NB not in an examination ; see below)	examiner des documents / un patient ; il a pris sa loupe pour mieux examiner le timbre
faire passer un examen à 2	*to examine* (a candidate in an examination)	faire passer un examen à une étudiante / à un candidat ; le jury qui nous a fait passer l'examen était composé de trois professeurs
perquisitionner 2	*to search* (often by the police)	la police a perquisitionné chez lui
vérifier 2	*to verify, to check*	vérifiez que vos pneus sont bien gonflés ; j'ai fait vérifier le niveau d'huile
visiter 2–1	*to search thoroughly* (suggesting stealing)	visiter un appartement ; la cave a été visitée pendant notre absence – il ne reste plus une bouteille de vin

---

contusion   bruise

contusion f 3–2	*bruise* (usually internal ; see below, **bleu**)	une contusion cérébrale ; il s'en est tiré avec quelques contusions ; après s'être fait agresser, il souffre de nombreuses contusions

ecchymose f 3–2	*bruise* (usually superficial, a slightly technical term)	à la fin du match son visage était couvert d'ecchymoses
meurtrissure f 3–2	*bruise* (usually superficial)	choisissez des fruits sains, sans taches ni meurtrissures ; elle souffre de légères meurtrissures
bosse f 2	*bump*	une bosse à la tête ; il s'est fait une bosse en tombant
bleu m 2	*bruise* (less serious than **ecchymose**) (although **contusion** is the most general term, **bleu** is the most used, probably because it is the shortest word and least technical-sounding)	il était couvert de bleus ; j'ai un bleu à la cuisse
un oeil au beurre noir / beurre noir m 1	*black eye*	il est revenu avec un oeil au beurre noir
coquart m 1	*shiner*	il a reçu un coquart ; t'as un drôle de coquart
oeil poché m 1	*black eye*	il avait la lèvre fendue et un oeil poché après la bagarre

---

convaincre   to convince

convaincre **de** + infinitif 2	*to persuade, to convince*	je l'ai convaincue de partir ; est-ce que je t'ai convaincu ?
décider **à** + infinitif 2	*to persuade, to decide*	je l'ai décidé à vendre
déterminer **à** + infinitif 2	*to determine*	qu'est-ce qui l'a déterminé à partir ?
persuader **de** + infinitif 2	*to persuade*	je l'ai persuadé de nous rejoindre ; elle l'avait persuadé qu'il devait sortir moins souvent

conversation　　　　　　　　　　　　　　　　　conversation

conciliabule m 3–2	*quiet conversation* (used with a humorous connotation)	ils ont passé la soirée à faire des conciliabules; qu'est-ce que c'est que ces conciliabules?
appel téléphonique m 2	*telephone call* (the act of phoning)	j'ai reçu un appel téléphonique
communication téléphonique f 2	*telephone call* (the content of the call)	si vous voulez bien patienter, il est en communication téléphonique
conversation f 2	*conversation*	j'ai eu une conversation avec lui à ce sujet
dialogue m 2	*dialogue*	sans parvenir à établir le dialogue entre les deux partis; la première scène du film commence par un long dialogue entre le mari et sa femme
échange de vues m 2	*exchange of views or opinions*	les deux ministres ont procédé à un échange de vues
entretien m 2	*interview* (between two or more people, often requested by one of the parties)	elle a eu un entretien avec les responsables du PC; le ministre a accordé un entretien à notre collaborateur
entrevue f 2	*interview* (in an office, etc)	demain, j'ai une entrevue avec un éventuel employeur
interview f 2	*interview* (usually involving the media)	une interview à la radio / à la télé; le premier ministre lui a accordé une interview
pourparlers mpl 2	*discussions* (usually of a political nature)	des pourparlers ont été engagés avec les terroristes
tête-à-tête m 2	*private, intimate conversation* (usually between two people) (only used in an adverbial expression with **en**)	on a dîné en tête-à-tête; une soirée en tête-à-tête

coquillage　　　　　　　　　　　　　　　　　　　　shell

carapace f 2	*shell* (of an insect or tortoise)	une carapace de scarabée / de tortue

coque f [2]	*shell* (of a nut)	une coque d'amande / de noisette / de noix; le fruit a une coque allongée
coquillage m [2]	*shell* (the outer and inner parts)	ramasser des coquillages au bord de la mer
coquille f [2]	*shell* (the outer part)	la coquille d'une noix / d'une noisette / d'un oeuf / d'une huître; le poussin a brisé sa coquille d'un coup de bec; ne casse pas la coquille avec tes dents!; des coquilles Saint-Jacques (= *scallops*)
écaille f [2]	*scale* (of a fish or reptile)	une écaille de poisson / de reptile; une monture en imitation d'écaille

corbeille   basket

cabas m [2]	*shopping bag* (wide, flat and shallow; carried on the arm)	elle a pris son cabas avant d'aller au supermarché
corbeille f [2]	*basket* (not used for carrying, but for waste paper or fruit; made of wicker or plastic)	une corbeille à fruits/papier; une corbeille en osier
filet m [2]	*string bag* (for foodstuffs)	un filet à provisions
hotte f [2]	*basket* (carried on the back; used by grape pickers)	la hotte du Père Noël / d'un vigneron
panier m [2]	*basket* (carried by its handles)	un panier à commissions
sacoche f [2]	*bicycle panier*	ma bicyclette a deux sacoches

corde   rope

| **cordage** m [2] | *rope* (a nautical term; in the plural = *rigging, ropes*) | un cordage de chanvre / de jute; le vent soufflait dans les cordages |
| **corde** f [2] | *rope* | sauter à la corde; la corde à linge |

cordeau m 2	*string*	le cordeau du jardinier ; des allées tracées au cordeau
cordelette f 2	*small rope*	les trousseaux de clefs étaient noués par une cordelette
ficelle f 2	*string*	j'ai attaché le colis avec une ficelle

corrompu   corrupt

dépravé 3–2	*depraved*	des moeurs dépravées ; il a des goûts dépravés
dévergondé 3–2	*shameless, licentious*	une vie dévergondée ; la nouvelle venue a l'air plutôt dévergondée
corrompu 2	*corrupt*	un ministre / un régime corrompu ; un pays où même la police est corrompue
débauché 2	*debauched* (of a person or life)	il s'est installé à Paris où il a mené une vie débauchée
dissolu 2	*dissolute*	elle mène une vie dissolue
pervers 2	*perverse*	une personne / une nature perverse ; des goûts pervers ; un comportement pervers
vicieux 2	*depraved, vice-ridden* (of a person)	un vieux vicieux ; il l'a regardé d'un air vicieux
pourri 1	*rotten, corrupt* (of a person, society or life)	une société pourrie ; un monde pourri ; ils sont tous pourris dans la politique

cou   neck

cou m 2	*neck*	il l'a attrapé par le cou
nuque f 2	*nape of neck* (more common than *nape*)	j'ai mal à la nuque, j'ai un torticolis ; une coupe de cheveux qui dégage la nuque

couche   layer, coat

strate f 3–2	*stratum* (a technical term)	des strates inclinées
couche f 2	*layer* (of rock or mineral), *geological vein* (also used figuratively), *coat* (of paint)	une couche d'argile / de peinture; les couches de la société; elle a passé une deuxième couche de vernis sur la table
filon m 2	*geological vein*	exploiter un filon d'or / de houille
gisement m 2	*geological layer* (deeper and bigger than **couche**)	on a découvert un gisement d'uranium / de pétrole
pellicule f 2	*film*	une fine pellicule de poussière s'était déposée sur les meubles

---

se coucher   to go to bed

s'allonger 2	*to lie down*	je vais m'allonger un moment
se coucher 2	*to go to bed*	allez les enfants! c'est le moment d'aller vous coucher
s'étendre 2	*to lie down*	est-ce que tu veux t'étendre un peu avant le dîner?
se mettre au lit 2	*to go to bed*	on ne s'est pas mis au lit avant minuit
se mettre au pieu 2	*to turn in, to hit the hay*	je me suis mis au pieu avec un bouquin
se pieuter 1	*to turn in*	j'en peux plus, je vais me pieuter

---

couleur   colour

coloration f 2	*colour, colouring, dyeing* (finer than **couleur**; often used figuratively)	la coloration de la peau; la coloration politique; son teint prenait une coloration plus brune avec l'âge

coloris m [2]	*colouring* (as of clothes or fabrics; suggesting appreciation)	le tissu existe dans plusieurs coloris
couleur f [2]	*colour*	quelle est la couleur de ses yeux?; toutes les couleurs de l'arc-en-ciel
nuance f [2]	*nuance, shade, delicate difference in colour*	la peinture est disponible dans trois nuances de bleu
teint m [2]	*(the colour of one's) complexion*	elle a le teint pâle/hâlé/mat
teinte f [2]	*colour* (produced by mixing several colours), *hue* (in nature)	elle préfère les vêtements aux teintes vives; une jolie teinte de cheveux
teinture f [2]	*dyeing* (of hair), *liquid used in dyeing hair, (hair) colour*	elle a rendez-vous chez le coiffeur pour une teinture; le henné est une teinture naturelle

coup   blow, bang

accrochage m [2]	*(slight) collision, bump* (usually between two vehicles)	j'ai eu un accrochage avec une autre voiture en venant au travail
cahot m [2]	*bump, bang* (as on a bumpy road)	qu'est-ce qu'il y a comme cahots sur cette route!
choc m [2]	*blow, bang* (hard and sudden, as in an accident)	mes lunettes n'ont pas résisté au choc
collision f [2]	*collision* (between two vehicles)	entrer en collision avec une autre voiture; à quelques minutes près les deux trains entraient en collision
coup m [2]	*blow, bang*	le boxeur lui a envoyé un coup dans les gencives; il a pris un mauvais coup
heurt m [2]	*collision* (in a car; less violent than **choc**), *clash*	j'étais en train de traverser la rue quand le heurt a eu lieu; il y a eu un heurt entre les manifestants et les forces de l'ordre
secousse f [2]	*jolt, bump* (in a car, plane or train), *(earth) tremor*	attention aux secousses, c'est fragile!; une secousse sismique

coupant   sharp

aiguisé [2]	*sharp* (of a small, fine object), *sharpened*	un couteau / un rasoir bien aiguisé ; des ciseaux bien aiguisés
coupant [2]	*sharp* (of a knife or blade)	la lame coupante du rasoir
tranchant [2]	*sharp* (of larger objects)	une hache / une épée tranchante ; un instrument tranchant

---

couper   to cut

couper [2]	*to cut* (in general, but not *to trim* in the sense of **tailler**)	couper la viande / la ficelle / le pain / des roses / l'herbe / les cheveux ; viens, je vais te couper les ongles
découper [2]	*to cut up, to cut out*	découper de la viande ; découper un article dans un journal ; qui va découper le gigot ?
élaguer [2]	*to pollard* (a tree), *to prune* (a tree)	le jardinier a élagué les hautes branches du mûrier
émonder [2]	*to pollard* (a tree), *to prune* (a tree)	il faudra émonder le peuplier
entamer [2]	*to cut into, to start*	entamer un pain ; le melon n'a même pas été entamé
sectionner [2]	*to cut through, to take a cutting from* (a plant)	sectionner un câble / un tronc d'arbre ; l'artère a été sectionnée
tailler [2]	*to cut, to trim*	tailler un rosier / une haie / un arbuste ; il ne s'est pas taillé la barbe pendant quelques semaines
tondre [2]	*to cut closely, to sheer*	tondre la pelouse / les cheveux ; les moutons ont été tondus
trancher [2]	*to slice* (bread), *to cut through, to slit*	trancher un noeud / le cou à quelqu'un ; le câble a été tranché net ; trancher le noeud gordien (= *to cut the Gordian knot*)

courageux

courageous

impavide [3]	*undaunted*	il s'est montré impavide devant le danger
téméraire [3-2]	*fearless*	tu as été très téméraire de le contredire
audacieux [2]	*daring, audacious*	un projet audacieux; escalader une paroi comme ça, c'est audacieux
brave [2]	*brave*	il est resté brave devant le danger
courageux [2]	*courageous*	un soldat courageux; ne pleure pas, sois courageux
entreprenant [2]	*enterprising*	avoir le caractère / l'esprit entreprenant; quel garçon entreprenant!
intrépide [2]	*intrepid*	je ne me sens pas assez intrépide pour demander une augmentation
casse-cou [1]	*reckless, daredevil* (invariable in the plural; usually occurring as a noun)	ils sont casse-cou à cet âge
culotté [1]	*cheeky*	qu'est-ce qu'elle est culottée!; il faut être culotté pour pousser tout le monde comme ça!
gonflé [1]	*cheeky*	il est gonflé, ce mec, personne ne l'a invité!

au courant

up-to-date, in the know

au courant [2]	*up-to-date, in the know*	je ne sais pas ce qui se passe, je ne suis pas au courant; tenez-moi au courant
à la mode [2]	*in fashion*	elle est à la mode; il est toujours habillé à la dernière mode; une boîte de nuit à la mode
à la page [2]	*up-to-date* (both with respect to time and fashion)	une coiffure / un magazine à la page; ils sont à la page, même s'ils habitent à la campagne
'in' [1]	*with it, trendy*	difficile de rester 'in'; une boîte 'in'

| **au parfum** [1] | *in the know* | il est au parfum ; on l'a mis au parfum |
| **dans le vent** [1] | *with it, trendy* (tending to disappear from use) | il fait tout pour avoir l'air dans le vent |

---

courir   to run

courir [2]	*to run*	courir le cent mètres ; il a couru à toutes jambes pour la prévenir
galoper [2]	*to run* (of a child), *to gallop* (of a horse)	il galope partout ; elle marche tellement vite que je suis obligé de galoper derrière elle ; le cheval a galopé à travers les champs
filer [2–1]	*to fly past, to dash by* (of a train, car, bicycle or person)	elle a filé devant nous comme une flèche
cavaler [1]	*to race around*	j'ai dû cavaler comme un dingue

---

court   short, brief

fugace [3]	*fleeting, transient*	une impression / une sensation fugace ; un souvenir fugace ; la lumière fugace du crépuscule
fugitif [3]	*fleeting*	une impression / une idée fugitive ; le plaisir fugitif d'une aventure
éphémère [3–2]	*ephemeral*	une gloire / un bonheur / un succès éphémère ; sa carrière a été très éphémère
transitoire [3–2]	*transitory, transitional*	la situation n'est que transitoire ; un gouvernement transitoire
bref [2]	*brief*	un bref délai/instant ; un discours bref ; je serai bref
court [2]	*short, brief*	une courte conversation / une conversation courte ; une robe courte ; les cheveux courts ; pendant un court moment
momentané [2]	*momentary, brief*	veuillez nous excuser pour cette interruption momentanée de nos émissions

| **passager** [2] | *passing* | une expérience passagère ; des pluies passagères ; la crise sera passagère |
| **provisoire** [2] | *provisional* | une solution / une installation / un accord provisoire ; on lui a donné un numéro de téléphone provisoire |

courtiser   to woo, to pay court to

courtiser [3–2]	*to woo, to pay court to*	courtiser une femme ; je n'ai pas remarqué, j'étais occupé à courtiser ma voisine de table
conter fleurette à [3–2]	*to say sweet nothings to*	elle est fidèle, mais ça l'amusait de se laisser conter fleurette
faire la cour à [3–2]	*to woo, to court*	faire la cour à une femme ; tous les garçons lui font la cour
flirter [2]	*to flirt*	elle flirte avec tous les hommes ; je les ai vus flirter ensemble
courir après [1]	*to chase after*	il m'a couru après pendant des mois ; c'est toi qui m'a couru après
courir les filles [1]	*to chase girls*	il a arrêté de courir les filles quand il s'est marié
courir le guilledou [1]	*to go gallivanting*	moi aussi j'ai couru le guilledou quand j'avais ton âge
draguer [1]	*to chat up, to get off with, to try and pick up* (used transitively and intransitively ; when intransitively = *to try and pick up birds/guys*)	draguer une fille / un mec ; c'est elle qui m'a dragué ; elle s'est fait draguer ; tous les soirs il va draguer en boîte

courtois   courteous, well-mannered

| **chevaleresque** [3] | *chivalrous, gentlemanly* | une âme chevaleresque ; il s'est toujours montré chevaleresque envers les femmes |
| **courtois** [2] | *courteous, well-mannered* | j'ai pour voisin un vieux monsieur très courtois |

bien éduqué 2	*well bred*	un enfant bien éduqué
bien élevé 2	*well bred*	un enfant bien élevé; comme elle est bien élevée!
poli 2	*polite, courteous*	une personne polie; restez poli, je vous prie

---

coût   cost

charges fpl 2	*expenses, costs* (usually an official term), *service charges for upkeep* (of a building), *rates*	les charges sociales; le loyer comprend les charges
coût m 2	*cost* (of living or production)	le coût de la vie ne cesse d'augmenter
dépense f 2	*expenses* (often used in the plural; of a more voluntary nature than **charges**)	les dépenses du ménage; nous avons eu des dépenses imprévues ce mois
montant m 2	(*total*) *sum paid out*	quel est le montant à payer?
prix m 2	*price*	le prix de l'article est indiqué sur l'étiquette

---

couteau   knife

canif m 2	*penknife*	il a ouvert les oursins avec son canif
coupe-papier m 2	*paper knife*	elle s'est servi d'un coupe-papier pour déchirer l'enveloppe
couteau m 2	*knife*	un couteau de cuisine; un couteau à pain / à dessert
couteau à cran d'arrêt m 2	*flick knife*	en pleine bagarre, il a sorti un couteau à cran d'arrêt

schlass m
1

knife

j'avais pas vu qu'il avait un schlass

---

couvrir

to cover, to wrap up

joncher
3-2

to strew (usually occurring as a past participle)

la pelouse était jonchée de feuilles mortes

revêtir
3-2

to cover, to coat, to put on (clothes for a particular function)

les murs sont revêtus d'une matière isolante; la princesse avait revêtu sa plus belle robe

couvrir
2

to cover, to wrap up, to drown (voices)

couvrir un toit / un enfant; les murs étaient couverts d'affiches; tous mes livres sont couverts; je vais vérifier qu'il est bien couvert pour la nuit; le bruit assourdissant de l'avion couvrait leur conversation

parsemer
2

to sprinkle, to strew (usually occurring as a past participle)

un ciel parsemé d'étoiles; sa peau est parsemée de taches de rousseur

recouvrir
2

to cover over (stronger and more complete than **couvrir**), *to recover*

les murs sont recouverts de papier peint; des tuiles sont tombées, il faudra faire recouvrir le toit

---

crayon

pencil

stylo à plume / stylo plume m
3

(fountain) pen

un stylo à plume en or; il écrit au stylo plume / au stylo à plume

crayon m
2

pencil

il écrit au crayon; un crayon pour les yeux; un crayon bien taillé

crayon à bille m
2

ballpoint pen (a word disappearing from use)

c'est souligné au crayon à bille rouge

crayon de couleur m
2

crayon

une boîte de crayons de couleur

crayon feutre / feutre m
2

felt-tip pen

il écrit au feutre vert

stylobille / **stylo-bille** m 2	*ballpoint pen*	les corrections sont au stylo–bille rouge
stylo à encre m 2	*cartridge pen*	je vous conseille d'écrire au stylo à encre
stylo m 2–1	*pen*	t'as pas un stylo ?
bic m 1	*biro*	des bics de toutes les couleurs

---

crête   crest

arête f 2	*ridge, sharp edge, bridge* (of the nose)	l'arête d'un toit / d'une montagne / d'un dé / d'un nez ; il s'est coupé en tombant contre l'arête d'un rocher
crête f 2	*crest*	la crête d'une montagne / d'un toit / d'une vague ; des sommets aux crêtes enneigées
faîte m 2	*ridge, top part* (used literally and figuratively)	le faîte d'une maison / d'un arbre / d'une montagne ; il est au faîte de sa carrière

---

cri   animal noise, chirp, quack

aboiement m 2	*bark, barking*
barissement m 2	*trumpet, trumpeting* (of an elephant)
bêlement m 2	*baa, baaing, bleating*
beuglement m 2	*moo, mooing* (same as **meuglement**)
braiement m 2	*bray, braying*
chant m 2	*song* (of a bird, cock, or insect)

cri m 2	*animal noise, chirp* (of a bird), *quack*	
gazouillement m 2	*twitter, twittering*	
hennissement m 2	*whinny*	
hululement / **ululement** m 2	*hoot* (of an owl)	
meuglement m 2	*moo, mooing* (same as **beuglement**)	
miaulement m 2	*mew, mewing*	
mugissement m 2	*bellow, bellowing* (of a cow or bull; louder than **beuglement** and **meuglement**)	
pépiement m 2	*cheep, cheeping*	
rugissement m 2	*roar, roaring*	

---

crier		to shout, to shout out
tempêter 3	*to rage, to rant*	j'ai beau crier et tempêter, il n'en fait qu'à sa tête
clamer 3–2	*to shout out, to proclaim* (often suggesting a sense of injustice)	il clame son innocence / son indignation
crier 2	*to shout, to shout out*	crier à tue-tête ; arrête de crier
s'égosiller 2	*to shout oneself hoarse*	je me suis égosillé à te le répéter
hurler 2	*to shout out loud, to scream*	hurler de douleur ; on entendait hurler la sirène des pompiers

criailler `2–1`	*to bawl* (suggesting a persistent complaint)	elle trouvera toujours une raison pour criailler
piailler `2–1`	*to screech, to squeal* (suggesting sharp, persistent shouting)	elles piaillaient d'excitation à l'annonce de la nouvelle
brailler `1`	*to bawl, to yell*	il donne les ordres en braillant
gueuler `1*`	*to bellow, to bawl*	gueule pas, hein, je suis pas sourd !

---

crise   attack, fit

accès de toux m `3–2`	*coughing fit*	l'allergie se manifeste par accès de toux
bouffée de colère f `3–2`	*outburst of anger*	il essayait de réprimer une bouffée de colère
poussée de fièvre f `3–2`	*sudden rise in temperature* (of a person)	elle a eu une poussée de fièvre pendant la nuit
attaque cardiaque / attaque f `2`	*stroke*	elle a eu une attaque dont elle ne s'est pas remise
crise f `2`	*(heart) attack, fit* (of crying or hysterics), *(stomach) upset*	il est mort d'une crise cardiaque ; elle va piquer une crise de nerfs si tu es en retard ; le chocolat, ça me donne des crises de foie
infarctus m `2`	*coronary (thrombosis)*	c'est son deuxième infarctus
quinte de toux f `2`	*coughing fit*	une quinte de toux l'a empêché de continuer

---

cruel   cruel

dénaturé `3`	*cruel, neglectful* (with respect to children ; suggesting *immoral, perverse*)	des moeurs dénaturées ; des parents dénaturés

sanguinaire 3	*bloodthirsty*	un tyran / un conflit sanguinaire
barbare 2	*barbarous, cruel*	une époque / une coutume barbare
cruel 2	*cruel*	un homme / un sourire cruel
inhumain 2	*inhuman*	un châtiment / un cri inhumain
sadique 2	*sadistic*	c'est un monstre sadique
sauvage 2	*savage, wild*	une bête / un enfant sauvage
dégueulasse 1*	*bloody nasty, swinish*	tu es dégueulasse ; c'est dégueulasse de rapporter !
salaud 1*	*rotten, soddish*	qu'est-ce qu'il est salaud !
vache 1*	*swinish, rotten*	elle est vache (= *a bitch*) ; il m'a fait un coup vache

---

cueillir to pick, to gather

amasser 2	*to pile up, to amass, to accumulate*	amasser une fortune / des preuves / des documents ; j'ai amassé toute une documentation
assembler 2	*to put together* (the parts of an object)	assembler les pièces détachées d'un avion modèle ; assembler des sous / des couleurs / des papiers ; l'intrigue est comme un puzzle à assembler
cueillir 2	*to pick* (fruit), *to gather*	cueillir des fruits / des fleurs ; nous avons cueilli des boutons d'or dans les champs
masser 2	*to mass* (especially of soldiers), *to gather round*	masser des troupes à la frontière ; ses admirateurs massés devant sa loge l'empêchent de partir
ramasser 2	*to pick, to pick up, to gather, to gather up*	ramasser des champignons / des miettes / des pierres ; les éboueurs passeront pour ramasser les ordures

rassembler 2	to collect, to bring together (people and objects)	rassembler les enfants / des troupes / les matériaux pour construire une maison ; à Noël toute la famille est rassemblée
recueillir 2	to gather together, to collect	recueillir des exemples / des fonds / des poèmes ; les abeilles recueillent le pollen ; nous avons recueilli de nombreux témoignages
réunir 2	to bring together, to collect, to raise (money)	réunir des preuves / des faits / diverses tendances / des fonds ; nous avons réuni plus de trois cents signatures

---

cuisinier   cook

chef-cuisinier / chef m 2	chef, head of a restaurant	la choucroute du chef
cordon bleu m 2	excellent cook	ta mère est un véritable cordon bleu
cuisinier m / **cuisinière** f 2	cook	ils ont une cuisinière et deux employés de maison
chef cuistancier / cuistancier / cuisteau / cuistot m 1	cook (especially in a community, eg the army or a **colonie de vacances**)	il est cuistot sur un bateau ; chapeau, le cuistot !

---

dans   in

au dedans de 3	within (used figuratively only)	elle ne pouvait pas s'empêcher de penser au dedans d'elle-même que cela n'avait pas d'importance
en 3	in (only with certain names of towns in Provence ; a regional usage ; has a pretentious connotation)	en Arles / en Avignon
en l' 3	in (with feminine nouns beginning with a vowel)	tous réunis en l'église Saint Sulpice

au sein de 3–2	*within* (used figuratively only)	au sein du parti / du gouvernement
à 2	*at, in* (with masculine names of countries; see **en**, below)	à la maison / à la gare; à Paris; au Portugal; aux Etats–Unis
dans 2	*in, at*	dans la maison / la rue; dans Londres (= *right in London*)
en 2	*in* (with feminine names of regions and **départements** and some masculine ones, and also with feminine names of countries and masculine ones beginning with a vowel; see **à**, above)	en Vendée / en Côte d'Or / en Limousin / en Espagne / en Israël / en Irak / en Iran
à l'intérieur de 2	*inside*	à l'intérieur du jardin / de la maison; j'ai laissé mes papiers à l'intérieur de la boîte à gants

---

début   beginning

commencement m 2	*beginning*	le commencement de la semaine / du trimestre / d'un livre / d'une carrière; il y a un commencement à tout
début m 2	*beginning* (more common than **commencement** in expressions of time)	au début du match / en début de semaine; j'ai raté le début du film
déclenchement m 2	*releasing, setting in motion* (used literally and figuratively)	le déclenchement d'un mécanisme; le déclenchement d'hostilités; je n'ai pas pu empêcher le déclenchement de l'alarme
démarrage m 2	*moving off, starting, start* (of a car) (used literally and figuratively)	nous avons eu un démarrage difficile, mais les affaires vont bien à présent; la voiture a eu un démarrage difficile ce matin
entrée en matière f 2	*introduction, beginning* (of a book, etc)	l'entrée en matière d'un rapport / d'un discours; je résumerai mon projet dès l'entrée en matière
inauguration f 2	*inauguration*	un discours / une cérémonie d'inauguration; le maire assistera à l'inauguration du bâtiment
introduction f 2	*introduction* (in general, but not of people)	introduction, développement, conclusion

ouverture f ☐2	*beginning, overture* (as in music), *opening time* (of a shop)	l'ouverture de la chasse / d'un festival ; une porte à ouverture automatique (= *automatic door*) ; l'ouverture des hostilités ; quelles sont vos heures d'ouverture ?

---

déception   disappointment
see also **dépression**

déconvenue f ☐2	*disappointment*	j'aurais dû vous écouter, j'en éprouve une grande déconvenue
désappointement m ☐3	*disappointment, disenchantment*	je n'ai pas pu cacher mon désappointement ; il en ressent bien du désappointement
mécomptes mpl ☐3	*disappointments*	lui, qui s'était exilé pour une vie meilleure, il n'a connu que des mécomptes
déboires mpl ☐3–2	*setbacks, difficulties*	elle a eu bien des déboires dans sa vie
désenchantement m ☐3–2	*disenchantment*	une sensation de désenchantement ; il ne pouvait s'empêcher de ressentir un certain désenchantement pour tout ce temps perdu
déception f ☐2	*disappointment*	il n'est pas venu, quelle déception !
désillusion f ☐2	*disillusion*	elle, qui croyait avoir rencontré le prince charmant, elle allait de désillusion en désillusion

---

déchets   rubbish, scrap

immondices fpl ☐3	*refuse*	il y avait un tas d'immondices dans la cour de l'immeuble ; le service de la voirie se charge d'enlever les immondices
débris mpl ☐2	*debris, rubbish, scrap* (metal)	attention aux débris de verre ! ; les débris de l'avion étaient disséminés sur des centaines de mètres
déchets mpl ☐2	*rubbish, left-overs* (of food), *scrap* (metal), *fall-out* (of nuclear waste)	les déchets radioactifs ; les déchets engraisseront le cochon

décombres mpl 2	*ruins, rubbish* (from a destroyed building)	ils ont découvert des blessés sous les décombres
détritus mpl 2	*waste* (from a factory), *rubbish* (food)	tous ces vacanciers qui laissent leur détritus sur la plage
épluchures fpl 2	*peelings* (of vegetables)	des épluchures de pommes de terre
ordures fpl 2	*domestic rubbish*	les ordures ménagères ; le ramassage des ordures se fait le matin
rebut m 2	*scrap, rubbish, what is thrown away* (used figuratively only)	ils sont considérés comme le rebut de la société ; on a retapé la vieille commode que mes parents voulaient mettre au rebut (mettre quelque chose au rebut = *to get rid of something*)

---

décider   to decide

se déterminer à 3–2	*to determine to*	ils se sont déterminés à soutenir sa candidature
résoudre de 3–2	*to decide to, to resolve to*	il a résolu de l'épouser quoi qu'en pensent ses parents
se résoudre à 3–2	*to decide to, to resolve to* (suggesting more effort than with the non-reflexive form)	je ne me résous pas à le vendre
statuer sur 3–2	*to pronounce upon*	le magistrat a statué sur son cas
trancher 3–2	*to decide* (stronger than **décider**)	pour le choix final, c'est la direction qui trancera ; je n'arrive pas à trancher
décider de 2	*to decide on, to decide, to decide to*	ils ont décidé d'une stratégie commune ; la commission décidera du sort des réfugiés ; il a finalement décidé de le rejoindre
se décider à 2	*to decide to* (suggesting more effort than with the non-reflexive form)	ça y est, tu t'es enfin décidé à te lever ; décide-toi enfin !
déterminer 2	*to decide* (stronger than **décider**)	tous ces facteurs déterminent le choix des électeurs

juger de 2	*to judge, to make a judgement upon*	c'est difficile d'en juger; c'est à vous de juger de ce qu'il faut faire
se prononcer sur 2	*to make a statement, to make a statement about*	je ne peux pas encore me prononcer, mais vous faites partie des candidats sélectionnés; le président va se prononcer sur l'économie du pays ce soir à la télévision
résoudre 2	*to decide, to resolve*	résoudre une difficulté / une énigme / un problème; nous n'avons pas résolu la question des enfants

---

dédier   to dedicate, to devote

vouer 3–2	*to devote, to vow*	il voue tout son temps au parti; il voue une véritable passion à sa femme
consacrer 2	*to devote, to consecrate*	le cheval, elle y consacre tous ses loisirs
dédicacer 2	*to dedicate* (something in writing)	je l'ai attendu dans sa loge pour lui faire dédicacer le programme
dédier 2	*to dedicate, to devote*	il a dédié son livre à sa femme

---

défaut   fault, weakness, flaw, defect

souillure f 3	*(moral) stain*	une souillure morale; les souillures du passé pèsent sur sa vie
tare f 3	*defect* (in a system or goods; see below)	une réforme qui ne changera rien aux tares de notre système scolaire
manquement m 3–2	*breach*	un manquement au règlement / à la discipline; tout manquement à la Déclaration des droits de l'homme devrait entraîner des sanctions
défaut m 2	*fault, weakness* (of character or metal), *flaw* (in cloth), *defect* (in a machine, novel or play)	un défaut de fabrication; elle a des défauts comme tout le monde

imperfection f 2	*imperfection*	bien sûr, il y a quelques imperfections, n'oublions pas que c'est son premier film ; le produit de maquillage idéal pour masquer les petites imperfections de la peau
manque m 2	*lack*	un manque de discipline / de courage ; un manque de vivres / d'argent ; quel manque de savoir-vivre !
tare f 2	*defect* (in a person ; see above)	une tare héréditaire

---

défectueux defective

imparfait 3	*imperfect*	un meuble mal fini, au poli imparfait ; une performance exceptionnelle, quoiqu'imparfaite
vicieux 3	*incorrect, wrong* (of expression or punctuation)	une prononciation vicieuse
bancal 2	*lame* (of a person), *unsteady* (of a piece of furniture), *shaky* (of an argument)	une chaise / une table bancale ; il est bancal, ton raisonnement
boiteux 2	*lame* (of a person or plan), *wobbly* (of a chair), *uncertain, shaky* (of an argument)	un raisonnement / un meuble boiteux ; un canard boiteux (= *lame duck*)
défectif 2	*defective* (only used of verbs)	**clore** est un verbe défectif
défectueux 2	*defective*	un raisonnement défectueux / une prononciation défectueuse ; une marchandise défectueuse ; un mécanisme défectueux ; tout article défectueux sera changé

---

défilé narrow gorge

port m 3	*pass* (in the Pyrenees)	St Jean Pied de Port ; le port du Tourmalet
canyon / cañon m 2	*canyon* (usually in the United States or Mexico)	les canyons du Colorado / de l'Utah

col m 2	*pass*	le col du Tourmalet est dans les Pyrénées
défilé m 2	*narrow gorge*	les défilés de l'Argonne
gorge f 2	*gorge*	les gorges du Tarn / du Fier
gouffre f 2	*abyss, chasm*	les gouffres de Padirac

défilé   procession, march, march past

cortège m 2	*(solemn) procession* (on a state occasion or burial)	un cortège funèbre/nuptial
défilé m 2	*(official) procession, march* (in a carnival or as a demonstration), *(military) march past*	le défilé du 14 juillet ; un défilé militaire
procession f 2	*procession* (often, but not always, religious)	la procession des Rameaux / de la Fête-Dieu ; tout le village suivait la procession
suite f 2	*series, string* (used figuratively)	les romans qu'il a écrits pendant cette période ont été une suite de succès ; nous avons été retardés par une suite d'incidents

déformé   deformed, changed

informe 3–2	*shapeless, with no form, incomplete* (of a plan or essay)	un brouillon informe ; des ombres informes
atrophié 2	*atrophied, wasted away*	un membre atrophié ; des muscles atrophiés
déformé 2	*deformed, changed* (from the original form)	on vous a rapporté des propos déformés
difforme 2	*deformed, grotesque* (often of the human body)	un membre / un corps difforme

dégager

to clear, to free

débarrasser [2]	*to clear* (a place), *to relieve* (someone of a burden)	débarrasser la table ; débarrasser quelqu'un d'un fardeau ; puis-je vous débarrasser de votre manteau ?
déblayer [2]	*to clear, to clear away, to tidy up*	déblayer le chemin / les décombres ; les chasse-neige ont déblayé la chaussée ; elle a déblayé les paperasses qui traînaient par terre
débroussailler [2]	*to clear* (a path), *to do the spadework* (used figuratively)	débroussailler un chemin ; nous aurons à débroussailler la question avec l'expert
défricher [2]	*to clear* (land), *to explore* (used figuratively)	défricher un terrain ; défricher un domaine scientifique
dégager [2]	*to clear, to free* (a place, hand, etc)	dégager la rue / le chemin ; dégagez le passage ; un décolleté qui dégage bien les épaules ; il resta coincé deux minutes avant qu'on puisse dégager sa main de la machine
désengager [2]	*to relieve* (of an obligation), *to disengage* (troops)	vous voilà désengagé de vos responsabilités

dégoûtant

disgusting

ordurier [3–2]	*foul* (of an idea or story)	des propos orduriers ; une plaisanterie ordurière
scatologique [3–2]	*scatological*	un humour / une histoire scatologique
crasseux [2]	*grimy, filthy*	une personne / une maison crasseuse ; du linge crasseux ; des ongles crasseux
dégoûtant [2]	*disgusting* (in general, also used with a moral connotation)	je vais lui donner son bain, il est dégoûtant ; ton jean est dégoûtant ; c'est dégoûtant de traiter une personne comme ça
écoeurant [2]	*sickening, foul*	une odeur écoeurante ; un dessert écoeurant ; on l'a renvoyé sans préavis, c'est écoeurant !
infect [2]	*foul, vile* (in general ; see below)	une odeur infecte / un goût infect ; il a fait un temps infect
malpropre [2]	*dirty* (of a person or object), *slovenly* (of work)	des vêtements malpropres

repoussant [2]	*repulsive*	un physique repoussant; il est d'une laideur repoussante
répugnant [2]	*repugnant, foul* (used figuratively)	des propos répugnants; un comportement / un individu répugnant
sale [2]	*dirty* (of a person, animal, object or manners)	les cheveux sales; qu'est-ce que c'est sale, ça!
infect [2–1]	*foul, vile* (with a moral value; see above)	un comportement infect / une personne infecte
crade/crado [1]	*foul*	ne pose pas ton cartable sur la table, elle est crade; un vieil imper crado
dégueu [1*]	*lousy*	complètement dégueu, la bouffe
dégueulasse [1*]	*bloody disgusting* (of a smell or sight)	les cabinets sont dégueulasses

---

déjouer　　　　　　　　　　　to frustrate, to cause to fail, to outsmart

contrecarrer [3–2]	*to thwart*	contrecarrer un plan / la volonté de quelqu'un; je ne veux pas contrecarrer vos projets, mais …
frustrer [3–2]	*to deprive* (someone of a satisfaction), *to frustrate someone's hopes*	frustrer un héritier de sa part; ses échecs répétés l'ont frustrée
déjouer [2]	*to frustrate, to cause to fail, to outsmart*	déjouer un plan / une ruse; ils ont profité de l'incident pour déjouer la surveillance des gendarmes
dérouter [2]	*to confuse, to disconcert*	toutes ses questions m'ont déroutée; avec tout ce qui m'arrive en ce moment, je me sens très dérouté
faire échouer [2]	*to cause to fail*	faire échouer un projet / une idée; nos concurrents font tout pour faire échouer notre projet

---

délit　　　　　　　　　　　　　　　　　　　　　　　　　　　　crime

| **forfait** m [3] | *serious, heinous crime* | commettre/expier un forfait; il a commis d'abominables forfaits |

transgression f 3	*transgression, contravention, breaking*	la transgression d'un tabou / d'un interdit; toute transgression du règlement sera punie sévèrement
contravention f 3–2	*breaking* (of any kind of rule or law) (sometimes = *fine*)	c'est un sens unique, vous êtes en état de contravention
attentat m 2	*attack, criminal attempt* (on someone's life, usually political in nature) (also used figuratively)	un attentat à la liberté; commettre un attentat; l'attentat à la bombe a été déjoué in-extremis
crime m 2	*crime* (more serious than **délit**)	commettre un crime; il a été accusé d'un crime qu'il n'a pas commis
délit m 2	*crime*	un délit mineur/majeur (= *minor/serious offence*)
infraction f 2	*breaking* (of a law)	commettre une infraction à une règle / à la loi; une infraction au code de la route

---

demander

to ask, to ask for

implorer **de** + infinitif 3	*to implore*	il a imploré l'indulgence des jurés; elle a imploré son pardon; elle l'implora de ne pas trahir son secret
quémander 3	*to beg* (with a pejorative connotation)	quémander de l'argent / une faveur; ton chien a toujours l'air de quémander quelque chose avec ses yeux larmoyants
quêter 3	*to collect money*	quêter pour une oeuvre; ils vont quêter pour les bonnes oeuvres de la paroisse
requérir 3	*to request, to call for* (see below)	elle a donné la réponse requise
solliciter 3	*to request* (as a favour)	solliciter une audience / une faveur / un poste; il sollicite une entrevue avec le ministre

postuler
  + nom
  pour + nom
3–2
	to apply for (a post) (an official term)	postuler un emploi / un poste; c'est vous qui avez postulé pour un emploi à l'étranger

prier **de** + infinitif 3–2	*to beg, to entreat*	je l'ai priée de le faire; je vous prie de sortir immédiatement

demander **de** + infinitif 2	*to ask, to ask for*	je lui ai demandé son avis ; je lui ai demandé de rester
réclamer 2	*to call for, to demand* (as a right)	réclamer le silence / son dû ; il a beaucoup pleuré et a réclamé sa mère
requérir 2	*to demand* (a legal term ; see above) (the perfect tense is most often found)	le procureur a requis une peine maximale
revendiquer 2	*to claim* (often with political force, as with trade unions), *to claim responsibility for* (a political crime)	revendiquer une hausse de salaire / un attentat ; elle revendique sa part d'héritage
supplier **de** + infinitif 2	*to beg, to entreat*	je vous supplie de me croire ; je t'en supplie, écoute-moi !

---

département   department

arrondissement m 2	*administrative district in a large city* (such as Paris, Lyon or Marseille)	elle habite dans le sixième arrondissement à Paris
canton m 2	*administrative district, canton* (larger than an **arrondissement**)	un chef-lieu de canton
circonscription f 2	*administrative district* (restricted to certain expressions ; used with particular reference to voting)	une circonscription électorale (= *ward*) ; une circonscription militaire / ecclésiastique ; il a été réélu dans sa circonscription
commune f 2	*rural district* (the smallest French administrative division)	la commune est administrée par un maire, des adjoints et un conseil municipal
département m 2	*department* (the largest French administrative division)	tous les départements sont placés sous l'autorité d'un préfet

dépasser   to exceed, to go beyond

excéder 3	to exceed, to go beyond (a fixed number or quantity or one's authority)	excéder une limite / son pouvoir / dix mille francs ; le poids de tes bagages excède 20 kg
outrepasser 3	to exceed, to go beyond (one's powers or jurisdiction)	outrepasser ses pouvoirs ; vous outrepassez vos droits !
surpasser 3–2	to improve on, to surpass, to do better than	il a surpassé tous ses concurrents ; il les surpasse largement en vitesse
dépasser 2	to exceed, to go beyond (one's authority, time, etc), to go one better than, to overtake (a car)	dépasser les limites / l'heure / la mesure / les forces de quelqu'un ; dépasser une voiture ; cela me dépasse (= I can't understand it)
devancer 2	to arrive before (someone in time), to beat (someone in a race), to forestall (an objection)	il devance ses concurrents d'une bonne longueur ; devancer l'appel (= to enlist before being called up)
doubler 2	to overtake (a car) (a more common word than **dépasser** in this sense)	défense de doubler

---

se dépêcher   to hurry

s'empresser **de** + infinitif 3–2	to hasten to	il s'est empressé de le répéter à tout le monde ; des promesses qu'elle s'est empressée d'oublier
se hâter **de** + infinitif 3–2	to hurry to (a less common verb than **se dépêcher**)	elle se hâta de finir ; il raconta son histoire sans se hâter
se dépêcher **de** + infinitif 2	to hurry, to hurry up	dépêche-toi ! ; dépêche-toi de tout ranger avant qu'ils arrivent
se presser **de** + infinitif 2	to hurry, to hurry up, to be in a hurry to	elle est venue vers moi sans se presser ; presse-toi, on est en retard ; elle est pressée de le retrouver
se grouiller 1	to get a move on	allez, grouille-toi !

| **se démerder** 1* | *to get a bloody move on* | démerde-toi, on est en retard |
| **se magner** 1* | *to get a bloody move on* | magne-toi, la pluie va commencer |

---

dépression
see also **déception**

depression

abattement m 3	*dejection, despondency*	la nouvelle la jeta dans un profond abattement
découragement m 2	*discouragement*	un sentiment de découragement
dépression f 2	*depression*	une dépression nerveuse; la dépression post-natale; elle fait des dépressions
idées noires fpl 2	*depression, discouragement*	donne-nous un coup de fil si tu as des idées noires
bourdon m 2–1	*depression*	ce film m'a donné le bourdon; avoir le bourdon (= *to be fed up*)
cafard m 2–1	*the blues*	un coup de cafard; avoir le cafard (= *to be fed up*)
déprime f 2–1	*the blues*	une crise de déprime; dans un moment de déprime

---

derrière

behind

en arrière de 3–2	*behind* (used literally and figuratively)	l'hôpital en arrière de la ligne de feu; il a fait trois pas en arrière; elle est très en arrière de ses camarades
à l'arrière de 2	*at the back of*	à l'arrière de la voiture (*either inside or out*); les passagers à l'arrière du véhicule
derrière 2	*behind*	mets les enfants derrière; elle s'est cachée derrière un arbre

désaccord

disagreement

inimitié f 3	*hostility*	avoir de l'inimitié pour quelqu'un ; il a dû affronter l'inimitié de ses collègues
dissension f 3–2	*dissension*	une dissension interne au sein du parti
désaccord m 2	*disagreement* (intellectual)	un grand/sérieux/léger désaccord ; ils sont en désaccord sur ce point
différend m 2	*difference*	un différend qui les oppose
discorde f 2	*discord*	semer la discorde ; il a tout fait pour entretenir / calmer la discorde entre eux ; une pomme de discorde (= *bone of contention*)
dissentiment m 2	*dissent, difference*	il y a dissentiment entre eux sur ce point ; il faudra surmonter ces dissentiments
division f 2	*division*	semer la division dans les esprits / la famille ; son régime est miné par une division interne
mésentente f 2	*disagreement, incompatibility*	il y a une légère mésentente entre eux
brouille f 2–1	*quarrel*	la brouille avec sa belle famille dure depuis vingt ans
zizanie f 1	*discord*	mettre/semer la zizanie ; c'est la zizanie dans la famille

désagréable

unpleasant

désobligeant 3	*unpleasant, offensive*	une remarque / une personne désobligeante ; elle m'a fait une remarque très désobligeante à ton sujet
fâcheux 3	*unfortunate, awkward*	un événement fâcheux / une nouvelle fâcheuse ; il nous est arrivé un contretemps fâcheux
agaçant 2	*annoying, irritating*	un propos / un bruit agaçant ; une personne agaçante ; c'est agaçant, ce bruit !

contrariant 2	*annoying, awkward*	un incident très contrariant; voilà qui est contrariant; il a tout de suite accepté, il n'est pas contrariant
déplaisant 2	*disagreeable, unpleasant*	un bruit déplaisant / une réflexion déplaisante; il m'a répondu sur un ton déplaisant
désagréable 2	*unpleasant*	un bruit / un événement / un propos / une personne désagréable; ne sois pas désagréable
ennuyeux 2	*annoying, troublesome, boring*	il n'est pas encore là, c'est ennuyeux; la soirée était affreusement ennuyeuse
incommodant 2	*troublesome* (usually of a physical nature)	un bruit incommodant; une chaleur / une odeur incommodante
embêtant 1	*annoying*	il ne vient pas, c'est embêtant
chiant 1*	*bloody unpleasant*	c'est chiant, ce bruit!; ils sont chiants avec leur foot!
emmerdant 1*	*bloody annoying*	elle est emmerdante, celle-là!; c'est emmerdant, on va être en retard

---

descendre   to come down, to descend

dégringoler 2	*to tumble, to tumble down, to leap down* (suggesting harming oneself)	il a dégringolé l'escalier / une pente; fais gaffe, tu risques de dégringoler du toit
descendre 2	*to come down, to descend* (when used transitively, the verb is conjugated with **avoir**; when used intransitively, with **être**)	elle a descendu l'escalier / le fleuve; elle est descendue toute seule
dévaler 2	*to whizz down, to hurtle down* (usually on foot)	dévaler une pente; il a dévalé l'escalier quatre à quatre
débouler 1	*to crash down, to belt down*	elle a déboulé la pente; t'as vu comment le peintre a déboulé de l'échelle?

déséquilibré   mentally unbalanced person

aliéné m   *lunatic, insane person*   un asile d'aliénés
3–2

dément m   *demented, mentally sick*   le crime n'a pu être commis que par un
3–2   *person* (often beyond   dément
                       therapy)

désaxé m   *lunatic*   c'est un désaxé, il devrait se faire soigner
2

déséquilibré m   *mentally unbalanced person*   seul un déséquilibré peut avoir commis ce
2   crime

fou m / **folle** f   *mad person* (out of anger   on l'a enfermé avec les fous ; c'est une folle,
2   or illness), *fool, lunatic*   elle ne reconnaît plus ses enfants

dingue m   *crazy person* (usually   c'est un dingue du deltaplane ; un dingue de
1   referring to sport, etc,   musique
                       when used figuratively)

---

désespoir   despair

désespérance f   *despair, lack of faith*   vivre dans la désespérance
3

désolation f   *distress, extreme grief*   elle était plongée dans la désolation depuis la
3–2   mort de sa mère

angoisse f   *anguish, dread, angst* (see   l'angoisse existentialiste
2   below)

désespoir m   *despair*   les familles des victimes sont au désespoir ;
2   un délinquant qui fait le désespoir de sa
                                                        famille

détresse f   *distress*   une âme en détresse ; un signal de détresse
2

angoisse f   *upset* (see above)   quelle angoisse !
2–1

désinvolte   casual, relaxed

cavalier 3–2	*cavalier, off-hand*	il a agi d'une manière un peu cavalière
désinvolte 2	*casual, relaxed*	un air / une manière / une personne désinvolte ; elle a répondu sur un ton désinvolte
insouciant 2	*carefree, having no care for, unaware of*	insouciant de tous les dangers
nonchalant 2	*nonchalant*	une démarche / une attitude nonchalante

---

désirer   to desire, to want

guigner 3	*to eye, to have one's eye on*	guigner une femme / un poste / un héritage ; il la guignait du coin de l'oeil pendant qu'elle lisait
ambitionner **de** + infinitif 2	*to strive after*	ambitionner un titre / un poste / une carrière / une place à l'université ; il ambitionnait d'être nommé à un poste de direction
aspirer à 2	*to aspire to*	elle aspirait à une vie paisible
convoiter 2	*to covet*	convoiter la femme ou les biens d'autrui ; je le soupçonne de convoiter ton poste
désirer 2	*to desire, to want*	que désirez-vous, Monsieur ? ; je désire m'en aller
envier 2	*to envy*	elle enviait les succès de sa soeur auprès des garçons
souhaiter 2	*to wish, to desire*	elle vous souhaite une grande prospérité ; il souhaitait la revoir
tenir à 2	*to be keen on, to be anxious that*	je tiens beaucoup à votre présence ce soir ; j'ai toujours tenu à ce qu'il ne manque de rien
vouloir 2	*to want, to wish (less elegant than **désirer** and **souhaiter**)*	je voudrais quatre gâteaux, s'il vous plaît ; elle veut partir ; qu'est-ce que tu veux ?

désordre

disorder

fatras m 3–2	*jumble* (usually of disparate items)	un fatras de vieux papiers; un fatras d'objets hétéroclites
gabegie f 3–2	*administrative muddle, chaos* (suggesting waste)	une administration où règne la gabegie
chaos m 2	*chaos*	l'armée a dû intervenir pour éviter que le chaos ne s'installe
désordre m 2	*disorder*	l'intervention de l'armée a évité de graves désordres; elle ajusta le désordre de sa coiffure / de sa tenue; quel désordre dans sa chambre!
fouillis m 2	*jumble, disorderly pile*	un fouillis de livres / d'idées; quel fouillis dans sa chambre!
bazar m 2–1	*shambles*	quel bazar dans son bureau!; range-moi ce bazar!
capharnaüm m 1	*shambles*	sa chambre est un vrai capharnaüm
chienlit f 1	*disorder, havoc* (a rather old-fashioned word)	la réforme, oui; la chienlit, non (*said by General de Gaulle*)
pagaïe/pagaille f 1	*(right) mess*	tu vas me ranger la pagaille qu'il y a dans ta chambre; il a été nommé pour mettre un peu d'ordre dans la pagaille du service
bordel m 1*	*bloody mess, shambles*	il y a pas moyen de trouver quoi que ce soit dans ce bordel
foutoir m 1*	*bloody mess*	quel foutoir!; c'est le foutoir!

---

désorienté

disorientated, bewildered

interloqué 3	*dumbfounded, bewildered* (often in a discussion)	elle resta interloquée devant sa réponse
déconcerté 3–2	*disconcerted, surprised*	je suis tellement déconcerté par son comportement que je ne sais plus quoi faire

décontenancé 3–2	disconcerted, taken aback (a stronger word than **déconcerté**)	il riait si vigoureusement que j'ai été décontenancée
désarçonné 3–2	thrown, nonplussed	j'ai été désarçonné par sa mauvaise foi
confus 2	perplexed, confused (often suggesting embarrassment)	je suis confus d'être en retard
dérouté 2	baffled, confused	je m'attendais si peu à sa question que j'ai été complètement dérouté
désorienté 2	disorientated, bewildered	avec ce nouveau système de classement, elle est toute désorientée
perdu 2	lost	il se sent complètement perdu sans sa femme
perplexe 2	perplexed, uncertain	cela me laisse perplexe
déboussolé 2–1	disorientated, lost	depuis qu'elle a perdu son emploi, elle est complètement déboussolée
paumé 1	lost, all at sea	tu te sentiras un peu paumé au début, mais tu te feras vite des amis

---

désormais   henceforth

dès lors 3	thenceforth, from then on	dès lors, il comprit qu'il fallait partir
désormais 2	henceforth	désormais, c'est elle qui s'en chargera
dorénavant 2	henceforth	dorénavant, je viendrai tous les mardis
à partir de là 2	from then on	c'est à partir de là que tout a commencé
à partir de ce moment-là 2	from then on	c'est à partir de ce moment-là que je me suis intéressé à la littérature espagnole

| **à partir de maintenant** 2 | *from now on* | à partir de maintenant je le ferai tous les jours |

---

en dessous
adverb

underneath

au-dessous 3–2	(*immediately*) *underneath*	son nom était juste au-dessous
dessous 2	*underneath*	le prix de la statuette est marquée dessous
en dessous 2	*underneath*	j'ai vu un abri et je me suis mise en dessous
là-dessous 2	*underneath* (pointing out something to someone)	tu vois le bosquet? – le lapin se cache là-dessous
ci-dessous 2	*mentioned below*	les détails sont donnés dans la note ci-dessous
par en dessous 2	*underneath* (suggesting a movement)	elle est passée par en dessous

---

en dessous de
preposition

beneath

au-dessous de 3–2	(*immediately*) *under*	mon nom est au-dessous du vôtre
en dessous de 2	*beneath*	le chien est en dessous de la table
par-dessous 2	*under* (suggesting a movement)	elle est passée par-dessous le fil
sous 2	*under*	elle était sous le lit

dessus
adverb
                                                                          on

au-dessus 2	*above*	elle habite juste au-dessus
ci-dessus 2	*above* (often used with **mentionné** = *aforementioned*)	les noms mentionnés ci-dessus
dessus 2	*on*	tu vois la table? les papiers sont dessus
par-dessus 2	*over*	il y avait un petit mur, elle a bondi par-dessus
là-dessus 2–1	*on* (with a slightly pejorative connotation)	quel torchon! comment peux-tu écrire là-dessus?; c'est non! ne revenons pas là-dessus

---

se détériorer
see also **abîmer**
                                     to deteriorate, to get worse

s'altérer 3–2	*to get worse, to deteriorate* (of someone's health or a relationship)	sa santé s'altère avec l'âge
s'abîmer 2	*to get damaged, to get spoilt*	si tu ne couvres pas ton livre, il va s'abîmer
s'avarier 2	*to go bad* (usually occurring as a past participle)	de la viande avariée
se carier 2	*to go bad* (of teeth) (usually occurring as a past participle)	une dent cariée
décliner 2	*to decline* (of a civilization, someone's health)	brusquement, sa santé s'est mise à décliner
se délabrer 2	*to fall into ruin* (of a house) (usually occurring as a past participle)	une maison délabrée; la maison se délabre
dépérir 2	*to decay* (of an empire), *to wither* (of a flower)	il dépérit à vue d'oeil
se détériorer 2	*to deteriorate* (of food, a relationship or object), *to get worse*	le matériel se détériore s'il n'est pas entretenu; les rapports entre les deux pays se sont rapidement détériorés

empirer 2	*to get worse*	son état / sa santé empire; les relations est-ouest empirent
se faner 2	*to wither, to fade* (of a flower or plant) (a less strong word than **dépérir**), *to go pale* (of someone's face) (usually occurring as a past participle)	tes fleurs se sont fanées; des couleurs fanées; un teint / un visage fané
se flétrir 2	*to wither* (of a flower or plant)	les roses se sont flétries rapidement dans l'appartement
se gâter 2	*to go bad* (of food), *to deteriorate*	les pommes vont se gâter si tu les laisses au soleil; les rapports américano-soviétiques se gâtent; le temps se gâte, rentrons
pourrir 2	*to rot, to go rotten* (used literally and figuratively)	il faut manger les fruits, ils vont pourrir; nous ne pouvons pas les laisser pourrir dans la misère / l'ignorance

---

détester to detest, to hate

abhorrer 3	*to abhor, to loathe*	il devra se soumettre à des traditions qu'il abhorre
abominer 3	*to abominate, to loathe*	j'abomine tout recours à la violence
exécrer 3	*to execrate, to loathe*	l'orchestre jouait de la musique contemporaine qu'elle exècre
avoir en horreur 3–2	*to loathe*	ne lui dis pas que tu as vu une taupe, elle a ces bestioles en horreur
prendre en horreur 3–2	*to come to loathe*	c'est après ce dîner que j'ai pris les huîtres en horreur
détester 2	*to detest, to hate*	il déteste les cigarettes et les fumeurs; je déteste le chou-fleur
haïr 2	*to hate, to loathe* (less common than **détester**) (the present and imperfect tenses are most often found)	elle hait son travail / la choucroute / sa belle-mère

avoir horreur de 2	*to hate, to loathe*	elle a horreur des escargots
ne pas pouvoir **sentir/supporter/** **voir** 2	*not to be able to stand*	je ne peux pas sentir/supporter/voir mon patron
ne pas pouvoir **blairer/piffer** 1	*not to be able to stomach*	je peux pas le blairer / le piffer, celui–là

---

détruire   to destroy

annihiler 3–2	*to annihilate, to bring to* *nothing*	toute intervention armée annihilerait nos efforts d'instaurer le dialogue
désagréger 3–2	*to cause to disintegrate*	l'humidité avait désagrégé les briques du petit mur
réduire à néant 3–2	*to destroy, to bring to naught* (used literally and figuratively)	le refus de l'administration réduisait à néant tous ses efforts
abattre 2	*to smash down, to kill* (a person), *to put down* (an animal)	abattre un mur / une maison; ils ont abattu le criminel; ils ont été obligés d'abattre la pauvre bête
anéantir 2	*to destroy*	l'éruption du volcan a anéanti la ville
démolir 2	*to demolish*	le cyclone a tout démoli sur son passage
désintégrer 2	*to destroy completely, to* *break up, to split, to* *vaporize* (in science- fiction)	les rivalités de personnes ont désintégré notre groupe; il faut désintégrer l'atome pour libérer l'énergie nucléaire; elle l'a désintégré d'un coup de pistolet au laser
détruire 2	*to destroy*	détruire une maison / une ville / une population; l'immeuble sera détruit pour laisser la place à un centre commercial
pulvériser 2	*to pulverize* (used literally and figuratively)	pulvériser un adversaire / un record; l'explosion a littéralement pulvérisé le véhicule

différence difference

schisme m 3	*schism* (in a religious group), *split* (in a political group)	le schisme entre les Eglises d'Occident et d'Orient; un schisme se manifeste subitement au sein du parti socialiste
scission f 3	*scission*, *split* (in a political group)	leur désaccord a provoqué une scission
dissidence f 3–2	*dissidence*	des dissidences violentes ont éclaté entre lui et son frère
clivage m 2	*split, division*	il y a de nombreux clivages dans l'opposition
décalage m 2	*gap, discrepancy* (between two ideas), *difference in time*	il y a un décalage entre ce qu'il voudrait faire et ce qu'il fait vraiment; combien y a-t-il de décalage horaire entre Paris et New York?
désaccord m 2	*disagreement*	être en désaccord avec quelqu'un sur quelque chose; je suis en désaccord avec mon collègue sur ce point; il y avait entre eux un léger désaccord qui a été réglé
différence f 2	*difference*	une différence d'opinions; la différence entre une chose et une autre; tu paies la différence?
différend m 2	*difference of opinion* (resulting in a quarrel)	avoir un différend avec quelqu'un; j'ai servi d'intermédiaire pour qu'ils puissent régler le différend qui les oppose
divergence f 2	*divergence*	une divergence d'idées / d'opinions
écart m 2	*distance, variation* (used literally and figuratively)	un écart entre les prix / les opinions / les températures / les chiffres; il y a un écart entre ce qu'il dit et ce qu'il fait

difficile difficult

ardu 3	*difficult, arduous*	un travail / un chemin ardu
malaisé 3	*difficult*	c'est une tâche malaisée qui prendra du temps
ingrat 3–2	*difficult* (work, requiring much effort for a meagre reward)	un travail / un métier ingrat; il lui est confié le travail ingrat de correction

laborieux 3–2	*hard, laborious*	il a fallu des années de recherches laborieuses pour la mise au point du médicament
difficile 2	*difficult*	une explication / une route / un travail difficile; tu vois, ce n'est pas difficile
dur 2	*hard, difficult*	une dure épreuve; un coup dur; elle a eu une vie très dure
pénible 2	*difficult, giving rise to pain*	un travail / une tâche / une lecture / une respiration pénible; ils ont vécu des moments très pénibles
ce n'est pas évident 1	*it's not easy*	elle élève toute seule ses deux enfants, ce n'est pas évident
ce n'est pas du gâteau / de la tarte 1	*it's not a piece of cake*	j'ai une dissert à écrire pour demain, ça va pas être du gâteau

---

diminuer   to lessen

amoindrir 3–2	*to lessen*	amoindrir la force / la valeur / l'importance de quelque chose
écourter 3–2	*to shorten*	elle a écourté son récit / son séjour
abréger 2	*to abridge* (a story)	l'auteur devra abréger son roman
diminuer 2	*to lessen*	diminuer la force / la valeur / la longueur / la vitesse / l'importance / le nombre de quelque chose; ne diminuez pas ses mérites!
raccourcir 2	*to shorten*	si on passe par ici on peut raccourcir notre route de dix kilomètres; un pantalon / une jupe à raccourcir
ralentir 2	*to lessen, to reduce, to slow down*	il y a eu un accident, il faut ralentir; l'économie ralentit; ses affaires ralentissent
rapetisser 2	*to cut down, to reduce the size of, to shrink*	cet immeuble est si grand qu'il rapetisse tous les autres du quartier; le pantalon a rapetissé au lavage

réduire [2]	*to reduce*	réduire le nombre / la force / la valeur / la longueur / la vitesse de quelque chose ; une dévaluation réduira de beaucoup ses chances d'être réélu
rétrécir [2]	*to cause to shrink* (clothes), *to shrink*	ma mère a rétréci ma jupe ; mon pull a rétréci au lavage ; elle a rétréci avec l'âge

---

dire   to say, to tell

attester [3]	*to testify to*	le témoin a attesté la vérité de ses propos
signifier [3]	*to indicate*	il m'a signifié son intention de partir
émettre [3–2]	*to voice, to put forward*	émettre une idée / une opinion ; elle a émis le voeu qu'un changement radical soit nécessaire
notifier [3–2]	*to inform of, to notify of*	le ministre lui a notifié sa démission
proférer [3–2]	*to utter*	proférer des injures / des menaces
affirmer [2]	*to affirm*	elle a affirmé sa décision de démissionner ; je l'ai entendu affirmer que c'était le contraire
annoncer [2]	*to announce*	il a annoncé son intention de partir ; on a annoncé qu'il y aurait une élection en mai
apprendre [2]	*to inform*	c'est elle qui me l'a appris
assurer [2]	*to assure*	je lui ai assuré qu'il s'agissait de racontars ; je l'ai assuré de mes bonnes intentions
avouer [2]	*to confess*	je dois vous avouer mon intention de vendre la propriété ; j'avoue que je n'y avais pas pensé ; j'avoue ma faute / mon péché ; il a avoué la vérité
communiquer [2]	*to communicate*	notre reporter nous a communiqué la nouvelle par téléphone
débiter [2]	*to utter, to mouth* (with a pejorative connotation)	tu ne fais que débiter des bêtises

déclarer [2]	*to declare*	il ne nous avait pas déclaré ses intentions ; il a déclaré à la presse que ce serait son dernier film
dire [2]	*to say, to tell*	je lui ai dit la vérité ; dis-moi que tu m'aimes
énoncer [2]	*to say, to state, to explain*	contentez-vous d'énoncer les faits
expliquer [2]	*to explain*	elle lui a expliqué son idée ; il lui a expliqué qu'il n'y était pour rien
exprimer [2]	*to express*	tous ont exprimé leur opposition à la proposition
faire comprendre à [2]	*to give (someone) to understand*	je lui ai fait comprendre que je suis d'accord
faire connaître à [2]	*to let (someone) know*	je leur ai fait connaître mon plan
faire savoir à [2]	*to let (someone) know*	elle m'a fait savoir son intention de se remarier ; il m'a fait savoir qu'il était d'accord
formuler [2]	*to formulate*	nous avons formulé la demande / l'idée qu'il devrait quitter le pays ; il n'a pas pu formuler de diagnostic
informer [2]	*to inform*	je l'ai informée de mes intentions ; je vous informe que les magasins vont bientôt fermer, alors dépêchez-vous !
raconter [2]	*to tell* (a story) (see below)	le soir ma mère me racontait des histoires
réciter [2]	*to recite*	réciter des vers / un poème ; récite-nous ta leçon avant d'aller te coucher
soutenir [2]	*to maintain* (an argument)	soutenir une idée / une thèse / une théorie ; contrairement à vous, je soutiens que le risque de guerre est réel
suggérer [2]	*to suggest*	suggérer une idée / une formule / une opinion ; je suggère que nous prenions une pause
transmettre [2]	*to communicate, to express*	elle m'a demandé de vous transmettre ses meilleurs voeux

plancher [1]	*to spout*	elle a planché sur la question pendant toute la semaine
raconter [1]	*to be on about* (see above)	mais qu'est-ce qu'elle raconte ?
sortir [1]	*to come out with*	on était chez des amis, brusquement elle me sort qu'elle en a marre, qu'elle veut me quitter

---

discours   speech

allocution f [2]	*short formal speech*	elle a prononcé une allocution d'une vingtaine de minutes
causerie f [2]	*chat, talk*	il a participé à une causerie sur la littérature brésilienne
conférence f [2]	*special lecture*	elle a donné une conférence sur Berlin
cours m [2]	*lesson in class, lecture*	ce soir je ne peux pas, j'ai cours / un cours ; le cours de la prof était passionnant aujourd'hui
cours magistral m [2]	*main lecture*	la présence aux cours magistraux n'est pas obligatoire
discours m [2]	*speech*	le discours du président sera retransmis en direct
intervention f [2]	*speech*	son intervention à l'Assemblée Nationale a été remarquée
oraison f [2]	*speech at funeral*	c'est le premier ministre qui a prononcé l'oraison funèbre
toast m [2]	*toast*	un toast de bienvenue
laïus m [1]	*spiel* (with a pejorative connotation)	oh, j'en ai marre, encore un laïus !
topo m [1]	*spiel*	Jeanne va faire un topo sur l'économie allemande

disparu   disappeared, extinct

aboli   *abolished* (usually by   la peine de mort est abolie
2   decree)

disparu   *disappeared, extinct*   une race disparue ; un animal disparu ;
2   l'Atlantide est une civilisation disparue

éteint   *extinct*   une race éteinte ; un volcan éteint
2

périmé   *lost, out-of-date*   une coutume périmée ; un passeport périmé
2

disperser   to disperse, to scatter, to spread

disséminer   *to disseminate, to spread, to*   disséminer un peuple / des idées ; le vent
3–2   *disperse*   dissémine les feuilles / les graines

disperser   *to disperse, to scatter, to*   la police a dispersé la foule ; les cendres
2   *spread*   seront dispersées dans son jardin

éparpiller   *to scatter*   le vent a éparpillé les feuilles
2

s'éparpiller   *to scatter*   la foule s'est éparpillée partout dans le stade
2

répandre   *to spread, to scatter, to emit*   ils ont répandu la nouvelle tout de suite ; les
2   (a smell)   fleurs répandent une odeur agréable

semer   *to sow* (used literally and   semer le blé / la graine ; les idées
2   figuratively)   révolutionnaires ont semé la rébellion

se disputer   to quarrel

se chamailler   *to squabble*   elle se chamaille toujours avec sa soeur
2

se disputer   *to quarrel*   ils n'arrêtent pas de se disputer ; elle s'est
2   disputée avec son petit ami

s'enguirlander [2]	*to tear into each other (verbally) (weaker than* **s'engueuler***)*	tout ce qu'ils font c'est s'enguirlander
se quereller [2]	*to quarrel*	ils se querellent sans cesse
se bagarrer [1]	*to have a barney*	ils s'entendent jamais, ils ne font que se bagarrer
s'engueuler [1]	*to row, to tear into each other, to have a slanging match*	elle s'est engueulée avec moi

---

distribuer   to distribute

distribuer [2]	*to distribute, to deal* (cards)	distribuer les rôles / les cartes
diviser [2]	*to divide*	nous avons divisé la classe en petits groupes
partager [2]	*to share*	elle a partagé ses bonbons avec sa cousine
répartir [2]	*to distribute*	répartir une somme / les ouvriers / les troupes / les tâches ; les cours sont répartis sur le trimestre

---

doigt   finger

annulaire m [2]	*ring finger*	
auriculaire m [2]	*little finger*	
doigt m [2]	*finger (including the thumb)*	attention à tes doigts !
doigt de pied m [2]	*toe*	elle avait mis du vernis sur ses doigts de pieds
gros orteil m [2]	*big toe*	ces chaussures sont trop petites, je ne peux pas bouger mon gros orteil

index m 2	*index finger*	elle a pris le papier sale entre son index et son pouce
majeur m 2	*middle finger*	
médius m 2	*middle finger*	
pouce m 2	*thumb*	tenez l'aiguille entre le pouce et l'index

---

domestique   servant

laquais m 3–2	*lackey* (used with a pejorative connotation when not referring to an historical setting)	le carrosse est conduit par deux laquais en livrée ; tous ces pays ne veulent plus être les laquais de l'Occident
barman m 2	*barman*	il est barman dans une boîte de nuit
bonne f 2	*maid* (in a private house, usually living in) (this word is being replaced by **employée de maison**)	c'est une bonne espagnole qui a préparé la paella
domestique m ou f 2	*servant* (in a house)	nous avons été servis par un domestique en gants blancs
garçon m 2	*waiter*	garçon ! un demi s'il vous plaît
employée de maison f 2	*maid, cleaning lady*	nous avons une employée de maison qui vient trois fois par semaine
femme de chambre f 2	*chambermaid* (in a private house or hotel)	as-tu laissé un pourboire pour la femme de chambre ?
femme de ménage f 2	*cleaning lady*	la femme de ménage n'a pas eu le temps de faire les carreaux
maître d'hôtel m 2	*butler* (in a private house), *maître d'hôtel* (in a restaurant or hotel)	le maître d'hôtel nous a placés près de la fenêtre

servante f [2]	(maid)servant (in the country)	ils ont une servante qui vit avec eux dans la ferme
serveur m / **serveuse** f [2]	waiter, waitress (in a café or restaurant)	fais un signe au serveur
serviteur m [2]	servant	ils mènent grand train de vie : hôtel particulier, serviteurs, etc
sommelier m [2]	wine waiter	pour le vin, faites confiance au sommelier
larbin m [1]	servant, flunkey (used with a pejorative connotation)	je ne suis pas son larbin

---

dompter   to tame, to break in, to put down, to master, to control

apprivoiser [2]	to tame, to make more docile	nous avons recueilli un chat qui a mis longtemps à se laisser apprivoiser
domestiquer [2]	to domesticate	le boeuf a été domestiqué pour les besoins de l'homme il y a très longtemps
dompter [2]	to tame, to break in, to put down (rebels), to master, to control (passions or a child)	le tigre ne se laisse pas dompter facilement ; l'homme a réussi à dompter les forces de la nature
maîtriser [2]	to master	les pompiers ont finalement réussi à maîtriser l'incendie
mater [2]	to bring under control, to put down (rebels)	le nouveau directeur a dit qu'il materait les fortes têtes

---

donner   to give

conférer [3]	to confer	en vertu des pouvoirs qui me sont conférés (an official expression)
octroyer [3–2]	to grant	on lui a octroyé une prime exceptionnelle / une semaine de congé supplémentaire
accorder [2]	to grant	accorder une faveur / une interview / de l'importance à quelqu'un ou quelque chose ; on lui a accordé une dérogation

attribuer [2]	*to attribute, to award*	ce morceau est attribué à Telemann; elle a attribué à chacun la part qui lui revient
décerner [2]	*to bestow*	le jury lui a décerné le premier prix
donner [2]	*to give*	je lui ai donné une tartine de confiture
remettre [2]	*to hand in, to hand over*	l'étudiante lui a remis sa traduction
valoir [2]	*to earn, to bring*	qu'est-ce qui me vaut leur visite?; cela m'a valu quelques compliments
abouler [1]	*to hand over (often suggesting a threat) (usually occurring as an imperative)*	aboule-moi le pognon!
filer [1]	*to slip, to hand*	elle m'a filé du fric / une baffe

dormir

to sleep

s'assoupir [2]	*to doze off*	il fait tellement chaud qu'elle s'est assoupie dans son fauteuil
dormir [2]	*to sleep*	je n'arrive pas à dormir
s'endormir [2]	*to go to sleep*	je ne veux pas conduire, je m'endors déjà
faire la sieste [2]	*to have an afternoon nap, to have a siesta*	après le déjeuner on a tous fait la sieste
faire un somme [2]	*to have a nap (at any time)*	j'ai fait un petit somme avant le dîner
se rendormir [2]	*to go to sleep again*	il a tété et il s'est rendormi
sommeiller [2]	*to doze*	il a sommeillé pendant le trajet
somnoler [2]	*to doze*	il somnolait devant la télé allumée

pioncer [1]	*to kip down, to take a kip*	j'ai pioncé toute la matinée
roupiller [1]	*to kip down, to take a kip*	je vous laisse, j'ai besoin de roupiller
piquer un roupillon [1]	*to have a snooze*	il a piqué un roupillon aprè le dîner

---

double copy, duplicate, doubles (in sport)

double m [2]	*copy, duplicate, doubles* (in sport)	je les ferai tirer en double et je te donnerai un exemplaire ; à Roland Garros il a gagné le simple et le double messieurs
doublage m [2]	*dubbing* (in film making)	le doublage d'un film américain en français
doublé m [2]	*double* (in sport)	Bordeaux a battu Nantes au match aller et retour, ils ont donc fait le doublé ; remporter la coupe et le championnat, c'est un doublé fantastique
doublet m [2]	*doublet* (in language)	**dîner** et **déjeuner** sont des doublets

---

drapeau flag

oriflamme f [3]	*small, flame-shaped flag of kings of France, banner, standard* (for use in church or civic ceremonies)	l'oriflamme de Saint-Denis
banderole f [2]	*banner* (often used in street demonstrations)	les manifestants ont déployé leurs banderoles devant la mairie
bannière f [2]	*banner* (used literally and figuratively)	tous ceux qui ont combattu sous la bannière communiste
drapeau m [2]	*flag*	on a hissé le drapeau olympique
étendard m [2]	*standard, personal flag* (of a nation, etc)	l'étendard d'un régiment / d'un état / de l'empire / de la patrie

| **fanion** m ☐2 | *pennant* | le fanion du club / des éclaireurs |
| **pavillon** m ☐2 | *flag* (for use at sea) | le navire battait pavillon de complaisance (= *flag of convenience*) |

drogue   drug, drugs

anesthésique m ☐2	*anaesthetic*	on lui a donné un puissant anesthésique pour l'endormir
calmant m ☐2	*sedative*	l'abus de calmants et de somnifères
cocaïne f ☐2	*cocaine*	sniffer de la cocaïne
drogue f ☐2	*drug, drugs*	les douaniers cherchent de la drogue; il y a des drogues dures et des drogues douces
haschich/ haschisch m ☐2	*hashish*	les douaniers ont saisi quatre kilogrammes de haschich
héroïne f ☐2	*heroin*	il est mort d'une overdose d'héroïne
morphine f ☐2	*morphine*	on lui fait des injections de morphine pour calmer la douleur
narcotique m ☐2	*narcotic, narcotics*	elle est encore sous l'effet du narcotique
somnifère m ☐2	*sleeping pill*	son médecin lui déconseille les somnifères
stupéfiant m ☐2	*narcotic*	le trafic des stupéfiants
tranquillisant m ☐2	*tranquillizer*	on lui a prescrit des tranquillisants
blanche f ☐1	*heroin*	une dose de blanche
came f ☐1	*drugs*	il vend de la came

| **stups** mpl
1 | *drugs* | la Brigade des Stups (= *Drugs Squad*) |

dur · hard, tough

âpre 2	*rough, tart* (of fruit)	une pomme / une saveur âpre ; il y avait un ton âpre dans sa voix
dur 2	*hard, tough* (used literally and figuratively)	une surface dure ; tu es dur avec elle
rêche 2	*rough* (of a surface, flavour or tone)	une toile / un tissu / un vin rêche ; elle m'a répondu d'une voix rêche
revêche 2	*surly*	un caractère / un air / une femme revêche
rigoureux 2	*harsh* (of the weather)	l'hiver dernier était particulièrement rigoureux
rude 2	*harsh* (of an experience or the weather)	une rude épreuve ; un hiver très rude

échange · exchange

change m 2	*currency exchange*	un bureau de change ; le contrôle des changes ; le marché des changes ; le taux de change
échange m 2	*exchange*	un échange de prisonniers ; les ministres des deux pays ont eu un échange de vues très constructif
troc m 2	*exchange, barter* (especially in primitive societies), *swop*	si on se faisait un troc, mon briquet contre ta montre ?

écharpe · scarf

| **cache-nez** m
2 | *large scarf* (for cold weather, often worn by a child), *wrap* | mets ton cache-nez, il fait froid |

châle m ☐2	*shawl*	bien installée dans son fauteuil, un châle sur ses épaules
écharpe f ☐2	*scarf* (for cold weather or decorative)	elle portait une écharpe assortie à son manteau
fichu m ☐2	*triangular-shaped headscarf* (suggesting traditional dress or a rural setting)	un fichu noué sous le menton
foulard m ☐2	*headscarf* (often square-shaped, usually worn by a woman)	elle portait un foulard en soie autour du cou

---

échec   failure

revers m ☐3	*setback*	essuyer un revers de fortune; leur famille est passée par de nombreux revers de fortune; l'équipe française a essuyé de sérieux revers
banqueroute f ☐3–2	*bankruptcy*	une nouvelle dévaluation mènerait le pays à la banqueroute; faire banqueroute (= *to become bankrupt*)
insuccès m ☐3–2	*failure* (often used as a euphemism for **échec**)	bien sûr, il a connu quelques insuccès à ses débuts
échec m ☐2	*failure*	subir un échec
faillite f ☐2	*bankruptcy*	des investissements à long terme nous conduiraient à la faillite; faire faillite (= *to become bankrupt*); la banque / l'entreprise a fait faillite
bide m ☐2–1	*flop, washout*	la pièce / le film est un bide; son spectacle a fait un bide complet
fiasco m ☐2–1	*fiasco*	l'entreprise a fait fiasco; la pièce a été un fiasco
four m ☐2–1	*flop, fiasco*	la pièce / le film a fait un four; pas un spectateur, quel four!
veste f ☐1	*failure*	il est tombé sur un examinateur particulièrement vache, il a pris / s'est pris une de ces vestes!; il a ramassé une veste aux élections

échouer to fail

faire défaut à [3]	*to be lacking*	ce n'est pourtant pas l'argent qui leur fait défaut
faillir à [3]	*to fail in, to break* (one's word) (usually occurring as an infinitive or past participle)	elle n'a pas failli à sa parole / à son devoir; il a failli à ses obligations
échouer à [2]	*to fail, to fail in, to fail to*	elle a échoué à ses examens; il a échoué à les convaincre
manquer [2]	*to miss*	j'ai manqué le train / le début du film
ne pas manquer de [2]	*not to fail to*	ne manque pas de venir; elle ne manquera certainement pas de te faire la remarque
rater [2]	*to fail, to miss*	j'ai raté mon permis; c'est raté! (= *it's a flop!*)
ne pas réussir à [2]	*to fail to*	je n'ai pas réussi à finir à temps
louper [1]	*to fail, to miss*	elle a encore loupé son bac; c'est loupé! (= *it's a mess!*)
recaler [1]	*to fail* (an exam)	elle s'est fait recaler à l'oral

éclabousser to splash

arroser [2]	*to water*	arroser le gazon / les fleurs; il vaut mieux arroser le soir quand il fait moins chaud
asperger [2]	*to sprinkle, to spray*	il lui aspergea le front d'eau pour le ranimer; la vendeuse m'a aspergée de parfum
éclabousser [2]	*to splash* (in an unpleasant way)	ils ont été éclaboussés de boue / de peinture; j'ai été éclaboussé par une voiture; elle m'a éclaboussé de sauce en me servant
mouiller [2]	*to wet*	mes cheveux sont encore mouillés; je ne vais pas sortir par ce temps, je ne veux pas mouiller mes chaussures; tu peux être sûr qu'elle ne mouillera pas son petit bikini!

| **pulvériser** 2 | *to spray* (on plants, etc) | j'ai pulvérisé un insecticide dans le jardin |
| **tremper** 2 | *to soak, to drench* | il y a eu un sacré orage – nous sommes trempés jusqu'aux os |

éclairer   to light up, to illuminate

allumer 2	*to switch on*	allume! on ne voit rien
éclairer 2	*to light up, to illuminate* (used literally and figuratively), *to illumine*	une pièce bien/mal éclairée; un lampadaire éclairait l'entrée; j'ai lu son rapport, je n'en suis pas plus éclairé pour autant
illuminer 2	*to illuminate* (used literally and figuratively)	les feux d'artifice illuminaient le ciel; ses yeux illuminés de joie

---

école   school

collège m 2	*school* (after 11 years of age; in the private and state sectors)	je rentre du collège à 4.30
collège d'enseignement secondaire / CES m 2	*secondary modern school* (usually up to 16 years of age)	il est prof dans un CES en banlieue
cours m 2	*private school* (usually small, sometimes a religious foundation)	je vais dans un cours privé
école f 2	*school* (usually primary)	les enfants vont à la 'grande' école à partir de six ans
école libre f 2	*private institution* (often a religious foundation)	c'est une école libre dirigée par des frères
école maternelle / maternelle f 2	*nursery school*	il est trop petit pour être mis à la maternelle

Ecole Normale Supérieure ②	*one of the* **grandes écoles** (see below)	un ancien élève de l'Ecole Normale Supérieure
ENA ②	= **Ecole Nationale d'Administration** (one of the **grandes écoles**)	le major de l'ENA
école primaire f ②	*primary school*	il entrera à l'école primaire l'année prochaine
grandes écoles fpl ②	*most prestigious of French institutions of higher education* (≈ *Oxbridge*)	il va se présenter aux concours d'entrée aux grandes écoles; l'Ecole Normale Supérieure; l'Ecole Nationale d'Administration; l'Ecole Militaire de Saint-Cyr; l'Ecole Polytechnique; préparer les grandes écoles
groupe scolaire m ②	*all the buildings connected to a local* (*primary*) *school*	un groupe scolaire va être construit pour la rentrée prochaine
lycée m ②	*state grammar school* (*more prestigious than a* **collège**)	le lycée Henri 4 à Paris
Normale / Normale Sup ①	*one of the* **grandes écoles** (see above)	un ancien élève de Normale
bahut m ①	*school*	le bahut sera fermé en juin pour examens; il faut que je me lève tôt pour aller au bahut
boîte f ①	*school*	les profs de cette boîte sont cons; t'es prof dans quelle boîte?

écraser
to crush

aplatir ②	*to flatten*	il aplatissait son tas de sable avec une petite pelle
broyer ②	*to crush, to pound*	les graines sont encore broyées dans une meule en pierre
concasser ②	*to crush* (systematic, often with a definite purpose)	concassez les amandes grossièrement
écraser ②	*to crush*	je me sers du dos de la fourchette pour lui écraser ses légumes

réduire en bouillie [2]	*to pulp, to mash*	servez-vous du mixeur pour réduire les légumes en bouillie
écrabouiller [1]	*to squash, to crush*	ne laisse pas les oeufs au fond du panier, tu vas les écrabouiller
mettre en bouillie [1]	*to crush to a pulp* (used figuratively)	approche-toi, si tu veux que je te mette en bouillie !

écrire   to write

libeller [3]	*to draw up, to make out* (a cheque)	veuillez libeller vos chèques à l'ordre de ...
composer [2]	*to compose, to write*	composer un poème / une sonate ; elle m'a composé un très joli compliment pour la fête des mères
écrire [2]	*to write*	il m'a écrit une longue lettre ; il écrit des vers
gribouiller [2]	*to scribble*	ne gribouille pas aux murs !
griffonner [2]	*to scribble down, to jot down*	elle a griffonné son adresse sur un bout de papier
inscrire [2]	*to write down* (much more common than *to inscribe*)	le mode d'emploi est inscrit au dos du paquet ; je l'inscris sur mon agenda
noter [2]	*to write down, to note down*	notez bien l'heure du rendez-vous
orthographier [2]	*to spell, to write out*	tu peux me l'épeler ? je ne sais pas orthographier son nom
rédiger [2]	*to draw up*	il a rédigé tout un rapport sur les conséquences de l'inondation
marquer [2–1]	*to note down*	j'ai marqué sur mon carnet tout ce que j'ai dépensé

effacer   to remove, to rub out

biffer 3	*to cross out, to score out, to erase* (suggesting authority)	il a biffé la dernière ligne
barrer 2	*to cross out, to cross* (a cheque)	barrer la phrase incorrecte; un chèque barré
effacer 2	*to remove, to rub out*	qui veut effacer le tableau?; écris au crayon, comme ça tu peux effacer
estomper 2	*to blur, to dim* (of shapes and colours; used literally and figuratively)	des souvenirs que le temps avait estompés
s'estomper 2	*to become blurred, to dim*	les contours / les couleurs / les formes s'estompaient à l'horizon
faire disparaître 2	*to remove*	la lessive fait vraiment disparaître les taches les plus résistantes; il a fait disparaître les photos compromettantes
gommer 2	*to rub out, to erase* (differences or from memory)	elle a gommé les réponses incorrectes; l'état s'efforce de gommer les différences sociales
radier 2	*to cross off* (a list)	elle a été radiée de la liste électorale / de l'ordre des médecins
raturer 2	*to cross out, to eliminate* (stronger than **barrer** or **rayer**)	raturer un texte / des phrases dans un texte; son texte est tellement raturé qu'il est illisible
rayer 2	*to cross out, to delete* (used literally and figuratively)	rayer la mention inutile; je l'ai rayé de mon groupe d'amis

s'effondrer   to collapse, to fall

crouler 3	*to collapse, to disintegrate* (used literally and figuratively)	il croulait sous le poids des paquets
s'affaisser 2	*to sink slowly*	le plancher / le terrain s'affaisse; à l'annonce de la nouvelle, elle s'est affaissée sans connaissance dans le fauteuil
s'affaler 2	*to collapse* (of a person)	elle était tellement fatiguée qu'elle s'est affalée dans le fauteuil

s'ébouler
2
to crumble (of a cliff or slope), *to cave in*
le mur s'est éboulé sous la force du vent

s'écrouler
2
to collapse (of a person or building), *to slump* (into an armchair)
il y a tellement de livres dessus que la bibliothèque menace de s'écrouler ; j'étais tellement épuisée que je me suis écroulée sur le premier fauteuil que j'ai rencontré

s'effondrer
2
to collapse, to fall (less strong than **s'écrouler**)
au bout du marathon elle s'est effondrée, épuisée ; elle s'est effondrée dans mes bras en pleurant

---

effrayer   to frighten, to scare

alarmer
2
to alarm
il ne faut pas alarmer la population ; alarmés, les voisins ont prévenu la police

effarer
2
to worry greatly, to fill with fear (suggesting an element of surprise) (often occurring as a past participle)
je suis effaré par tout ce qui aurait pu arriver ; il ouvrait la bouche d'un air effaré

effrayer
2
to frighten, to scare (a stronger verb than **effarer**)
approche-toi doucement pour ne pas l'effrayer

épouvanter
2
to fill with terror
l'idée de se retrouver seul l'épouvante

faire peur à
2
to frighten
les histoires de revenants me font toujours peur

horrifier
2
to horrify
tu serais horrifié de voir dans quelles conditions ils vivent

terrifier
2
to terrify
ne lui raconte plus d'histoires de fantômes, tu vois bien que ça le terrifie

terroriser
2
to terrorize
son frère le terrorise ; il y a une bande de voyous qui terrorise tout le quartier

---

église   church

chapelle f
2
chapel (both a small church and part of a larger church, with an altar of its own)
nous avons tous été baptisés dans la chapelle du village ; en semaine la messe est célébrée dans la petite chapelle

église f [2]	*church* (usually Roman Catholic)	il se sont mariés à l'église ; en l'église Saint-Sulpice (R3)
mosquée f [2]	*mosque*	le minaret de la mosquée date du XIIe siècle
synagogue f [2]	*synagogue*	c'est une famille juive mais on ne les voit jamais à la synagogue
temple m [2]	*church* (Protestant), *temple* (Buddhist, Hindu or Sikh)	un temple bouddhiste ; le dimanche, nous allons au temple

---

s'égoutter   to drain, to drip

dégoutter [2]	*to drip* (of water or sweat)	son parapluie dégouttait dans l'entrée
s'égoutter [2]	*to drain, to drip*	laisser s'égoutter la vaisselle ; du linge s'égouttait au–dessus de la baignoire
dégouliner [2–1]	*to drip, to trickle*	la sueur lui dégoulinait sur le front

---

égratignure   scratch

écorchure f [2]	*scrape, scratch, abrasion*	je me suis fait une écorchure au genou
égratignure f [2]	*scratch* (a less serious wound than **écorchure** or **éraflure**)	il s'en est tiré sans une égratignure
éraflure f [2]	*scratch, cut, slight damage* (to a book, etc)	il s'est fait une éraflure au menton en se rasant ; dommage qu'il y ait eu une éraflure sur la reliure

---

élaguer   to prune, to pollard

| **écimer** [2] | *to pollard, to cut off the top part of* (a plant) | écimer un arbre / une plante ; le jardinier conseille d'écimer le chêne |
| **élaguer** [2] | *to prune, to pollard* (a more common word than **écimer**) | élaguer un arbre ; il faudra faire élaguer les peupliers de l'allée |

émonder [2]	*to prune, to pollard*	émonder un arbre ; le cerisier aurait besoin d'être émondé
étêter [2]	*to cut off the top part of* (a tree)	étêter un arbre ; les cyprès du jardin ont été étêtés
tailler [2]	*to cut, to prune, to shape with precision* (all kinds of trees and bushes)	tailler un arbre / un rosier ; je voudrais un grand sécateur pour tailler les haies

---

élégant   elegant

chic [2]	*smart, stylish* (of a person or clothes) (the adjective is invariable)	des vêtements chic ; les gens chic ; elle portait un tailleur très chic
coquet [2]	*attractive* (of a female's appearance)	une femme / une petite fille coquette ; elle est devenue très coquette
distingué [2]	*distinguished* (in appearance)	un maintien distingué ; un manteau de bonne coupe qui vous donnera une allure distinguée
élégant [2]	*elegant*	une femme élégante ; des vêtements élégants ; les femmes les plus élégantes de Tout-Paris étaient là
soigné [2]	*well groomed, well cared for*	une mise soignée ; des mains soignées ; repasse ta jupe, ça fera plus soigné

éloigné   distant

distant [2]	*distant* (often suggesting a precise measurement)	les deux villages ne sont distants que de quelques kilomètres
écarté [2]	*distant* (not so far away as **lointain** ; suggesting isolation)	nous avons pris un chemin écarté
éloigné [2]	*distant* (not so far away as **lointain**)	un village éloigné ; ils ont acheté une petite maison éloignée de tout
loin [2]	*distant* (an invariable word, which can only be used predicatively)	la ville est très loin
lointain [2]	*(very) far off*	il a toujours eu envie de découvrir des pays lointains

| **reculé** [2] | *distant* (not so far away as **lointain**, suggesting difficult access) | un village reculé ; la nouvelle s'était répandue jusque dans les villages les plus reculés |

---

embouteillage traffic jam

bouchon m [2]	*traffic jam, bottleneck* (usually between towns), *tailback*	il faudra partir tôt pour éviter les bouchons
embouteillage m [2]	*traffic jam* (usually in a town)	désolé d'être en retard, j'ai été pris dans un embouteillage
encombrement m [2]	*congestion* (caused by vehicles, anywhere)	j'ai fait un détour pour éviter les encombrements
point noir m [2]	*jam, black spot* (suggesting danger)	la gendarmerie signale un point noir à la sortie du périphérique
ralentissement m [2]	*hold up*	il y a un ralentissement à l'entrée de l'autoroute

---

embrasser to kiss

baiser [3]	*to kiss* (this verb is to be used with care, see below)	baiser le front / la main à quelqu'un
donner un baiser à [2]	*to kiss*	il lui a donné un baiser passionné ; je te donne un dernier gros baiser et tu dors
embrasser [2]	*to kiss*	embrasse ton père avant de partir
bécoter [2–1]	*to kiss*	ils n'ont pas arrêté de bécoter pendant tout le film
faire un bisou / une bise à [2–1]	*to give (someone) a kiss* (an expression used especially by or to a child)	fais un bisou à Tonton
rouler une galoche / un palot / un patin / une pelle [1]	*to give (someone) a smacker*	il lui a roulé une sacrée pelle

| **baiser**
`1*` | *to have sexual intercourse with* (not = *to kiss*, see above) | on a baisé comme des fous |

---

emmener   to take (somewhere)

accompagner `2`	*to accompany*	elle accompagne les enfants à l'école
conduire `2`	*to take* (a person; usually in a car)	je l'y conduis en voiture
emmener `2`	*to take (somewhere)* (a person; see below)	je t'y emmènerai demain
emporter `2`	*to take (somewhere)* (an object)	il faut emporter sa brosse à dents
emmener `1`	*to take (somewhere)* (an object; rejected by purists, but found very commonly; see above)	emmène tes affaires avec toi

---

émouvoir   to move, to affect, to stir

attendrir `2`	*to move, to soften*	elle se laisse facilement attendrir
émouvoir `2`	*to move, to affect, to stir* (a defective verb)	sa lettre m'a beaucoup ému
remuer `2`	*to disturb, to upset*	ça nous a remués de voir ça à la télé
toucher `2`	*to touch, to move to pity*	elle a été très touchée par votre gentillesse
troubler `2`	*to upset, to perplex*	son témoignage sur les conditions de vie des détenus nous a beaucoup troublés

---

emploi   post, employment

| **fonction** f
`3–2` | *post, office* (often occurring in the plural) | une fonction ministérielle; l'ambassadeur a été appelé à d'autres fonctions |

emploi m 2	*post, employment*	il cherche un emploi sur Paris; l'Agence Nationale pour l'Emploi (l'ANPE)
place f 2	*job, position*	j'ai une place de serveuse pour vous
poste m 2	*post, station*	il y aura un poste de professeur d'anglais pour vous à la rentrée
sinécure f 2	*sinecure*	si tu t'attendais à une sinécure, tu te trompais!
situation f 2	*situation, job*	il a perdu sa situation
travail m 2	*work, position*	j'ai trouvé mon travail par les petites annonces
boulot m 1	*work, job*	un petit boulot d'étudiant
job m 1	*job* (previously suggesting work of a temporary nature, but now also one that is permanent)	j'ai un petit job pour l'été
planque f 1	*doddle, soft job*	l'administration, c'est la planque!; c'est une bonne planque

---

empoisonner   to poison

contaminer 2	*to contaminate*	l'eau est contaminée
empoisonner 2	*to poison* (deliberately)	elle a tenté d'empoisonner son mari
infecter 2	*to contaminate, to infect*	toutes ces cheminées d'usine qui infectent l'atmosphère
intoxiquer 2	*to poison* (by food, drugs, tobacco, gas; unintentionally)	être intoxiqué par du lait frelaté / par le tabac / la drogue
polluer 2	*to pollute*	la rivière a été polluée par des déchets radioactifs

emprisonner   to imprison

écrouer [2]	*to imprison*	il a été écroué pour une durée de trois ans
emprisonner [2]	*to imprison*	l'assassin a été condamné et emprisonné
garder à vue [2]	*to keep in custody* (for a limited period of time) (a technical term)	la police l'a gardé à vue, mais a dû le relâcher faute de preuve
incarcérer [2]	*to incarcerate*	la police a incarcéré le prévenu
interner [2]	*to intern, to confine* (a mentally ill person) (a technical term)	interner un aliéné; il devient dangereux, il faut l'interner
mettre en prison [2]	*to put in prison*	on l'a mis en prison avec les droits communs
boucler [1]	*to lock up*	la police a fait une descente dans le bar et a bouclé tout le monde
coffrer [1]	*to lock up*	il était tellement saoul que la police a dû le coffrer
mettre en cabane / en taule/tôle [1]	*to put in the nick*	si tu continues comme ça on te mettra en cabane

---

encore   more
pronoun

d'autres [2]	*more, other* (used in the plural only)	il y a d'autres moyens de résoudre le problème
davantage [2]	*more* (of a slightly higher register than **encore**)	tu devras travailler davantage si tu veux réussir; tu veux davantage de café?
encore [2]	*more*	est-ce que tu voudras encore du café?
plus [2]	*more* (in this meaning the final **s** is usually pronounced)	le nouveau conditionnement contient plus de produit

encourager   to encourage

aviver [3]	to *arouse* (feelings), *to sharpen* (pain)	aviver une douleur / des regrets / sa tendresse ; l'évocation du passé avait avivé sa peine
attiser [3–2]	to *stir up*	attiser une querelle / les désirs ; cela ne servirait qu'à attiser sa rancune
aiguillonner [2]	to *spur on*, to *goad* (used literally and figuratively)	le fermier aiguillonnait ses boeufs pour les faire avancer ; la jalousie aiguillonnait son désir
animer [2]	to *liven up*, to *put life into*	heureusement qu'elle était là pour animer la conversation / la soirée
encourager **à** + infinitif [2]	to *encourage*	j'ai besoin d'être encouragé ; elle m'a encouragé à partir
motiver [2]	to *motivate*, to *encourage*	vos encouragements l'ont motivé
promouvoir [2]	to *promote*	c'est un organisme qui a pour mission de promouvoir la recherche scientifique
remonter le moral à [2]	to *revive* (someone)	elle lui a remonté le moral par sa bonne humeur
stimuler [2]	to *stimulate*	stimuler l'esprit d'entreprise ; le grand air stimule l'appétit ; les récits d'aventures stimulent leur imagination
ragaillardir [2]	to *liven up*, to *give life to*	il se sentait tout ragaillardi à l'idée de la revoir
requinquer [1]	to *buck up*	le grand air l'a requinqué
retaper le moral à [1]	to *revive* (someone), to *buck* (someone) *up*	sors un peu, ça te retapera le moral de voir des gens

endroit   place

| **lieu** m [3–2] | *place, scene* | le lieu du crime / de l'accident ; son lieu de naissance (R2) ; il faut s'entendre sur la date et le lieu |

emplacement m 2	*site*	l'emplacement choisi pour le nouvel hôtel
endroit m 2	*place*	qui habite à cet endroit?
parages mpl 2	*area, place, vicinity*	tu habites dans les parages?
site m 2	*site, spot*	c'est un site touristique très fréquenté
coin m 2–1	*spot, place, vicinity*	il y a pas mal de magasins dans le coin

---

enfant   child

bambin m 3–2	*toddler* (used in an affectionate or humorous way)	un charmant bambin; plutôt mal élevé, le bambin!
enfant m ou f 2	*child*	combien d'enfants ont-ils?
polisson m 2	*little devil*	ne tire pas la langue, petit polisson!
tout-petit m 2	*toddler*	un lait très doux spécialement formulé pour les tout-petits
gamin m / **gamine** f 2–1	*nipper, kid* (with a slightly pejorative connotation)	ils ont une gamine qui doit avoir sept ou huit ans
gosse m ou f 2–1	*kid, child*	elle a élevé ses trois gosses toute seule
loupiot m 2–1	*kid, nipper* (a less common word than **gamin** and more affectionate)	dors, mon petit loupiot
marmot m 2–1	*brat*	une dizaine de marmots jouaient dans la cour
môme m ou f 2–1	*kid*	une petite môme de cinq ans

gnard/gniard m [1]	brat, nipper (used with a very pejorative connotation)	quand je l'ai revue elle avait un gniard dans les bras
mioche m [1]	brat (with a pejorative connotation)	maman, il m'a traité de sale mioche!
morveux m [1]	(snotty-nosed) kid	si tu rapportes, gare à toi, morveux!

---

enflé   swollen

bouffi [2]	puffed up (usually of someone's face or eyes)	les yeux bouffis par les nuits blanches
boursouflé [2]	puffed up (stronger than **bouffi**)	un visage boursouflé; une vilaine plaie aux bords boursouflés
enflé [2]	swollen	elle avait la cheville / la joue enflée; on voyait à ses yeux enflés qu'elle avait pleuré
gonflé [2]	swollen	elle avait encore les yeux gonflés de sommeil
tuméfié [2]	swollen (usually as the result of ill-treatment) (a medical term)	à la fin du match, les deux boxeurs avaient le visage tuméfié et les lèvres en sang

---

enfoncer   to drive in, to put right in

engager [3–2]	to put into	elle engagea la clef dans la serrure
introduire [3–2]	to put into, to thrust, to insert	il introduisit la lettre dans l'enveloppe
clouer [2]	to nail, to nail down, to drive in (a nail)	ils ont cloué des planches sur la porte pour la condamner
enfoncer [2]	to drive in, to put right in	enfoncer un clou avec un marteau
ficher [2]	to drive in by the tip (a less common word than **enfoncer**)	ficher un pieu dans la terre

insérer 2	*to insert*	elle inséra la lettre dans la boîte
planter 2	*to drive in, to hammer in*	planter des clous / des pieux ; il a planté des piquets tout le long de l'allée
plonger 2	*to plunge*	Don José plongea le couteau dans le coeur de Carmen
fourrer 2–1	*to stuff into*	elle a fourré toutes ses affaires dans un grand sac
foutre 1*	*to stick into*	fous tes affaires dans le coffre ; fous-toi bien ça dans la tête

---

engager   to sign on, to engage

embaucher 2	*to take on, to sign on*	embaucher de la main d'oeuvre ; j'ai été embauché comme contremaître
engager 2	*to sign on, to engage*	engager un soldat / un ouvrier / un détective privé ; c'est pour votre esprit d'initiative que je vous ai engagé
enrôler 2	*to enrol* (in the army, etc)	enrôler un soldat / des volontaires ; il s'est laissé enrôler dans un parti d'extrême droite
racoler 2	*to pressgang* (old-fashioned)	au dix-neuvième siècle on racolait des soldats / des marins pour servir dans les bateaux
recruter 2	*to recruit*	j'ai été recruté pour m'occuper de la comptabilité

---

engourdi   numb, stiff

ankylosé 3–2	*stiff*	je suis resté assis trop longtemps, j'ai les jambes toutes ankylosées
courbaturé 2	*stiff* (after much effort)	j'ai fait dix kilomètres, je suis complètement courbaturé
engourdi 2	*numb, stiff*	j'ai les mains toutes engourdies par le froid ; j'ai passé deux heures à faire mes gammes et j'ai les doigts engourdis

enlèvement   kidnapping, abduction

kidnapping m   *kidnapping*   leur tentative de kidnapping a échoué
3–2

enlèvement m   *kidnapping, abduction*   la famille a reçu des menaces d'enlèvement
2

rapt m   *kidnapping*   le rapt a eu lieu à la sortie de l'école
2

---

ennuyer   to trouble
see also **irriter**

incommoder   *to inconvenience, to make*   ce bruit / cette chaleur / cette odeur
3   *(someone) feel uncomfortable* m'incommode

importuner   *to trouble*   j'en ai assez d'être importuné tous les jours
3   par les représentants de commerce

contrarier   *to annoy*   le retard de son fils l'a contrariée
2

déranger   *to disturb*   prière de ne pas déranger ; ne dérange pas ta
2   maman, tu vois bien qu'elle est occupée

embêter   *to trouble, to annoy*   arrête de m'embêter !
2

ennuyer   *to trouble*   cela m'ennuyerait d'arriver en retard
2

gêner   *to trouble (sometimes*   est-ce que ça vous gêne si je fume ?
2   *suggesting an*
                          inconvenience)

tracasser   *to bother (a less strong* tout de même, ça me tracasse qu'il n'ait pas
2   *word than* **gêner**)   encore téléphoné

énerver   *to get on (someone's) nerves* qu'est-ce qu'il m'énerve, à traîner comme
1   ça !

enquiquiner   *to get on (someone's) nerves* ça enquiquine un peu, mais ce n'est pas
1   grave

casser les burettes   *to be a pain in the arse (to* il me casse les burettes avec son baratin
1*   *someone)*

les casser à [1*]	to get on (someone's) tits	toujours à parler bagnole, il nous les casse à la fin !
emmerder [1*]	to get on (someone's) tits	j'irai pas, ça m'emmerde
faire chier [1*]	to get on (someone's) tits	elle me fait chier à se plaindre sans arrêt
foutre les boules à [1*]	to (bloody well) get on (someone's) nerves	qu'est-ce qu'elle me fout les boules avec le succès de son fils !
les gonfler à [1*]	to get on (someone's) tits	arrête de râler, tu nous les gonfle !

---

enseignant   anyone in the teaching profession

pédagogue m [3–2]	pedagogue (more common than English pedagogue)	c'est un excellent pédagogue et ses élèves l'adorent
directeur m / **directrice** f [2]	headmaster/headmistress, head teacher (in a private school)	un directeur / une directrice d'école ; sa directrice d'école est très stricte sur la discipline
enseignant m [2]	anyone in the teaching profession	la grève des enseignants
instituteur m / **institutrice** f [2]	primary school teacher	je suis votre nouvel instituteur
maître m / **maîtresse** f **d'école** [2]	primary school teacher	quand je serai grande je serai maîtresse d'école
principal m [2]	headmaster, head teacher (of a **collège**)	un principal de collège ; j'ai rendez-vous avec Monsieur le Principal
professeur m [2]	male or female teacher	il y aura un poste de professeur d'anglais pour vous à la rentrée
proviseur m [2]	headmaster, head teacher (of a **lycée**)	un proviseur de lycée
instit m ou f [1]	primary school teacher	sa soeur est instit en banlieue

| **prof** m ou f [1] | *teacher* | la prof de gym est très sympa |

---

enseigner   to teach

instruire [3–2]	*to instruct, to teach* (often occurring as a past participle)	à cette époque, latin et grec étaient instruits dans tous les collèges
scolariser [3–2]	*to educate, to give an education to* (often occurring as a past participle)	il n'est pas encore en âge d'être scolarisé
apprendre [2]	*to teach* (more specific than **enseigner**)	je lui ai appris à conduire ; j'apprends l'allemand depuis cinq ans
éduquer [2]	*to educate*	la religieuse chargée de les éduquer
élever [2]	*to bring up*	elle a été élevée par sa tante
encadrer [2]	*to train, to organize*	encadrer des débutants ; vous êtes chargé d'encadrer les stagiaires
enseigner [2]	*to teach*	elle enseigne la physique à Rouen
former [2]	*to train*	j'ai été formé sur le tas ; il est entré chez moi comme apprenti, c'est moi qui l'ai formé

---

ensemble   set, collection

assortiment m [2]	*set, assortment* (of tools, etc)	un assortiment d'outils / de chocolats / de fromages ; à la carte, un assortiment des meilleurs fromages de la région
batterie de cuisine f [2]	*set of kitchen utensils*	c'est ma mère qui nous a offert une batterie de cuisine
ensemble m [2]	*set, collection, a number, ensemble* (used literally and figuratively)	un ensemble de chanteurs / de musiciens ; un ensemble de faits / de conditions ; l'ensemble se produira à l'église Saint-Gervais ; pour que le phénomène se produise il faut qu'un ensemble de conditions soit réuni

jeu m 2	*set* (of keys, chess pieces, etc), *pack* (of cards)	j'ai un autre jeu de clefs dans la voiture
série f 2	*set* (of chairs, etc)	une série de chaises / de casseroles / de chiffres; il m'a posé une série de questions
trousseau m 2	*bunch* (of keys), *outfit, set of clothes* (for boarding school or camp), *trousseau* (for a marriage)	un trousseau de clefs; il sera interne à la rentrée, je dois mettre ses initiales sur son trousseau; elle prépare son trousseau de mariée

---

ensuite   afterwards

par la suite 3–2	*next, afterwards*	ce n'est que par la suite que j'ai compris ce qui s'était passé
après 2	*afterwards*	après, elle m'a dit qu'elle partirait demain; et après, qu'est-ce qu'il a fait?
après quoi 2	*after which*	il m'a remercié assez sèchement, après quoi il a pris ses affaires et il est parti
ensuite 2	*afterwards*	ce n'est qu'ensuite que j'ai été informé
puis 2	*then, next*	on nous a servi des boissons fraîches, puis du café

---

enterrement   burial

ensevelissement m 3	*burial, burying*	l'ensevelissement des victimes; le film montre l'ensevelissement du village sous l'avalanche
funérailles f pl 3	*formal (state) funeral*	le général a eu des funérailles nationales
inhumation f 3–2	*interment*	l'inhumation aura lieu cet après-midi à 15h au cimetière municipal
obsèques fpl 3–2	*burial* (an official term, but less formal than **funérailles**)	il y aura des obsèques religieuses

enterrement m 2	*burial*	il y avait beaucoup de monde à l'enterrement

---

enterrer   to bury

ensevelir 3	*to bury* (a body; see below)	les sinistrés ont évacué la ville sans avoir pu ensevelir leurs morts
enfouir 3–2	*to bury* (an object)	la légende raconte qu'un trésor a été enfoui dans l'île
ensevelir 2	*to bury* (accidentally, with earth, etc; see above)	la lave a enseveli la ville
enterrer 2	*to bury*	enterrer un corps; le chien a enterré son os dans le jardin
inhumer 2	*to bury* (a legal term)	inhumer un corps; la police a demandé une autopsie avant d'inhumer

---

entreprise   company, society
the words in this frame are often used in specific contexts

compagnie f 2	*company*	la Compagnie des chemins de fer; une compagnie d'assurances; une compagnie aérienne; nous travaillons pour la même compagnie
entreprise f 2	*company, society* (suggesting production; consequently this is the most common word in this frame)	je travaille dans une entreprise de travaux publics; une entreprise financière/ commerciale/industrielle; un chef d'entreprise; les petites et moyennes entreprises (les PME)
établissement m 2	*establishment, firm* (often concerned with supplying services rather than with production)	un établissement public; le siège de notre établissement est à Paris
firme f 2	*large industrial firm*	une firme pharmaceutique/automobile; il est représentant pour une grosse firme
maison f 2	*firm, company* (sometimes suggesting a firm of high standing)	une maison de commerce / de couture / d'édition; la maison a été fondée en 1970

régie f 2	*nationalized company*	la régie Renault; la régie française des tabacs; les employés de la régie sont en grève
société f 2	*society, company*	une société privée/financière/anonyme (= *plc*)/immobilière (= *building society*); il a fondé une petite société

---

environs   surroundings

entours mpl 3	*surroundings*	les entours de la ville
abords mpl 2	*approaches, surrounding area*	la maison est située aux abords de la ville
alentours mpl 3	*surrounding area, neighbourhood*	nous sommes tombés en panne aux alentours de Grenoble
banlieue f 2	*outskirts*	il habite en banlieue / dans la banlieue parisienne
environs mpl 2	*surroundings* (of a town)	on a retrouvé l'enfant dans les environs de Lyon; vous habitez dans les environs?

---

envoyer   to send

adresser 2	*to send, to address*	je leur ai adressé les formulaires; adresser une lettre à quelqu'un; le médecin l'a adressé à un spécialiste
dépêcher 2	*to despatch* (a person)	on a dépêché un responsable sur les lieux
envoyer 2	*to send*	j'ai envoyé le paquet par exprès; je l'ai envoyé faire les courses
expédier 2	*to send* (an object)	je vais expédier le colis demain matin

épargner

to spare, to leave alive, to respect

épargner [2]	*to spare, to leave alive, to respect*	épargner un ennemi; l'épidémie n'a épargné personne
ménager [2]	*to treat with care*	j'essaie de ménager tout le monde; ménage ta mère, elle se fait vieille; il faut ménager la chèvre et le chou (= *to keep both sides happy*)
respecter [2]	*to respect*	il ne respecte pas le code de la route; respectez le sommeil de vos voisins

épée

sword

glaive m [3]	*big two–edged sword* (also used figuratively, as a symbol of punishment)	Astérix se défendit courageusement avec son glaive; le glaive de la justice
cimeterre m [3]	*scimitar*	un cimeterre turc
dague f [2]	*sword with wide, short blade* (not = *dagger*)	une dague était dissimulée sous sa manche
épée f [2]	*sword* (also used figuratively)	d'un coup d'épée il le désarma; l'épée de Damoclès
fleuret m [2]	*foil* (in fencing), *sword*	il excelle au fleuret
sabre m [2]	*sabre*	un sabre oriental

époque

time, era

heure f [3–2]	*time, moment, hour*	l'heure H; avoir son heure de gloire
âge m [2]	*age*	l'âge d'or / d'airain / de fer; le Moyen Age
époque f [2]	*time, era* (more common than **ère**)	à cette époque-là; à l'époque de la Révolution française / des Croisades; j'étais encore célibataire à l'époque

ère f 2	*era, epoch* (often a longer period than **époque**)	l'ère tertiaire ; le deuxième siècle avant notre ère ; le début de l'ère chrétienne
période f 2	*period*	en période d'élections ; la période des vacances ; la période de l'ovulation
temps m 2	*time, period*	en ce temps-là, la vie était plus facile ; c'était le bon vieux temps ; c'est le temps des moissons / des vendanges ; le temps de la réconciliation est venu

---

équipement   equipment

effets mpl 3–2	*belongings, clothes*	emprunter quelques effets personnels ; la police a confisqué tous ses effets personnels, même sa montre
affaires fpl 2	*belongings* (of a personal nature)	j'ai laissé mes affaires sur la plage
batterie de cuisine f 2	*set of kitchen utensils* (usually metallic, eg pots and pans)	toute la batterie de cuisine est en cuivre
équipement m 2	*equipment*	un équipement de ski / de pêche ; notre équipement de camping est au complet ; la mairie a voté le financement de nouveaux équipements collectifs (= *all facilities offered by a* **municipalité**)
installations fpl 2	*facilities*	des installations électriques/industrielles/portuaires/sanitaires/sportives
matériel m 2	*equipment* (in an office or workshop)	le matériel de bureau ; je vais chercher mon matériel et je vous répare ça
outillage m 2	*collection of tools*	l'outillage agricole ; l'usine est équipée d'un outillage ultra-perfectionné
outils mpl 2	*tools*	les outils d'un plombier ; je n'ai pas les outils qu'il faut pour réparer ça
ustensiles mpl 2	*utensils*	des ustensiles de cuisine

érotique   erotic

libidineux 3–2	*lecherous, lustful* (often used with a humorous connotation)	un regard libidineux
licencieux 3–2	*licentious*	des propos licencieux
voluptueux 3–2	*voluptuous*	des lèvres voluptueuses
érotique 2	*erotic*	un film érotique ; des jeux érotiques
pornographique 2	*pornographic*	un film à caractère pornographique
sensuel 2	*sensual*	une femme sensuelle
sexuel 2	*sexual*	le plaisir sexuel ; l'éducation sexuelle
sexy 2	*sexy* (an invariable adjective)	une tenue très sexy
bandant 1	*sexy, sexually exciting*	elle est bandante, ta cousine

---

errer   to wander, to saunter

déambuler 2	*to stroll*	déambuler dans les rues / dans les couloirs
errer 2	*to wander, to saunter* (suggesting a lack of motivation or interest)	elle a erré dans la ville sans but fixe ; depuis qu'elle l'a quitté, il erre comme une âme en peine
flâner 2	*to wander* (suggesting a more pleasant effect than **errer**)	j'ai flâné sans but précis
vagabonder 2	*to wander* (without any particular aim)	je rêve de vacances où nous pourrions vagabonder sans itinéraire précis
se balader 2–1	*to go for a wander*	on va se balader, tu viens ?

vadrouiller [1]	to knock about, to loaf around	j'ai vadrouillé un peu, en t'attendant

---

erreur   blunder, error

impair m [3]	blunder, error	commettre/faire un impair ; difficile de les inviter tous sans faire d'impair
bévue f [3–2]	blunder (due to ignorance or carelessness)	commettre une bévue ; c'était une bévue de lui répondre sur-le-champ
faux pas m [3–2]	mistake, error (which affects a person adversely socially or in his/her career, etc)	tu as fait un faux pas en supposant qu'elle était ma mère quand elle était ma femme ; une carrière politique sans faux pas
bavure f [2]	unfortunate error (often committed by the police)	une bavure policière ; les journaux ont été les premiers à dénoncer la bavure
bêtise f [2]	stupid error, stupid words	c'était une bêtise de refuser ; ne dis pas de bêtises !
erreur f [2]	blunder, error	faire/commettre une erreur ; une erreur de calcul
étourderie f [2]	blunder, error	faire/commettre une étourderie ; votre devoir est plein d'étourderies que vous auriez pu éviter
faute f [2]	mistake, error	faire/commettre une faute ; une faute professionnelle
malentendu m [2]	misunderstanding	il a dû y avoir malentendu parce que je ne l'ai pas vue
boulette f [2–1]	blunder, bloomer	ce qui n'était qu'une boulette a pris des proportions démesurées
bourde f [2–1]	blunder	j'ai dû faire une bourde, je vais refaire les calculs
gaffe f [2–1]	boob, clanger	oh la la ! je crois que j'ai fait une gaffe
connerie f [1*]	balls up, bullshit	faire/dire une connerie ; OK, je te prête la voiture, mais pas de conneries !

érudit   scholar

lettré m ⒊	*well-read person*	le cinéma a rendu populaire cette oeuvre réservée jusque-là aux seuls lettrés
chercheur m ⒉	*researcher*	il est chercheur dans un labo
érudit m ⒉	*scholar* (often of literature or history)	c'est un véritable érudit pour tout ce qui a trait au Moyen Age
savant m ⒉	*scientist* (often with a high reputation)	de nombreux savants se sont penchés sur la question
scientifique m ⒉	*scientist, person on the science side* (at school)	c'est un scientifique, pas un littéraire ; un article écrit par deux scientifiques français
universitaire m ⒉	*academic*	je n'aurais jamais cru que les universitaires puissent se mettre en grève

---

escapade   escapade

échappée f ⒊	*escapade*	on a profité de ce que les enfants étaient chez leur tante pour faire une échappée en amoureux
équipée f ⒊	*escapade, jaunt*	ils sont revenus couverts de boue après leur équipée dans le bois
escapade f ⒉	*escapade*	pendant nos vacances dans les Pyrénées on s'est permis une petite escapade en Espagne
fugue f ⒉	*running away* (of a young person ; often suggesting antisocial behaviour)	son fils a fait une fugue
fuite f ⒉	*flight*	les deux évadés sont toujours en fuite
(être en) cavale f ⒉	*(to be on the) run*	les deux prisonniers sont toujours en cavale

---

escarpé   steep

abrupt ⒉	*steep* (of a slope, etc)	un chemin / un sentier / un versant abrupt ; une pente abrupte

| **escarpé** [2] | *steep* (of a slope, etc) | une route / une falaise escarpée ; un versant escarpé |
| **raide** [2] | *steeply sloping, steep* | une pente / un escalier raide |

---

espion   informer, spy

délateur m [3-2]	*informer* (used with a pejorative connotation)	dès qu'il verra l'argent, votre héros se transformera en délateur
agent double m [2]	*double agent*	ils l'ont mis à l'épreuve pour vérifier qu'il n'était pas un agent double
agent secret m [2]	*secret agent*	c'est un agent secret au service de sa Majesté
espion m [2]	*informer, spy*	ils ont des espions partout
indicateur m [2]	*(police) informer*	nous avons nos indicateurs
rapporteur m [2]	*sneak, tell-tale, informer* (at school) (used with a pejorative connotation)	gare à toi, si tu répètes encore, rapporteur !
taupe f [2]	*mole* (a term used in journalism)	une taupe s'était infiltrée parmi les fonctionnaires du ministère
sous-marin m [2-1]	*mole* (usually a politician)	ils ont un sous-marin au ministère
balance f [1]	*supergrass*	il y a une balance parmi nous
balanceur m [1]	*supergrass*	ils ont tabassé le balanceur
barbouze f [1]	*agent of the secret police* (used with a pejorative connotation)	les barbouzes du régime
indic m [1]	*grass*	méfie-toi de lui, c'est un indic

| **mouchard** m | (*police*) *informer* (used with | tu as parlé, sale mouchard |
| 1 | a pejorative connotation) | |

---

esquisse   sketch, outline

| **croquis** m | (*quickly drawn*) *sketch* | je vais te faire un croquis, tu comprendras |
| 2 | | mieux |

| **diagramme** m | *diagram*, *chart* (as in maths | le diagramme de la relation entre les |
| 2 | or physics) | ensembles A et B |

| **ébauche** f | *first draft* (of a novel, etc), | son roman / son dessin est encore à l'état |
| 2 | *sketching out*, *beginnings* | d'ébauche |

| **esquisse** f | *sketch* (of a painting), | le peintre a fait une esquisse du modèle |
| 2 | *outline* (of a plan) | |

| **maquette** f | *model* (of a building, etc) | l'architecte a fourni une maquette du centre |
| 2 | | commercial |

| **schéma** m | *simple diagram* (to explain | le prof nous a fait un schéma au tableau |
| 2 | something) | |

---

essayer   to try to

| **s'efforcer à** | *to strive to*, *to strive for* (see | elle s'est efforcée à l'aider ; il s'efforce à |
| 3 | below) | l'abstinence |

| **s'évertuer à** | *to strive to* | c'est ce que je m'évertue à t'expliquer |
| 3 | | depuis tout à l'heure |

| **s'efforcer de** | *to strive to* (see above) | devant les autres, elle s'efforçait d'être |
| 2 | | aimable |

| **essayer de** | *to try to* | tais-toi, j'essaie de lire |
| 2 | | |

tâcher de	*to try to* (a less common	je tâcherai d'y penser
2	verb than **essayer** and of	
	slightly higher register)	

tenter de	*to attempt to* (often	j'ai tenté de lui en parler à plusieurs reprises
2	suggesting likely failure ; a	déjà
	less common verb than	
	tâcher)	

estomac   stomach

estomac m 2	*stomach*	j'ai mal à l'estomac
ventre m 2	*belly, tummy*	j'ai mal au ventre
bedaine f 1	*pot belly* (usually of a man)	il a de la bedaine
brioche f 1	*paunch*	il prend de la brioche
panse f 1	*paunch*	on s'en est mis plein la panse, quel gueuleton !
bide/bidon m 1*	*belly, guts*	je lui ai donné un coup de pied dans le bide / le bidon

étable   cowshed

bergerie f 2	*sheep pen*	le chien a fait rentrer les moutons dans la bergerie
écurie f 2	*stable* (for horses or mules)	la jument est dans l'écurie avec son poulain
étable f 2	*cowshed*	il faut rentrer les vaches à l'étable
porcherie f 2	*pig-sty*	viens voir les petits cochons dans la porcherie

étalage   stall, stand, display

| **échoppe** f
 2 | *stall, booth, small semi-permanent shop* | il tient une petite échoppe de cordonnier |
| **étal** m
 2 | *stall* (in a market, for a butcher, etc; often just a table) | l'étal du boucher ; le fromager a installé son étal près de la sortie |

étalage m [2]	*stall, stand* (for showing produce inside or outside a shop), *display*	les étalages d'un grand magasin; les queues s'allongent devant les étalages maigrement garnis
kiosque m [2]	(*newspaper*) *kiosk*	un kiosque à journaux; le magazine sera en vente dans les kiosques dès mardi
stand m [2]	*stand* (at an exhibition or fair)	un stand de tir; j'ai visité tous les stands du salon de l'agriculture

---

s'étendre   to stretch out, to lie down

s'allonger [2]	*to lie down for a rest* (of a person or animal)	je vais m'allonger pour faire la sieste; allonge-toi si tu es fatiguée
se coucher [2]	*to lie down to sleep* (usually at night-time)	les poules se couchent avec le soleil; c'est l'heure d'aller se coucher
s'étendre [2]	*to stretch out, to lie down*	je me sens fatigué, je vais m'étendre
s'étaler [1]	*to sprawl* (of a person) (used with a humorous or pejorative connotation)	elle s'est étalée dans le fauteuil

---

s'étendre   to spread out, to stretch out

se déployer [2]	*to unfurl* (of a flag), *to be deployed* (of troops), *to spread* (its wings, of a bird)	le drap se déploya au vent; les troupes se déployaient dans la ville après l'attaque
s'étaler [2]	*to spread out, to stretch out, to be staggered* (of holidays or leaving-off time)	la ville s'étalait tristement sous la pluie; les départs en vacances s'étalent entre juin et septembre
s'étendre [2]	*to spread out, to stretch out*	la plaine s'étendait devant nous vers l'horizon

---

étonnant   surprising

abasourdissant [3–2]	*staggering*	une nouvelle abasourdissante

ahurissant 2	*staggering, astonishing*	une nouvelle ahurissante ; un phénomène ahurissant
époustouflant 2	*staggering, astonishing*	un exploit époustouflant ; une réussite époustouflante
étonnant 2	*surprising*	c'est une situation très étonnante
incroyable 2	*incredible*	une nouvelle incroyable ; ça va te paraître incroyable, mais c'est la vérité
stupéfiant 2	*staggering*	une nouvelle stupéfiante ; un événement stupéfiant
surprenant 2	*striking*	un film / un roman / un événement surprenant
faramineux 1	*amazing*	elle a réussi un coup faramineux

étonné   surprised
all the past participles and adjectives in this frame are often used
with **être**, **rester**, **laisser**, etc

interdit 3	*dumbfounded*	il est resté complètement interdit
médusé 3	*stupefied*	j'étais complètement médusé de découvrir à quel point ils m'avaient menti
abasourdi 3–2	*stunned*	ils avaient l'air de si bien s'entendre, je suis complètement abasourdi d'apprendre qu'ils divorcent
ébahi 3–2	*dumbfounded, flabbergasted*	les enfants ont parfois de telles réparties que j'en reste ébahie
éberlué 3–2	*dumbfounded, flabbergasted*	il a fait ça sous mon nez, j'étais tellement éberlué que je n'ai rien dit
ahuri 2	*staggered, stunned*	ne prends pas cet air ahuri
(être, etc) **bouche bée** 2	*(to be left) gaping*	je suis resté bouche bée d'admiration ; son aplomb m'a laissé bouche bée

époustouflé [2]	*amazed*	une promesse qui nous a rendus tous époustouflés
étonné [2]	*surprised* (the most neutral and weak item in this frame)	je suis étonné qu'elle ne soit pas encore là
stupéfait [2]	*stupefied*	j'étais stupéfait de la rencontrer là
stupéfié [2]	*stupefied*	tu seras stupéfié de voir ses progrès
surpris [2]	*surprised*	je suis surpris de constater que la France a gagné la Coupe Davis

---

étrange   strange

fantasque [3]	*whimsical, capricious*	un caractère / un esprit / une personne fantasque
saugrenu [3–2]	*preposterous* (used with a pejorative connotation)	une réponse / une question saugrenue ; qu'est-ce que c'est que cette idée saugrenue ?
biscornu [2]	*peculiar, odd* (used with a pejorative connotation)	un esprit biscornu ; une idée biscornue ; qu'est-ce qu'il est allé imaginer avec son esprit biscornu !
bizarre [2]	*strange*	une personne / une idée / un projet bizarre ; j'ai fait un rêve bizarre ; qu'est-ce qui se passe ? – tu as l'air bizarre
curieux [2]	*curious*	le moteur fait un bruit curieux ; il s'est produit un phénomène très curieux
étrange [2]	*strange*	il se passe quelque chose d'étrange ; par une étrange coincidence ; j'entends un bruit étrange
fantaisiste [2]	*fanciful, whimsical*	une explication / une personne / une idée fantaisiste ; toi et tes raisonnements fantaisistes !
farfelu [2]	*cranky, skatty*	une personne / une idée farfelue ; un projet farfelu ; quelle imagination farfelue !
insolite [2]	*unusual*	un aspect / un comportement insolite ; je n'ai rien remarqué d'insolite

| **original** [2] | *eccentric, odd* | un vêtement original ; une personnalité originale ; ce que tu dis n'a rien d'original |
| **tordu** [2] | *strange, odd* | un raisonnement tordu ; tu as vraiment l'esprit tordu ! |

étroit   narrow, narrow-minded

exigu [3–2]	*tiny, narrow*	une salle exiguë ; un couloir exigu
étriqué [2]	*tight-fitting (of clothes) (used figuratively to mean narrow-minded, but only with **esprit**)*	son costume est devenu trop étriqué ; il a vraiment l'esprit étriqué !
étroit [2]	*narrow (of a street), narrow-minded*	une rue étroite ; un passage étroit ; un pantalon étroit du bas ; des idées étroites ; un esprit étroit
juste [2]	*tight, too small (of clothes or space)*	ce pantalon est un peu trop juste ; tu peux te garer ? – ça a l'air un peu juste
restreint [2]	*restricted (of space or meaning)*	un sens très restreint ; elle se débrouille très bien avec son vocabulaire restreint ; pendant toute la durée des travaux vous devez vous contenter d'un espace restreint
serré [2]	*tight, tight-packed (of clothes or space)*	son complet est trop serré ; les gens étaient tellement serrés que je n'ai pas pu passer

---

étudiant   student
adjective

| **estudiantin** [3–2] | *of a student, student* | la vie estudiantine |
| **étudiant** [2] | *of a student, student* | la Sécurité Sociale étudiante ; la vie étudiante |

étudier   to study

étudier [2]	*to study*	elle a passé des années à étudier
travailler [2]	*to work, to study*	elle a travaillé toute la journée
bachoter [1]	*to swot* (suggesting the use of the memory in particular)	bachoter pour un examen
bosser [1]	*to work, to study*	pas de télé ce soir, je dois bosser
bûcher [1]	*to work, to study* (suggesting working harder than **bosser**)	elle a bûché pour l'avoir, son diplôme!
chiader [1]	*to sweat, to slog away* (at one's studies)	l'année prochaine, c'est le bac, il faudra chiader dur
potasser [1]	*to swot, to cram*	potasser un examen / ses bouquins; je dois potasser ma chimie

---

s'évader   to escape

échapper à [2]	*to avoid, to escape*	échapper au danger; je ne pourrai pas échapper au banquet d'anniversaire
s'échapper de [2]	*to get out of*	un tigre s'est échappé du zoo; s'échapper de prison
s'enfuir de [2]	*to run away from, to escape from* (suggesting concealment, more furtive than **fuir**)	il s'est enfui par la porte de derrière, dès qu'il a entendu la police
s'esquiver [2]	*to run away, to slip away*	il s'est esquivé par une porte dérobée
s'évader de [2]	*to escape from* (often from prison; more common than **s'échapper de** in this context)	le criminel s'est évadé pendant son transfert à la prison centrale
filer à l'anglaise [2]	*to take French leave, to run off*	dès que la maîtresse de maison a tourné le dos, j'ai filé à l'anglaise

fuir
2

to flee, to run away

la population fuit devant la menace d'un nouveau bombardement ; je voudrais bien le caresser, mais il fuit dès que je m'approche

---

évaluer   to estimate the value of, to evaluate

jauger
3

to appreciate, to gauge (the value of)

je lui ai présenté les délégués syndicaux pour mieux jauger son aptitude à négocier

priser
3–2

to prize, to acclaim (often occurring as a past participle)

le thé est très prisé en Angleterre ; je ne prise pas beaucoup ce genre de plaisanterie

apprécier
2

to appreciate, to evaluate

apprécier quelqu'un à sa juste valeur ; notre longue collaboration m'a permis d'apprécier son talent et ses qualités humaines

estimer
2

to esteem, to value

ce tableau a été estimé à une valeur de mille dollars ; j'ai fait estimer l'appartement

évaluer
2

to estimate the value of, to evaluate

le chiffre d'affaires est évalué à 11 millions de francs ; nous avons fait évaluer la propriété

soupeser
2

to weigh up

elle a soupesé les cent grammes de bonbons ; j'ai bien soupesé les chances de réussite

valoriser
2

to value, to appreciate, to give value to, to increase the value of, to make more important

un métier peu valorisé ; ça le valorise d'avoir un peu plus de responsabilité

évident   obvious, apparent

manifeste
3–2

manifest, obvious

sa mauvaise foi était manifeste ; il est manifeste que nous devons intervenir

apparent
2

apparent, obvious

elle a agi sans mobile apparent

certain
2

certain, sure

il est certain qu'elle arrivera demain ; l'issue du combat est probable mais pas certaine

clair
2

clear

son intention est bien claire ; ses indications ne sont pas très claires

évident [2]	*obvious, apparent*	mais c'est évident! comment n'y ai-je pas pensé plus tôt?; il a un don évident pour la musique
net [2]	*clear, well defined*	c'est clair et net; tâche d'être plus net quand tu expliques
patent [2]	*patent, obvious*	c'est un fait patent dont nous devons tenir compte
visible [2]	*visible*	c'est visible à l'oeil nu, il est amoureux de toi!; non, dit-il avec un visible mécontentement

---

éviter   to avoid

échapper à [2]	*to avoid* (often suggesting danger)	échapper à un danger; ce soir tu n'échapperas pas à la corvée vaisselle!
esquiver [2]	*to dodge, to avoid*	elle a esquivé le coup
éviter [2]	*to avoid*	éviter un coup; j'ai freiné mais je n'ai pas pu l'éviter
parer [2]	*to parry, to ward off*	parer un coup / une attaque; il a réussi à parer le coup

---

examen   examination

concours m [2]	*competitive examination*	50 candidats seulement seront reçus au concours
contrôle m [2]	*weekly or termly test*	j'ai un contrôle de maths tous les trimestres
épreuve f [2]	*examination*	une épreuve de maths; les épreuves de gymnastique auront lieu la semaine prochaine; l'épreuve de physique était particulièrement difficile
examen m [2]	*examination* (taking place at the end of the year)	réussir/passer ses examens; être reçu à un examen; il s'est fait coller à ses examens; un examen médical; un examen minutieux des statistiques

| **interrogation** f [2] | (*unexpected*) *short test* | nous avons eu une interrogation «surprise» hier |
| **test** m [2] | *test* (requiring simple, short answers) | le test est constitué de questions à réponses multiples ; j'ai été sélectionné d'après mes tests |

---

exciter   to excite, to stimulate, to arouse

émouvoir [2]	*to move, to touch* (used figuratively) (usually occurring as an infinitive or past participle)	elle ne se laisse pas facilement émouvoir ; vous ne pouvez pas imaginer combien votre attention nous a émus
exciter [2]	*to excite, to stimulate, to arouse*	exciter l'imagination / la curiosité / l'appétit ; il est tout excité d'aller en colonie de vacances ; la regarder danser l'excitait
passionner [2]	*to thrill*	le théâtre me passionne ; les courses de chevaux ne m'ont jamais passionné
provoquer [2]	*to provoke* (often with a negative connotation), *to stimulate sexually*	la hausse du prix du pain a provoqué la colère populaire ; elle le provoquait du regard
stimuler [2]	*to stimulate*	le grand air stimule l'appétit ; des jeux éducatifs qui stimulent l'imagination
surexciter [2]	*to excite* (stronger than **exciter**) (usually occurring in the passive voice)	à la fin de la journée, les enfants sont complètement surexcités
susciter [2]	*to arouse, to stimulate, to provoke*	susciter un intérêt pour quelque chose ; son limogeage a suscité de vives réactions

---

excrément   excrement

matières fécales fpl [3–2]	*fecal matter*	seul l'examen des matières fécales nous permettrait de déceler la présence de parasites
selles fpl [2]	*motions, stools* (a medical term)	il a de la température et ses selles sont un peu liquides
bouse de vache / bouse f [2]	(*cow*) *dung*	zut ! j'ai mis le pied dans une bouse de vache

crottin m [2]	*droppings* (of a horse, donkey or goat)	le crottin servira à faire du fumier
excrément m [2]	*excrement*	des excréments humains/d'animaux
fiente f [2]	*(bird) droppings*	une fiente d'oiseaux
caca m [1]	*caca, pooh, dollop*	il a fait caca dans sa culotte
chiures fpl [1]	*fly specks*	les chiures de mouche
crotte f [1]	*dog muck*	il y a plein de crottes de chien sur les trottoirs
merde f [1*]	*turd, shit*	c'est dégueulasse ici! j'ai vu une merde qui flottait dans l'eau

---

expliquer   to explain

éclairer [3–2]	*to make clear, to make understandable, to explain, to enlighten*	le dossier est clair, mais l'affaire n'a jamais été complètement éclairée; j'ai besoin d'être éclairé sur vos intentions; tout s'éclaire!
clarifier [2]	*to clarify*	clarifier ses intentions / ses idées; clarifiez votre point de vue
éclaircir [2]	*to make clear* (a stronger word than **éclairer**)	éclaircir un mystère; il aura fallu des mois d'enquêtes pour que le mystère de sa disparition soit enfin éclairci
élucider [2]	*to elucidate*	élucider un mystère / une question
expliciter [2]	*to make explicit*	expliciter sa pensée; le contrat explicite clairement les conditions de paiement
expliquer [2]	*to explain*	je vais vous expliquer ma pensée / mon projet; elle est gentille, ta maîtresse? – elle explique bien?
exposer [2]	*to explain, to expound*	exposer ses opinions / ses raisons / une théorie; il nous a longuement exposé ses projets

préciser	*to explain in a precise way,*	précisez votre pensée / point de vue;
2	*to make clearer, to point out*	Mademoiselle, pas Madame, précisa-t-elle
tirer au clair	*to clarify*	tirer au clair une question; confrontez les
2		témoins, ce qui s'est passé ce soir-là doit être
		tiré au clair

---

expression   expression

expression f	*expression (of words)*	une expression à la mode; une expression
2		figée / toute faite
idiotisme m	*idiomatic expression* (a term	chaque langue a ses idiotismes
2	from linguistics)	
locution f	*phrase, expression*	une locution figée/familière/proverbiale;
2		une locution vicieuse (= *wrong turn of*
		phrase)
tour de phrase m	*turn of phrase*	un tour de phrase inhabituel; il emploie des
2		tours de phrase compliqués
tournure de	*turn of phrase*	c'est une tournure très archaïque
phrase / tournure		
f		
2		

---

en face de   opposite, in the face of

en regard de	*compared with*	d'accord, ils ont été très gentils, mais en
3–2		regard de ce qu'elle a toujours fait pour eux,
		c'est la moindre des choses
devant	*in front of, before* (used	la voiture est garée devant la porte; il n'ose
2	with reference to physical	rien dire devant son père; leurs craintes
	space and figuratively)	devant un avenir incertain
face à	*facing* (used literally and	face au mur il y avait un miroir; face au
2	figuratively)	problème de la drogue, la prévention reste
		une priorité
en face de	*opposite, in the face of* (used	j'habite en face de la banque; en face du
2	literally and figuratively)	danger il sentait ses forces le trahir

| **vis-à-vis de** [2] | *vis-à-vis, opposite, with respect to* (used with reference to physical space and figuratively) | la personne assise en vis-à-vis; je me sens gêné vis-à-vis de lui; il a toujours eu une attitude curieuse vis-à-vis de l'argent |

---

facile   easy

aisé [3–2]	*easy*	c'est loin d'être aisé; c'est un ouvrage d'une lecture aisée pour les enfants
commode [2]	*easy, convenient, practical*	un meuble / un outil commode; tu peux toujours essayer, mais ce n'est pas commode à préparer
élémentaire [2]	*elementary*	tu verras, c'est d'une simplicité élémentaire
facile [2]	*easy*	un exercice facile; c'est un gâteau très facile à faire
faisable [2]	*which can be done, feasible*	j'ai calculé, le boulot est faisable en trois jours
simple [2]	*simple*	c'est très simple, il suffit de suivre les instructions

---

facture   invoice, bill

addition f [2]	*bill* (in a restaurant)	garçon, l'addition, s'il vous plaît!
facture f [2]	*invoice, bill*	le garagiste / le maçon / le plombier m'a envoyé sa facture ce matin
note f [2]	*bill* (but not in a restaurant)	régler sa note à l'hôtel; la note de gaz / d'électricité / de la blanchisserie
quittance f [2]	*bill* (but not in a restaurant; usually sent by post for monthly or quarterly payment)	payer les quittances d'eau / de gaz / d'électricité
traite f [2]	*account* (with a tradesman), *bill of account*	il me reste trois traites à payer; le paiement s'effectue par traites

faible   weak

débile 3	weak, feeble	un corps / un enfant débile
fluet 3	slender, slight (of the body, but without necessarily suggesting weakness)	elle est plutôt fluette; d'une excellente santé malgré une apparence fluette
malingre 3	weak, sickly	un enfant malingre
frêle 3–2	frail, fragile	un corps / une silhouette frêle; les petites pattes de la gazelle paraissaient si frêles
grêle 3–2	thin, spindly, lanky	sa silhouette grêle; ses jambes grêles faisaient pitié
chétif 2	puny	un enfant chétif; il est resté chétif après sa maladie
faible 2	weak	il est encore un peu faible, mais il va beaucoup mieux
fragile 2	fragile	une santé / une personne fragile; elle est de constitution assez fragile
maladif 2	weak, sickly	il est d'une pâleur maladive; il a toujours eu cet air maladif
rachitique 1	skinny	un enfant rachitique

faire   to do, to make

accomplir 2	to accomplish, to carry out	accomplir un acte / un exploit; mission accomplie!
commettre 2	to commit	commettre un acte / un crime / un délit; le questionnaire était truffé de pièges, mais il n'a pas commis une seule erreur
composer 2	to compose	composer de la musique / une chanson / des vers; elle a composé les paroles et la musique
concocter 2	to plan, to work out, to concoct (often used with a humorous connotation)	concocter un plan / un projet; il est en train de lui concocter une vengeance dont elle se souviendra

créer [2]	to create	Dieu créa le monde / la femme; créer une oeuvre d'art; le rôle a été créé pour elle; ça va te créer des ennuis, si tu continues d'arriver en retard
effectuer [2]	to carry out, to make (often a jargon term for **faire**)	effectuer un voyage / une promenade; vous pouvez effectuer vos paiements par carte de crédit
élaborer [2]	to elaborate, to develop	élaborer un projet / un plan; c'est un médicament que nos laboratoires ont mis plusieurs années à élaborer
établir [2]	to establish	établir une règle / un devis; des relations diplomatiques ont été établies entre les deux pays
exécuter [2]	to execute	exécuter un ordre / une tâche; exécuter un morceau de musique; le concerto a été brillamment exécuté
fabriquer [2]	to make (in a factory; see below)	fabriqué en France; des jouets entièrement fabriqués à la main
faire [2]	to do, to make	faire un gâteau / ses devoirs; va faire ton lit!
produire [2]	to produce	produire des matières premières; le vin est produit sur place; le barrage produit suffisamment d'électricité pour la région; c'est un auteur qui produit beaucoup
réaliser [2]	to realize, to carry out, to make (a film)	réaliser un rêve / un projet; son voeu le plus cher était enfin réalisé; réaliser un film
combiner [1]	to devise, to be up to (usually something underhand)	qu'est-ce qu'elle combine?; il est en train de combiner un mauvais coup
fabriquer [1]	to be up to (something; see above)	qu'est-ce que tu fabriques? dépêche-toi!
trafiquer [1]	to be up to (something mysterious)	il est dans sa chambre, je ne sais pas ce qu'il trafique
foutre [1*]	to do	qu'est-ce qu'elle fout là?; ça m'a foutu le cafard (= *that really got me down*)

falloir   to be necessary

force est de 3	*there is no alternative but to* (an impersonal construction)	force est de constater que le gouvernement n'a pas tenu ses engagements
être impératif 3–2	*to be imperative*	il est impératif d'y aller immédiatement; il est impératif que tu y ailles immédiatement
avoir à 2	*to have to* (less forceful than **falloir** and **devoir**)	ils vont arriver, tu n'as qu'à mettre la table
devoir★ 2	*to have to* (less forceful than **falloir**)	désolé, mais je dois y être avant midi
être indispensable 2	*to be indispensable*	il est indispensable de prendre un imperméable; il est indispensable que vous ayez une bonne connaissance de l'anglais
être nécessaire 2	*to be necessary*	il n'est pas nécessaire de réserver; il n'est pas nécessaire que tu y ailles
être obligatoire 2	*to be obligatory*	il est obligatoire d'avoir un casque; il n'est pas obligatoire que tu y assistes
être essentiel 2	*to be essential*	il est essentiel de battre les blancs en neige très ferme; il est essentiel que le beurre soit à température ambiante
falloir★ 2	*to be necessary*	il faut y être avant deux heures

NB when the constructions involving **être** are used with **il est** (rather than **c'est**), the register is slightly higher.

devoir	Note the correspondences between English and French:	
	I must sing	je dois chanter
	I must have sung / I had to sing	j'ai dû chanter
	I ought to sing	je devrais chanter
	I ought to have sung	j'aurais dû chanter
falloir	Note the correspondences between English and French:	
	it is necessary to leave / I/we/ you/they must leave	il faut partir / qu'on parte
	I/we/you/they had to leave	il a fallu partir / qu'on parte
	it was necessary to leave / I, etc ought to have left	il fallait partir
	it would be necessary to leave / I, etc would have to leave	il faudrait partir
	I, etc ought to have left	il aurait fallu partir

fantôme   phantom, ghost

spectre m [3]	*spectre*, *ghost* (a term less used than those below)	le spectre de son père lui est apparu en songe
revenant m [3–2]	*phantom*, *ghost* (of a dead person)	des histoires de revenants
apparition f [2]	*apparition*, *vision*	elle était aussi pâle que si elle avait vu une apparition
esprit m [2]	*spirit* (not visible)	esprit, es–tu là ? (*trying to contact a medium*)
fantôme m [2]	*phantom*, *ghost* (of a dead person)	je ne crois pas aux fantômes

---

fatal   fatal

funeste [3]	*baneful*, *sinister* (bringing misfortune)	le nombre treize leur paraissait de funeste augure
néfaste [3]	*ill–fated*, *unlucky*	un jour néfaste pour les natifs de l'île
fatidique [3–2]	*fateful*	une date / une décision / un jour fatidique
maléfique [3–2]	*baneful*	des intentions / des pouvoirs maléfiques
fatal [2]	*fatal* (used literally and figuratively, but rarely in the plural)	il lui a porté un coup fatal ; une erreur fatale
mortel [2]	*mortal*, *related to death*	un accident mortel ; une maladie mortelle

---

fatigué   tired

| **harassé** [3] | *exhausted*, *worn out* (not = *harassed*) | il se sentait harassé de fatigue |
| **exténué** [3–2] | *exhausted* | ils sont revenus de leur randonnée complètement exténués |

las 3–2	*weary*	je suis las de répéter toujours la même chose
rompu 3–2	*exhausted, worn out*	je suis / je me sens rompu de fatigue
épuisé 2	*exhausted*	des classes surchargées aux professeurs épuisés
éreinté 2	*exhausted*	laisse-moi t'aider, tu as l'air éreintée
fatigué 2	*tired*	je suis fatigué, je vais m'allonger un peu
fourbu 2	*exhausted*	j'ai fait les magasins, je suis fourbue !
claqué 1	*dead beat, all in*	se sentir claqué
(avoir) un coup de pompe 1	*(to be) dead beat*	si vous ne prenez pas de petit déjeuner, gare au coup de pompe de 11 heures !
crevé 1	*dead beat, all in*	ils sont complètement crevés après leur longue expédition
lessivé 1	*dead beat, all in*	il est complètement lessivé après une longue journée au bureau
(être) à plat 1	*(to be) dead beat, all in*	elle a de la grippe depuis dix jours, elle est à plat
raplapla 1	*dead beat, all in*	j'ai travaillé toute la nuit – ce matin je suis complètement raplapla
vanné 1	*whacked*	je me sens vanné ; il est complètement vanné

---

fêlé   cracked

fissuré 3–2	*cracked (suggesting smallish gaps), divided (used literally and figuratively)*	un mur / un plafond / un tuyau fissuré ; un gouvernement fissuré en deux factions rivales

craquelé 2	*cracked* (with age or wear)	l'émail / le vernis est un peu craquelé
crevassé 2	*cracked, fissured* (by the frost, sun or age)	des lèvres crevassées; des seins crevassés; la terre crevassée par le gel / la sécheresse; la peau de ses mains est complètement crevassée
fêlé 2	*cracked*	l'assiette est fêlée; le verre est fêlé
fendillé 2	*cracked* (suggesting numerous small cracks)	le bois de la fenêtre toute fendillée
fendu 2	*split*	une jupe fendue derrière; la lèvre fendue par une cicatrice
gercé 2	*chapped* (of skin, caused by the cold)	les lèvres / les mains gercées; la peau gercée
lézardé 2	*cracked* (usually of a wall or house)	un mur lézardé

---

femme

see also **fille**

woman

dame f 2	*lady* (mainly restricted to certain expressions)	un coiffeur pour dames; se donner des airs de grande dame; dis bonjour à la dame
femme f 2	*woman*	une jeune femme; une femme d'un certain âge; une belle/jolie femme
madame f 2	*Mrs, madam* (used when addressing someone, as a title; see below)	chère Madame; Madame Dupont; Madame la directrice
bonne femme 1	*woman* (the term suggests various nuances of meaning, affectionate, humorous, pejorative or condescending; compare **bonhomme**)	une grosse bonne femme; encore des histoires de bonnes femmes
madame f 1	*elegant, fine woman* (often used when speaking to a child; see above)	elle est belle, la madame
nana f 1	*bird, chick* (used by young males)	le samedi soir on va draguer les nanas

nénette f [1]	*bird*, *chick* (used by young males; a less common word than **nana**)	il y a des nénettes formidables dans la boîte, tu sais
pépée f [1]	*chick*, *doll* (used by the older generation; a very common word in detective novels)	c'est une belle pépée, la fille d'Alain
poupée f [1]	*doll* (used by the older generation; a very common word in detective novels)	sers-nous à boire, poupée!
rombière f [1]	*middle-aged, pretentious woman* (with a pejorative connotation)	une vieille rombière
souris f [1]	*chick*	j'ai vu arriver une souris hypermaquillée
gonzesse f [1*]	*tart, dame*	mate un peu la gonzesse
pouffiasse f [1*]	*old bag*	tu ne vas pas croire cette pouffiasse!

---

fenêtre
see also **verre**

window

croisée f [3]	*casement window*	un fin rideau de dentelle ornait la croisée
baie vitrée f [2]	*picture window* (not necessarily curved)	la baie vitrée donne sur la mer
carreau m [2]	(*window*) *pane*	elle a cassé un carreau; un laveur de carreaux; la voisine a frappé au carreau; faire les carreaux
fenêtre f [2]	*window* (but not of a car; see **vitre** below)	ouvre la fenêtre, on étouffe
fenêtre à guillotine f [2]	*sash window*	nous avons fait poser des fenêtres à guillotine
lucarne f [2]	*skylight, dormer window*	la lucarne du grenier; un peu de lumière entrait par la lucarne; la chambre était éclairée par une petite lucarne

lunette arrière f [2]	*car rear window*	le modèle comporte des essuie-glaces pour la lunette arrière
oeil de boeuf m [2]	*round or oval window* (in a wall or roof; **oeils de boeuf** in the plural)	l'entrée n'était éclairée que par un oeil de boeuf
porte-fenêtre [2]	*french window*	la porte-fenêtre donne sur le jardin
vasistas m [2]	*fanlight*	ouvre le vasistas pour aérer
vitre f [2]	*pane, window* (in a car) (of a slightly higher register than **carreau**)	baisse la vitre, il fait trop chaud dans la voiture

---

fermer   to shut, to close

clore [3]	*to close* (only used literally; see below) (only occurring as an infinitive or past participle)	les volets étaient clos; les yeux mi-clos; nous avons trouvé porte close
clore [3–2]	*to close, to conclude* (only used figuratively; see above) (only occurring as an infinitive or past participle)	il faut clore le débat; le dossier est clos
barrer [2]	*to bar up, to block*	barrer une rue / un passage; un obstacle barrait la voie; un contrôle de police barrait la route
barricader [2]	*to barricade*	barricader une porte / une fenêtre; je me sens si peu rassurée que tous les soirs je barricade ma porte
cadenasser [2]	*to padlock*	cadenasser une porte / un enclos; la porte de la remise est cadenassée
clôturer [2]	*to enclose* (a field), *to conclude*	clôturer un champ; clôturer une séance / un débat / une liste; son discours a clôturé la séance
condamner [2]	*to block up*	condamner une porte / une fenêtre; si tu installes la bibliothèque là, tu condamneras la porte
fermer [2]	*to shut, to close*	ferme la porte / la fenêtre / les persiennes; as-tu bien fermé le robinet?

fermer à clef 2	*to lock*	le tiroir était fermé à clef; j'ai fermé la porte à clef avant de partir
fermer à double tour 2	*to double lock*	la porte était fermée à double tour
mettre le verrou 2	*to bolt*	il a fermé la porte et mis le verrou avant d'aller se coucher
verrouiller 2	*to bolt, to screw down, to tighten*	as-tu verrouillé la porte d'entrée?; verrouillez bien le couvercle de la cocotte minute

---

fermier   farmer, farmworker

agriculteur m 2	*farmer* (evoking the profession) (the word is replacing **fermier** and is equivalent to **cultivateur** and **exploitant**; see below)	les agriculteurs de la région pratiquent la culture intensive
cultivateur m 2	*farmer* (see above, **agriculteur**)	ce sont les petits cultivateurs qui ont le plus souffert de la sécheresse
exploitant agricole / exploitant m 2	*farmer* (see above, **agriculteur**)	son père est un riche exploitant normand; les petits exploitants
fermier m / **fermière** f 2	*farmer, farmworker* (anyone who works on a farm, whether s/he owns it or not)	la fermière a conduit les bêtes au champ
laboureur m 2	*ploughman*	les laboureurs ont été remplacés par des machines
maraîcher m 2	*market gardener*	les maraîchers de la région produisent surtout des artichauts et des choux
métayer m 2	*tenant farmer*	la ferme est gérée par un métayer

| **paysan** m
2 | *farmer* (as a member of a social class; not necessarily used with a pejorative connotation) (the word is still occasionally used on the radio and in the newspapers) | au marché, les paysans vendent des fromages qu'ils fabriquent eux-mêmes |

fesses   buttocks, bottom

séant m 3	*posterior* (only used in expressions involving sitting up from a horizontal position)	se mettre / s'asseoir sur son séant
arrière-train m 2	*rear* (used with a humorous connotation)	assis sur son arrière-train
derrière m 2	*behind*	il a des boutons sur le derrière
fesses fpl 2	*buttocks, bottom*	il a des grosses fesses; un pantalon qui moule les fesses; je lui ai talqué les fesses
fessier m 2–1	*bottom* (used with a humorous connotation)	son fessier est de dimension respectable
cul m 1	*arse*	ce qu'il lui faudrait, c'est un coup de pied dans le cul

fête   fair, fête, festival

fête f 2	*fair, (village) fête, (national) festival*	la fête du 14 juillet; la fête nationale; la fête du village
fête foraine f 2	*fair with amusements*	les manèges de la fête foraine
foire f 2	*industrial or agricultural fair, occasionally fair with amusements* (held at specific times)	la foire du livre; la foire du jambon; il y avait des autos tamponneuses à la foire
kermesse f 2	*village fair, church bazaar*	les bénéfices de la kermesse iront aux handicapés

faire la fête   to have a good time, to live it up

faire la fête 2	*to have a good time, to live it up*	si tu avais travaillé au lieu de faire la fête, tu n'en serais pas là
faire la noce 1	*to live it up* (a less common expression than **faire la bamboula / la bringue / la java / la nouba**; see below)	il est rentré complètement saoul après avoir fait la noce avec ses copains
faire la bamboula 1	*to live it up, to go on a spree*	on a fait la bamboula jusqu'au matin
faire la bombe 1	*to live it up, to go on a spree* (disappearing from use)	on a fait la bombe jusqu'au matin
faire la bringue 1	*to live it up, to go on a spree* (a more common expression than the others in this frame)	on a fait la bringue jusqu'au matin
faire la foire 1	*to live it up* (suggesting disorderly behaviour)	ne profitez pas de ce que j'ai le dos tourné pour faire la foire
faire la java 1	*to live it up, to go on a spree* (a more common expression than the others in this frame)	on a fait la java jusqu'au matin
faire la nouba 1	*to live it up*	on a fait la nouba jusqu'au matin

feu   fire

embrasement m 3	*flaring up, blazing up* (used literally and figuratively)	il admirait l'embrasement du ciel au coucher du soleil ; l'embrasement des sens
brasier m 2	*(blazing) inferno*	un incendie si violent que la forêt s'est transformée en un véritable brasier
feu m 2	*fire*	le feu a pris dans l'escalier ; au feu ! au feu !
flambée f 2	*flare up* (used literally and figuratively)	une belle flambée de bois ; la flambée des prix ; une flambée de colère
fournaise f 2	*furnace* (a stronger term than **brasier**)	ce qui avait été une magnifique villa n'était plus qu'une fournaise

| **incendie** m [2] | *large fire* (causing damage) (often used in journalism instead of **feu**) | un incendie de forêt ; les assurances contre l'incendie |

---

fier
adjective
proud

altier [2]	*lofty*	une personne altière ; un air altier ; une démarche altière
arrogant [2]	*arrogant*	une personne / une attitude arrogante ; il s'adressait à son secrétaire d'un ton arrogant
dédaigneux [2]	*disdainful*	une personne / une attitude dédaigneuse ; non merci, dit-elle avec une moue dédaigneuse
fier [2]	*proud* (sometimes used with a favourable connotation and sometimes with a pejorative one)	elle est fière de ses enfants ; il n'y a pas de quoi être fier ; il nous toisait de son air fier
hautain [2]	*haughty*	une personne / une attitude hautaine ; elle prend des airs hautains depuis sa promotion
méprisant [2]	*scornful*	une personne / une attitude méprisante ; un ton méprisant ; il a rejeté son aide d'un air méprisant
orgueilleux [2]	*proud, arrogant*	un air / un ton orgueilleux ; une personne orgueilleuse ; il est trop orgueilleux pour s'excuser
prétentieux [2]	*pretentious*	un air prétentieux ; une personne prétentieuse ; ne lui dis pas qu'elle est jolie, elle est déjà tellement prétentieuse
suffisant [2]	*self-important*	une personne suffisante ; un air suffisant ; il est peut-être calé, mais qu'est-ce qu'il est suffisant !
vaniteux [2]	*vain*	une personne vaniteuse ; un air vaniteux ; je le croyais trop vaniteux pour se contenter d'un petit rôle

fille
see also **femme**

girl

demoiselle f 3–2	*a single lady, spinster* (a very polite term)	son fiancé est mort à la guerre, elle est restée demoiselle ; la pâtisserie est tenue par deux vieilles demoiselles
fille f 2	*girl*	la connaissance d'une fille est chouette ; ils ont deux garçons et une fille
jeune fille f 2	*girl* (from 15 to 25 years of age ; a polite term)	lycée de jeunes filles ; c'est une jeune fille de bonne famille
petite fille f 2	*girl* (up to 12 years of age)	nous avons eu une petite fille
fillette f 2	*girl* (up to 12 years of age ; a less common term than **petite fille**; a term used in clothes departments in stores)	vêtements pour fillettes ; le rayon fillettes ; une fillette d'une dizaine d'années
jeune femme f 2	*young woman* (up to 30 years of age)	la directrice est une jeune femme charmante
jeune personne f 2	*young woman* (from 15 to 30 years of age) (used with a pejorative, arrogant connotation)	qui est cette jeune personne qui était avec toi ?
gamine f 1	*girl* (up to 15 years of age) (sometimes used with a pejorative connotation)	une gamine sautait à la corde dans la cour

For other examples of **fille** register 1, see **femme** register 1.

---

finir

to finish, to end

parachever 3	*to complete, to finish* (stronger than **achever**)	parachever une oeuvre / un travail ; il est mort avant d'avoir parachevé son oeuvre
achever **de** + infinitif 3–2	*to finish, to end* (similar to **finir**, less commonly used) (not = *to achieve*)	achever un repas / ses études ; elle achevait de faire sa toilette lorsqu'il fit irruption dans sa chambre ; tu ne l'as pas laissé achever sa phrase

cesser **de** + infinitif [3–2]	*to cease, to end* (the use of **pas** is optional at the higher register)	il n'a pas cessé de pleuvoir ; nous cessons le travail à six heures ; à la bourse l'or ne cesse de plonger
tirer à sa fin [3–2]	*to draw to a close*	il commençait à faire un peu frais, l'été tirait à sa fin
toucher à sa fin [3–2]	*to draw to a close*	le voyage touchait à sa fin
arrêter **de** + infinitif [2]	*to stop, to end*	ils ont arrêté le match à midi ; elle a arrêté de fumer ; arrête tes cris !
conclure [2]	*to conclude*	conclure une affaire / un accord / un traité / un meeting / un débat ; marché conclu !
finir **de** + infinitif [2]	*to finish, to end*	attends, je n'ai pas encore fini ; il n'a pas fini de dîner ; as-tu fini tes devoirs ?
mettre fin à [2]	*to put an end to*	mettre fin à des activités / à la discussion ; ce malentendu a mis fin à une amitié de 20 ans
mettre un terme à [2]	*to put an end to* (something unpleasant)	mettre un terme à des activités illégales ; mettons un terme à ces discussions stériles
prendre fin [2]	*to come to an end*	la soirée a pris fin dans la bonne humeur
terminer [2]	*to finish* (more used than *to terminate*)	je n'ai pas terminé mes devoirs ; laisse-le terminer sa phrase

---

flatter   to flatter

aduler [3]	*to adulate, to flatter*	elle ne chante plus, mais elle est toujours adulée de ses admirateurs
encenser [3]	*to praise excessively*	son film a été encensé par la critique
flagorner [3]	*to adulate*	cet acteur adore être flagorné par les femmes
amadouer [2]	*to coax, to cajole* (in order to obtain something)	n'essaie pas de m'amadouer, non, c'est non !

cajoler 2	*to coax, to cajole* (in order to obtain something)	c'est pour que je te prête la voiture que tu me cajoles ?
complimenter 2	*to compliment*	il m'a complimentée sur ma coiffure
faire des courbettes à 2	*to crawl to (someone)*	je n'ai pas envie de leur faire des courbettes
flatter 2	*to flatter*	flatter ses supérieurs ; il aime qu'on le flatte
embobiner 2–1	*to get round, to coax*	tu t'es laissé embobiner, ce qu'ils veulent, c'est ton fric
lécher les bottes à 1	*to bow and scrape to (someone)*	ce qu'il aimait, c'est qu'on lui lèche les bottes
lécher le cul à 1*	*to arse-lick*	il est arrivé en léchant le cul à son patron

---

foi   faith, belief

credo m 2	*belief, creed, credo*	un credo artistique/politique ; tous unis par le même credo ; récite le credo (= *the Creed*)
croyance f 2	*belief, opinion* (often used in the plural)	ses croyances politiques/religieuses ; il est resté fidèle à ses croyances ; des croyances d'une autre époque
foi f 2	*faith, belief*	la foi en Dieu/en une idéologie politique/philosophique ; il a perdu/retrouvé la foi
principe m 2	*principle, belief*	un principe moral/religieux ; c'est contraire à mes principes
religion f 2	*religion*	la religion chrétienne/musulmane ; de quelle religion est-il ?

---

foisonner   to grow in abundance

fourmiller 3	*to seethe, to be alive with, to teem*	son émission fourmille d'idées ; les populations qui fourmillent sur les plages

pulluler 3–2	*to swarm, to be in abundance*	avec la chaleur les moustiques pullulent ; des écrivains comme lui, on ne peut pas dire que ça pullule
abonder 2	*to abound, to be in abundance*	faites vos conserves en été quand les tomates abondent ; les idées abondent, mais votre style est faible
foisonner 2	*to grow in abundance*	un petit bois où les champignons foisonnent ; son guide foisonne d'adresses et de tuyaux
grouiller 2	*to swarm, to seethe* (see below)	le camembert grouillait d'asticots
regorger 2	*to overflow*	son livre regorge d'idées ; le pays regorge de richesses
grouiller 1	*to be millions* (see above)	ça grouille sur les plages

---

au fond   after all

en dernière analyse 3–2	*as a final analysis*	en dernière analyse, elle a eu raison
somme toute 3–2	*all in all*	somme toute, ils n'ont aucune preuve de sa culpabilité
après tout 2	*after all*	après tout, ça ne nous regarde pas
en définitive 2	*in short*	en définitive, rien n'a été prouvé
en fin de compte 2	*after all*	en fin de compte, ça n'avait rien de très compliqué
finalement 2	*in short*	finalement, la vie n'est pas aussi difficile qu'on le croit
au fond 2	*after all*	au fond, il n'a rien d'un tortionnaire
en somme 2	*all in all*	en somme, tu ne sais pas grand-chose sur cette affaire

| **tout bien considéré** [2] | *all things considered* | tout bien considéré, je crois que je n'irai pas la voir |
| **tout compte faite** [2] | *all things considered* | tout compte fait, tu ne lui as pas été d'un grand secours |

---

forcer   to force, to oblige

astreindre à [3]	*to compel*	son métier l'astreint à voyager ; il est astreint à un régime très strict
contraindre **à** + infinitif – **de** + infinitif – [3–2]	*to compel, to constrain* when the verb is active when the verb is passive	on l'a contraint à démissionner ; il a été contraint de partir
forcer **à** + infinitif – **de** + infinitif – [2]	*to force, to oblige* when the verb is active when the verb is passive	ne les forcez jamais à manger ; tu n'es pas forcé d'y assister
obliger **à** + infinitif – **de** + infinitif – [2]	*to force, to oblige* when the verb is active when the verb is passive	elle l'a obligé à l'accompagner ; il était obligé de l'accompagner

---

fort   strong, tough

fort [2]	*strong, tough*	il est fort comme un boeuf ; un homme fort
musclé [2]	*brawny, muscular*	un corps musclé ; des bras musclés ; il est très musclé
râblé [2]	*stocky, wellbuilt* (suggesting strength)	son mari est petit et râblé
robuste [2]	*robust, strong*	une santé robuste ; un corps robuste
solide [2]	*tough, solid*	ne t'inquiète pas pour elle, elle est solide !

trapu [2]	*stocky, wellbuilt* (suggesting strength)	un corps trapu ; il est plutôt trapu
vigoureux [2]	*vigorous, strong*	des bras / un corps vigoureux ; il n'est pas très vigoureux depuis sa maladie
costaud [2–1]	*tough, solid* (the adjective is normally invariable and rarely occurs as a feminine)	elle est costaud
balès/balèze [1]	*big and tough*	le videur de la boîte de nuit, un mec vachement balèze

---

fou

mad, daft

dément [3]	*demented* (the register varies according to the context ; see below)	un acte dément
dément [2]	*demented* (the register varies according to the context ; see above)	c'est dément de payer ce prix-là
désaxé [2]	*unhinged*	il est complètement désaxé depuis que sa femme l'a quitté
fou [2]	*mad, daft*	arrête, tu es folle ou quoi ?
idiot [2]	*mad, daft*	ne sois pas idiot, viens
détraqué [2–1]	*mad, daft* (a strong term)	il doit être détraqué, ce mec-là
loufoque [2–1]	*nuts, screwy, scatty* (of a person)	une histoire loufoque ; la situation devient loufoque
malade [2–1]	*nuts, screwy*	il ne fallait pas refuser, t'es malade !
cinglé [1]	*nutty, screwy*	mais t'es complètement cinglé, tu vas lui faire mal !
con [1]	*daft*	c'est con, je ne l'ai pas vu ; ne sois pas con

crétin [1]	*moronic*	t'es crétin, ou tu le fais exprès?
dingo [1]	*nuts, crazy*	quand même, je suis pas dingo
dingue [1]	*nuts, crazy*	on a passé une soirée dingue!; ne crois pas ce qu'elle raconte, elle est dingue
fêlé [1]	*cracked*	il est fêlé, ce mec!
givré [1]	*nuts*	il est vraiment givré, lui alors!
gogol [1]	*stupid, idiotic*	suis pas gogol, tu sais! je savais qu'elle viendrait
jeté [1]	*nuts*	complètement jeté, le mec!
maboul [1]	*loony*	je sais ce que je dis, je ne suis pas maboul
marteau [1]	*bats*	t'es marteau ou quoi?
ravagé [1]	*bonkers*	lui, il doit vraiment être ravagé!
sonné [1]	*bonkers*	il faut être sonné pour refuser
tapé [1]	*bonkers*	doubler en pleine côte, il est complètement tapé!
timbré [1]	*dotty*	à son âge, pas étonnant qu'elle soit timbrée!
toc-toc [1]	*cracked, nutty*	t'es pas un peu toc-toc, toi?
toqué [1]	*nuts*	quand même, je suis pas toquée

fouetter   to whip

flageller 3	*to flog, to scourge*	il paraît qu'il aime se faire flageller
fustiger 3	*to birch, to flog* (normally used figuratively)	il s'est fait fustiger par la critique
cingler 3–2	*to lash* (often of the rain or wind)	la pluie cinglait sur les carreaux; le vent lui cinglait la figure
cravacher 2	*to whip* (of a jockey, with a **cravache**)	cravacher un cheval; il avait beau cravacher, la jument refusait d'avancer
fouetter 2	*to whip*	les galériens étaient fouettés; le vent lui fouettait le visage

---

foule   crowd

affluence f 3–2	*crowd, crowds* (see below)	les malfaiteurs ont profité de l'affluence pour s'emparer du tableau
cohue f 3–2	*crowd, mob* (suggesting disorder)	quelle cohue dans les magasins le samedi!
multitude f 3–2	*multitude, throng* (when used in the plural, the word has a pejorative connotation)	une multitude de spectateurs; un spectacle conçu pour attirer les multitudes
affluence f 2	*crowd, crowds* (used in one expression only)	les heures d'affluence
attroupement m 2	*gathering, crowd*	un attroupement s'était formé sur les lieux de l'accident
bande f 2	*gang, band*	une bande de voyous
foule f 2	*crowd*	une foule de gens / de visiteurs / d'étudiants; il n'y a pas foule (= *it's a small turn-out*)
masse f 2	*mass*	l'exposition a attiré des masses de visiteurs; la culture de masse
(du) monde 2	*a lot of people*	il y a du monde!; il y avait plein de monde

| **(du) peuple** [1] | *a lot of people* | il y a du peuple ! |

---

fourgon   large van

camion m [2]	*lorry*	un camion chargé de marchandises ; le camion des déménageurs
camionnette f [2]	*small van* (used for services)	la camionnette du livreur
estafette f [2]	*van* (often with sliding doors)	l'estafette du courrier
fourgon m [2]	*large van* (for the police and security companies)	il y avait des tas de CRS dans les fourgons qui attendaient le début de la manifestation ; un fourgon cellulaire (= *black maria*) ; un fourgon mortuaire (= *hearse*)
fourgon blindé m [2]	*armoured vehicle*	l'or sera transporté dans des fourgons blindés
fourgonnette [2]	*small van*	la fourgonnette du réparateur de télévision
semi-remorque m ou f [2]	*articulated lorry*	les voitures seront transportées sur des semi-remorques

---

fournir   to provide

nantir [3]	*to provide* (often occurring as a past participle ; the past participle is often used as a noun)	pour affronter le marché du travail, mieux vaut être nanti d'une solide formation ; les nantis (= *the well-off*)
approvisionner [2]	*to provide, to furnish* (on a large scale)	le barrage permettra d'approvisionner toute la région en électricité ; les fournisseurs qui nous approvisionnent ont eux-mêmes augmenté leurs prix ; approvisionner un compte bancaire (= *to pay into a bank account*)
fournir [2]	*to provide*	fournir un alibi ; un magasin bien fourni ; je lui ai fourni tous les renseignements

munir 2	to *provide* (often occurring as an infinitive or past participle and in compound tenses)	munissez-vous d'une pièce d'identité; la maison est munie d'un système d'alarme
pourvoir 2	to *provide* (usually occurring as a past participle)	il affrontait le voyage pourvu de ses seules économies; elle est pourvue d'un grand talent
procurer 2	to *obtain* (something for someone)	je lui ai procuré tous les documents / l'argent nécessaire
ravitailler 2	to *provide* (on a large scale), to *replenish* (with food)	ravitailler les troupes / une ville; des camions chargés de vivres partiront ravitailler les sinistrés

---

frapper   to hit

heurter 3–2	to *strike up against* (often in an involuntary manner)	elle a heurté le trottoir en démarrant
se cogner 2	to *bang*, to *hit*	elle s'est cognée contre le mur
emboutir 2	to *bash in*, to *bash into* (often of a vehicle)	un camion a embouti l'arrière de ma voiture
entrer en collision 2	to *collide with* (of a vehicle)	les deux voitures sont entrées en collision
frapper 2	to *hit* (used both transitively and intransitively)	il l'a frappé sur la tête; frapper à la porte
rentrer dans 2	to *bang into*	sa voiture est carrément rentrée dans la maison
tambouriner 2	to *tap*, to *drum*	on entendait la pluie tambouriner sur le toit
taper 2	to *knock*, to *hit*, to *bang*, to *kick* (used both transitively and intransitively) (see below)	taper quelqu'un sur l'épaule; taper dans le ballon
tapoter 2	to *tap*	tapoter quelqu'un sur l'épaule; c'est très bien, dit-il, en lui tapotant la joue
cogner 2–1	to *bang*, to *hit*	il a cogné sa tête contre la table; ça va cogner (= *there's going to be some rough stuff*)

| **rentrer dedans** [2] | *to bang into* | la moto lui est rentrée dedans |
| **taper** [1] | *to hit* (suggesting fighting or violence) (see above) | maman, maman, il m'a tapé |

---

avoir froid   to be cold

avoir froid [2]	*to be cold*	j'ai froid
geler [2]	*to be freezing*	je gèle; j'ai les pieds qui gèlent dans mes bottes en caoutchouc; on gèle ici
se les cailler [1*]	*to be bloody freezing*	on se les caille ici!
se les geler [1*]	*to be bloody freezing*	ferme la fenêtre, on se les gèle ici!
se les peler [1*]	*to be bloody freezing*	qu'est-ce qu'on se les pèle dans cette salle!

---

frotter   to rub

briquer [3–2]	*to polish*	il passe des heures à briquer sa voiture
astiquer [2]	*to polish* (a more common word than **briquer**)	astiquer les cuivres
frictionner [2]	*to rub* (someone's body)	frictionne-moi le dos
frotter [2]	*to rub*	frotter le parquet
graisser [2]	*to grease, to wax*	une crème pour graisser le cuir
gratter [2]	*to scrape*	gratte bien le fond de la casserole

huiler 2	*to oil*	il faudrait huiler la serrure

---

fugitif fugitive

transfuge m 3	*deserter* (from the army, etc), *renegade* (from a political party)	je suis un transfuge du journalisme (= *I have given up journalism*) ; les transfuges du parti communiste
déserteur m 2	*deserter* (from the army)	les déserteurs étaient fusillés
évadé m 2	*escapee* (from prison)	un évadé de prison
fugitif m 2	*fugitive*	la police recherche le fugitif
fuyard m 2	*runaway* (anyone who runs away from something)	il y avait des armes que les fuyards n'avaient pas eu le temps d'emporter
réfugié m 2	*refugee*	il a le statut de réfugié politique

---

futur future

avenir m 2	*future* (often in the immediate)	à l'avenir ; l'avenir du genre humain / de la société ; dans un avenir immédiat
futur m 2	*future* (usually more distant and less precise than **avenir**), *future tense* (in grammar)	le futur du genre humain ; dans le futur ; dans un futur lointain ; se battre pour un futur meilleur ; mettre le verbe au futur

---

garçon boy, lad
see also **homme**

blanc-bec m 2	*young man* (of an adult, with a pejorative connotation)	qu'est-ce que c'est que ce blanc-bec prétentieux que vous avez recruté !
garçon m 2	*boy*, *lad*	ils ont une fille et deux garçons ; un petit garçon de deux ans

jeune homme m 2	*lad*	un jeune homme de bonne famille
petit bonhomme / **bonhomme** m 2-1	*chap, fellow*	qu'est-ce que t'as, mon bonhomme / petit bonhomme ?
petit gars m 1	*young fellow*	un petit gars très dégourdi
gosse m 1	*kid*	j'ai gardé mes gosses pendant le weekend
petit mecton m 1	*little fellow* (with a humorous connotation)	salut, petit mecton !

---

garde-fou   handrail

balustrade f 2	*railing, handrail* (on a balcony or terrace)	s'accouder à la balustrade
barre d'appui f 2	*window rail*	la petite ne peut pas tomber, il y a une barre d'appui
bastingage m 2	*ship's rail*	s'appuyer contre le bastingage
garde-fou m 2	*handrail*	sans le garde-fou, la voiture aurait basculé dans le fossé
parapet m 2	*parapet* (of a bridge, usually solid in structure)	les enfants grimpent sur le parapet pour plonger dans la rivière
rampe d'escalier / **rampe** f 2	*bannister*	accroche-toi à la rampe, l'escalier a été ciré

---

garder   to keep

retenir 3-2	*to keep, to retain, to hold back*	je voulais partir, mais il m'a retenue ; je n'ai rien retenu de ce que j'ai appris ; il allait tomber, je l'ai retenu de justesse ; nous avons retenu une table (= *reserved*)

conserver 2	*to preserve, to keep* (of a slightly higher register than **garder**)	conservez vos gâteaux dans une boîte en fer ; conserver une forme, olympique ; conservez votre billet de caisse ; j'ai conservé un excellent souvenir de notre soirée ensemble
garder 2	*to keep*	gardez-le, il peut toujours servir ; j'ai gardé l'emballage, il pourra resservir ; gardez la monnaie ; je n'en ai pas besoin, tu peux le garder
mettre de côté 2	*to put to one side*	cet argent-là, tu le mets de côté
mettre / tenir en réserve 2	*to hold / to keep in reserve*	je mets/tiens en réserve une bouteille pour ton anniversaire

gardien   warder, warden, watchman

dépositaire m ou f 3	*depository*	le dépositaire d'un secret / d'un trésor ; un secret dont vous êtes désormais le dépositaire
conservateur m 2	*curator*	elle est conservateur du musée de Rouen
garde f 2	*guard, group of guards*	la garde d'honneur ; la garde républicaine ; nous avons assisté à la relève de la garde (= *the changing of the guard*)
garde m 2	*guard*	un garde du corps (= *bodyguard*)
garde champêtre m 2	*rural policeman*	le garde champêtre nous a autorisés à camper dans le pré
garde-chasse m 2	*gamekeeper*	le garde-chasse a encore attrapé des braconniers
garde forestier m 2	*forest warden*	c'est le garde forestier qui a prévenu les pompiers
gardien m 2	*warder, warden, watchman*	le gardien d'une prison / d'un parc / d'un cimetière / d'un musée / d'un zoo / d'un phare ; le gardien veille sur la propriété pendant notre absence

surveillant m [2]	*warder* (in a prison), *supervisor*, *monitor* (in a school)	le surveillant d'une prison / d'une usine / d'une école / d'un examen; il s'est fait surprendre par le surveillant
vigile m [2]	*watchman*, *security officer* (in a shop, office or factory)	le vigile de l'usine surveille l'arrivée des camions
gorille m [1]	*bodyguard*	deux gorilles gardaient l'entrée de la discothèque
pion m [1]	*invigilator*, *monitor* (who supervises pupils in a school)	je suis pion dans un lycée

---

gel   frost

frimas mpl [3]	*rime* (a poetic term)	pendant les frimas
gel m [2]	*frost* (the meteorological phenomenon)	la rigueur / la persistence / la morsure du gel; le gel menace les récoltes
gelée f [2]	*frost* (what is actually seen)	une forte gelée; automobilistes, attention aux gelées blanches!
givre m [2]	*hoar frost*, *white frost* (on trees or windows), *frost* (in a freezer)	du givre couvrait les vitres; le congélateur est plein de givre
verglas m [2]	*black ice*	les routes sont couvertes de verglas

---

geler   to freeze

| **congeler** [2] | *to deep freeze* (food) (strictly speaking, this verb refers to freezing below 40° C; products can last up to three years; achieved more quickly than with **surgeler**; see below) | de la viande congelée; j'ai congelé les restes |
| **figer** [2] | *to freeze* (used literally and figuratively) (often occurring as a past participle) | l'huile a figé à cause du froid; le regard figé par la peur |

geler [2]	*to freeze* (used both transitively and intransitively, used literally and figuratively)	il a gelé hier soir ; geler les capitaux / les prix
glacer [2]	*to freeze* (with the cold)	le vent me glaçait les mains ; une boisson glacée
se solidifier [2]	*to solidify* (of liquids)	attendre que le ciment se soit solidifié
surgeler [2]	*to deep freeze* (food) (strictly speaking, this verb refers to freezing below 25° C ; products can last for a year ; but the verb is often used as an equivalent to **congeler** ; see above) (often occurring as a past participle, which is also used as a noun)	des aliments surgelés ; les rayons des surgelés

---

gémir   to groan, to moan

gémir [3]	*to groan, to moan* (used figuratively only ; see below)	j'ai entendu le vent gémir dans les arbres
geindre [3–2]	*to groan, to moan* (used with a pejorative connotation) (occurring only as an infinitive or in the imperfect tense)	arrête de geindre !
se lamenter [3–2]	*to lament*	je ne vais pas me lamenter sur son sort
bougonner [2]	*to grumble* (suggesting a protest)	elle m'a servi à dîner en bougonnant
gémir [2]	*to groan, to moan* (used literally ; see above)	il gémissait un peu dans son sommeil
grogner [2]	*to grumble, to moan*	il a obéi en grognant
grommeler [2]	*to grumble, to complain* (often in a discreet way, under one's breath)	il a grommelé quelque chose dans sa barbe

se plaindre [2]	*to complain*	ils n'ont aucune raison de se plaindre ; des clients se sont plaints
protester [2]	*to protest*	il a obéi sans protester
râler [1]	*to moan away*	il râle tout le temps ; arrête de râler !
rouspéter [1]	*to moan, to protest*	essuie tes pieds, sinon la concierge va encore rouspéter

---

genre   kind, type, genre

espèce f [2]	*sort, kind, species* (see below)	c'est une espèce de long tuyau avec un embout
genre m [2]	*kind, type, genre*	son spectacle attire toujours le même genre de gens ; c'est quoi ? – c'est un genre de gâteau ; elle n'est pas mon genre ; le genre dramatique romanesque ; le genre féminin (= *the female gender*) ; le genre humain (= *the human race*)
sorte f [2]	*kind, type, sort*	ils vendent toutes les sortes de clous possibles et imaginables
type m [2]	*kind, type* (usually of people ; see below)	ce n'est pas mon type (d'homme / de femme) ; Harpagon est le type même de l'avare
type m [2–1]	*kind, type* (of object ; see above)	il décrit toujours le même type de situation
espèce f ou m [1]	*sort, kind* (when the following noun is masculine, **espèce** usually becomes masculine also ; see above)	c'est quoi ? – c'est un espèce d'accordéon ; espèce de con !

---

gifle   smack, clout on the face

| **soufflet** m [3] | *slap on the face* (with the palm of the hand) | il a reçu un soufflet |

| **coup de poing** m | *blow, punch* (with the fist) | il l'a mis KO d'un coup de poing |
| 2 | | |

| **gifle** f | *smack, clout on the face* (with the palm or back of the hand) (often occurring in the expression **une paire de gifles**) | il lui a donné une paire de gifles; sa mère lui a foutu une gifle |
| 2 | | |

| **tape** f | *bang, slap* (with the palm of the hand) | une tape sur les fesses; une tape amicale dans le dos |
| 2 | | |

| **claque** f | *thump, slap on the face* (with the palm of the hand) (often occurring in the expression **une paire de claques**) | il lui a flanqué une paire de claques; il lui a flanqué une claque |
| 2–1 | | |

| **baffe** f | *wallop* | elle lui a donné une baffe |
| 1 | | |

| **gnon/gnion** m | *blow* (with the fist) | il a reçu un gnon/gnion sur la gueule |
| 1 | | |

| **taloche** f | *bang, slap* (with the palm of the hand; especially meted out to children) | si tu continues, tu vas prendre une taloche |
| 1 | | |

| **tarte** f | *wallop, slap* (with the palm of the hand) | elle lui a donné/flanqué une tarte |
| 1 | | |

| **volée** f | *wallop* | flanquer une volée à quelqu'un |
| 1 | | |

---

glisser   to slip, to slide

| **déraper** | *to skid* (of a car) | la voiture a dérapé dans le virage |
| 2 | | |

| **glisser** | *to slip, to slide* | glisser sur la glace / la neige; il a glissé sur une épluchure |
| 2 | | |

| **se casser la gueule** | *to slip up, to slip over* | elle s'est cassé la gueule dans l'escalier |
| 1* | | |

gorge   throat

gorge f 2	*throat*	j'ai mal à la gorge; un sirop pour la gorge
gosier m 2	*gullet, throat* (of a human or bird; see below)	c'était tellement triste, j'en avais le gosier serré; les oiseaux chantaient à plein gosier
dalle f 2	*throat* (restricted to certain expressions; disappearing from use)	avoir la dalle en pente (= *to like boozing*); se rincer la dalle (= *to wet one's whistle*)
gosier m 2	*throat* (used humorously in a small number of expressions)	si on allait s'humecter le gosier?
soufflet m 1	*throat* (restricted to a small number of expressions)	ça m'a coupé le soufflet (= *that took my breath away*)

gourmand   greedy

cupide 3	*grasping, greedy*	un homme d'affaires cupide; il est très cupide
avide 2	*greedy, grasping*	il est avide d'argent / de pouvoir
glouton 2	*greedy* (stronger than **gourmand**)	ne sois pas si glouton, il faut en laisser pour ton frère
goinfre 2	*greedy* (but usually occurring as a noun)	qu'est-ce qu'il est goinfre; il bouffe comme un goinfre (= *a pig*)
goulu 2	*greedy* (sometimes used with a humorous connotation)	un petit chien goulu; doucement, ne sois pas si goulu!
gourmand 2	*greedy* (but when followed by **de**, it suggests having a refined taste or being choosy)	il regardait les gâteaux d'un air gourmand; je suis très gourmande; je dois dire que je suis gourmand de bonnes choses

gouverner   to govern

orchestrer 3–2	*to orchestrate*	une campagne de dénigrement savamment orchestrée

régir 3–2	to control, to run, to determine	régir des biens; les lois qui régissent les relations entre les états
conduire 2	to lead, to drive	conduire une voiture; des réformes qui ont conduit le pays au désastre
diriger 2	to lead, to run	diriger une entreprise / une usine / un débat / un pays; un parti qu'il a dirigé pendant plus de dix ans
gérer 2	to run, to manage	il a bien géré ses affaires; j'ai été chargé de gérer ses biens jusqu'à sa majorité
gouverner 2	to govern	gouverner un pays / un peuple; le pays est gouverné par la même équipe depuis son indépendance
mener 2	to lead, to run, to manage	mener une opération / un débat; elle a bien mené ses affaires; il a mené l'entreprise à la faillite
régenter 2	to dictate, to regiment	ma belle-mère est un vrai gendarme, elle veut tout régenter

grain   seed

semence f 3	sperm, seed (of a human or animal; see below)	le fruit de sa semence
grain m 2	seed (when sown), grain, grape	semer/récolter le grain; un grain de blé / de maïs / d'orge; un grain de raisin
graine f 2	seed (which will flower, planted in the garden)	mettre des graines en terre
semailles fpl 2	act of sowing	le moment / la période des semailles
semence f 2	seed (a semi-technical term; see above)	des pommes de terre / du blé de semence

grand   big, tall, great
see also **gros**

| **colossal**
 2 | colossal | un boxeur d'une taille colossale |

énorme 2	*enormous*	il s'est fait un énorme sandwich; ça présente d'énormes avantages; un camion énorme bloquait le passage; il est énorme, il pèse plus de 100 kilos
géant 2	*gigantic*	une espèce géante; un énorme téléviseur avec écran géant
gigantesque 2	*gigantic* (larger than **géant**)	ils ont une baignoire gigantesque; dis donc, il est gigantesque, ton fils!; une gigantesque pièce moulée
grand 2	*big, tall, great*	il est grand de taille; une grande réception; ne pleure pas, tu es une grande fille
gros 2	*big* (suggesting volume), *fat, large*	de/des grosses pommes de terre; il a une grosse affaire à Hambourg; de/des grosses sommes d'argent

---

grappe   bunch

bouquet m 2	*bunch*	un bouquet de fleurs; du bouquet garni avec du persil et du thym (= *bunch of mixed herbs*)
grappe f 2	*bunch* (not = *grape*)	une grappe de raisins; des grappes de moules s'accrochaient aux flancs du bateau
régime m 2	*bunch*	un régime de bananes / de dattes
trousseau m 2	*bunch*	un trousseau de clefs

---

grésiller   to crackle, to sizzle

crépiter 2	*to crackle* (of a fire)	le feu crépitait dans la cheminée
grésiller 2	*to crackle, to sizzle* (of food in a pan)	attendez que l'huile grésille dans la poêle
pétiller 2	*to crackle, to bubble* (of champagne)	le bois / le feu pétille dans la cheminée; le champagne pétille dans la coupe

grincer

craquer 2	to creak (of wood)	le plancher craquait sous ses pas
crisser 2	to crunch (of gravel or stones), to rustle	les gravillons crissaient sous sa semelle ; il faisait crisser la soie entre ses doigts
croquer 2	to crunch	croquer une pomme / une carotte / un biscuit
grincer 2	to squeak (of metal), to grind (of teeth)	la porte / la serrure grince ; grincer des dents

---

gros
see also **grand**

adipeux 3–2	adipose, fleshy	un visage / un corps adipeux
pansu 3–2	big-bellied	il est petit et pansu
boulot 2	plump, roundish (usually of a female)	elle est petite et boulotte
charnu 2	fleshy	les parties charnues du corps ; une bouche charnue ; des lèvres charnues
corpulent 2	corpulent	un homme plutôt corpulent
dodu 2	plump, tubby	une dinde bien dodue ; son petit ventre dodu
fort 2	robust (often used as a euphemism for **gros** when referring to a female)	elle est un peu forte
gros 2	fat	il est trop gros ; elle se trouve grosse
obèse 2	obese	il est carrément obèse
potelé 2	plump, chubby (often of a baby or hand)	les doigts potelés d'un enfant ; ses bonnes joues potelées

rondelet [2]	*tubby, round*	elle est plutôt rondelette
ventru [2]	*pot–bellied*	il devient ventru avec l'âge
grassouillet [2–1]	*podgy*	ses petits doigts grassouillets; elle a toujours été un peu grassouillette
bedonnant [1]	*pot–bellied* (of a man)	un vieux monsieur bedonnant
rondouillard [1]	*podgy*	sa bonne figure rondouillarde

grotte   cave

antre m [3]	*cave* (see below)	l'antre d'un ours / d'un lion
antre m [2]	*cave, lair* (used figuratively, but with a humorous connotation; see above)	il ne m'a jamais laissé pénétrer dans son antre
caverne f [2]	*cave* (always natural)	la caverne d'Ali Baba; les hommes des cavernes
grotte f [2]	*cave* (both natural and man-made)	les grottes de Lascaux / d'Altamira

groupe   group, bunch
see also **club**

cénacle m [3]	*literary coterie, set*	un cénacle littéraire
bande f [2]	*bunch, band*	une bande d'écoliers / de voleurs; bande de voyous!
clique f [2]	*clique* (used with a pejorative connotation)	tous les postes importants sont occupés par des hommes de sa clique

commando m [2]	terrorist group, anti-terrorist unit, commando unit (not usually = a commando)	le convoi a été attaqué par un commando
coterie f [2]	group, set, clique (often used with a pejorative connotation)	une coterie littéraire
équipe f [2]	team	l'équipe de France ; une équipe ministérielle ; nous travaillons en équipe
groupe m [2]	group, bunch	un groupe parlementaire ; je promène des groupes de touristes ; nous nous réunissons en petits groupes de cinq
groupement m [2]	group, grouping, party (usually occurring with **politique**)	un groupement politique
noyau m [2]	circle, small group, political cell (within a larger unit)	un petit noyau d'opposants ; ils forment le noyau de la résistance
parti m [2]	(political) party	un parti politique
groupuscule m [2–1]	small, political group	un groupuscule anarchiste

guérison   healing process, recovery

convalescence f [2]	convalescence	elle a passé sa convalescence à la campagne
cure f [2]	(course of) special treatment	une cure thermale / de sommeil / de vitamines
guérison f [2]	healing process, recovery	mieux vaut attendre sa guérison complète avant de le faire vacciner
rétablissement m [2]	recovery	je vous souhaite un prompt rétablissement
traitement m [2]	treatment	on lui a prescrit un traitement d'antibiotiques ; ne pas interrompre le traitement sans avis médical

guet-apens   ambush

embûche f [3–2]	*pitfall* (only used figuratively)	le questionnaire était plein d'embûches
embuscade f [2]	*ambush*	la patrouille est tombée dans une embuscade
guet-apens m [2]	*ambush* (a stronger term than **embuscade**; suggesting violence; used literally and figuratively)	tomber dans un guet-apens; on lui a tendu un véritable guet-apens
piège m [2]	*trap* (used literally and figuratively)	tomber dans un/le piège; on lui a tendu un piège
panneau m [1]	*trap* (only used figuratively; restricted to a small number of expressions)	donner/tomber dans le panneau; je suis tombé plein dans le panneau

---

habillement   clothing, clothes, the way one dresses

accoutrement m [2]	*strange, grotesque attire* (with a pejorative connotation)	que signifie cet accoutrement?
habillement m [2]	*clothing, clothes, the way one dresses*	ils sont spécialisés dans l'habillement des tout-petits
habits mpl [2]	*clothes*	des habits neufs
hardes fpl [2]	*old rags*	il était vêtu de vieilles hardes qu'on lui avait données
tenue f [2]	*(style of) dress* (worn for a specific purpose)	j'aime bien sa tenue; une tenue de gymnastique; je ne suis pas en tenue pour faire du cheval
vêtement m [2]	*article of clothing*	des vêtements sport; il pleuvait, quand je suis arrivée, mes vêtements étaient trempés
fringues fpl [1]	*togs, clothes*	une boutique de fringues
frusques fpl [1]	*togs, clothes*	elle porte des drôles de frusques

| **nippes** fpl [1] | *togs, clothes* | ses nippes ont l'air un peu bizarres, non ? |

---

habiller   to dress

affubler [3–2]	*to rig up*	sa mère l'avait affublé d'un costume de marin ridicule
accoutrer [2]	*to rig up, to get up* (often occurring in the passive voice)	elle était bizarrement accoutrée
habiller [2]	*to dress*	tu ne l'as pas habillé assez chaudement, il pourrait prendre froid
vêtir [2]	*to dress* (a less common word than **habiller**) (usually occurring in the passive voice)	il était entièrement vêtu de bleu
fagoter [2–1]	*to dress up, to rig up* (usually occurring in the passive voice)	qu'est-ce qu'il est mal fagoté !
attifer [1]	*to dress up, to rig up, to get up* (often occurring in the passive voice)	il était drôlement attifé
fringuer [1]	*to dress up, to rig up, to get up* (often occurring in the passive voice)	une nana superbement fringuée
nipper [1]	*to dress up, to rig up, to get up* (usually occurring in the passive voice)	je me sentais mal nippée

---

habiter   to live

demeurer [3–2]	*to live, to stay*	où demeurez-vous ? ; je demeure rue Pascal au numéro 7
résider [3–2]	*to reside* (an administrative term)	j'ai résidé à Paris pendant une année ; quelles sont les villes où vous avez résidé ces cinq dernières années ?
habiter [2]	*to live*	j'habite Grenoble / à Grenoble ; il habite toujours avec ses parents

loger 2	*to stay, to put up*	je loge à l'hôtel / chez un ami ; je te loge si tu viens à Toulouse
vivre 2	*to live* (usually suggesting experience, a deeper meaning than **habiter**)	elle ne vit plus avec son ami
crécher 1	*to hang out, to have one's pad*	où est-ce qu'elle crèche ?

---

habitude   habit

les us m **et coutumes** f 3	*customs, traditions* (of a people or country) (sometimes used with a humorous connotation)	les us et coutumes d'un pays ; je n'ai pas été informé des us et coutumes de la maison
coutume f 2	*custom, tradition*	c'est la coutume de laisser un pourboire
habitude f 2	*habit* (relating to a daily practice)	elle a pris l'habitude de le faire ; il a la mauvaise habitude de lire à la table
moeurs fpl 2	*customs, mores* (sometimes suggesting a people's mentality)	leurs moeurs ont été décrites dans un récit de voyage du XIIe siècle ; l'usage est entré dans les moeurs
tradition f 2	*tradition*	selon les règles de la tradition ; c'est la tradition d'embrasser la mariée

---

s'habituer   to get used to

s'accoutumer à 3–2	*to become accustomed to* (suggesting a big change)	ma fille s'est accoutumée à la crèche
s'habituer à 2	*to get used to*	je ne me suis pas habitué au climat / au changement d'heure
prendre l'habitude de 2	*to get into the habit of*	nous avons pris l'habitude de nous coucher tard
se faire à 2–1	*to get used to* (suggesting accepting something)	je sais qu'elle a mauvais caractère, mais je ne m'y fais pas

prendre le pli 2–1	*to get into the habit*	au début, c'était difficile de le réveiller tôt le matin, mais il a vite pris le pli

hache   axe

cognée f 2	*axe* (larger than **hache**, used for heavy work; a regional term)	la tronçonneuse a remplacé la cognée
hache f 2	*axe* (a more common word than **cognée**)	ils ont abattu l'arbre à coups de hache
hachette f 2	*small axe*	il a fendu la bûche en deux à l'aide d'une hachette

haillons   rags

guenilles fpl 2	*old rags*	un mendiant en guenilles
haillons mpl 2	*rags* (clothes)	un mendiant vêtu de haillons
hardes fpl 2	*rags* (clothes)	il était vêtu de vieilles hardes qu'on lui avait données
lambeaux mpl 2	*shreds, rags* (usually constructed with **en**)	il s'est fait attaquer par un chien, ses vêtements sont en lambeaux
loques fpl 2	*rags* (usually constructed with **de** or **en**)	ses vêtements tombent en loques / étaient en loques; un mendiant vêtu de loques

haleine   breath, air from lungs

haleine f 2	*breath, air from lungs* (which can often be smelt)	hors d'haleine; une haleine fraîche/fétide
respiration f 2	*breath, breathing*	retenir sa respiration; j'entendais sa respiration calme et régulière

| **souffle** m
 2 | *breath, breathing* (suggesting exertion), *wind* (in sport) | avoir le souffle court ; j'ai senti son souffle chaud contre mon épaule ; éteindre dix bougies d'un seul souffle ; être à bout de souffle ; trouver son second souffle ; sa carrière d'écrivain lui a donné un second souffle |

---

hasard   fate, chance

destinée f 3–2	*destiny* (of an individual or group)	la destinée humaine ; une rencontre qui a changé le cours de sa destinée
fortune f 3–2	*fortune, luck*	la mauvaise/bonne fortune ; ses films ont connu des fortunes diverses
destin m 2	*destiny* (of an individual or group)	un destin tragique ; on lui a prédit un destin glorieux
hasard m 2	*fate, chance*	le hasard a voulu que je le rencontre ce jour-là
sort m 2	*fate, destiny*	par une ironie du sort ; le sort en est jeté

---

haut   top
noun

cime f 3	*highest point* (only used figuratively ; see below)	les cimes du succès
faîte m 3–2	*highest point* (only used figuratively ; see below)	au faîte de sa carrière / de sa gloire
apogée m 2	*peak* (only used figuratively)	l'apogée de la gloire
cime f 2	*top, highest point* (see above)	la cime d'un arbre / d'une montagne ; les cimes enneigées
comble m 2	*height* (only used figuratively) (in the plural = *attic*)	c'est le comble de la bêtise / du ridicule ; être au comble du bonheur ; loger sous les combles
faîte m 2	*apex, highest point* (see above)	le faîte d'une maison / d'un arbre

haut m 2	*top*	en haut; du bas en haut; ma chambre est en haut
pic m 2	*peak*	le pic du Midi
point culminant m 2	*highest point* (used literally and figuratively)	le point culminant d'une chaîne de montagnes / d'un récit
sommet m 2	*top* (used literally and figuratively)	le sommet d'une montagne / d'un arbre; le sommet de sa carrière
summum m 2	*acme, climax, height*	c'était vraiment le summum de la bêtise / de la méchanceté; le summum de sa carrière

---

haut
adjective   high

| **élevé**
2 | *high* | un prix très élevé; une montagne élevée |
| **haut**
2 | *high* (NB when the adjective follows its noun, it is usually concrete in value; when it precedes, it is figurative) | l'étagère la plus haute; une chaise haute (= *high chair*); parler à voix haute; avoir une haute opinion/idée de quelqu'un; en haut lieu; la haute bourgeoisie (= *upper middle class*); la haute finance; un exercice de haute précision |

---

histoire
story

conte m 2	*story, tale* (a very precise literary genre)	les *Trois Contes* de Flaubert; les *Contes* de Perrault; des contes pour enfants
histoire f 2	*story*	le film raconte l'histoire d'un petit garçon; l'histoire se passe pendant la guerre
historique m 2	*review* (of an event)	faire l'historique d'un événement
nouvelle f 2	*short story* (often with a dramatic content)	les nouvelles de Katherine Mansfield; un recueil de nouvelles
récit m 2	*tale, story*	il a publié le récit de son aventure

roman m 2	*novel*	un roman d'amour / d'aventure ; un roman-fleuve (= *saga*)

---

homme
see also **garçon**
man

homme m 2	*man*	un homme jeune ; c'est un homme marié
individu m 2	*fellow, character* (sometimes suggesting a sinister connotation)	un sinistre individu ; j'ai vu entrer trois individus
monsieur m 2	*Mr, gentleman*	un monsieur très comme il faut ; le monsieur qui habite en face
bonhomme m 1	*chap, fellow*	qu'est-ce que tu penses du bonhomme ?
coco m 1	*bloke* (usually used with a pejorative connotation)	un drôle de coco
gars m 1	*bloke, chap* (young in age)	c'est un gars très serviable
gonze m 1	*bloke, guy*	c'est un gonze du milieu
gugusse m 1	*chap, bloke*	je ne connais pas ce gugusse
gusse m 1	*chap, bloke*	c'est un gusse qui vit dans le quartier
jules m 1	*chap, girl's boyfriend, fancy man*	elle va voir son jules tous les jours
mec m 1	*bloke* (not too old)	c'est un mec très sympa
oiseau m 1	*bloke* (usually used with a pejorative connotation)	c'est un drôle d'oiseau, celui-là
type m 1	*bloke* (of any age)	un drôle de type ; un type sympathique ; elle sort avec un type que je ne connais pas

homme politique

politician

politique m 3–2	*politician*	le secrétaire général n'est pas vraiment un politique
député m ou f 2	*member of parliament*	elle s'est fait élire député
député-maire m ou f 2	*mayor and member of parliament* (NB *deputy mayor* = **maire adjoint**)	il s'est présenté pour être député-maire
diplomate m ou f 2	*diplomat*	son père est diplomate en poste à Genève
homme d'état m 2	*statesman*	c'était un grand homme d'état
homme politique m 2	*politician*	un débat qui divise les hommes politiques
parlementaire m ou f 2	*parliamentarian*	les parlementaires ont voté le nouveau projet de loi
préfet m 2	*prefect*	le préfet de Paris
politicien m 2–1	*politician* (used with a pejorative connotation, suggesting the idea of *schemer*)	un habile politicien
politicienne f 2–1	*politician* (as yet not fully accepted by the public; used with a pejorative connotation)	c'est une politicienne bien avisée

honnête

honest, upright

| **probe**
 3 | *honest, upright* | un employé / un serviteur probe |
| **vertueux**
 3 | *virtuous* (a rather old-fashioned word) | un homme vertueux; une femme vertueuse |

intègre 3–2	*upright*	un homme intègre; mon comptable est très intègre
droit 2	*straightforward, honest*	un homme droit; elle est très droite
fiable 2	*reliable, trustworthy*	une personne fiable; il nous faut quelqu'un de fiable
franc 2	*frank, open*	elle est très franche; il aurait dû être franc avec toi
honnête 2	*honest, upright*	la femme de chambre est très honnête
loyal 2	*frank, fair*	il est franc et loyal; un adversaire loyal

---

honteux   shameful

ignominieux 3	*ignominious*	un acte ignominieux; ils l'ont traité de façon ignominieuse
infâme 3	*vile, loathsome*	un personnage / un acte infâme; sa conduite est infâme
vil 3	*vile, loathsome, base*	un homme vil; un vil marchandage
avilissant 3–2	*degrading, shameful*	une conduite avilissante; une pauvreté avilissante
déshonorant 3–2	*dishonourable*	un acte déshonorant; il n'y a rien de déshonorant à refuser
ignoble 3–2	*ignoble, base*	un acte / un propos / une personne ignoble; ils ont été ignobles avec lui
dégradant 2	*degrading*	une situation / une personne dégradante; un acte / un spectacle dégradant
honteux 2	*shameful*	un acte / un propos honteux; une pensée honteuse; il se sentait tout honteux
scandaleux 2	*scandalous*	sa conduite est scandaleuse

| **dégoûtant**
 2–1 | *disgusting* | un acte dégoûtant ; une personne dégoûtante ; c'est dégoûtant de traiter les gens comme ça |
| **dégueulasse**
 1* | *bloody disgraceful* | c'est vraiment dégueulasse, maltraiter les animaux |

---

hôpital hospital

centre des urgences m 2	*emergency ward*	il a été transporté au centre des urgences
centre hospitalier universitaire / CHU m 2	*university hospital*	il fait son stage dans un CHU
clinique f 2	*clinic* (private or state-run)	elle a accouché dans une clinique privée
hôpital m 2	*hospital*	elle s'est cassé la jambe et a passé deux semaines à l'hôpital
maternité f 2	*maternity hospital*	sa valise est prête pour aller à la maternité

---

immédiatement immediately

aussitôt 3–2	*immediately*	elle est repartie aussitôt
dans les meilleurs délais 3–2	*as soon as possible*	nous vous livrerons dans les meilleurs délais
dans les plus brefs délais 3–2	*as soon as possible*	le ministre s'est rendu sur les lieux dans les plus brefs délais
sans délai 2	*without delay*	nous devons partir sans délai
sur-le-champ 2	*at once, straightaway*	il a obéi sur-le-champ

sur le coup [2]	*outright, instantaneously*	sur le coup, je n'ai pas réagi
immédiatement [2]	*immediately*	elle est partie immédiatement
incessamment [2]	*immediately* (NB only = *incessantly* in a higher register)	la nouvelle sera annoncée incessamment
instantanément [2]	*instantaneously*	ça a gelé instantanément
promptement [2]	*promptly*	j'ai accepté un peu trop promptement
tout de suite [2]	*immediately*	j'arrive tout de suite
sans tarder [2]	*without delay*	je veux que tu viennes sans tarder
au quart de tour [2–1]	*straight off, straightaway*	la voiture a démarré au quart de tour; comprendre quelque chose au quart de tour
dare-dare [1]	*double-quick, like the clappers*	il est reparti dare-dare, dès qu'il les a vus
illico [1]	*right away, pronto*	vas-y illico

---

immigré   immigrant

émigrant m [2]	*immigrant* (going to a foreign country)	lorsque les émigrants hollandais sont arrivés en Afrique du Sud
émigré m [2]	*immigrant* (coming from abroad)	un centre d'accueil des émigrés; un travailleur émigré
immigrant m [2]	*immigrant* (going to a foreign country)	les premiers immigrants irlandais
immigré m [2]	*immigrant* (coming from abroad)	les enfants d'immigrés

NB the second pair (**immigrant/immigré**) is more common than the first.

impôt tax

contributions fpl 3–2	*tax* (on earnings, paid by an individual)	il a versé ses contributions
fisc m 2	*tax system* (= British Inland Revenue)	le fisc lui réclame de l'argent
impôt m 2	*tax* (on earnings)	remplir sa feuille d'impôts ; l'impôt sur la fortune / le revenu ; l'impôt foncier ; j'ai payé mes impôts
taxe f 2	*tax* (on goods)	des marchandises hors taxes ; la taxe d'habitation
taxe à/sur la valeur ajoutée / TVA f 2	*value added tax, VAT*	nos prix tiennent compte de la TVA

imprévu unforeseen

fortuit 3	*fortuitous*	un événement fortuit ; c'est tout à fait fortuit
inopiné 3	*unexpected*	une rencontre inopinée ; c'est arrivé de façon complètement inopinée
impromptu 3–2	*impromptu, sudden*	une visite impromptue ; j'ai toujours de quoi préparer un dîner impromptu
imprévu 2	*unforeseen*	des circonstances imprévues ; un changement imprévu ; sa présence était imprévue
inattendu 2	*unexpected*	des circonstances / des nouvelles inattendues ; un coup de fil inattendu
inespéré 2	*unexpected, unhoped for*	un succès inespéré ; une victoire inespérée ; des résultats inespérés

incorrect incorrect, unseemly

inconvenant 3	*indecorous, unseemly*	des propos inconvenants ; c'était considéré comme inconvenant de sortir sans chapeau

malséant 3	*unseemly*	des propos malséants ; il trouvait malséant qu'elle passât à l'improviste
déplacé 3–2	*uncalled for, out of place*	des propos déplacés ; une remarque déplacée ; je trouve sa présence ici tout à fait déplacée
grossier 2	*vulgar*	un grossier personnage ; des manières grossières
incorrect 2	*incorrect, unseemly*	une tenue incorrecte ; sa conduite a été très incorrecte
indiscret 2	*indiscreet*	une question indiscrète

---

indiquer   to indicate, to point out

signifier 3	*to point out* (used figuratively only)	il nous a clairement signifié son refus
faire observer 3–2	*to remark, to point out* (used figuratively only)	je lui ai fait observer qu'il y avait une contradiction dans ses propos
souligner 3–2	*to underline, to stress*	je tiens à souligner ce point
annoncer 2	*to announce*	la météo annonce le beau temps pour demain
désigner 2	*to point out* (used literally only)	le prof l'a désigné du doigt
faire remarquer 2	*to remark, to point out* (used figuratively only)	il m'a fait remarquer qu'il était déjà cinq heures
indiquer 2	*to indicate, to point out* (used both literally and figuratively)	indiquer le chemin ; un panneau indiquait la direction à suivre ; je lui ai indiqué la nécessité d'arriver de bonne heure
préciser 2	*to indicate, to clarify*	j'ai précisé mon point de vue ; elle lui a précisé que mercredi était son jour de congé
signaler 2	*to point out* (used both literally and figuratively)	elle lui a signalé la direction de la gare ; je te signale que les boulangeries sont fermées à cette heure ; il a signalé son mécontentement avec un hochement de tête

influencer
to influence

influer sur
3–2

to influence

la mer influe sur le climat

influencer
2

to influence

il se laisse trop facilement influencer

---

information
piece of information

communiqué m
2

communiqué (a political or military term)

un communiqué du Quai d'Orsay

information f
2

piece of information (NB **information** is not a collective noun; it is only used with a definite or indefinite article)

l'information routière; toutes les informations nécessaires sont dans le manuel

informations fpl
2

news, information

les informations télévisées de 20h

nouvelle f
2

piece of news

apporter une bonne nouvelle; je n'ai aucune nouvelle de lui

nouvelles fpl
2

news, news bulletin (the term is gradually being replaced by **les informations**)

pas de nouvelles, bonnes nouvelles; on est toujours sans nouvelles des otages

renseignement m
2

piece of information

demander un renseignement à un passant

renseignements
mpl
2

information, enquiries

un bureau de renseignements

infos fpl
1

news (on the television or radio)

c'est à quelle heure, les infos?

---

informer
see also **dire**
to inform

notifier
3

to notify (an official term)

le ministre lui a notifié son renvoi

aviser 3–2	*to notify*	l'ambassade nous a avisés de la venue du consul
apprendre 2	*to inform, to tell*	elle m'a appris que son père était revenu
avertir 2	*to warn*	j'ai tenu à l'avertir du risque qu'il courait
faire savoir 2	*to let (someone) know*	je lui ai fait savoir ce que j'en pensais
informer 2	*to inform*	personne ne m'a informé de son arrivée
mettre au courant 2	*to keep (someone) up-to-date*	elle m'a mise au courant de ce qui se passe
prévenir 2	*to warn, to let (someone) know* (not = *to prevent*)	il faut prévenir les parents du petit
renseigner 2	*to inform*	on vous a mal renseigné
tenir au courant 2	*to keep (someone) up-to-date*	elle a été tenue au courant pendant ses vacances
mettre au jus 1	*to let (someone) know*	tu me mettras au jus quand tu l'auras fait, hein ?

initial   initial

primordial 3	*primordial, original*	d'une importance primordiale ; un droit primordial
initial 2	*initial*	nous avons remis l'appartement dans son état initial ; c'est la raison initiale de son départ
original 2	*original* (suggesting both *first* and *new, unusual*)	un texte / un écrivain original ; en version originale (en VO) ; ce n'est pas très original
originel 2	*original* (going back to the origins)	c'est le sens originel de l'expression ; le péché originel
premier 2	*first, original*	la cause première ; le sens premier d'un mot ; ses premiers balbutiements

| **primitif** [2] | *primitive, first, original* | l'art primitif; l'Eglise primitive; dans sa forme primitive |

---

inquiet   worried

tourmenté [3]	*tormented, extremely anguished*	son visage avait une expression tourmentée
agité [2]	*restless, agitated, disturbed*	son sommeil est agité; j'ai passé une nuit agitée; les élèves sont très agités après la récréation
angoissé [2]	*distressed, anguished, anxious*	une personne angoissée; un regard angoissé; une question angoissée; elle est d'une nature angoissée
anxieux [2]	*anxious*	un air anxieux; une personne anxieuse; ça me rend anxieux de le savoir sur les routes
inquiet [2]	*worried*	un air inquiet; je suis inquiète à son sujet
perplexe [2]	*perplexed, worried*	sa question m'a laissé perplexe; je ne sais pas, je suis perplexe
préoccupé [2]	*concerned*	elle a l'air préoccupé/préoccupée; nous sommes tous préoccupés par la situation
soucieux [2]	*concerned, worried*	une personne soucieuse; un air soucieux; elle est soucieuse à cause de ses enfants
stressé [2]	*stressed*	je me sens très stressé en fin de journée
(avoir l'air) tracassé [2]	*(to be) bothered, (to be) worried*	tu as l'air tracassé, qu'est-ce qu'il y a?
(avoir l'air) perturbé [2–1]	*(to be) worried*	après le coup de fil, il avait l'air perturbé

s'inquiéter

see also **avoir peur**

to worry

s'affoler 2	*to panic, to lose one's head*	ne t'affole pas, on a le temps
avoir des idées noires 2	*to be very worried, to be very gloomy*	elle avait souvent des idées noires quand le vent soufflait
broyer du noir 2	*to be very worried, to be gloomy*	tu devrais sortir un peu au lieu de rester là à broyer du noir
donner des idées noires 2	*to worry, to trouble*	ce temps-là me donne des idées noires
s'en faire 2	*to worry*	ne t'en fais pas, tout se passera très bien
se faire du mauvais sang 2	*to get worried, to be worried*	elle se fait du mauvais sang à cause de ses enfants
se faire du souci 2	*to get worried, to be worried*	je me fais du souci quand il fait nuit et mon mari n'est pas rentré
s'inquiéter 2	*to worry*	ma femme s'inquiète si je rentre tard
paniquer 2	*to panic*	en cas d'incendie, surtout ne paniquez pas
se tourmenter 2	*to fret, to worry*	elle se tourmente pour la santé de sa mère
être paniqué 2–1	*to panic*	devant les examinateurs, il est toujours paniqué
se faire de la bile 2–1	*to get worried, to be worried*	ça t'avancera pas de te faire de la bile
se faire du mouron 2–1	*to get worried sick, to be worried sick*	ne te fais pas de mouron, on le retrouvera bien

inscrire   to enter, to register

enregistrer ☐2	*to note, to register*	enregistrer une déposition; faire enregistrer ses bagages
immatriculer ☐2	*to register, to give a number to*	immatriculer quelqu'un à la Sécurité Sociale; sa voiture est immatriculée dans les Hauts-de-Seine
inscrire ☐2	*to enter, to register*	inscrire un nom sur un certificat / dans un agenda; j'ai inscrit mes enfants à un cours de piano
marquer ☐2	*to make a note of, to note down*	est-ce que tu as marqué notre rendez-vous dans ton agenda?

insolation   sunstroke

| **insolation** f ☐2 | *sunstroke* | mets ton chapeau ou tu vas attraper une insolation |
| **coup de soleil** m ☐2 | *sunburn* | prendre/attraper un coup de soleil; j'ai un coup de soleil sur le nez |

insulter   to abuse, to insult

outrager ☐3	*to offend gravely*	c'était une plaisanterie, il ne voulait pas vous outrager
vilipender ☐3	*to revile, to vilify*	son film a été vilipendé par la critique
blasphémer ☐3–2	*to blaspheme*	il jurait et blasphémait contre le gouvernement
calomnier ☐3–2	*to slander, to libel*	le scandale a été monté de toutes pièces, on a voulu le calomnier
diffamer ☐3–2	*to slander, to libel* (often in a newspaper)	je poursuivrai en justice ceux qui m'ont diffamé
invectiver ☐3–2	*to hurl abuse at*	il s'est fait invectiver par la foule; l'automobiliste a été invectivé par la police

noircir 3–2	to blacken (*someone's*) character	noircir la réputation de quelqu'un
injurier 2	to abuse, to insult	il s'est fait injurier par la foule; ma petite amie a été grossièrement injuriée par une bande de jeunes voyous
insulter 2	to abuse, to insult	il a été renvoyé de l'école parce qu'il a insulté son professeur
offenser 2	to offend	pardonnons à ceux qui nous ont offensés (*from the Lord's Prayer*)
traiter (quelqu'un) de 2	to call (*someone*) (a name) (with a pejorative connotation)	il l'a traité d'imbécile

---

intelligent intelligent

clairvoyant 3–2	clear-sighted	un esprit clairvoyant; j'aurais dû être plus clairvoyant
pénétrant 3–2	penetrating	un esprit pénétrant; une remarque pénétrante; son éditorial fait une analyse pénétrante de la situation
bon 2	good, clever	elle est bonne en maths
brillant 2	brilliant	un élève / un esprit brillant; il est très brillant
doué 2	gifted, talented	elle est douée mais elle doit travailler quand même
éveillé 2	bright, lively	un enfant / un élève éveillé
fort 2	clever, intelligent	elle est forte en maths / en philo
intelligent 2	intelligent	un élève intelligent; un regard intelligent
perspicace 2	clear-sighted	un esprit perspicace; toi qui es si perspicace, tu ne te doutais vraiment de rien?

super calé 2–1	*very clever, highly talented*	un prof super calé
super doué 2–1	*very clever, highly talented*	un mec super doué
super intelligent 2–1	*very clever, highly intelligent*	c'est quelqu'un de super intelligent
calé 1	*clever*	elle est calée en physique

avoir l'intention   to intend, to mean

entendre 3	*to intend, to mean*	elle entend bien se faire respecter
se proposer de 3–2	*to propose to*	dans ce chapitre, je me propose de vous exposer mon point de vue
compter 2	*to intend*	qu'est-ce que tu comptes faire cet après-midi ?
envisager de 2	*to envisage, to intend*	est-ce que vous envisagez de vous marier ?
avoir l'intention de 2	*to intend, to mean*	j'ai l'intention de partir maintenant
prévoir de 2	*to plan*	j'ai prévu d'aller en ville cet après-midi
projeter de 2	*to plan*	il projette de se faire construire une maison

interroger   to question, to interrogate

| **interroger**
2 | *to question, to ask a question, to interrogate* (more common than *to interrogate*; a more formal word than **questionner**) | interroger un suspect / un candidat / un élève ; l'étudiant a levé le doigt pour être interrogé |

interviewer [2]	to interview	la star a refusé de se faire interviewer
poser une question à [2]	to ask (someone) a question	il m'a posé une question délicate
questionner [2]	to question	elle m'a questionnée à ce sujet
sonder [2]	to sound, to sound out	nous ne lançons aucun produit avant de sonder les consommateurs
cuisiner [1]	to grill, to pump (for information)	il m'a cuisinée jusqu'à ce que j'avoue

---

intervenir   to intervene

s'entremettre [3]	to interfere, to mediate	s'entremettre dans une querelle; il s'est entremis dans des affaires qui ne le concernaient pas
s'ingérer [3]	to meddle	s'ingérer dans les affaires d'autrui / d'un autre pays
s'immiscer [2]	to interfere	s'immiscer dans la vie privée des gens / les affaires d'un pays
s'insérer [2]	to intervene, to fit	s'insérer dans la conversation; aider les jeunes à s'insérer dans la vie active
s'interposer [2]	to intervene (between two people)	je n'ai pas voulu m'interposer; il a reçu un coup en essayant de s'interposer entre eux
intervenir [2]	to intervene	intervenir dans un conflit / un débat
monter au créneau [2]	to come to the fore (to intervene and argue a case)	le ministre est monté au créneau pour défendre son projet de loi

interview

interview

entretien m [2]	*discussion* (formal or informal)	j'ai eu un entretien avec le professeur / le patron / mon ami ; on a retenu mon CV, j'ai rendez-vous pour un entretien
entrevue f [2]	*interview* (in an office)	nous avons eu une entrevue pendant laquelle nous avons abordé le sujet
interview f [2]	*interview* (conducted formally on the radio or in a newspaper)	dans une interview que le ministre a accordée à notre consoeur
tête-à-tête m [2]	*friendly discussion*	il faut qu'on en parle en tête-à-tête

invention

invention

création f [2]	*creation*	la troupe présente sa dernière création
découverte f [2]	*discovery*	la découverte de l'Amérique ; une importante découverte scientifique
innovation f [2]	*innovation*	une innovation scientifique/technique/ pédagogique
invention f [2]	*invention*	l'invention du téléphone
trouvaille f [2–1]	*find*	quelle est encore sa dernière trouvaille ? ; j'ai eu une trouvaille géniale

invité

guest

convive m [3]	*guest* (for a meal)	les convives ont beaucoup apprécié le repas ; ils ont réservé une table pour huit convives
hôte m [2]	*guest*	loger et nourrir un hôte ; visiter un autre pays en hôte payant
invité m [2]	*guest*	on a des invités ce soir

irriter   to annoy
see also **ennuyer**

| **excéder** | to exasperate | je suis excédée par ses enfantillages |
| 3 | | |

| **ennuyer** | to annoy, to trouble | je suis très ennuyé par votre attitude |
| 3–2 | | |

| **agacer** | to annoy, to irritate | elle m'agace à me couper la parole sans arrêt |
| 2 | | |

| **énerver** | to get on (someone's) nerves | qu'est-ce qu'il m'énerve avec toutes ces |
| 2 | | questions |

| **exaspérer** | to exasperate | la tondeuse du voisin m'exaspère |
| 2 | | |

| **irriter** | to annoy | il a été très irrité par votre refus |
| 2 | | |

mettre en colère	to make (someone) angry	arrête ou je vais me mettre en colère
2	(usually occurring as a	
	reflexive verb)	

| **casser les pieds à** | to annoy | ça me casse les pieds d'y aller |
| 1 | | |

| **embêter** | to annoy | n'embête pas ta sœur! |
| 1 | | |

| **empoisonner** | to get on (someone's) nerves | ça m'empoisonne d'avoir toute cette |
| 1 | | vaisselle à faire tous les jours |

| **enquiquiner** | to get on (someone's) wick | ça m'enquiquine de lui demander |
| 1 | | |

mettre les nerfs en	to get on (someone's) wick	arrête! tu me mets les nerfs en boule
boule / les mettre		
en boule		
1		

taper sur les nerfs	to get on (someone's) wick	ça me tape sur les nerfs / le système, ce
/ le système à		genre de film
1		

casser les couilles	to give (someone) a pain in	il me casse les couilles à vouloir me doubler
à	the arse	
1*		

faire caguer [1*]	*to give (someone) a pain in the arse*	ça me fait caguer de l'entendre parler comme ça
faire chier [1*]	*to give (someone) a pain in the arse*	ça me fait chier de les voir
emmerder [1*]	*to give (someone) a pain in the arse*	elle m'emmerde avec ses histoires
foutre les boules à [1*]	*to give (someone) a pain in the arse*	ça m'a foutu les boules de la voir avec lui
foutre les glandes à [1*]	*to give (someone) a pain in the arse*	ça m'a foutu les glandes d'avoir raté tous mes examens

---

ivre   drunk

gris [2]	*tipsy*	tu vois bien qu'il est complètement gris !
ivre [2]	*drunk* (of a slightly higher register than **saoul**)	il était ivre au moment de l'accident
saoul/soûl [2]	*drunk* (a stronger word than **ivre**)	il rentre saoul tous les soirs ; saoul comme un Polonais (= *as drunk as a lord*)
éméché [2–1]	*tipsy*	je ne m'en souviens pas, j'étais passablement éméché
pompette [2–1]	*slightly drunk, tipsy*	je commence à me sentir un peu pompette
beurré [1]	*drunk, sozzled, plastered*	il est beurré comme un petit Lu (Lu = *a type of biscuit*)
bourré [1]	*drunk, sozzled, plastered*	à la fin du dîner, on était tous complètement bourrés
cuit [1]	*drunk, sozzled, plastered*	on va le faire boire, il parlera quand il sera cuit
noir [1]	*drunk, sozzled, plastered*	ne l'écoute pas, il est complètement noir
rond [1]	*drunk, sozzled, plastered*	il lui suffit d'un verre pour être rond

| **schlass** [1] | *drunk, sozzled, plastered* | pas question qu'il conduise, il est complètement schlass |

---

jambe   leg

cuisse f [2]	*thigh, leg* (of a frog or poultry)	des cuisses de grenouille ; une cuisse de poulet ; l'aile ou la cuisse ?
gigot m [2]	*leg* (of lamb)	un gigot d'agneau ; il y a du gigot pour midi
jambe f [2]	*leg* (of a human or horse)	elle a de belles jambes ; mon cheval s'est blessé la jambe
patte f [2]	*leg* (of an animal ; see below)	mon chien sait tendre la patte pour avoir du sucre
gambette f [2–1]	*leg* (of a female ; more complimentary than **guibolle**)	elle a des belles gambettes
guibolle f [1]	*pin* (of a human)	il a les guibolles toutes tordues
patte f [1]	*leg* (of a human ; restricted in this sense to a small number of expressions ; see above)	marcher à quatre pattes (= *to walk on all fours*) ; on y va à pattes ? (= *shall we walk ?*)

---

jeter   to throw

jeter [2]	*to throw*	jeter une pierre ; il a jeté tous ses livres par terre ; jeter quelque chose à la poubelle
lancer [2]	*to throw* (suggesting more precision than **jeter**)	lancer une pierre ; lance-moi la balle ; lancer un poids / le javelot (*in sport*)
balancer [1]	*to chuck, to chuck away, to bung out*	il faudrait balancer ces vieux trucs qui ne servent plus
bazarder [1]	*to throw away, to chuck*	il a bazardé tous ses bouquins
virer [1]	*to chuck out* (a person)	elle s'est fait virer de son job

joie

joy, happiness

exultation f
3
exultation
au troisième but, l'exultation des spectateurs était à son comble

liesse f
3
rejoicing
le peuple en liesse célébrait la victoire

allégresse f
3–2
elation
au milieu de l'allégresse générale

contentement m
3–2
happiness, contentment
la passation du pouvoir a eu lieu dans le contentement général ; il avait du mal à cacher son contentement

bonheur m
2
happiness
quel bonheur d'être enfin réunis ! ; un sourire de ma petite amie et c'est le bonheur total

gaieté f
2
gaiety, joy
sa gaieté met tout le monde de bonne humeur

joie f
2
joy, happiness
quelle joie de te revoir ! ; nous avons la joie de vous annoncer la naissance de notre fils

plaisir m
2
pleasure
quel plaisir de s'allonger au soleil ! ; j'ai le plaisir de vous annoncer que votre manuscrit a été accepté

---

se joindre

to join

se coaliser
3–2
to unite, to form a coalition
ils se sont coalisés contre lui

unir
3–2
to join, to unite
unis par le mariage ; ils sont tous unis contre lui

contacter
2
to contact
je vous contacterai dès qu'il y aura du nouveau ; il ne m'a pas contacté depuis longtemps

fusionner
2
to join together
les deux Etats / les deux compagnies ont fusionné

joindre
2
to join together, to get in touch with
le prêtre a joint leurs mains ; je n'arrive pas à le joindre ; je te joindrai au téléphone ; joindre les deux bouts (= *to make ends meet*)

se joindre à [2]	*to join* (other people)	elle s'est jointe au groupe / aux autres personnes ; Henri se joint à moi pour vous adresser ses meilleurs voeux
rejoindre [2]	*to join up with*	je te rejoins plus tard ; il nous a rejoints à la fin des vacances
rencontrer [2]	*to meet*	je les ai rencontrés hier ; je l'ai rencontré en allant à la poste
réunir [2]	*to bring together*	lors d'une réunion il faut réunir toutes sortes de documents ; nous étions tous réunis pour Noël
s'unir à [2]	*to join*	ils se sont unis pour le meilleur et pour le pire

---

joli   pretty, attractive

exquis [3–2]	*exquisite*	pendant la soirée, elle a été exquise avec tout le monde
gracieux [3–2]	*graceful, gracious*	elle a un sourire très gracieux ; une démarche gracieuse
ravissant [3–2]	*ravishing, beautiful* (of a female)	une jeune fille ravissante ; la mariée était ravissante
adorable [2]	*adorable* (of a female or child)	une personne / une enfant adorable ; il était adorable avec son petit costume de marin
beau m / **belle** f [2]	*beautiful, handsome* (of a male or female)	c'est un beau garçon / une belle femme ; je la trouve très belle
charmant [2]	*charming* (of a male or female)	une jeune fille charmante ; un homme charmant ; elle a été charmante
chic [2]	*stylish, smart* (usually of a female) (the adjective is invariable)	une dame très chic ; tu fais très chic avec ton chapeau
élégant [2]	*elegant* (of a male or female)	elle est extrêmement élégante dans cette robe ; un homme très élégant
joli [2]	*pretty, attractive* (of a female)	c'est une très jolie fille ; elle a un très joli sourire

| **mignon** [2] | *sweet, cute, pretty* (of a female or child) | il est mignon, son fils / ce garçon |

---

jouir   to enjoy

goûter [3]	*to take pleasure in*	des plaisirs que je goûte peu ; je ne goûte pas beaucoup ce genre d'humour
se complaire dans [3-2]	*to take delight in*	elle se complaît dans cette situation
savourer [3-2]	*to enjoy, to relish*	savourer son triomphe / sa victoire ; il savourait sa vengeance / son bonheur ; elle savourait le dessert avec délice
s'amuser **à** + infinitif [2]	*to enjoy*	il s'amuse à faire des dessins de voitures
jouir de [2]	*to enjoy*	jouir de la vie / d'une bonne santé ; les élus jouissent d'énormes privilèges
se plaire **à** + infinitif [2]	*to take pleasure in*	je me plais en sa compagnie ; le soir je me plais à regarder le sport à la télé

---

jour   day

jour m [2]	*day*	ce jour-là ; j'étais malade les jours de la semaine ; quel jour sommes-nous ?
journée f [2]	*day* (with the emphasis upon its duration)	j'ai passé toute la journée à coudre ; je suis là toute la journée ; une demi-journée ; des journées entières
jour m [2-1]	*day* (with the emphasis upon its duration ; **journée** is more correct in this sense)	ça m'a pris un jour entier

journal   newspaper

gazette f 3–2	*gazette* (a literary term or used with a humorous connotation)	une gazette illustrée; je sors chercher ma gazette du dimanche
journal m 2	*newspaper*	je sors acheter mon journal
journal hebdomadaire/ hebdomadaire m 2	*weekly*	un hebdomadaire satirique
magazine m 2	*magazine*	un magazine féminin
mensuel m 2	*monthly*	le numéro de septembre de votre mensuel favori est déjà en vente
périodique m 2	*periodical*	son article a paru dans un périodique
quotidien m 2	*daily*	un quotidien du matin / du soir
revue f 2	*review, journal*	une revue abondamment illustrée; une revue spécialisée
canard m 1	*rag*	un canard de gauche

jugement   judgement

arrêt m 2	*decree, decision*	rendre un arrêt
décision judiciaire f 2	*court decision*	il a été libéré par décision judiciaire
jugement m 2	*judgement*	le jugement a été rendu à 13h
sentence f 2	*sentence*	prononcer une sentence

verdict m ☐2	*verdict*	rendre un verdict

Juif   Jew

Hébreu m ☐2	*Hebrew* (a biblical term)	les prophètes des Hébreux
Israélien m ☐2	*Israeli* (a citizen of the modern state of Israel)	un espoir de paix entre Israéliens et Palestiniens
Israélite m ☐2	*Israelite*	il a hébergé des Israélites pendant la guerre
Juif m ☐2	*Jew*	les Juifs soviétiques
feuj m ☐1*	*Yid, Jew-boy* (used with a pejorative and racist connotation)	riche comme un feuj
Youpin m ☐1*	*Yid, Jew-boy* (used with a pejorative and racist connotation)	sale Youpin!

---

lac   lake

bassin m ☐2	*inland lake* (by the sea), *(swimming) pool, ornamental pool*	le bassin d'Arcachon; tu es trop petit pour aller dans le grand bassin; le bassin d'un jardin; un bassin pour les canards
étang m ☐2	*pond, lake* (bigger than a **mare**)	l'étang du village; l'étang de Berre
lac m ☐2	*lake*	le lac d'Annecy
mare f ☐2	*pond* (often stagnant and dirty)	la mare d'une ferme

---

laid   ugly

disgracieux ☐3	*unattractive, unsightly*	une dentition / une silhouette disgracieuse

affreux [2]	hideous, ghastly	tu es affreux avec ce chapeau
grotesque [2]	grotesque	une allure grotesque
hideux [2]	hideous	une grimace hideuse
laid [2]	ugly	elle se trouve laide sans maquillage
repoussant [2]	repulsive	un aspect repoussant ; d'une laideur repoussante
répugnant [2]	repugnant	il n'est pourtant pas répugnant
vilain [2]	ugly, unattractive	elle est loin d'être vilaine ; des vilaines dents
moche [1]	awful-looking, ugly	elle se trouve moche avec les cheveux courts
mal foutu [1*]	bloody ugly, ungainly (of someone's body), clumsy-looking	il a une belle gueule, mais il est mal foutu de corps

lampe   lamp

fanal m [2]	headlight, beacon	le fanal d'une locomotive / d'un bateau / d'un phare
feu m [2]	light, traffic light, traffic lights	les feux d'une voiture ; un feu vert/rouge
lampadaire m [2]	standard lamp, street light	un lampadaire éclairait la salle de séjour ; les lampadaires de la rue n'étaient pas encore allumés
lampe f [2]	lamp	une lampe-tempête ; une lampe à huile ; une lampe de poche / de chevet / de bureau
lampion m [2]	Chinese lantern, fairy light	danser à la lumière des lampions
lanterne f [2]	lantern	une lanterne à projections ; une lanterne de marin

lanterneau/ lanternon m 2	*small lantern* (at the head of the stairs or in a dome) (a building term)	un lanterneau / un lanternon éclairera l'escalier
lustre m 2	*chandelier*	un lustre de cristal
phare m 2	*headlight* (of a car)	rouler pleins phares / avec phares en code
réverbère m 2	*street light*	un allumeur de réverbères
veilleuse f 2	*nightlight* (on a train, etc), *sidelight* (of a car)	il lisait à la lumière d'une veilleuse ; elle roulait en veilleuse

leçon   lesson, class

conférence f 2	*special lecture*	un professeur vient de Paris donner une conférence
cours m 2	*single class* (at school or college)	j'ai un cours de maths ce matin
cours magistral m 2	*main lecture* (at university)	j'ai assisté aux TD mais pas aux cours magistraux
leçon f 2	*lesson, class*	une leçon de physique ; une leçon particulière
travaux dirigés mpl 2	*tutorial* (at University)	le programme de travaux dirigés
TD mpl 2–1	(= **travaux dirigés**) *tutorial*	est-ce que tu vas aux TD de chimie ?

lentille   lens

judas m 2	*Judas-hole, spy-hole* (in a door)	je l'ai vue par le judas
lentille f 2	*lens*	elle porte des lentilles (de contact)

| **objectif** m ☐2 | *lens* (in photography) | un objectif de 35 mm |
| **verre** m ☐2 | *lens* (of spectacles) | elle porte des verres de contact (= **lentilles de contact**) |

se lever   to get up

s'élever ☐2	*to rise, to rise up*	une clameur de mécontentement s'élevait dans la foule; la température s'élèvera un peu ce soir; la fumée de sa cigarette s'élevait en volutes bleues
se lever ☐2	*to get up*	je me lève à 8h
se hisser ☐2	*to hoist oneself up*	je l'ai aidé à se hisser sur la barque; il a grimpé en se hissant à une corde
monter ☐2	*to go up, to rise up* (suggesting less elegance than **s'élever**)	sa température a monté brusquement; comme le ton montait, j'ai essayé de changer de sujet de conversation
se soulever ☐2	*to rise* (suggesting an effort)	elle s'est soulevée péniblement

lèvre   lip

lippe f ☐3	*lower lip* (suggesting thickness)	il avança sa lippe gourmande
babines fpl ☐2	*chops* (of an animal; also used of a human in certain expressions)	le loup retroussait ses babines pour montrer ses grandes dents; se lécher les babines
lèvre f ☐2	*lip*	elle humecta ses lèvres avant de répondre

levure   yeast

| **levain** m ☐2 | *leaven* | du pain au levain |

| **levure** f [2] | *yeast* | de la levure de boulanger ; de la levure chimique |

---

libérer   to free

délier [3]	*to free, to release* (used figuratively)	délier quelqu'un d'un serment
affranchir [3–2]	*to free*	affranchir un peuple / un esclave ; la population est enfin affranchie de l'occupation militaire
relaxer [3–2]	*to free* (a prisoner) (a legal term)	après un long interrogatoire le prisonnier a été relaxé
dégager [2]	*to free, to extricate, to clear*	dégager quelqu'un de ses responsabilités ; je suis dégagé des obligations militaires ; dégager quelqu'un de dessous les décombres ; dégager le terrain
délier [2]	*to untie, to relieve*	il lui a délié les mains ; considérez-vous délié de cette obligation
délivrer [2]	*to deliver*	délivrer un prisonnier ; te voilà délivré d'un sacré souci !
élargir [2]	*to free* (a prisoner) (a legal term)	élargir un détenu / un prisonnier
libérer [2]	*to free*	libérer un prisonnier ; les otages ont été libérés
relâcher [2]	*to release*	la police a relâché le suspect / le prisonnier

---

lier   to tie, to tie up

attacher [2]	*to tie, to tie up*	elle a attaché le cheval au poteau ; attache tes cheveux
enchaîner [2]	*to chain, to put in chains*	ils ont enchaîné les prisonniers
lier [2]	*to tie, to tie up*	lier les jambes à quelqu'un ; lier un colis

| **ligoter**
 2 | *to tie up* (a person) | le gardien a été ligoté |
| **nouer**
 2 | *to tie, to knot* | elle noua la ceinture de sa robe de chambre; un ruban nouait ses cheveux |

---

lignée   lineage, line

descendance f 3–2	*descent, lineage*	elle a une nombreuse descendance
lignée f 3–2	*lineage, line*	il a laissé un fils pour toute lignée
souche f 3–2	*stock, origin*	une famille de vieille souche
ascendance f 2	*ancestry*	il est d'ascendance noble
dynastie f 2	*dynasty*	la dynastie des Bourbons
maison f 2	*house*	ils sont de la maison d'Autriche
origine f 2	*origin*	elle a des origines grecques
sang m 2	*(family) blood* (often used with a humorous connotation)	avoir du sang bleu dans les veines

---

lisse   smooth

glabre 3	*clean-shaven, smooth-faced, smooth* (see below)	il a le menton / le visage glabre
uni 3–2	*smooth, even, unruffled*	le bateau semblait glisser sur la surface unie du lac
glabre 2	*smooth* (a botanical term; see above)	une tige glabre

imberbe [2]	*smooth-faced* (no need to shave)	un adolescent encore imberbe
lisse [2]	*smooth*	une surface / une peau lisse; des cheveux lisses
plan [2]	*flat*	une surface plane
plat [2]	*flat*	un très bon vélo pour terrain plat
poli [2]	*polished, smooth*	des galets polis par la mer; du verre poli

livre   book

best-seller m [2]	*best-seller*	un livre qui figurera certainement parmi les best-sellers de l'été
exemplaire m [2]	*(individual) copy*	son livre a été tiré à plusieurs milliers d'exemplaires
livre m [2]	*book*	mon livre paraîtra à la rentrée
livret m [2]	*catalogue*	le prix des tableaux est indiqué dans le livret de l'exposition
ouvrage m [2]	*book, work*	un petit ouvrage très bien documenté
plaquette f [2]	*slim volume, brochure*	vous trouverez toutes les informations nécessaires dans la plaquette de l'école
tome m [2]	*part or division of a book*	un livre en trois tomes et deux volumes
volume m [2]	*volume*	une encyclopédie en plusieurs volumes
bouquin m [2–1]	*book*	j'ai trouvé cette recette dans un vieux bouquin de cuisine
pavé m [2–1]	*whopping great book*	il est l'auteur d'un gros pavé sur les abeilles

loger   to put up

| **héberger** | *to put up, to lodge* | elle nous a hébergés pour la nuit |
| 3–2 | | |

| **loger** | *to put up* | pouvez-vous nous loger pour la nuit? |
| 2 | | |

| **caser** | *to find a bed for, to put up* | tu peux me caser quelque part? |
| 1 | | |

loi   law

| **arrêté** m | *decree* | un arrêté préfectoral; l'établissement a été fermé par arrêté municipal |
| 2 | | |

| **décret** m | *decree* (more important than **arrêté**) | ils ont été amnistiés par décret du chef de l'Etat |
| 2 | | |

| **édit** m | *edict* (often has an historical connotation) | l'Edit de Nantes |
| 2 | | |

| **loi** f | *law* | promulguer une loi; annoncée par le Conseil des Ministres, la loi sera promulguée à la rentrée |
| 2 | | |

| **ordonnance** f | *order, edict* | le gouvernement a pris une ordonnance concernant les conditions d'entrée des émigrés |
| 2 | | |

loyer   rent

| **fermage** m | *rent* (paid by tenant farmer to owner) | avec la sécheresse, le paiement du fermage sera encore retardé |
| 2 | | |

| **loyer** m | *rent* (on a house) | les loyers ont augmenté de 10% |
| 2 | | |

| **redevance** f | *licence fee, rental charge* | la redevance télé va encore augmenter |
| 2 | | |

lumière

light

jour m 3–2	*daylight*	le jour entrait par les fentes des volets; à la lumière du jour
clarté f 2	*brightness* (natural light)	dans la clarté bleutée du petit matin
éclairage m 2	*light, lighting*	un éclairage direct/indirect; le photographe a réglé les éclairages dans le studio
éclat m 2	*brightness*	le soleil brillait de tout son éclat
lueur f 2	*light* (usually weak)	la faible lueur d'une bougie; nous avons mangé à la lueur d'une bougie
lumière f 2	*light* (both natural and artificial; less bright than **clarté**)	la lumière du jour; allume la lumière; brusquement la lumière s'est éteinte; j'aurai besoin du flash, il n'y a pas assez de lumière

---

machin

thingummy, what's-it

bidule m 1	*thingummy, what's-it*	il faut appuyer sur le petit bidule, à droite
chose m 1	*thingummy, what's-it*	apporte-moi le chose pour démonter la roue
machin m 1	*thingummy, what's-it*	tu me passes le machin pour bloquer la porte?
truc m 1	*thingummy, what's-it*	où as-tu déniché ce truc?

---

machinations

dishonest dealings

menées fpl 3–2	*dishonest dealings*	il dit être victime de menées subversives
agissements mpl 2	*schemes, intrigues*	il a déjà été condamné pour ses agissements malhonnêtes

machinations fpl
2
dishonest dealings
ce sont des machinations montées de toutes pièces

manège m
2
trick, scheming
il ne se doutait pas que je m'étais aperçu de son manège

tractations fpl
2
(dis)honest dealings (when the word means *dishonest*, it is less strong than **machinations**, **magouille**), *bargaining*
la presse dénonce les tractations douteuses qui ont précédé la libération des otages; des tractations diplomatiques seront nécessaires pour régler le problème frontalier

manigance f
2–1
scheming, scheme (a less strong word than **menées**, etc)
encore une de ses manigances pour me faire du tort

magouillage m
1
wheeler-dealing
il y a des magouillages dans les élections

magouille f
1
wheeler-dealing
les magouilles à la Bourse

---

magasin   shop

boutique f
2
shop (usually small and chic)
une petite boutique qui ne vend que du thé

fonds de commerce m
2
business
j'ai repris le fonds de commerce de l'ancien librairie; elle tient un commerce en ville

centre commercial m
2
shopping centre
on va construire un centre commercial près de la gare

hypermarché m
2
hypermarket
il fait toutes ses courses à l'hypermarché

magasin m
2
shop
un magasin de chaussures; un petit magasin d'alimentation

grand magasin m
2
large store (eg Galeries Lafayette, Printemps)
elle est vendeuse dans un grand magasin

grande surface f
2
supermarket
les grandes surfaces ont mis en faillite beaucoup de petits commerçants

| **supermarché** m [2] | *supermarket* | j'aime regarder tous les fromages dans le supermarché près du centre ville |
| **supérette** f [2] | *small supermarket, self-service shop* | on a ouvert une supérette dans ma rue |

---

maison   house, home

demeure f [3]	*abode*	une demeure seigneuriale ; la vieille demeure où j'ai grandi
gîte m [3]	*dwelling* (see below)	il rentra au gîte au crépuscule
logis m [3]	*dwelling*	la cabane qui lui sert de logis
domicile m [3–2]	*house, place of residence* (often an administrative term)	je vous donne mon numéro de téléphone à mon domicile ; elle a quitté le domicile conjugal ; sans domicile fixe/SDF (= *of no fixed abode*)
foyer m [2]	*home, hostel*	un foyer de travailleurs immigrés ; un foyer d'étudiants
gîte m [2]	*house, lodging place* (restricted to special expressions ; see above)	un gîte rural ; les Gîtes de France ; j'ai le gîte et le couvert (= *board and lodging*)
hôtel particulier m [2]	*private mansion*	ils habitent un hôtel particulier, Place des Vosges
Logis de France m [2]	*small family hotel* (a fixed expression)	je passe la nuit à un Logis de France près de Boulogne
maison f [2]	*house, home*	je dois vendre la maison
résidence secondaire f [2]	*second home*	ils passent leurs weekends dans leur résidence secondaire

maîtriser

to master, to control

subjuguer 3	*to subjugate* (see below)	subjuguer un peuple ; les enfants furent subjugués par le pouvoir tyrannique de leur père
assujettir 3–2	*to subjugate* (the past participle is often used as an adjective)	il faut apprendre le bon usage de la liberté à notre peuple, trop longtemps assujetti
conquérir 2	*to conquer*	conquérir une armée / un pays / un empire ; de nouveaux marchés économiques à conquérir
dompter 2	*to tame, to bring to heel*	dompter un lion / des rebelles ; je vous préviens, j'ai dompté des élèves encore plus récalcitrants que vous
maîtriser 2	*to master, to control*	maîtriser un cheval / un adversaire / une passion ; des mouvements d'humeur qu'il ne parvient pas à maîtriser
soumettre 2	*to subjugate, to put down, to subject, to make docile* (the past participle is sometimes used as an adjective)	soumettre des rebelles / un pays / un peuple ; une éducation très stricte qui a fait de lui un homme soumis
subjuguer 2	*to captivate* (see above)	elle était complètement subjuguée par lui ; son charme l'a complètement subjugué
surmonter 2	*to overcome*	elle a surmonté la difficulté / sa peur ; j'ai dû apprendre à surmonter ma timidité
vaincre 2	*to overcome, to conquer*	vaincre un adversaire / sa peur / sa timidité ; notre armée n'a jamais été vaincue
mater 2–1	*to subdue, to sort out*	mater un animal / une révolte / la résistance de quelqu'un ; je vais les mater, ces petits voyous !

---

malade

ill, sick

souffrant 3	*unwell, poorly*	on m'a dit que vous étiez souffrante
indisposé 3–2	*unwell, off-colour* (see below)	comme il se sentait légèrement indisposé, il a préféré ne pas dîner
indisposé 2	*indisposed* (of a female = *with a period*) (see above)	être indisposée (= **avoir ses règles**) ; je n'ai pas envie de me baigner, je suis indisposée

malade ☐2	*ill, sick*	j'étais absent parce que j'étais malade
mal portant ☐2	*unwell*	laisse-moi faire, je ne suis pas mal portant!
patraque ☐1	*off-colour, peaky*	il se sentait un peu patraque ce matin
mal fichu ☐1	*unwell, not on form*	qu'est-ce que je me sens mal fichu!
mal foutu ☐1	*unwell, not on form*	qu'est-ce que tu as l'air mal foutu!

---

maladroit   clumsy, awkward

balourd ☐2	*clumsy, awkward*	j'étais tellement intimidé qu'elle a dû me trouver vraiment balourd
gauche ☐2	*awkward*	un air / une personne gauche; je n'ai pas l'habitude de porter des talons hauts, je me sens vraiment gauche
lourdaud ☐2	*clumsy, oafish (stronger than **balourd**)*	il essaie d'être drôle, mais qu'est-ce qu'il est lourdaud!
maladroit ☐2	*clumsy, awkward (used literally and figuratively)*	essaie d'être moins maladroit cette fois-ci
pataud ☐2–1	*oafish, loutish (rarely used in the feminine)*	il avait l'air pataud; un petit chien tout pataud (= *with large paws*)

---

malchance   bad luck

malchance f ☐2	*bad luck*	ils ont vraiment eu de la malchance
guigne f ☐2	*rotten luck*	quelle guigne! il pleut
déveine f ☐1	*bad luck*	il traverse une période de déveine

manque de pot 1	*rotten luck*	manque de pot, il n'y avait personne ce jour-là
poisse f 1	*rotten luck*	il a vraiment la poisse, le pauvre; oh la poisse, il n'est pas venu
tuile f 1	*bad luck*	il m'est arrivé une tuile

---

malfaiteur   crook, gangster

scélérat m 3–2	*villain, blackguard*	ce scélérat devrait être en prison
bandit m 2	*bandit, brigand*	un bandit de grand chemin
brigand m 2	*brigand, robber* (the word is disappearing from usage)	la diligence a été attaquée par des brigands
cambrioleur m 2	*burglar, someone who breaks into a car*	la maison a été visitée par des cambrioleurs pendant notre absence; les cambrioleurs ont brisé la vitre de notre voiture et ont volé la radio
criminel m 2	*criminal*	les criminels sont toujours recherchés par la police
escroc m 2	*crook, rogue* (suggesting cunning)	il s'est fait rouler par un escroc
gangster m 2	*gangster*	les gangsters ont pu prendre la fuite avant l'arrivée de la police
maître chanteur m 2	*blackmailer*	un maître chanteur lui aurait extorqué des millions de francs
malfaiteur m 2	*crook, gangster*	trois mois après le hold-up les malfaiteurs courent toujours
malfrat m 2	*crook*	un malfrat de petite envergure
racketteur m 2	*racketeer*	les commerçants du quartier sont terrifiés par les racketteurs
receleur m 2	*fence, receiver of stolen goods*	les bijoux sont passés par un receleur avant d'être revendus

récidiviste m [2]	*second, persistent offender*	la justice a été plus sévère avec les récidivistes
repris de justice m [2]	*ex-prisoner, persistent offender*	l'auteur de l'attentat est un repris de justice bien connu des services de la police
truand m [2]	*rogue*	la drogue a été découverte chez des truands du milieu
voleur m [2]	*thief*	un voleur à la tire ; au voleur, au voleur !
voyou m [2]	*lout, hooligan* (usually young and in large towns)	une bande de voyous
filou m [2–1]	*rogue, swindler*	son avocat est un vrai filou
loubard m [1]	*yobbo*	des loubards qui terrorisent le quartier

---

malgré   despite, in spite of

nonobstant [3]	*notwithstanding*	nonobstant ses déclarations, il est parti
en dépit de [2]	*despite, in spite of*	en dépit des pressions internationales, les otages n'ont pas été libérés
malgré [2]	*despite, in spite of* (more common than **en dépit de**)	malgré le mauvais temps, il a pu repartir

---

malheur   misfortune, adversity

affliction f [3]	*affliction*	sa mort l'a plongé dans une profonde affliction
douleur f [3–2]	*grief, sorrow*	moi aussi, j'ai eu la douleur de perdre un être cher
chagrin m [2]	*grief, sorrow*	ton absence lui a fait beaucoup de chagrin ; un chagrin d'amour (= *an unhappy love affair*)

détresse f 2	*distress*	des signaux de détresse ; le gouvernement s'efforce de venir en aide aux familles en détresse
mal m 2	*sorrow, pain* (usually restricted to a certain number of expressions)	de deux maux on choisit le moindre (= *to choose the lesser of two evils*) ; prendre son mal en patience
malheur m 2	*misfortune, adversity*	il m'a raconté tous ses malheurs ; à quelque chose malheur est bon (= *it's an ill wind that blows nobody any good*)
peine f 2	*grief, suffering*	son départ me fait de la peine
souffrance f 2	*suffering*	un tyran insensible aux souffrances de son peuple

---

malin   crafty, smart

astucieux 2	*clever, resourceful*	un raisonnement astucieux ; une réponse astucieuse ; il s'est montré très astucieux
espiègle 2	*prankish* (without any pejorative value)	un enfant espiègle ; un rire espiègle
finaud 2	*sly* (usually used with a pejorative connotation)	un vieux commerçant finaud
malin 2	*crafty, smart* (not necessarily used with a pejorative connotation) (between **finaud** and **astucieux** in value)	il se croit très malin
rusé 2	*crafty, smart* (not necessarily used with a pejorative connotation) (between **finaud** and **astucieux** in value)	il est rusé comme un renard
sournois 2	*cunning*	méfie-toi, il est sournois
futé 2–1	*prankish, clever* (often used in negative constructions)	il n'a pas l'air futé ; t'es pas futé
roublard 2–1	*fly*	il s'est fait avoir par un camelot plus roublard que lui

malpoli

impolite, discourteous

discourtois
`3`
discourteous
des paroles / des manières discourtoises ; il s'est montré pour le moins discourtois

mal éduqué
`3–2`
impolite, rude, ill-bred
je le trouve mal éduqué

grossier
`2`
coarse, crude
une personne grossière ; des manières grossières ; il a été très grossier

impoli
`2`
impolite, rude
un enfant impoli ; des manières impolies ; ne sois pas impoli !

mal élevé
`2`
ill-bred, rude
leurs enfants sont très mal élevés

malpoli
`2`
impolite, discourteous
que cette gamine est malpolie !

---

maltraiter

to ill-treat

houspiller
`3`
to hustle, to push about (but without any suggestion of violence)
elle s'est fait houspiller par la direction

molester
`3–2`
to manhandle, to maul (not = *to molest*)
il a été molesté par la foule qui l'a reconnu

battre
`2`
to beat
il la battait quand il avait bu ; une femme battue (= *a battered wife*)

brutaliser
`2`
to bully, to knock about
la police a brutalisé des manifestants

malmener
`2`
to handle roughly, to treat roughly (used literally and figuratively)
ses enfants la malmènent ; la vie ne l'a pas mal malmené

maltraiter
`2`
to ill-treat
des enfants maltraités ; il l'a tellement maltraitée qu'elle l'a quitté

rudoyer
`2`
to treat harshly (but without violence)
il rudoie ses employés

manger   to eat

se gaver 2	*to stuff oneself, to cram oneself*	il s'est gavé de chocolat
ingérer 2	*to ingest* (a medical term)	les aliments qu'il a ingérés ont été analysés
ingurgiter 2	*to ingurgitate*	c'est incroyable tout ce qu'il peut ingurgiter
manger 2	*to eat*	on a bien mangé
casser la croûte 2–1	*to have a bite*	on s'arrête vers midi pour casser la croûte
s'empiffrer 2–1	*to stuff oneself, to cram oneself*	elle n'a pas arrêté de s'empiffrer de figues
grignoter 2–1	*to nibble*	il n'y a rien à grignoter ?; il y a du fromage, si tu veux grignoter quelque chose avant de dîner
bâfrer 1	*to gobble, to wolf, to stuff oneself*	qu'est-ce qu'on a bien bâfré samedi soir !
becqueter 1	*to eat*	il y a rien à becqueter
bouffer 1	*to eat*	alors, qu'est-ce qu'il y a à bouffer ?; quand est-ce qu'on bouffe ?
boulotter 1	*to eat* (suggesting a large amount)	on a bien boulotté
se goinfrer 1	*to stuff oneself*	il se goinfre de sucreries
grailler 1	*to eat*	il y a rien à grailler ; ils sont en train de grailler
s'en mettre plein la lampe 1	*to have a real nosh-up* (of food and drink)	t'aurais vu le buffet ! on s'en est mis plein la lampe
s'en mettre plein la gueule 1	*to have a real nosh-up* (of food and drink)	on s'en est mis plein la gueule

| **s'en mettre jusque-là** [1] | *to have a real nosh-up* (of food and drink) | on s'en est mis jusque-là |

manier   to handle

manier [2]	*to handle* (suggesting deft movements)	manier un outil / un pinceau ; un véhicule très facile à manier
manipuler [2]	*to handle, to manipulate* (suggesting great care)	des substances qu'il faut manipuler avec précaution
tripoter [2]	*to fiddle with*	tripoter sa barbe / une chaîne de montre ; arrête de tripoter tes cheveux !

manque   lack, shortage

disette f [3]	*dearth, lack*	une année / une période de disette ; qu'est-ce que c'est que ce repas de disette, je ne suis pas au régime, moi !
pénurie f [3–2]	*lack, penury*	une pénurie d'énergie / d'argent / d'emplois ; des mesures ont été prises pour lutter contre la pénurie d'eau
carence f [2]	*deficiency, failure*	il souffre d'une carence en vitamines ; la presse déplore la carence du gouvernement dans l'affaire des otages
défaillance f [2]	*failing, weakness, shortcoming*	une défaillance mécanique ; l'accident serait dû à une défaillance humaine (= *human error*)
insuffisance f [2]	*insufficiency* (often a medical term), *inadequacy*	une insuffisance respiratoire ; les équipes de secours se plaignent de l'insuffisance des moyens mis à leur disposition
lacune f [2]	*gap, lacuna*	il y a de graves lacunes dans votre rapport ; vous avez beaucoup de lacunes à combler avant vos examens
manque m [2]	*lack, shortage*	un manque de nourriture / de courage / d'argent ; c'est surtout le manque de contact avec sa famille qui le déprime
manquement m [2]	*failing, breach*	un manquement à son devoir / à une obligation ; tout manquement au règlement sera sanctionné

| **trou** m 2 | *gap (especially of memory)* | j'ai eu un trou de mémoire; brusquement, je ne me souvenais plus de son nom, le trou … |

---

mansarde   attic

combles mpl 2	*attic, top of the house*	une maison dont les combles ont été aménagés
grenier m 2	*loft (usually for storage, in a house or farm)*	j'ai trouvé un vieux portrait de ma grand-mère en rangeant le grenier; il nous reste des provisions de blé au grenier
mansarde f 2	*attic*	ils vivent dans une mansarde, sous le toit

---

se maquiller   to make oneself up

se farder 3	*to make oneself up (with cosmetics)*	elle s'était fardée outrageusement
se grimer 3–2	*to make up (one's face) (often used of actors)*	il s'était grimé en vieillard pour le rôle
se maquiller 2	*to make oneself up (with cosmetics)*	maquille-toi un peu, on sort!
se peinturlurer 2	*to paint one's face (heavily and badly)*	qu'est-ce qui t'a pris de te peinturlurer comme ça!

---

maquis   bush, scrub

brousse f 2	*bush*	la brousse africaine; un village perdu dans la brousse
garrigue f 2	*garrigue (chalky, limestone scrub land in Southern France)*	la garrigue des régions méditerranéennes; la garrigue embaumait le thym
lande f 2	*heathland, moor*	les landes de Gascogne; une lande bretonne; la lande était noyée de brume

| **maquis** m [2] | *bush, scrub* | le maquis corse; la police a perdu leur trace dans le maquis |

---

marchand   tradesman, shopkeeper, retailer, newsagent

businessman m [2]	*businessman*	l'agenda idéal pour le businessman moderne
commerçant m [2]	*shopkeeper, tradesman, dealer*	un petit commerçant; un gros commerçant; il est commerçant en gros
femme d'affaires f [2]	*businesswoman*	l'entreprise de cette femme d'affaires est florissante
homme d'affaires m [2]	*businessman*	c'est un homme d'affaires qui voyage beaucoup
marchand m / **marchande** f [2]	*tradesman/woman, shopkeeper, retailer, newsagent, etc (not = merchant)*	un marchand de tapis; la marchande de légumes; le marchand de journaux m'a fait la monnaie
négociant m [2]	*merchant*	un négociant en vins

---

marcher   to walk

aller à pied [2]	*to walk, to go on foot*	si on y allait à pied, plutôt?
se balader [2]	*to go for a walk*	on s'est baladé sur la plage
déambuler [2]	*to wander*	il déambule dans les couloirs sans parler à personne
errer [2]	*to saunter, to wander*	il errait comme une âme en peine
faire une balade [2]	*to go for a stroll*	on a fait une balade près de la rivière

faire une promenade [2]	*to go for a walk*	ils sont sortis faire une promenade
faire un tour [2]	*to go for a walk*	je l'emmène faire un tour avant le dîner
flâner [2]	*to go for a stroll* (suggesting a walk for pleasure)	il faisait beau, j'ai flâné en ville
marcher [2]	*to walk*	ça m'a fait du bien de marcher un peu
se promener [2]	*to go for a walk*	on va se promener ?
traîner [2]	*to dawdle, to lag behind*	ne traîne pas en rentrant
crapahuter [2–1]	*to trudge* (often suggesting difficult terrain), *to crawl* (of a baby)	il a passé ses vacances à crapahuter dans le Vercors ; à cet âge ils commencent à crapahuter partout
vadrouiller [1]	*to mooch about, to hang about*	on a juste traversé la ville, on n'a pas pris le temps de vadrouiller

mari   husband

conjoint m [3–2]	*spouse* (a legal term)	il nous faut l'accord du conjoint
époux m [3–2]	*husband* (with an official connotation)	prendre pour époux ; permettez-moi de vous présenter mon époux
mari m [2]	*husband*	il faudra que j'en parle avec mon mari
bonhomme/ homme m [1]	*husband, old man* (a somewhat old-fashioned term)	son homme est aux champs
jules m [1]	*hubby, bloke*	elle a cassé avec son jules

mariage   marriage

épousailles fpl 3	*nuptials* (with a humorous connotation)	alors, vous avez fixé la date des épousailles ?
union f 3	*union*	le fruit de l'union
alliance f 3–2	*union, marriage*	une alliance souhaitée par les deux familles
mariage m 2	*marriage*	quand est-ce que le mariage aura lieu ?
mésalliance f 2	*marriage beneath one's station*	faire une mésalliance ; d'après sa famille leur mariage serait une mésalliance
noces fpl 2	*wedding* (ceremony and celebrations) (restricted to certain expressions)	avoir un enfant en secondes noces (= *second marriage*) ; les noces d'argent / d'or / de diamant

se marier   to marry

épouser 2	*to marry* (a less common word than **se marier**)	elle a épousé son cousin
se marier 2	*to marry* (when the verb is used reflexively, it is constructed with **avec**; when in the passive, with **à**)	elle s'est mariée avec le frère de Jean-Paul ; elle est mariée à un architecte
marier 2	*to give in marriage, to conduct a wedding*	le maire du XXe arrondissement les a mariés

marin   seaman

navigateur m 3	*seaman, sailor* (see below)	une carte établie par un navigateur de l'époque
loup de mer m 2	*seadog*	un vieux loup de mer tanné par les vents
matelot m 2	*seaman* (of low rank)	en uniforme de matelot

marin m [2]	*seaman*	il a été marin pendant son service militaire
mousse m [2]	*ship's boy, cabin boy*	il a commencé comme mousse, à l'âge de 13 ans
navigateur m [2]	*navigator, pilot* (see above)	le navigateur avait signalé le danger
plaisancier m [2]	*amateur sailor* (of a yacht)	des milliers de plaisanciers étrangers choisissent la Côte d'Azur pour leurs vacances
mataf m [1]	*novice sailor* (used in sailors' slang)	à l'Ecole des Mousses il y a des matafs
moussaillon m [1]	*ship's boy, cabin boy*	je connais rien aux bateaux, mais je ferai le moussaillon

marionnette   puppet

fantoche m [3]	*puppet* (usually used figuratively)	les fantoches du régime
fantoche adjectif [2]	*puppet* (used figuratively)	un gouvernement fantoche
guignol m [2]	*the puppet character Guignol, puppet theatre*	attention, Guignol! il est derrière toi; les enfants, je vous emmène au guignol
marionnette f [2]	*puppet*	une marionnette à fils; un spectacle de marionnettes
pantin m [2]	*puppet* (on strings)	un pantin en bois; gesticuler comme un pantin articulé
Polichinelle f [2]	*Punch* (a term from the commedia dell'arte)	Polichinelle se moque des gendarmes

matière   matter, material, substance, subject matter, content

matériau m [2]	*material worked on*	un matériau naturel/synthétique; un matériau très résistant

matériel m
2
material with which one works, equipment
je n'ai pas le matériel qu'il faut

matière f
2
matter, material, substance, subject matter, content (used literally and figuratively)
les matières premières (= *raw materials*); quelle matière préfères-tu à l'école?; la matière grise (= *grey matter, intellectual capacity*); la matière grasse (= *fat content*)

---

matin   morning

matin m
2
morning
par un matin d'hiver; je l'ai vu ce matin; de bon matin (= *early in the morning*)

matinée f
2
morning (of a slightly higher register than **matin**)
en fin/début de matinée; je l'ai vu dans la matinée; faire la grasse matinée (= *to have a lie in*)

---

maussade   sullen, gloomy

chagrin
3
despondent, woeful
un esprit / un visage chagrin; d'un air chagrin

taciturne
3–2
taciturn
une personne / un air taciturne; elle ne se remet pas de son deuil, je l'ai trouvée très taciturne

bourru
2
surly, gruff
une personne / une voix bourrue; il est un peu bourru, mais c'est une brave personne

grognon
2
grumpy, bad-tempered
il fait ses dents, ça le rend grognon

maussade
2
sullen, gloomy
une personne / un temps maussade; il est d'humeur maussade ces temps-ci

morne
2
dull
un paysage morne; une soirée morne et ennuyeuse

renfrogné
2
sullen
le visage renfrogné; une personne renfrognée; ne prends pas cette mine renfrognée

revêche
2
ill-tempered, surly
elle a eu une vie difficile, ça l'a rendue revêche

terne 2	*dull, uninteresting*	un regard terne; sa personnalité paraît plus terne que celle de sa soeur
triste 2	*sad, gloomy*	avoir l'air triste; ne sois pas triste, je serai de retour lundi

---

médecin   doctor

clinicien m 3–2	*clinician*	c'est un clinicien qui a plus de trente ans d'expérience
charlatan m 2	*quack doctor*	un régime que lui a prescrit un charlatan
docteur m 2	*(medical) doctor* (not admitted by purists; considered a less elegant word than **médecin**)	tu devrais voir le docteur
généraliste m 2	*general practitioner*	mon généraliste m'a conseillé de vous voir
interne m 2	*houseman, house doctor*	c'est un ancien interne des hôpitaux de Paris
médecin m 2	*doctor*	qu'a dit le médecin?
oto-rhino-laryngologiste m ou f 2	*ear, nose and throat specialist*	l'oto-rhino-laryngologiste conseille d'opérer
spécialiste m 2	*specialist, consultant*	il faut que vous voyiez le spécialiste
thérapeute m 2	*therapist*	c'est un thérapeute qui ne soigne qu'avec des plantes
carabin m 1	*medical student, medic*	des plaisanteries de carabin
oto-rhino m ou f 1	*ear, nose and throat specialist*	il se spécialise pour être oto-rhino

| **toubib** m [1] | *quack*, *doc* (a friendly term for **médecin**; no suggestion of incompetence) | comment veux-tu que je sache, je ne suis pas toubib |

---

médiéval   medieval, of the Middle Ages

| **médiéval** [2] | *medieval, of the Middle Ages* | un château médiéval; à l'époque médiévale |
| **moyenâgeux** [2] | *which evokes the Middle Ages, old, old-fashioned* (used with a pejorative connotation) | des pratiques moyenâgeuses |

---

meilleur   better

meilleur [2]	*better* (sometimes more precise than **mieux**) (may be used before or after the noun)	réchauffé, c'est meilleur; c'est plus cher et ce n'est pas forcément de meilleure qualité; veuillez agréer l'expression de mes sentiments les meilleurs
mieux [2]	*better* (may not be used with a noun)	on est mieux chez nous; elle est mieux (physiquement) que sa soeur; tu es mieux avec tes cheveux courts; tu n'as rien de mieux à proposer?
supérieur [2]	*superior*	des produits de qualité supérieure; il se croit supérieur aux autres

---

mener   to take, to lead, to carry out, to manage

induire [3]	*to lead astray*	induire en tentation / en erreur
régir [3-2]	*to run* (a property or business), *to govern*	régir les affaires de quelqu'un; les lois qui régissent le mouvement des astres
conduire [2]	*to lead, to run, to drive* (used literally and figuratively)	conduire quelqu'un en voiture; conduire une voiture / une armée; une initiative qui l'a conduit à la ruine; bien conduire sa barque (= *to be well in charge*)

diriger 2	*to direct, to run, to be in charge of*	diriger une entreprise / une enquête / un journal / un débat; c'est le prof qui a dirigé sa thèse
gérer 2	*to administer*	gérer des affaires; l'entreprise est très bien gérée; le syndic qui gère l'immeuble
guider 2	*to guide*	guider une personne; je le fais travailler le soir, il a besoin d'être guidé; la sortie est par là, je vais vous guider
mener 2	*to take, to lead, to carry out, to manage*	mener une enquête; mener (à bien) un projet; une affaire rondement menée
téléguider 2	*to control from a distance*	le coup d'état a été téléguidé de l'extérieur

---

mensonge   lie

invention f 2	*invention*	ton histoire est une pure invention
mensonge m 2	*lie*	un gros mensonge; un mensonge grossier; ne dis pas de mensonges!
histoire f 2–1	*fib, yarn*	tu ne vas pas croire ces histoires; une histoire à dormir debout (= *a cock-and-bull story*)
baratin m 1	*patter, yarn*	il nous a fait tout un baratin pour qu'on l'achète pour lui
(du) bidon m 1	*lies, codswallop*	tout ça, c'est du bidon, je n'en crois pas un mot
bluff m 1	*bluff, eyewash*	c'est du bluff; il nous a eus au bluff
bobard m 1	*fib, tall story*	raconte pas de bobards, j'y étais, je t'ai pas vu
boniments mpl 1	*tall story, sales patter (disappearing from use)*	tout ça, c'est des boniments, ce qu'il veut, c'est ton argent
salades fpl 1	*tall stories*	tu ne vas pas croire ses salades, j'espère

messe   mass

culte m [2]	*service, worship, cult*	le culte protestant/musulman; ils vouaient un culte aux idoles
messe f [2]	*mass*	elle est à la messe; ils vont à la messe
office m [2]	*service*	aller à l'office; vous êtes priés de ne pas circuler pendant l'office
service m [2]	*church service*	un service religieux/funèbre

---

métis   half-caste

métis [2]	*half-caste* (the offspring of different races)	nos enfants seront métis
mulâtre [2]	*mulatto* (the offspring of black and white parents)	le soleil lui donne un teint de mulâtre

---

mettre   to put, to put on

déposer [2]	*to put, to put down, to drop off* (at a place), *to deposit, to pay in* (money)	elle déposa doucement son enfant endormi sur le lit; déposer quelqu'un à la gare; je passe à la banque, j'ai un chèque à déposer
enfiler [2]	*to put on* (clothing)	enfiler un jean; j'enfile un pull et je suis prête
insérer [2]	*to insert*	insérer une lettre dans une enveloppe; la dépêche a pu être insérée en dernière page du journal
installer [2]	*to install, to place, to settle*	elle installa son fauteuil près de la cheminée; nous l'avons installée dans un petit studio près de la fac
introduire [2]	*to insert, to put*	elle introduisit la clef dans la serrure
mettre [2]	*to put, to put on*	mets la valise dans le coffre; il a mis sa veste

placer 2	*to place, to put*	elle plaça le vase au milieu de la table
planter 2	*to knock in, to drive in*	planter un clou
poser 2	*to install, to fit, to put, to put down*	l'ouvrier qui a posé les carreaux / la moquette; pose ton livre, je te parle
positionner 2	*to position* (a slightly technical term)	tu as mal positionné les pièces
ranger 2	*to put away*	elle l'a rangé dans le tiroir
remiser 2	*to put out of the way, to get rid of*	un vieux fauteuil que j'avais remisé au grenier
caser 1	*to stick away*	où est-ce que je vais caser ça?
fourrer 1	*to bung, to stuff (something somewhere)*	je l'ai fourré dans mon sac
passer 1	*to put on* (clothing)	passer un pull; attends, je vais passer une jupe un peu plus convenable
foutre 1*	*to put*	où t'as foutu le dico?

---

microbe   microbe

bacille m 2	*bacillus*	le bacille de Koch
bactérie f 2	*bacteria*	un milieu favorable au développement des bactéries
germe m 2	*germ*	méfiez-vous des serviettes humides souvent porteuses de germes
microbe m 2	*microbe*	touche pas ça, c'est plein de microbes
virus m 2	*virus*	le virus de la grippe

mince   slim, thin

élancé [2]	*slender*	une taille / une silhouette élancée ; elle est très élancée
fluet [2]	*slight, slender*	elle a de petites cuisses fluettes
frêle [2]	*flimsy, frail*	une jeune fille frêle
gracile [2]	*slender*	un long cou gracile
maigre [2]	*thin, skinny* (used with a slightly pejorative connotation)	une personne / un corps maigre ; elle est loin d'être maigre !
menu [2]	*tiny, slender*	une taille menue ; des doigts menus ; elle est toute menue
mince [2]	*slim, thin*	une personne mince ; elle voudrait être mince ; des tranches de jambon très minces
svelte [2]	*slender*	elle est restée svelte

moderniser   to modernize

mettre à jour [2]	*to update*	nos informations ont été mises à jour
moderniser [2]	*to modernize*	le modèle est vieux, mais l'entreprise va le moderniser ; il faut moderniser le fonctionnement du parti
rajeunir [2]	*to modernize*	il faudra tout repeindre pour rajeunir un peu le décor
ravaler [2]	*to restore* (usually of the outside of a building)	nous avons fait ravaler la façade
réformer [2]	*to improve, to reform*	c'est la structure même de l'enseignement qui doit être réformée
réhabiliter [2]	*to renovate*	ils ont réhabilité tout l'immeuble de haut en bas ; ils ont réhabilité le quartier du Marais à Paris

remettre à neuf 2	*to renovate*	la boutique a été entièrement remise à neuf
remettre en état 2	*to do up, to renovate*	certains vieux immeubles du quartier seront remis en état
renouveler 2	*to renew*	j'ai profité de notre passage à Paris pour renouveler ma garde-robe
rénover 2	*to renovate*	ils ont rénové le quartier du Marais à Paris
retaper 2–1	*to do up*	une vieille baraque qu'ils ont complètement retapée

---

moisson   harvest

cueillette f 2	*picking*	la cueillette des fruits / des pommes / des cerises; la cueillette a été bonne?
fenaison f 2	*haymaking*	au moment de la fenaison
moisson f 2	*harvest* (of cereals, especially wheat)	la moisson a été abondante
récolte f 2	*crop*	la récolte des fruits / des légumes / du miel; nous avons eu une bonne récolte cette année
vendange f 2	*grape harvest*	faire les vendanges

---

monsieur   gentleman

gentilhomme m 3	*gentleman* (of noble descent)	c'est un vrai gentilhomme
gentleman m 3–2	*gentleman* (a somewhat affected man)	il se comporte en véritable gentleman
homme bien m 2–1	*a very correct man*	son mari est un homme très bien

| **homme comme il faut** m
 2–1 | *a very correct man* | le directeur est un homme très comme il faut |
| **monsieur** m
 2–1 | *gentleman* (this word is becoming old-fashioned) | lui, il a des manières, c'est un vrai monsieur |

---

montée   slope, ascent

coteau m 3–2	*hill*	à flanc de coteau ; des coteaux ensoleillés
butte f 2	*small hill*	la butte Montmartre ; l'église est construite sur une petite butte
colline f 2	*hill*	le sommet / les versants de la colline
côte f 2	*slope* (more often up than down)	une fois arrivé en haut de la côte, il a fallu redescendre
descente f 2	*slope* (downwards), *descent*	une descente rapide
montée f 2	*slope* (upwards), *ascent*	une montée difficile
pente f 2	*slope* (more often down than up)	descendre/dévaler la pente
raidillon m 2	*short, steep hill*	le petit raidillon qui monte vers la maison
versant m 2	*slope, side, face*	le versant d'une colline / d'une montagne ; ils ont décidé d'escalader le versant sud
grimpette f 2–1	*short, steep climb*	il ne nous reste plus qu'une petite grimpette et on y est

---

monter   to go up, to climb

| **gravir**
 3–2 | *to climb* (suggesting an effort) | gravir un mur / une pente ; elle a bien du mal à gravir ses six étages |

escalader [2]	*to climb* (suggesting the vertical ascent of a rock)	il a escaladé la paroi les mains nues
grimper [2]	*to climb* (suggesting an effort)	grimper un arbre / une corde; grimper à un arbre (= *to climb in a tree*); grimper à une corde (= *to climb with a rope*); il a grimpé l'escalier à toute vitesse
monter [2]	*to go up, to climb*	je suis monté dans l'ascenseur; elle a monté l'escalier quatre à quatre

---

se moquer   to make fun of

conspuer [3]	*to boo*	le ministre s'est fait conspuer par la foule
se gausser de [3]	*to make fun of*	il avait l'impression que l'on se gaussait de lui
railler [3]	*to mock*	ses écrits, ses chansons, raillant le gouvernement
bafouer [3-2]	*to ridicule*	elle s'est sentie bafouée
persifler [3-2]	*to mock*	essaie un peu d'en faire autant au lieu de persifler
tourner en dérision [3-2]	*to ridicule*	le journaliste l'a tourné en dérision
huer [2]	*to boo*	l'arbitre s'est fait huer
se moquer de [2]	*to make fun of*	ne te moque pas de moi; je m'en moque comme de l'an quarante (= *I don't care a damn*)
ridiculiser [2]	*to ridicule*	il n'aurait jamais dû accepter de parler au public, il s'est fait ridiculiser
rire au nez / rire de [2]	*to laugh at, to laugh in (someone's) face*	quand je l'ai semoncé il m'a ri au nez; elle fait rire d'elle
siffler [2]	*to hoot, to boo*	siffler l'acteur / l'arbitre / les joueurs; à la première représentation, la pièce avait été sifflée

mettre en boîte 2–1	*to take the mickey*	depuis qu'il a raté son permis, les copains n'arrêtent pas de le mettre en boîte
se payer la tête de 2–1	*to make fun of*	elle a horreur qu'on se paie sa tête
se foutre de la gueule de / se foutre de 1	*to take the mickey out of*	je me fous de ta gueule, c'est une blague!; tu te fous de moi ou quoi?

moquette   carpeting

carpette f 2	*(small) rug*	j'ai mis une carpette sous la table pour protéger la moquette
descente de lit f 2	*bedside rug*	le chat était roulé en boule sur la descente de lit
moquette f 2	*carpeting* (often wall-to-wall)	une moquette beige, uniforme et moelleuse
tapis m 2	*carpet, rug*	un tapis persan

morceau   piece

fragment m 3–2	*fragment*	des fragments de verre
bout m 2	*bit*	un bout de papier / de bois / de ficelle; j'ai juste mangé un bout de pain avec du fromage
lambeau m 2	*piece, shred* (of cloth)	un lambeau de tissu; sa veste était en lambeaux (= *in tatters*)
lopin m 2	*piece* (of land)	ils ont un petit lopin de terre derrière la maison où ils font pousser des légumes
miette f 2	*crumb*	des miettes de pain; elle ne m'a pas laissé une miette
morceau m 2	*piece*	un morceau de bois / de pain / de gâteau

| **parcelle** f | *piece* (of land) | une parcelle de terrain ; leur parcelle de blé |
| 2 | | ne suffit pas à les faire vivre |

| **quignon** m | *chunk* | un quignon de pain |
| 2 | | |

---

mort   dead, dead person
adjective or noun

feu	*late* (of restricted use ;	feu la mère de Madame Legrand
3	often used with a	
	humorous connotation)	
	(adjective only)	

| **trépassé** | *deceased* (used most often | la fête des trépassés (= la fête des morts) |
| 3 | as a noun) | |

| **défunt** | *late, deceased (a euphemism* | selon les dernières volontés du défunt |
| 3–2 | *for* **mort**) | |

décédé	*deceased* (a legal term ; also	sa soeur est décédée dans un accident de
2	used euphemistically for	voiture
	mort)	

| **mort** | *dead* | elle est morte l'année dernière ; la fête des |
| 2 | | morts |

| **crevé** | *dead* (of an animal) | la pauvre bête crevée gisait sur la chaussée |
| 2 | | |

---

mort   death

| **trépas** m | *death, demise* | passer de vie à trépas (= *to pass on*) |
| 3 | | |

| **décès** m | *death, bereavement* | depuis le décès de son mari |
| 2 | | |

| **mort** f | *death* | à la mort de sa mère ; elle a eu une belle |
| 2 | | mort |

mot
written and/or spoken word

vocable m 3	term	un vocable peu usité
mot m 2	written and/or spoken word	elle a écrit les mots difficiles au tableau; dis-moi des mots tendres; sans mot dire; un gros mot (= swear word)
parole f 2	(spoken) word	adresser la parole à quelqu'un; vous avez la parole, Monsieur le député; je n'ai jamais entendu de telles paroles
terme m 2	term	c'est un terme que je ne connais pas; il emploie des termes compliqués

moucheter
to spot

all the verbs in this frame often occur as past participles

moucheter 2	to spot	des bananes mouchetées; mon chat a un pelage blanc moucheté de rose
pailleter 2	to spangle	une robe pailletée
parsemer 2	to scatter, to stud	le ciel est parsemé d'étoiles; une pelouse parsemée de fleurs
pommeler 2	to dapple	un cheval pommelé
tacheter 2	to spot	ses yeux sont brun clair, tachetés de vert

mouillé
wet

frais 2	wet (of paint, ink)	attention, peinture fraîche!
humide 2	humid, damp, moist (more used than humid)	le climat est équatorial, chaud et humide; mes cheveux sont encore humides; tu peux éteindre? – j'ai les mains humides
mouillé 2	wet	il a plu et les trottoirs sont mouillés; ne sors pas les cheveux mouillés

| **trempé** [2] | *soaked* | quand je suis arrivée à la maison, j'étais trempée; trempé jusqu'aux os (= *soaked to the skin*); trempé comme une soupe (= *soaked to the skin*) |

---

mourir   to die

s'éteindre [3]	*to die, to pass away*	elle s'est éteinte au milieu des siens
être à l'agonie [3]	*to be dying* (not = *to be in agony*)	il s'est rendu au chevet de sa mère qui est à l'agonie
expirer [3]	*to die, to expire*	elle expira dans les bras de son fils
agoniser [3–2]	*to be dying* (not = *to be in agony*)	le pauvre homme a agonisé dans des souffrances terribles
décéder [3–2]	*to die, to pass away*	elle est décédée des suites de ses blessures
succomber [3–2]	*to succumb*	il a succombé à ses blessures
mourir [2]	*to die*	elle est morte dans l'accident
périr [2]	*to perish*	tous les hommes d'équipage ont péri dans le naufrage
trouver la mort [2]	*to die* (in journalistic style)	deux adultes et un enfant ont trouvé la mort dans un accident de voiture
avaler son bulletin de naissance [1]	*to kick the bucket*	il vient d'avaler son bulletin de naissance, quel malheur!; ils ont décidé de lui faire avaler son bulletin de naissance
casser sa pipe [1]	*to kick the bucket*	le vieux a cassé sa pipe
clamecer/ clamser [1]	*to die, to snuff it*	alors, ton vieil oncle s'est décidé à clamecer/clamser
crever [1]	*to die*	vous n'allez pas les laisser crever comme des bêtes

passer l'arme à gauche [1]	*to kick the bucket*	après une vie bien remplie, il a passé l'arme à gauche ; il n'est pas né celui qui lui fera passer l'arme à gauche

---

au moyen de   by, by means of

par l'entremise de [3–2]	*by, through, through the intermediary of*	c'est par l'entremise de son oncle qu'il a pu avoir le poste qu'il occupe
par personne interposée [3–2]	*through an intermediary*	il m'a fait savoir ce qu'il pensait par personne interposée
à l'aide de [2]	*by, with the help of*	il ne peut marcher qu'à l'aide de sa canne
par le biais de [2]	*by means of*	il aurait dû me le dire carrément au lieu de passer par le biais de sa soeur
grâce à [2]	*thanks to*	c'est grâce à moi que tu as pu avoir le boulot
par l'intermédiaire de [2]	*by, through*	ils se sont rencontrés par l'intermédiaire d'une agence
au moyen de [2]	*by, by means of*	les deux appareils sont reliés au moyen d'un câble
moyennant [2]	*for, in return for*	vos achats peuvent être livrés moyennant une somme modique
par la voie de [2]	*through* (suggesting the idea of a channel)	j'ai eu de ses nouvelles par la voie de mon cousin qui revient de Marseille

---

mur   wall

cloison f [2]	*partition* (made of brick, wood or cardboard)	on entend tout ce qui se passe chez les voisins, les cloisons sont tellement minces
mur m [2]	*wall*	un mur mitoyen ; un pan de mur ; les murs sont en béton ; un mur en pierres sèches

muraille f [2]	*big, solid wall*	la muraille de Chine ; une haute muraille les protège des regards indiscrets
muret m [2]	*low wall*	un petit muret sépare les deux maisons
murette f [2]	*low wall*	le jardin était entouré d'une petite murette
paroi f [2]	*(mountain) face, wall* (of a drinking glass)	escalader une paroi verticale ; des gradations sont gravées sur les parois du récipient
remparts mpl [2]	*circular walls, ramparts*	les remparts de la ville datent du Moyen-Age

---

naïf   naïve

candide [3–2]	*ingenuous, guileless*	un air / un regard candide ; sa question était tellement candide que j'ai été attendri
crédule [2]	*credulous*	comment as-tu pu être si crédule ?
ingénu [2]	*ingenuous*	elle me l'a demandé d'un air ingénu ; ses grands yeux ingénus
naïf [2]	*naïve*	il m'avait menti, j'ai vraiment été naïf
simple [2]	*simple, simple-minded* (used with a pejorative connotation)	ne lui en veux pas, il est un peu simple
simplet [2–1]	*simple, naïve*	ne lui demande rien de trop compliqué, il est un peu simplet

---

négligent   negligent

| **irréfléchi** [3–2] | *thoughtless* | un acte irréfléchi ; une personne irréfléchie ; j'ai eu des paroles irréfléchies que je regrette |
| **distrait** [2] | *absent-minded* | ce n'est pas un mauvais élève, mais il est distrait |

écervelé 2	*scatter-brained* (often occurring as a noun)	pas un gramme de jugeotte dans cette tête écervelée! ; un jeune écervelé
étourdi 2	*thoughtless* (sometimes occurring as a noun)	une personne étourdie ; je suis tellement étourdi que j'ai laissé la clef sur la porte ; tu as encore oublié de mettre ton nom, étourdi!
inattentif 2	*inattentive*	un élève inattentif ; tâche d'être un peu moins inattentif cette fois-ci
insouciant 2	*heedless, happy-go-lucky*	nous étions insouciants de l'avenir ; insouciante jeunesse!
négligent 2	*negligent*	une mère négligente ; si les services sociaux avaient été moins négligents, le drame aurait pu être évité
rêveur 2	*dreamy*	il aurait certainement de meilleures notes, s'il était moins rêveur

---

nègre   negro

négrillon m 3–2	*black boy* (suggesting the colonial period)	les enfants sont tellement bronzés qu'ils ont l'air de petits négrillons
homme m / **femme** f **de couleur** 2	*coloured person*	leur fille a épousé un homme de couleur ; leur fils a épousé une femme de couleur
nègre m / **négresse** f 2	*negro* (a less polite and less commonly used word than **noir**)	la traite des nègres
noir m / **noire** f 2	*black person*	les noirs américains

---

neige   snow

congère f 2	*snowdrift*	des congères de trois mètres de haut bloquent le passage
enneigement m 2	*state of snow* (for skiing)	le bulletin d'enneigement ; avec le redoux, l'enneigement est insuffisant

| **neige** f
 2 | *snow* | une tempête de neige ; la neige est tombée cette nuit |
| **poudreuse** f
 2 | *powder snow* | il vient tout juste de neiger, on va pouvoir skier dans la poudreuse |

---

nettoyer   to clean

balayer 2	*to sweep, to clean with a broom*	balayer une chambre / le sol ; j'ai balayé les éclats de verre, mais il faudrait passer l'aspirateur
biner 2	*to hoe*	biner le jardin / la terre
blanchir 2	*to wash, to whiten, to launder* (used literally and figuratively)	blanchir le linge ; je suis logé, nourri et blanchi (= *my washing is done for me*) ; l'argent a été transféré à l'étranger pour être blanchi
déblayer 2	*to clear away* (see below)	déblayer le chemin / un terrain
décaper 2	*to sand down* (wood), *to scale* (metal) (a stronger word than **récurer**)	un produit pour décaper le four ; j'ai décapé la couche de vernis et j'ai repeint
défricher 2	*to clear* (land for cultivation)	défricher un terrain ; il a fallu défricher le sol avant de semer
nettoyer 2	*to clean*	nettoyer une maison / la cuisine / la salle de bains ; j'ai quelqu'un qui me donne un coup de main pour nettoyer
récurer 2	*to scour*	récurer les casseroles / la baignoire
sarcler 2	*to weed*	sarcler les mauvaises herbes / le jardin
vider 2	*to clean out, to gut*	vider le poisson / le poulet ; un poulet vidé et plumé
déblayer 2–1	*to clean up* (rubbish or rubble) (see above)	ça m'a pris deux heures pour déblayer tous les cartons qui s'étaient entassés

nez

nose

groin m [2]	*snout*	le groin du cochon / du sanglier
mufle m [2]	*muzzle*	le mufle du lion / du rat / du boeuf
museau m [2]	*snout*	le museau du chien / du cochon / de la vache
nez m [2]	*nose*	elle a un joli nez ; un nez crochu
truffe f [2]	*nose* (of a dog)	la truffe du chien
blair m [1]	*hooter, snitch*	il lui a envoyé un coup de poing sur le blair
blase/blaze f [1]	*hooter, snitch*	il s'est fait éclater la blase dans une bagarre
pif m [1]	*hooter, snitch*	il s'est pris une baffe en plein sur le pif
tarin m [1]	*hooter, snitch*	il a un gros tarin

nigaud

silly person

benêt m [3–2]	*simpleton, duffer* (always with **grand**)	un grand benêt
niais m [3–2]	*simpleton* (occurring especially as an adjective)	c'est un niais qui n'y connaît rien ; il est tellement niais qu'il n'y comprend rien
nigaud m [2]	*silly person* (usually of a child)	allons, gros nigaud, ne pleure pas ; un attrape-nigaud (= *con*)
simplet m [2]	*simpleton*	il faut bien lui expliquer, il est un peu simplet
ballot m [1]	*twit, duffer*	quel ballot ! je lui avais pourtant bien expliqué

bêta m [1]	*silly person* (usually of a child)	mais non, gros bêta, les oiseaux ont un bec
cornichon m [1]	*nit, fool*	ne fais pas le cornichon, tu m'as parfaitement compris
couillon m [1*]	*damn fool*	ils me prennent pour un couillon, ils vont voir

---

nourrir   to feed

alimenter [2]	*to feed* (used literally and figuratively)	le malade est alimenté à l'aide d'une sonde ; on a assez de bois pour alimenter le feu ; la rivière qui traverse la ville est alimentée par trois affluents
allaiter [2]	*to feed* (if the word is not qualified, it means *to breastfeed*)	allaiter au biberon / au sein ; je l'allaite encore
approvisionner [2]	*to provide food* (on a large scale)	le fournisseur qui nous approvisionne en café
donner à manger [2]	*to feed* (people and animals)	tu as donné à manger au chat ? ; c'est sa mère qui lui donne à manger d'habitude
nourrir [2]	*to feed*	ça revient cher de nourrir une famille
ravitailler [2]	*to supply with food*	ravitailler une armée / une école ; un camion chargé de provisions ravitaille le camp chaque semaine

---

nourriture   food

aliment m [2]	*food*	le temps nécessaire à la préparation des aliments ; un aliment plein de vitamines
alimentation f [2]	*food, groceries, diet*	un magasin d'alimentation ; donnez à vos enfants une alimentation variée
denrée f [2]	*foodstuff, produce* (usually occurring in the plural)	des denrées alimentaires ; des denrées périssables
manger m [2]	*food* (restricted to certain expressions)	la boîte où il met son manger ; le boire et le manger

nourriture f 2	*food*	je préfère la nourriture française à la nourriture anglaise
provisions fpl 2	*provisions*	l'armoire à provisions ; faire des provisions ; il faudra faire des provisions, on sera nombreux ce weekend
ravitaillement m 2	*provisions, supplies*	tu t'occupes des enfants, pendant que je me charge du ravitaillement
bouffe f 1	*grub, nosh*	la bouffe de la combine est infecte
bouffetance f 1	*grub, nosh*	il est en train de préparer la bouffetance
boustifaille f 1	*grub, nosh*	il n'y a que la boustifaille qui l'intéresse
mangeaille f 1	*disgusting grub*	on nous a servi une mangeaille innommable

---

nouveau   new

inédit 2	*unpublished, new, unknown*	une information inédite ; des textes restés inédits ; un système inédit
moderne 2	*modern*	une invention moderne ; tout ce confort moderne ; mes parents n'étaient pas du genre moderne
neuf 2	*(brand) new (the adjective follows its noun)*	son chapeau est tout neuf ; des chaussures neuves
nouveau 2	*new (a different one)*	j'ai un nouveau professeur de maths ; ils ont une nouvelle voiture qu'ils ont achetée d'occasion ; il m'a présenté sa nouvelle femme
récent 2	*recent*	un film récent ; je n'ai pas de nouvelles récentes d'elle

---

à nouveau   once more, again

| **encore une fois /**
 encore
 2 | *once again* | essaie encore une fois / encore |

une nouvelle fois [2]	*once more, again*	je te le répète une nouvelle fois, n'y vas pas
à nouveau [2]	*once more, again*	la première fois que je l'ai vu, c'était à Paris, nous nous sommes revus à nouveau à Londres
de nouveau [2]	*once more, again*	il a de nouveau parlé de partir
une fois de plus [2]	*once more* (this expression is a little more forceful than the others in this frame)	elle a insisté pour revoir son film une fois de plus ; je le répète une fois de plus, je ne veux plus en entendre parler

NB **à nouveau** etc are very frequently replaced in R2 and R3 by verbs + prefix **re-**, eg **recréer, redevenir, recommencer, remonter, refaire, redescendre** or **ré-**, eg **rééchelonner, rééditer, réélire** or **r-**, eg **récrire**.

nuisible   harmful

délétère [3]	*deleterious*	un gaz délétère ; des vapeurs délétères
pernicieux [3]	*pernicious* (suggesting moral worthlessness)	une influence pernicieuse ; des lectures pernicieuses
néfaste [3–2]	*harmful* (of an influence)	la fréquentation du fils des voisins lui est néfaste
préjudiciable [3–2]	*harmful* (to someone's health) (a less strong word than **nocif** or **nuisible**)	une situation qui serait préjudiciable à l'équilibre du patient
nocif [2]	*harmful* (usually of a thing)	méfie-toi des colorants, c'est nocif
nuisible [2]	*harmful*	un animal nuisible ; le climat humide est nuisible à sa santé
toxique [2]	*toxic*	un gaz / une substance toxique ; un produit hautement toxique

obscur   obscure

abscons 3	*abstruse, recondite* (used with a pejorative connotation)	un raisonnement / un style abscons
abstrus 3	*abstruse*	des révélations abstruses ; un ouvrage abstrus
embrouillé 2	*confused*	des explications embrouillées
énigmatique 2	*enigmatic*	une réponse / un sourire énigmatique
impénétrable 2	*impenetrable*	un mystère impénétrable ; impossible de deviner ses pensées, son visage restait impénétrable
insondable 2	*unfathomable*	un mystère insondable
obscur 2	*obscure*	un message au contenu obscur
voilé 2	*veiled*	une menace voilée ; il l'a évoqué en termes à peine voilés

obscurité   darkness

ténèbres fpl 3–2	*darkness*	les ténèbres s'épaississaient autour de lui ; le Prince des Ténèbres
noir m 2	*dark*	n'aie pas peur du noir
nuit f 2	*night*	à l'heure où la nuit tombe
obscurité f 2	*darkness*	il a peur dans l'obscurité

observer   to observe

épier 2	*to spy, to spy on, to watch closely*	il se sentait épié ; il les épiait par le trou de la serrure

espionner [2]	to *watch closely* (like a spy) (the word has a wider application than **épier**)	il a engagé un détective privé pour espionner sa femme
guetter [2]	to *spy, to spy on, to lie in wait for*	il est resté devant la porte à guetter ton arrivée; attentif comme un chat qui guette sa proie
observer [2]	to *observe*	observer les oiseaux à la jumelle; vous observez tous ses faits et gestes
remarquer [2]	to *notice*	remarquer un détail; je n'ai rien remarqué de suspect
surveiller [2]	to *watch over, to keep an eye on*	surveiller quelqu'un; vous surveillerez ses allées et venues

---

s'obstiner   to persist, to persist in

s'opiniâtrer **dans** + nom **à** + infinitif [3]	to *persist, to persist in*	il s'opiniâtre dans son erreur; il s'opiniâtre à nier; nous aurions voulu le convaincre, mais il s'opiniâtre
persévérer **dans** + nom **à** + infinitif [3-2]	to *persevere, to persevere in* (see below)	il persévéra dans sa décision de vendre; il persévère à vouloir l'épouser
s'acharner **à** + infinitif [2]	to *persist, to be set on* (often used intransitively)	elle ne veut pas de lui, mais il s'acharne à vouloir la séduire; ce n'est pas un métier pour lui, mais il s'acharne
se buter [2]	to *dig in one's heels* (often occurring as a past participle, meaning *obstinate*)	dès qu'on lui interdit quelque chose, elle se bute; elle est trop butée pour écouter ses conseils
s'entêter **à** + infinitif [2]	to *persist stubbornly, to persist stubbornly in* (often used intransitively)	il s'entête à partir; plus j'insistais et plus il s'entêtait
insister **pour** + infinitif **pour que** + subjonctif [2]	to *insist, to insist on* (often used intransitively)	elle a insisté pour payer; inutile d'insister, je n'irai pas; j'insiste pour que tu le fasses tout de suite

s'obstiner **à** + infinitif 2	to persist, to persist in (often used intransitively)	il n'y a rien à faire, elle s'obstine ; il s'obstine à vouloir partir
persévérer 2	to persevere (see above)	l'appréciation du prof de latin était : il fait des progrès, doit persévérer
persister **dans** + nom **à** + infinitif 2	to persist, to persist in	tu devrais persister dans ton effort, si tu veux réussir ; elle persiste à nier les faits

---

obstruer   to obstruct, to block

condamner 3–2	to block up (a door, etc, so that it can no longer be used)	condamner une porte / une fenêtre ; l'armoire condamne le passage
barricader 2	to barricade	barricader une porte / une rue ; il a déplacé tous les meubles pour barricader la porte
bloquer 2	to block, to barricade	bloquer une route / un passage ; un embouteillage bloque l'entrée du tunnel
boucher 2	to block up, to put a stopper in	boucher un trou / un flacon ; zut ! l'évier est bouché
calfeutrer 2	to block up (small gaps in a door or window)	calfeutrer une fenêtre / une porte ; on se servait du papier pour calfeutrer les fenêtres
colmater 2	to fill up (a gap)	colmater une brèche ; il a colmaté la fissure avec du goudron
encombrer 2	to block, to clutter up	tu devrais donner les vêtements que tu ne mets plus et qui encombrent l'armoire ; un amas de vaisselle sale encombrait l'évier
entraver 2	to obstruct, to block	une voiture garée en double file entravait le passage
obstruer 2	to obstruct, to block	des ronces obstruaient le passage ; une voiture obstruait la voie du garage

obtenir   to obtain

s'approprier [3–2]	*to appropriate, to take over*	s'approprier le pouvoir / une idée ; je ne le lui ai pas donné, il se l'est approprié
acquérir [2]	*to acquire* (used literally and figuratively)	il a acquis beaucoup d'expérience depuis ; un titre qu'il a acquis en 1990 ; la municipalité voudrait acquérir le terrain pour y construire une école
gagner [2]	*to win*	gagner la médaille d'or / le gros lot
obtenir [2]	*to obtain*	j'ai obtenu mon permis de conduire du premier coup
se procurer [2]	*to obtain, to procure*	comment as-tu fait pour te procurer ce livre ? ; c'était complet, je n'ai pas pu me procurer de place
remporter [2]	*to carry off, to win*	remporter un prix / une victoire ; notre équipe a remporté la première place
décrocher [2–1]	*to get, to land* (a job or victory ; suggesting a reward for merit)	décrocher un emploi / un contrat ; elle a décroché son bac avec la mention 'bien' ; c'est finalement lui qui a décroché le contrat
dénicher [2–1]	*to find, to dig up, to unearth* (suggesting effort)	dénicher une situation / un appartement ; une édition rare que j'ai dénichée chez un bouquiniste
dégoter [1]	*to dig up, to find* (used with a slightly pejorative connotation)	où est-ce que t'as dégoté ça ?

---

odeur   smell

remugle m [3]	*stale smell*	des remugles de tabac froid
fumet m [3–2]	*smell* (of fish, meat or wine)	un fumet épicé s'échappait de la marmite ; quel fumet !
arôme m [2]	*aroma, pleasant smell*	l'arôme du café ; un café à l'arôme puissant
bouquet m [2]	*bouquet*	le bouquet d'un vin / d'une liqueur ; un vin qui a du bouquet

odeur f 2	*smell*	je sens une bonne/mauvaise odeur ; une odeur de gaz
parfum m 2	*scent, smell, perfume*	le parfum des pinèdes ; un parfum agréable ; une rose au parfum poivré
puanteur f 2	*stench, stink*	la puanteur des égouts ; la fosse aux ours dégageait une puanteur insupportable
relent m 2	*unpleasant smell (suggesting persistence)*	des relents de friture imprégnaient la maison

---

offenser   to offend

froisser 3–2	*to hurt, to offend*	ta remarque l'a froissée ; il se sentait froissé dans sa dignité
offusquer 3–2	*to offend*	cela l'offusquerait d'apprendre que vous n'êtes pas marié
piquer 3–2	*to sting, to nettle*	il a des répliques qui vous piquent au vif
blesser 2	*to hurt, to wound (someone's pride)*	il a été blessé dans son amour-propre ; tu aurais dû lui dire, ça l'a blessée d'être la dernière au courant
offenser 2	*to offend*	nous nous sommes pliés aux coutumes locales afin de n'offenser personne
vexer 2	*to hurt, to upset*	je l'ai vexé sans le vouloir ; ça le vexe qu'on le traite comme un tout-petit

---

oisif   idle, lazy

désoeuvré 2	*unable to find work (suggesting boredom)*	maintenant que ses enfants ont grandi, elle se sent désoeuvrée
inoccupé 2	*unoccupied*	il ne sait rester inoccupé
oisif 2	*idle, lazy*	un passe-temps pour fils de milliardaire oisif

opinion   opinion

appréciation f 2	*assessment* (of a person or book)	je suis inscrite en classe de terminale C, la prof de maths m'a donné une appréciation favorable
avis m 2	*opinion* (with less weight than **opinion**)	donner son avis ; toi, on ne t'a pas demandé ton avis ; à mon avis, c'est trop grand
idée f 2	*idea*	il a des idées sur tout ; tu as une idée de l'heure ? ; lui, quand il a une idée en tête ! ; une idée fausse
jugement m 2	*judgement*	je ne veux pas porter un jugement sur ta conduite
opinion f 2	*opinion*	il a des opinions politiques très arrêtées ; je n'ai pas d'opinion sur la question
point de vue m 2	*point of view*	et quel est ton point de vue sur le sujet ? ; je ne partage pas ton point de vue

---

opportun   opportune

propice 3–2	*favourable, propitious*	choisir le moment propice ; l'occasion était propice
approprié 2	*appropriate*	je n'ai pas la tenue appropriée ; j'y arriverais mieux si j'avais l'instrument approprié
bienvenu 2	*apposite, welcome*	une remarque bienvenue ; vos commentaires sont les bienvenus
conforme 2	*in keeping with, commensurate*	son train de vie est loin d'être conforme avec ses opinions
convenable 2	*suitable*	ce n'est pas une heure convenable pour téléphoner
favorable 2	*favourable*	un jugement / une appréciation favorable ; attendons que les circonstances soient plus favorables
opportun 2	*opportune*	attendons le moment opportun ; ce n'était pas très opportun de lui en parler
pertinent 2	*pertinent*	sa remarque n'est que trop pertinente

opposer   to oppose

braver 3–2	*to face, to brave*	braver l'opinion publique / la tempête ; je ne me sens pas prêt à braver sa colère
contrarier 3–2	*to oppose, to thwart*	contrarier les projets / les plans de quelqu'un ; nous serions partis si le mauvais temps ne s'était pas mêlé de contrarier nos projets
contrecarrer 3–2	*to thwart*	contrecarrer un projet / les plans de quelqu'un ; la grève est venue contrecarrer notre planning
s'opposer à ce que + subjonctif 3–2	*to oppose*	elle s'oppose à ce que je te revoie
contredire 2	*to contradict*	je me permets de te contredire sur ce point ; les faits ont contredit nos prévisions
opposer 2	*to oppose*	ils se sont rendus sans opposer de résistance
s'opposer à 2	*to oppose*	je me suis opposé à son départ / à son mariage / à sa décision
résister à 2	*to resist*	résister à la tentation ; la population s'est organisée pour résister à l'occupant

opprimer   to oppress

asservir 3–2	*to subjugate* (usually occurring as an infinitive or past participle)	asservir un peuple ; une population asservie
assujettir 3–2	*to subjugate* (usually occurring as an infinitive or past participle)	un peuple assujetti par des années de tyrannie
opprimer 2	*to oppress* (with violence)	aider/libérer les nations opprimées
tyranniser 2	*to tyrannize*	c'est un despote qui tyrannise son peuple ; elle se laisse tyranniser par ses petits–enfants

orage   storm

bourrasque f 2	*squall, gust*	une bourrasque si violente qu'elle a déraciné le cyprès
grain m 2	*squall* (usually near the sea)	pas de sortie en mer, il va y avoir un grain
orage m 2	*storm* (with thunder and lightning)	l'orage menace
rafale f 2	*fierce blast, sudden gust*	une rafale de pluie / de neige ; des rafales de vent balayaient la ville
tempête f 2	*storm* (with violent wind)	dehors, la tempête faisait rage ; une tempête de neige

ordonner   to order, to command

enjoindre 3	*to enjoin, to charge*	je vous enjoins de me payer immédiatement
astreindre à 3–2	*to compel to, to force to, to constrain to* (often occurring in the passive voice or as a reflexive verb)	elle est astreinte à une discipline très stricte ; je m'astreins à étudier cinq heures par jour
contraindre **à** + infinitif – **de** + infinitif – 3–2	*to constrain to, to compel to* when the verb is active when the verb is passive	elle m'a contraint à changer d'avis ; j'ai été contraint d'accepter
charger 2	*to charge*	j'ai été chargée de surveiller les élèves
commander 2	*to be in command over, to command*	c'est moi qui commande ; on lui a commandé de démissionner ; il a commandé à la classe de se taire
forcer **à** + infinitif – **de** + infinitif – 2	*to oblige to, to force to, to make to* when the verb is active when the verb is passive	ils l'ont forcée à aller dans l'eau ; j'ai été forcé d'aller le chercher

obliger	*to oblige to, to force to, to make to*	je me sens obligée d'y assister ; malheureusement, je suis obligé de refuser votre invitation ; il l'a obligé à se taire
à + infinitif —	when the verb is active	
de + infinitif —	when the verb is passive	
2		

ordonner	*to order, to command*	il a ordonné la retraite ; on lui a ordonné de ne pas en parler ; il a ordonné à ses troupes de se retirer
2		

sommer	*to enjoin, to charge*	nous vous sommons de vous rendre
2		

---

ordonner   to put in order, to arrange

arranger	*to arrange*	les fleurs avaient été joliment arrangées ; il faudra arranger la cuisine différemment
2		

classer	*to classify*	classer des factures / des papiers / des documents ; est-ce que tu classes les tomates parmi les fruits ou les légumes ?
2		

classifier	*to classify* (a less common word than **classer**)	une espèce animale difficile à classifier
2		

ficher	*to classify, to put on file* (often by the police)	un groupe d'activistes fiché par la police
2		

ordonner	*to put in order, to arrange* (often occurring as a past participle)	ordonner ses idées ; une chambre très ordonnée
2		

répertorier	*to itemize*	les enregistrements disponibles sont répertoriés dans le catalogue
2		

trier	*to sort, to sort out*	trier les lentilles ; trier les candidats ; trie les photos et choisis celles que tu veux faire agrandir
2		

---

originaire   native

autochtone	*native, autochthonous*	les tribus autochtones ; la population autochtone
3		

indigène	*indigenous*	la population indigène
2		

natal 2	*native, home*	mon pays natal; ma ville natale
natif 2	*native*	il est natif de Marseille
originaire 2	*native*	elle est originaire de Paris

---

orner   to adorn

agrémenter 3–2	*to embellish*	elle a agrémenté son exposé d'anecdotes; ajoute quelques olives pour agrémenter le plat
égayer 3–2	*to brighten up*	il a raconté des blagues pour égayer la conversation; une écharpe de couleur vive égayerait ta tenue
parer 3–2	*to bedeck, to adorn* (often occurring as a past participle)	la mariée était parée comme une reine
décorer 2	*to decorate*	décorer une chambre / une fenêtre / un sapin; la maison est décorée à mon goût
embellir 2	*to embellish*	elle a tendance à embellir les choses; embellir la vérité; sa grossesse l'a embellie
enjoliver 2	*to embellish*	enjoliver la réalité; ce n'est pas tout à fait comme ça, j'enjolive un peu
garnir 2	*to decorate* (food or clothes)	servez le poisson garni de pommes vapeur; des manches garnies de dentelle
illustrer 2	*to illustrate* (a book)	illustrer un livre; illustrez votre exposé d'exemples vécus; un ouvrage abondamment illustré
orner 2	*to adorn*	un galon orne le col; une rose ornait sa boutonnière; des chandeliers en argent ornaient la cheminée

---

ouvrir   to open

| **déballer** 2 | *to open* (a parcel) | déballer un colis / un paquet / un cadeau; les déménageurs nous ont livré les cartons sans les déballer |

écarquiller 2	*to stare wide-eyed*	écarquiller les yeux d'étonnement
entrebâiller 2	*to open (a door) just a little*	une porte entrebâillée; j'ai entrebâillé la porte pour voir qui c'était
entrouvrir 2	*to half-open* (often wider than **entrebâiller**)	elle a entrouvert la porte pour laisser sortir le chat
ouvrir 2	*to open*	ouvrir la porte / la fenêtre / une valise; quelqu'un a sonné, mais je n'ai pas ouvert

---

page   page

folio m 3–2	*folio, page* (a publishing term)	se reporter au folio 26, recto
copie f 2	*script, sheet* (of an exercise or examination)	ramasser les copies d'une épreuve; j'ai des copies à corriger
feuille f 2	*sheet*	une feuille de papier; je l'ai noté sur une feuille volante (= *loose sheet*)
feuillet m 2	*page, leaf*	rédigez-moi un rapport d'une douzaine de feuillets
page f 2	*page*	page 102; un cahier de 100 pages; les pages ne sont pas numérotées
papier m 2	*sheet of paper*	donne-moi ce papier; les campeurs avaient laissé des papiers gras et des bouteilles vides

---

paître   to graze

pâturer 3	*to graze* (used intransitively)	les vaches pâturent dans les champs
brouter 2	*to eat (grass)* (of sheep) (used both transitively and intransitively)	les moutons broutent dans le pré
paître 2	*to graze* (of cows) (used intransitively and usually occurring as an infinitive)	il a mené paître les vaches

pâle   pale

blême [3]	*pallid* (of light; see below)	dans la lueur blême du petit matin
livide [3]	*pallid* (not = *livid*)	le teint livide; en sortant de chez le dentiste, il était livide
blafard [3–2]	*pallid, pale*	le teint blafard; une lumière blafarde; l'éclairage au néon faisait des mines blafardes
blême [2]	*pallid, wan* (of someone's complexion; see above)	le visage blême; elle a dû vraiment avoir peur, elle était blême
délavé [2]	*faded* (of washed clothes)	un jean délavé; des couleurs délavées
incolore [2]	*colourless*	un liquide / un vernis incolore; des lunettes aux verres incolores
pâle [2]	*pale*	le teint / le visage pâle; je le trouve un peu pâle
pâlot [2–1]	*somewhat pale* (especially of a child)	la petite est pâlotte aujourd'hui

---

en panne   out of order, broken down

déréglé [2]	*out of order* (of a machine), *upset* (of a system), *disturbed*	il est trois heures, ta montre est déréglée; avec le décalage horaire, son sommeil est déréglé
en dérangement [2]	*out of order* (usually of the telephone)	le téléphone est en dérangement
en panne [2]	*out of order, broken down*	une voiture en panne encombrait le passage; l'ascenseur est encore en panne
détraqué [2–1]	*out of order* (of a machine), *upset* (of health)	quelle heure as-tu? – je crois que ma montre est détraquée; avec tous ces antibiotiques qu'il prend, il a l'estomac détraqué
bousillé [1]	*fouled, messed up*	tu aurais vu la voiture après l'accident, complètement bousillée!
déglingué [1]	*mucked up, messed up* (of a machine)	un vieux vélo tout déglingué

| **en rade** [1] | *stranded* | je me suis retrouvé en rade sur l'autoroute ; ils sont partis et m'ont laissé en rade sur la plage |

---

pantalon   trousers

bermuda m [2]	*bermuda shorts*	un bermuda à fleurs
blue-jean m [2]	*jeans*	en blue-jean et blouson de cuir
corsaire m [2]	*long shorts*	un corsaire en coton
culotte f [2]	*short trousers*	une culotte de cheval ; du temps où je portais des culottes courtes
jean/jeans m [2]	*jeans*	en jean et baskets
pantalon m [2]	*trousers*	un pantalon en velours / côtelé / en laine
short m [2]	*shorts*	un short de tennis

---

parapluie   umbrella

ombrelle f [2]	*woman's sunshade* (smaller than a **parapluie** and **parasol**)	des dames en robes longues et avec des ombrelles
parapluie m [2]	*umbrella*	un parapluie pliant
parasol m [2]	*beach umbrella, sunshade*	à l'ombre d'un parasol
pébroc/ pébroque m [1]	*brolly*	zut ! j'ai oublié mon pébroc
pépin m [1]	*brolly*	prends ton pépin, il pleut

riflard m
1
brolly (a less common word
than **pépin**)
un vieux riflard qui prend l'eau

---

parce que   because

attendu préposition
3–2
given, considering
attendu les circonstances, le candidat est
autorisé à se représenter

attendu que
3–2
given that, considering that
vous recevrez une autre convocation,
attendu que la date de la réunion a été
reportée

car
2
for, because
nous y retournons chaque année, car –
comme vous le savez – ma femme est
Anglaise

comme
2
since, as
comme il pleuvait, je suis restée à la maison

étant donné
préposition
2
given
étant donné notre situation financière, nous
devons nous limiter

étant donné que
2
given that
étant donné que vous êtes tous présents, je
vais vous en parler

dans la mesure où
2
in so far as, because
je me sens concerné dans la mesure où nous
partageons le même appartement

parce que
2
because
je n'y suis pas allé parce que j'étais malade

puisque
2
since (more forceful than
parce que)
j'irai toute seule puisque tu ne veux pas
venir

en ce sens que
2
in the sense that
tout le monde est d'accord en ce sens que
personne n'est contre

vu que
2–1
seeing that
ça ne pouvait pas être moi, vu que je n'y ai
jamais mis les pieds

---

parier   to bet, to gamble

gager
3
to gamble, to bet (used
figuratively only)
gageons qu'il ne tiendra pas sa langue

jouer 2	to gamble, to bet	il a tout joué, tout perdu ; j'ai joué le 6 au Tiercé et il est rentré premier
miser 2	to bet (usually on horses)	j'ai tout misé sur le 24
parier 2	to bet, to gamble	parier sur un cheval / un candidat ; je te parie qu'il ne viendra pas
spéculer 2	to speculate (a financial term)	spéculer à la bourse ; spéculer à la hausse / à la baisse
tabler sur 2	to bank on	tabler sur une réussite ; il avait tablé sur l'appui du parti

---

parler   to speak

deviser 3	to converse	pendant qu'ils devisaient agréablement du temps qu'il fait
converser 3–2	to converse	ils ont conversé tranquillement en revenant de la messe
discourir 3–2	to hold forth	un sujet sur lequel mon père aime à discourir
pérorer 3–2	to declaim, to hold forth (used with a pejorative connotation)	quelques admirateurs béats devant lesquels elle pérorait
babiller 2	to chatter (of a child)	je l'entendais babiller dans son berceau
bavarder 2	to chat, to talk	on a bavardé un peu
causer 2	to chat (with an old-fashioned connotation)	j'avais envie d'en causer avec vous ; le journaliste qui cause dans le poste ; ça va faire causer dans le village
dialoguer 2	to hold talks, to talk (more formal than **parler**)	le ministre a accepté de dialoguer avec les grévistes ; la réunion vous permettra de dialoguer avec plusieurs spécialistes
parler 2	to speak	n'en parle pas à ta sœur
bavasser 1	to gas away (used with a pejorative connotation)	remettez-vous au travail au lieu de bavasser

caqueter [1]	*to cackle* (used with a pejorative connotation)	on les entend caqueter au milieu du bruit des machines
commérer [1]	*to gossip* (used with a pejorative connotation)	des vieilles qui n'ont rien d'autre à faire que commérer
jacasser [1]	*to chatter* (used with a pejorative connotation)	ça me donne mal à la tête de les entendre jacasser sans arrêt
jaser [1]	*to chat away, to gossip*	sa conduite va faire jaser
tailler une bavette [1]	*to have a natter*	on a taillé une bavette à la sortie du bureau
tchacher [1]	*to chat, to talk* (a word heard especially in the South of France, but also common elsewhere)	on a tchaché toute la soirée

---

partir   to leave

s'en retourner [3]	*to return* (a word which is becoming old–fashioned and is difficult to classify from the point of view of register)	l'été venu, il s'en retournera chez lui, au soleil
s'en aller [2]	*to go away*	il faut que je m'en aille; allez, on s'en va
décamper [2]	*to clear off*	il a fallu appeler les flics pour les faire décamper
déguerpir [2]	*to clear off*	déguerpissez, ou j'appelle les gendarmes
partir [2]	*to leave*	je suis partie de la maison à 8h
quitter [2]	*to leave*	j'ai quitté Marseille ce matin
filer [2–1]	*to clear off*	je suis déjà en retard, je file; filer à l'anglaise (= *to take French leave*)
se barrer [1]	*to clear off, to scoot*	j'en ai marre, je me barre

se caleter / se calter 1	*to clear off, to scoot*	il s'est caleté dès qu'il a vu les flics
se casser 1	*to clear off, to scoot*	casse-toi en vitesse!
se débiner 1	*to clear off, to scoot*	il se débine au moment de la vaisselle
détaler 1	*to scarper, to dash off, to clear off*	il a détalé dès qu'il m'a vu
se faire la malle 1	*to scarper*	ils se sont fait la malle avec la caisse
ficher le camp 1	*to scarper*	fichez-moi le camp d'ici!
mettre les voiles / les mettre 1	*to scarper*	il est temps de mettre les voiles; allez, on les met?
se tailler 1	*to scarper*	désolé, faut que je me taille
se tirer 1	*to scarper*	tire-toi de là
foutre le camp 1*	*to bugger off*	ça m'a donné envie de foutre le camp

---

partisan   supporter

adepte m ou f 3–2	*follower*	une doctrine qui compte beaucoup d'adeptes; un fervent adepte du bouddhisme
adhérent m 2	*follower*	une carte d'adhérent; un organisme de plus d'un millier d'adhérents
allié m 2	*ally*	nous pouvons compter sur nos alliés en cas de guerre
disciple m 2	*disciple*	son enseignement a fait de nombreux disciples

fidèle m [2]	*follower, devotee*	l'appel des fidèles à la prière ; les fidèles du journal de 13 heures
partisan m [2]	*supporter*	les partisans d'une doctrine / d'un mouvement
supporter m [2]	*supporter* (usually in sport)	les supporters d'une équipe de foot
sympathisant m [2]	*sympathizer* (usually in politics)	notre parti compte de nombreux sympathisants

---

passager   passenger

| **passager** m [2] | *passenger* (by sea, air or coach) | les passagers à l'arrière |
| **voyageur** m [2] | *passenger* (by bus or train) | terminus, tous les voyageurs sont priés de descendre |

---

se passer   to take place

advenir [3]	*to happen*	qu'adviendrait-il des enfants, s'il lui arrivait quelque chose ? ; advienne que pourra (= *come what may*)
arriver [2]	*to happen, to take place*	attention, un accident est si vite arrivé ; ce sont des choses qui arrivent
avoir lieu [2]	*to take place*	l'inauguration aura lieu demain ; l'accident / l'événement a eu lieu hier
se dérouler [2]	*to take place, to unfold*	le reste de la soirée s'est déroulée dans le calme ; tout s'est déroulé comme prévu
se passer [2]	*to take place*	ça s'est passé sous mes yeux ; il ne se passe jamais rien ici
se produire [2]	*to take place*	un accident s'est produit sur la Nationale 7 ; nous ne savons pas comment l'explosion a pu se produire
survenir [2]	*to happen unexpectedly*	contactez-moi s'il survient le moindre problème

| **se tenir** | *to take place* (often | une réunion du comité se tiendra demain |
| 2 | referring to a meeting) | soir |

NB **se dérouler**, **se produire** and **survenir** are of a slightly higher register than the other R2 verbs in this frame.

---

patauger   to splash about, to flounder

barboter	*to splash about* (in water;	à cet âge-là, ils adorent barboter dans leur
2	suggesting enjoyment, as	bain
	with a child)	

patauger	*to splash about* (in mud;	c'était amusant de patauger dans les flaques;
2	sometimes suggesting	j'ai dû patauger dans la boue pour dégager
	enjoyment, but often an	la voiture
	effort), *to flounder*	

patouiller	*to wade, to splash about*	patouiller dans la boue; je reste à la maison,
1		je n'ai aucune envie de patouiller dans la
		gadoue

---

pauvre   poor

| **impécunieux** | *impecunious* | un jeune ménage impécunieux |
| 3 | | |

| **miséreux** | *poverty-stricken* | un quartier miséreux |
| 3–2 | | |

| **nécessiteux** | *needy* | l'état vient en aide aux familles nécessiteuses |
| 3–2 | | |

| **défavorisé** | *disadvantaged* | un milieu défavorisé |
| 2 | | |

| **démuni** | *impoverished, without means* | il m'a prêté de l'argent à un moment où |
| 2 | | j'étais particulièrement démuni |

| **désargenté** | *impecunious* | c'est un noble désargenté |
| 2 | | |

| **indigent** | *indigent* | les élèves indigents ne paient pas |
| 2 | | |

pauvre 2	*poor*	un quartier très pauvre de Paris ; un pays pauvre ; ses parents étaient très pauvres
sans le sou 2–1	*broke*	je ne peux rien te prêter, je suis sans le sou
fauché 1	*broke*	il peut pas venir, il est fauché
raide 1	*broke*	j'aurais aimé aller avec toi, mais je suis raide
à sec 1	*broke*	tu peux me prêter cent balles – je suis à sec ?

---

payer   to pay

débourser 2	*to pay out*	il a fait tout le voyage sans débourser un sou ; j'ai été obligé de débourser une grosse somme pour obtenir une place
payer 2	*to pay*	ils m'ont fait payer très cher les réparations ; je suis payé cent francs de l'heure ; payer les pots cassés (= *you pay for breakages*)
régler 2	*to settle* (an account)	régler un compte ; il a réglé sa note avant de quitter l'hôtel
rembourser 2	*to reimburse*	elle ne m'a jamais remboursé l'argent que je lui ai prêté
verser 2	*to pay* (a slightly more technical term than **payer**)	verser des arrhes / des intérêts / des allocations ; j'ai versé le montant en plusieurs mensualités
casquer 1	*to fork out*	c'est de la bonne qualité, mais j'ai dû casquer

---

pays   country, region

| **contrée** f 3 | *land* (a whole country), *region* | des contrées lointaines ; des contrées où il fait bon vivre |
| **Etat** m 2 | *state* | le chef de l'Etat |

nation f `2`	*nation*	les nations défavorisées
patrie f `2`	*motherland*	les réfugiés qui ont dû quitter leur patrie
pays m `2`	*country, region*	la Belgique est un petit pays; quels sont les endroits à visiter? – je ne suis pas du pays
région f `2`	*region*	une région viticole
terre natale f `2`	*native land*	il a la nostalgie de sa terre natale
territoire m `2`	*territory*	défendre le territoire national/français; la sécurité du territoire est menacée

---

peler   to peel

décortiquer `2`	*to shell* (removing the hard outer surface)	décortiquer les marrons / les noix; les crevettes sont vendues déjà décortiquées
éplucher `2`	*to peel* (vegetables or fruit)	éplucher les pommes de terre / les légumes; éplucher la salade; tu m'épluches mon orange, s'il te plaît?
peler `2`	*to peel* (fruit)	peler un fruit / une pêche; pelez les pommes et coupez-les en quartiers

---

pelure   peeling

cosse f `2`	*pod*	la cosse des haricots / des fèves; les mange-tout se mangent avec leur cosse
écorce f `2`	*bark, peel, shell*	l'écorce d'un arbre / d'un citron / d'une amande / d'une orange; des melons à l'écorce rugueuse
enveloppe f `2`	*husk* (a technical term)	l'enveloppe du grain de blé / de riz
épluchures fpl `2`	*peelings*	des épluchures de pommes de terre; elle garde les épluchures pour nourrir les cochons

peau f ☐2	*peel, skin*	une peau d'orange / de banane
pelure f ☐2	*peeling*	la pelure d'une pomme / d'une banane ; des pelures d'oignon
zeste m ☐2	*outside peel* (of citrus fruit ; often used in cooking)	un zeste de citron / d'orange ; parfumez la crème avec un zeste de citron non-traité

---

pendant que   while

alors que ☐3	*whereas, while*	nous nous sommes vus plusieurs fois alors que j'étais à Paris ; il a envoyé la lettre à Londres, alors que, moi, j'étais à New York
à l'heure où ☐2	*at the moment when*	à l'heure où ton avion atterrira je serai probablement encore sur l'autoroute
au moment où ☐2	*at the moment when*	je n'étais pas à la maison au moment où c'est arrivé
pendant que ☐2	*while* (of time)	je ferai la vaisselle pendant que tu lui donneras le bain
tandis que ☐2	*while, whereas* (of time and as a contrast)	le téléphone a sonné tandis que je m'apprêtais à partir ; elle préfère rester chez nous, tandis que moi, j'aime sortir

---

penser   to think

méditer ☐3–2	*to meditate*	il a dû longuement méditer sur la décision à prendre
songer à ☐3–2	*to think, to consider*	elle songeait à partir ; as-tu songé à te marier ? ; je n'avais pas songé à tous les risques que cela comporte
penser **à** + nom **de** + nom ☐2	*to think*	j'ai pensé à toi ; que penses-tu de ma coiffure ? ; je pensais y aller ce matin
cogiter ☐1	*to cogitate* (used with an ironic connotation)	laisse-moi le temps de cogiter

| **gamberger** [1] | *to think* (used intransitively) | décide-toi, on n'a pas le temps de gamberger |

---

permettre

to allow

légitimer [3-2]	*to legitimize*	rien ne peut légitimer de tels actes
admettre [2]	*to admit, to allow*	les chiens ne sont pas admis dans notre établissement ; je n'admets pas ces manières
approuver [2]	*to approve of*	j'approuve totalement ton choix ; ce ne sont pas des comportements qu'il approuve
autoriser **à** + infinitif [2]	*to authorize*	mes parents ne m'ont pas autorisée à y aller ; qui t'a autorisé à ouvrir mon courrier ? ; il a pris la parole bien qu'il n'était pas autorisé
consentir à [2]	*to consent to*	il a consenti à la prendre pour épouse ; sa famille ne consentira jamais à son mariage ; j'y consens à contrecoeur
donner le feu vert à [2]	*to give the go-ahead to*	nous commencerons les travaux dès que la mairie nous aura donné le feu vert
laisser [2]	*to let, to allow*	ne le laisse pas sortir pieds nus ; tout laisse à penser que des négociations ont eu lieu
légaliser [2]	*to legalize*	l'avortement a été légalisé malgré l'opposition des autorités religieuses
permettre **à** + nom **de** + infinitif [2]	*to allow*	sa santé ne le lui permet pas ; je ne t'avais pas permis d'y aller ; je voudrais faire une proposition si vous le permettez
supporter **de** + infinitif [2]	*to put up with, to be able to stand*	je ne supporte pas la fiancée ; je ne supporte pas d'être en retard ; il ne peut pas supporter ta soeur ; je supporte difficilement ce bruit
tolérer [2]	*to tolerate*	je ne tolérerai aucun retard

permis

permit, licence

licence f 2	*licence*	une licence de pêche / de transport / d'exportation / d'importation ; on lui a retiré sa licence pour fraude
patente f 2	*trading licence*	nous payons une patente très élevée
permis m 2	*permit, licence*	un permis de conduire ; nous attendons le permis de construire ; il faut un permis de chasse
redevance f 2	*TV licence*	la redevance de télévision vient d'augmenter
vignette f 2	*road-tax disc*	la vignette auto ; c'est le moment d'acheter votre vignette auto

---

personnellement

personally

d'après moi 2	*in my opinion*	d'après moi, il est préférable d'attendre
à mon avis 2	*in my opinion*	à mon avis, il vaut mieux partir immédiatement
pour ma part 2	*for my part*	pour ma part, je suis prête à le croire
personnellement 2	*personally*	personnellement, je pense que c'est impossible
à mon point de vue 2	*in my opinion*	à mon point de vue, ses arguments sont discutables
à mon sens 2	*in my opinion*	à mon sens, ce qu'elle dit ne vaut pas grand'chose
selon moi 2	*in my opinion*	selon moi, le film était trop long
en ce qui me concerne 2	*as far as I'm concerned* (this expression is rejected by purists)	en ce qui me concerne, je n'y vois aucun inconvénient

peser   to weigh

calculer [2]	*to calculate*	il a mal calculé le poids
mesurer [2]	*to measure*	mesurer un poids
peser [2]	*to weigh* (with scales)	pesez-vous régulièrement ; je passe à la poste pour faire peser le paquet
soupeser [2]	*to estimate the weight of* (in one's hands)	je l'ai soupesé dans ma main ; il y en a pour au moins 5 kg, dit-il, en soupesant le cabas

---

petit   small

ténu [3–2]	*fine, very tiny*	l'araignée sécrète des fils ténus qui tissent sa toile
exigu [2]	*small, narrow*	une pièce exiguë ; un couloir exigu ; l'escalier est tellement exigu qu'on a fait monter les meubles par la fenêtre
infime [2]	*tiny, minute*	une différence infime permet de les distinguer
infinitésimal [2]	*infinitesimal*	un calcul infinitésimal ; une analyse infinitésimale (en maths) ; en homéopathie, des quantités infinitésimales suffisent
menu [2]	*slim, petite*	une vieille dame toute menue ; elle a une ossature toute menue
microscopique [2]	*microscopic*	un insecte microscopique ; il a relevé un détail microscopique
minuscule [2]	*very tiny*	une boîte / une maison minuscule ; il a une écriture minuscule
nain [2]	*tiny, dwarf* (of a tree or an animal)	un palmier nain ; un lapin nain
petit [2]	*small*	une petite maison ; elle est petite pour son âge

avoir peur
see also **s'inquiéter**

redouter **de** + infinitif 3–2	*to dread*	une entrevue que je redoute ; un échec qui lui fait redouter de se lancer dans un nouveau projet
appréhender **de** + infinitif 2	*to fear, to dread*	j'appréhende son arrivée / d'ouvrir la facture du téléphone
craindre **de** + infinitif 2	*to fear*	il craint d'être découvert ; elle craint qu'il lui soit arrivé quelque chose ; il ne craint pas le danger
avoir peur de 2	*to be frightened*	elle avait peur de son père ; n'aie pas peur, je suis là ; j'avais peur de partir toute seule ; nous avons peur qu'elle ne soit pas là
avoir le trac 2	*to have stage fright, to be scared stiff*	viens avec moi, j'ai un trac fou
avoir la frousse 2–1	*to be scared stiff*	il a eu une belle frousse
avoir la pétoche 1	*to be scared stiff*	il a la pétoche rien qu'à l'idée de recommencer
avoir la trouille 1	*to be scared stiff*	tu te dégonfles ? – tu as la trouille ?
paniquer / être paniqué 1	*to panic*	il panique / est paniqué à chaque fois qu'il doit passer un examen
les avoir à zéro 1*	*to be scared stiff*	je pourrais pas monter là-dessus, je les ai à zéro

---

pièce

chambre à coucher / chambre f 2	*bedroom*	j'ai sommeil, je vais dans ma chambre ; un appartement avec trois chambres à coucher ; vous avez une chambre pour la nuit ?
living m 2	*living room, lounge*	les enfants ont joué dans le living

pièce f 2	*room*	un trois-pièces; la pièce est mal éclairée
salle f 2	*room* (large; used for a specific purpose), *main room* (in country districts, in a farm house)	il m'a reçu dans une salle spacieuse qui doit lui servir de bureau; une salle d'attente; une salle d'opération; une salle de conférences
salle de séjour f / **séjour** m 2	*living room and dining room combined*	le séjour est très agréable
salon m 2	*living room*	la télé est dans le salon
piaule f 1	*pad, room*	une piaule d'étudiant
thurne f 1	*pad, room*	sa thurne est de l'autre côté de la rue

---

piège   trap

collet m 2	*noose* (of a snare)	poser un collet; un lapin pris dans un collet
embuscade f 2	*ambush* (used literally)	tomber dans une embuscade; il ne se doutait pas qu'on lui avait tendu une embuscade
guêpier m 2	*trap* (used figuratively)	tomber dans un guêpier; dans quel guêpier tu t'es fourré!
guet-apens m 2	*ambush* (used literally)	on lui avait tendu un guet-apens
piège m 2	*trap* (used literally and figuratively)	tendre un piège; un piège à souris; il s'est fait prendre au piège
ratière f 2	*rat-trap*	poser une ratière; il se sentait comme un rat pris dans une ratière
souricière f 2	*mouse-trap, police trap*	poser une souricière; la police les surveillait depuis longtemps – ils ont été pris comme dans une souricière
traquenard m 2	*trap* (usually used figuratively)	on lui avait tendu un traquenard; une traduction pleine de traquenards

| **panneau** m [2–1] | *trap* (usually used figuratively) | tomber dans le panneau ; c'est un méfiant, il ne tombera pas dans le panneau facilement |

---

pieux   pious

croyant [2]	*believing, believer* (often occurring as a noun)	il est croyant, mais il n'est pas pratiquant
dévot [2]	*pious, very religious*	elle s'est mariée à l'église pour ne pas contrarier ses parents qui sont très dévots
fondamentaliste [2]	*fundamentalist*	un prêtre fondamentaliste
intégriste [2]	*fundamentalist* (a more common word than **fondamentaliste**)	des musulmans / des catholiques intégristes ; les intégristes ont protesté contre l'Etat laïque
pieux [2]	*pious, very religious*	c'était une femme très pieuse – quand son mari est mort, elle s'est retirée dans un couvent
religieux [2]	*religious* (also occurring as a noun)	une foi religieuse inébranlable ; les religieux du monastère
saint [2]	*saintly, holy* (often used in set expressions ; often occurring as a noun)	un saint homme ; les Ecritures Saintes / les Saintes Ecritures ; les saints lieux ; le Père Foucault était un saint qui vivait dans le désert

---

piller   to pillage, to plunder

écumer [2]	*to plunder, to clean out* (in search of something)	à cette époque, pirates et flibustiers écumaient la Méditerranée
mettre à sac [2]	*to plunder, to pillage*	mettre une ville à sac ; les voyous ont mis la discothèque à sac
piller [2]	*to pillage, to plunder*	la ville a été pillée, la population massacrée
saccager [2]	*to plunder, to destroy*	les vitrines ont été saccagées

| **rafler** [1] | *to swoop and run off with* | il gardait son fric chez lui – les voleurs lui ont tout raflé |

---

pipe pipe

calumet m [2]	*Indian pipe of peace*	fumer le calumet de la paix
narguilé m [2]	*narghile, hookah*	fumer le narguilé
pipe f [2]	*pipe*	fumer la pipe (= *to smoke a pipe as a habit*); il était tranquillement installé et fumait sa pipe

---

pirate pirate

boucanier m [2]	*buccaneer*	un vieux boucanier, prêt à toutes les expéditions
corsaire m [2]	*pirate* (authorized by a government; by extension, any sailor involved in piracy)	c'était un corsaire, au service de sa majesté
flibustier m [2]	*pirate*	les flibustiers ont mis le feu au navire
forban m [2]	*pirate*	le navire a été attaqué par des forbans
pirate m [2]	*pirate*	le redoutable pavillon noir des pirates

---

plainte complaint

| **complainte** f [3] | *lament* (usually sung) | une complainte nostalgique |
| **grief** m [2] | *grievance* | avoir un grief contre quelqu'un; faire grief de quelque chose à quelqu'un; je ne lui en ai pas fait grief |

lamentation f [2]	*lamentation*	je n'ai aucune envie d'écouter ses lamentations
plainte f [2]	*complaint*	ta mère et ses plaintes continuelles!; porter plainte contre quelqu'un (*a legal term*)
réclamation f [2]	*complaint* (usually an official term, used in hotels and in industry)	faire une réclamation; pour les réclamations, adressez-vous au service clients
(avoir) sujet de se plaindre m [2]	(*to have a*) *complaint*	j'ai eu sujet de me plaindre de la SNCF; je n'ai aucun sujet de me plaindre

---

plaisanter   to joke, to play around

badiner [3–2]	*to jest*	on ne badine pas avec ces choses-là
s'amuser [2]	*to have fun*	il ne pense qu'à s'amuser; vous vous êtes bien amusés avec vos copains?
blaguer [2]	*to joke*	il dit ça pour blaguer
plaisanter [2]	*to joke, to play around* (in word and action)	c'est pour plaisanter; j'ai plaisanté un peu pour détendre l'atmosphère
se bedonner [1]	*to be in stitches*	on s'est bien bedonnés
se marrer [1]	*to have fun, to have a good laugh*	qu'est-ce qu'on s'est marré hier soir!
se poiler [1]	*to laugh one's socks off*	on s'est drôlement poilé quand il nous a raconté ça
rigoler [1]	*to be a joker*	tu rigoles, c'est pas vrai
déconner [1*]	*to balls about*	allez, les mecs, arrêtez de déconner, un peu de sérieux

planche

plank, board

madrier m 2	*very thick plank, beam*	les madriers serviront pour les solives
planche f 2	*plank, board*	une planche à découper; une cabane de simples planches; une planche à voile
poutre f 2	*beam*	un plafond aux poutres apparentes
solive f 2	*joist*	nous mettrons les solives là pour appuyer le plafond

plein

full

empli 3	*full*	la carafe était emplie à ras–bord
bondé 2	*(over)full, packed*	un train / un bus bondé; une salle bondée
comble 2	*full* (usually of a room)	une salle comble; la salle était archi–comble
complet 2	*full*	un hôtel / un bus / un train complet; l'hôtel est complet, j'aurais dû réserver
plein 2	*full*	un verre à moitié plein; un sac plein de pommes; le réservoir est plein; la salle est pleine à craquer
rempli 2	*full*	une caisse remplie de livres; son verre est resté rempli
bourré 1	*packed full*	une valise bourrée de vêtements; un porte-feuille bourré de billets; une dictée bourrée de fautes

pleurer

to cry, to weep

brailler 2	*to howl, to cry noisily* (of a child)	arrête de brailler!

être en larmes / en pleurs 2	*to be in tears*	je l'ai trouvée en larmes / en pleurs
fondre en larmes 2	*to burst into tears*	elle était tellement émue qu'elle a fondu en larmes
larmoyer 2	*to be tearful, to snivel*	la fumée me fait larmoyer ; agis au lieu de rester là à larmoyer
pleurer 2	*to cry, to weep*	ne pleure pas, elle revient tout de suite, ta maman
pleurnicher 2	*to snivel*	ça ne sert à rien de pleurnicher, quand c'est non, c'est non !
sangloter 2	*to sob*	à la fin du film, tout le monde sanglotait
chialer 1	*to snivel away*	c'était tellement injuste, j'en ai chialé

---

plier   to fold, to bend

fléchir 3	*to bend* (often of the knee) (used literally and figuratively, transitively and intransitively)	fléchissez les genoux quand vous vous baissez ; jamais il ne fléchira, il a une volonté de fer
ployer 3	*to bend, to cause to sag* (used intransitively)	il ployait sous le fardeau ; des fruits abondants qui font ployer les branches sous leur poids
arquer 3–2	*to arch, to bend* (used transitively and intransitively)	avoir les jambes arquées ; il arquait les sourcils
courber 3–2	*to bend* (of a branch, one's back, etc) (used transitively and intransitively)	les branches courbaient sous le poids des fruits
cambrer 2	*to arch, to throw back* (of one's shoulders) (often occurring as a past participle) (used transitively)	elle avait le dos cambré ; cambrez les reins

plier
2

to fold, to bend (used literally and figuratively)

être plié en deux par la douleur ; tu m'aides à plier les draps ? ; un papier plié en quatre ; plier devant les exigences de quelqu'un

---

pluie   rain

ondée f
3–2

shower

dans la soirée une petite ondée nous a apporté un peu de fraîcheur

averse f
2

shower

l'averse nous a surpris

bourrasque f
2

squall (of wind and rain) (a stronger word than **grain**)

des bourrasques de pluie ; une violente bourrasque a emporté le toit de la remise

bruine f
2

drizzle

une bruine froide et pénétrante

crachin m
2

drizzle

il ne fait pas très froid, mais il y a du crachin

déluge m
2

deluge, downpour

il a plu sans arrêt, un véritable déluge

grain m
2

squall (of rain) (usually by the sea)

il y a un grain qui menace, pas de sortie en mer

giboulée f
2

shower (of very short duration)

les giboulées de mars (= *April showers*) ; des giboulées avec chute de grêle

mousson f
2

monsoon

la mousson d'été / d'hiver ; la saison des moussons

orage m
2

storm (often accompanied by thunder and lightning)

il va y avoir de l'orage ; un orage très violent

pluie f
2

rain

on a eu de la pluie tout le weekend

tempête f
2

storm

dehors, la tempête faisait rage

flotte f
1

rain

prends ton pépin, on a annoncé de la flotte

| **saucée** f
□1 | (*right*) *downpour* | on s'est pris une belle saucée |

---

poème   poem

épopée f □2	*epic poem*	une épopée qui célèbre la bravoure d'un chevalier
ode f □2	*ode*	les odes de Sapho
poème m □2	*poem* (usually long and substantial)	un recueil de poèmes; il écrit des poèmes
poésie f □2	*short poem, poetry*	réciter une poésie
sonnet m □2	*sonnet*	composer un sonnet
vers mpl □2	*poetry*	il écrit des vers; la pièce est en vers

---

poids   weight

faix m □3	*burden* (usually used literally)	le coolie ployait sous le faix
chargement m □2	*load* (on a lorry or in a car)	tout le chargement s'est déversé dans le fossé
fardeau m □2	*burden, load* (used literally and figuratively)	un lourd fardeau; il transporte un fardeau sur ses épaules
pesanteur f □2	*weight, gravity* (a technical term; used with reference to gas, air or liquid) (NB *weightlessness* = **apesanteur**)	les lois de la pesanteur; les cosmonautes sont entraînés à l'état d'apesanteur
poids m □2	*weight*	répartis bien le poids de ton sac à dos; le poids est indiqué en kilogrammes

poignée

handle

anse f 2	*handle* (usually curved)	l'anse du panier / de la théïère / de la cafetière / d'une tasse
espagnolette f 2	*window-catch*	l'espagnolette de la porte-fenêtre / de la fenêtre ; fermer l'espagnolette
manche m 2	*handle*	un manche à balai ; le manche du couteau / de la casserole
manivelle f 2	*crank-handle*	un coup de manivelle et elle démarre !
poignée f 2	*handle*	la poignée de la porte / de la valise / du tiroir / d'un sac à main / d'un cartable ; la poignée de la porte grince

---

policier

policeman

agent de police / **agent** m 2	*policeman* (mainly for traffic duty)	je vais demander à l'agent
gardien de la paix m 2	*policeman*	l'uniforme des gardiens de la paix est bleu marine
gendarme m 2	*member of police militia* (usually stationed in the countryside or small towns)	les voisins ont prévenu les gendarmes
CRS m 2	(= **Compagnie républicaine de sécurité**) *member of special police force* (for patrolling street demonstrations, etc)	les CRS sont intervenus pour disperser les manifestants
motard m 2	*motorcycle policeman*	des motards escortaient sa voiture
policier m / **femme policier** f 2	*policeman/policewoman*	il y a plein de policiers en civil

représentant de l'ordre m [2]	*policeman*	il a été arrêté pour offense à un représentant de l'ordre dans l'exercice de ses fonctions
barbouze m [1]	*secret police agent*	les barbouzes du régime
cogne m [1]	*copper* (disappearing from use)	les cognes ont fait une descente
flic m [1]	*cop, the law*	attention, v'là les flics !
hirondelle f [1]	*copper* (disappearing from use)	deux hirondelles à vélo
poulet m [1]	*cop, the law*	il est de mèche avec les poulets

polir   to polish

brunir [3]	*to burnish*	brunir des boiseries
astiquer [2]	*to polish* (suggesting more effort than **cirer**)	astiquer les escaliers / le plancher / le parquet
cirer [2]	*to polish* (with wax)	cirer des chaussures / une table / une armoire ; il faudra cirer le plancher
faire briller [2]	*to polish*	faire briller des chaussures / un pot en cuivre
polir [2]	*to polish* (suggesting the use of an abrasive material) (less used than *to polish*)	il n'y a plus qu'à polir la surface avec du papier de verre
vernir [2]	*to varnish*	vernir un meuble / une peinture

pompe   pomp

| **apparat** m [3–2] | *pomp* | en tenue d'apparat ; la cérémonie a été célébrée sans apparat |

faste m	*splendour, pomp*	le mariage a été célébré dans le plus grand faste
3–2		
cérémonie f	*ceremony*	ça ne valait pas la peine de faire tant de cérémonies; sans cérémonie
2		
éclat m	*glamour, splendour*	l'éclat des fêtes de Versailles n'avait pas d'égal
2		
magnificence f	*magnificence*	tout ce déploiement de magnificence est indécent
2		
pompe f	*pomp*	ils se sont mariés en grande pompe
2		
splendeur f	*splendour*	Rome était à l'apogée de sa splendeur
2		

---

pompeux   pompous

ampoulé	*swollen, turgid*	un style ampoulé
2		
boursouflé	*swollen, turgid*	un style boursouflé
2		
emphatique	*bombastic* (not = *emphatic*)	un ton emphatique
2		
grandiloquent	*grandiloquent*	des discours grandiloquents
2		
pompeux	*pompous*	des phrases pompeuses
2		

---

pont   bridge

aqueduc m	*aqueduct*	un aqueduc romain
2		
autopont m	*flyover*	l'autopont passe par-dessus le rond-point
2		

| **passerelle** f [2] | *footbridge* | les piétons sont priés d'emprunter la passerelle pour traverser la voie ferrée |
| **pont** m [2] | *bridge* (over a river) | le pont est interdit aux poids lourds |

---

porte-monnaie   purse

bourse f [3]	*purse* (an old-fashioned word)	une bourse en cuir
porte-feuille m [2]	*wallet*	j'ai sa photo dans mon porte-feuille
porte-monnaie m [2]	*purse*	je n'ai plus de pièces dans mon porte-monnaie

---

pot   jug, pot

cruche f [3–2]	*jug* (with a lip and handle; for water for washing; made of pottery; usually shorter and fatter than a **broc**)	une cruche en terre; une cruche à eau
bidon à lait m [2]	*milk churn, container for milk* (made of metal or plastic)	prends le bidon à lait si tu passes chez la fermière
broc m [2]	*large jug* (with a lip and handle; for water; often accompanied by a **cuvette** for washing)	on lui a monté un broc d'eau chaude pour sa toilette
carafe f [2]	*decanter, carafe*	une carafe de vin; et une carafe d'eau, s'il vous plaît
carafon m [2]	*small decanter*	un carafon de vin blanc; un carafon en cristal taillé
pichet m [2]	*jug* (smaller than a **cruche**; full and rounded in shape)	un pichet d'eau / de jus de fruit / de lait / d'orange; je prendrai le menu avec un pichet de vin

| **pot** m
 2 | *jug* (for water, milk, etc),
 pot | un pot de confiture / de moutarde ; un pot à lait (= *a milk jug*) ; un pot de lait (= *a jug containing milk*) |

---

poudre   powder

moutons mpl 2	*fluff*	qu'est-ce qu'il y avait comme moutons sous le lit !
poudre f 2	*powder*	de la poudre de riz ; de la poudre à canon
poussier m 2	*coaldust* (a technical term)	du poussier de charbon ; un coup de poussier (= *sudden explosion of coal dust*)
poussière f 2	*dust*	faire la poussière ; il y a de la poussière partout dans la chambre

---

poule   hen

cocotte f 2	*hen*, *chicken* (used by and to a child)	allez, ma petite, on va voir les cocottes dans la basse-cour ; une cocotte en papier (= *shapes made out of paper*)
poularde f 2	*fattened chicken*	une poularde farcie
poule f 2	*hen*	donner à manger aux poules
poulet m 2	*chick*, *chicken* (when eaten)	une poule avec dix poulets ; il est bon, le poulet ; le poulet rôti du dimanche
poussin m 2	*newly hatched chick*	on a vu éclore les poussins

---

précis   precise

| **détaillé**
 2 | *detailed* | tu me feras un rapport détaillé |
| **exact**
 2 | *exact* | un raisonnement exact ; une définition exacte ; ce qu'il dit est exact |

explicite [2]	*explicit*	parler en termes explicites ; on ne saurait être plus explicite
juste [2]	*exact, precise*	à deux heures justes ; une réponse juste ; l'addition est juste
précis [2]	*precise*	à trois heures précises ; un détail / un ordre précis ; une idée précise
rigoureux [2]	*rigorous*	un raisonnement / un homme rigoureux ; une méthode rigoureuse ; le plan de son exposé est très rigoureux
au poil [1]	*spot on, just right*	ça te convient ? – au poil !
pile [1]	*bang on* (used of time only)	je dois y être à midi pile
sonnant [1]	*bang on* (used of time only)	il était là à six heures sonnantes
tapant [1]	*bang on* (used of time only)	si tu n'es pas là à cinq heures tapantes, je m'en vais

préparer   to prepare

apprêter [3]	*to prepare, to get ready* (an old-fashioned word)	apprêter un repas / ses bagages
concerter [3–2]	*to organize*	concerter un plan / une action / une décision ; un projet concerté de longue date
mûrir [3–2]	*to develop, to bring to fruition*	mûrir un projet / une idée ; il avait longuement mûri sa décision
arranger [2]	*to arrange, to organize*	arranger un voyage / une sortie ; essaie de m'arranger un rendez-vous avec lui
combiner [2]	*to devise, to plan* (with evil intent)	combiner un plan / un mauvais coup ; il m'a l'air de combiner quelque chose de louche
développer [2]	*to develop*	développer une idée ; une idée / un argument que je développerai dans le prochain chapitre

dresser [2]	to draw up	dresser une liste / un bilan; dressez-moi un inventaire de ce qu'il y a dans l'appartement
échafauder [2]	to build (a plan)	échafauder un plan / une théorie; il a échafaudé tout un scénario sur des hypothèses bidon
élaborer [2]	to elaborate, to formulate (more common than to elaborate)	élaborer un projet / une idée; une théorie qu'il a mis des années à élaborer
mettre en place [2]	to set up, to organize	mets en place tes hypothèses avant d'exposer ta théorie / ton idée
mettre sur pied [2]	to develop, to get ready	il faut mettre sur pied un système viable
organiser [2]	to organize (sometimes occurring as a past participle)	organiser une compétition / une fête; c'est quelqu'un de très organisé
préparer [2]	to prepare	préparer un repas / un livre / une fête; il n'avait pas préparé de discours
fabriquer [1]	to be up to	mais qu'est-ce qu'elle fabrique!
trifouiller [1]	to be up to	ton ami, qu'est ce qu'il trifouille là?

---

près de   near

auprès de [3-2]	near (in space), with (used figuratively)	elle a toujours un interprète auprès d'elle; il s'est renseigné auprès de son professeur
avoisinant adjectif [2]	near, adjoining	elle est allée faire ses courses au village avoisinant
près de [2]	near	la maison près de la gare
proche de adjectif [2]	near	les sièges les plus proches de la scène
à proximité de [2]	near, close to	la maison à proximité de la ferme
voisin adjectif [2]	bordering, adjoining	il travaille dans une ferme voisine

près adjectif
[1]
near (invariable)
le magasin le plus près est à deux kilomètres

---

présentation
presentation

exhibition f
[2]
exhibition (involving people or animals)
une exhibition de chevaux de race / de chiens savants

exposition f
[2]
exhibition, spectacle (involving objects)
une exposition de peintures / de sculptures; l'exposition ouvrira ses portes au public le 26 juillet

présentation f
[2]
presentation
une présentation de mode

représentation f
[2]
performance (in a cinema or theatre)
ce soir, c'est la dernière représentation de la pièce

---

prêtre
priest

abbé m
[2]
abbot, prior, priest (unlike a **prêtre**, he has no benefice; the word is disappearing from use)
les moines ont élu un nouvel abbé

archévêque m
[2]
archbishop
l'archévêque a été appelé à Rome

cardinal m
[2]
cardinal
l'élection surprise d'un cardinal polonais comme pape

curé m
[2]
priest (responsible for a parish)
c'est le curé qui m'a baptisée

évêque m
[2]
bishop
ils ont été confirmés par l'évêque auxiliaire

imam m
[2]
imam
l'imam de la mosquée de Paris

marabout m
[2]
Muslim priest
un pèlerinage sur la tombe d'un marabout

pasteur m
[2]
Protestant minister
elle veut être pasteur

prêtre m ☐2	*priest*	une réunion des prêtres du diocèse
rabbin m ☐2	*rabbi*	le Grand Rabbin de France
vicaire m ☐2	*priest* (assistant to a **curé**, often at the bottom of the Roman Catholic hierarchy; not = *vicar*)	le vicaire n'a pas été remplacé

---

prière   prayer

oraison f ☐3	*short liturgical prayer*	une oraison funèbre
prière f ☐2	*prayer*	dire ses prières; les cinq prières musulmanes

---

prison   prison

bagne m ☐2	*penal colony, prison* (more severe than **prison**)	on les envoyait au bagne pour moins que ça; Papillon s'est évadé du bagne sur l'Ile du Diable
maison d'arrêt ☐2	*institution for prisoners on remand*	il a été transféré dans la maison d'arrêt de Fresnes
maison de correction f ☐2	*institution for young offenders* (the expression is being replaced by **maison de redressement**)	une maison de correction pour jeunes délinquants
maison de redressement f ☐2	*institution for young offenders*	on l'a envoyé dans une maison de redressement
pénitencier m ☐2	*penitentiary, prison*	un pénitencier d'où il paraissait impossible de s'évader
prison f ☐2	*prison*	s'évader de prison
bloc m ☐1	*nick*	on l'a flanqué au bloc

cabane f 1	*nick*	il a pris dix ans de cabane
placard m 1	'*porridge*'	il a fait dix ans de placard
taule/tôle f 1	*nick, jug*	tu finiras en taule/tôle
violon m 1	*prison* (often for the night, eg in a police station)	il a passé la nuit au violon

privé   private

intime 2	*intimate*	un détail intime ; des relations intimes
particulier 2	*private* (when it occurs as a noun, it means *a private person*)	un cours particulier ; une leçon particulière ; un hôtel particulier (= *private mansion*)
privé 2	*private*	la vie privée ; une propriété privée ; une école privée ; un détective privé
secret 2	*secret*	la date du rendez-vous est tenue secrète

prochain   next

| **prochain**
 2 | *next* (from the perspective of the present time or space) | la semaine prochaine ; je descends à l'arrêt prochain |
| **suivant**
 2 | *following, next* (from the perspective of a point in the past or present) | la semaine suivante ; nous passons au chapitre suivant |

produire   to produce

| **engendrer**
 3 | *to engender* (used literally only ; see below) | le fils qu'il a engendré |

faire naître 3–2	*to produce, to create*	faire naître un sentiment / un intérêt; son enthousiasme a fait naître de nombreuses vocations
créer 2	*to create, to produce* (used literally and figuratively)	créer une entreprise; ça va créer des problèmes / des histoires / de nouvelles perspectives
engendrer 2	*to give rise to, to engender* (used figuratively only; see above)	engendrer des problèmes / des complications
fabriquer 2	*to make, to produce* (not = *to fabricate*)	il fabrique des meubles; fabriqué en France
générer 2	*to generate, to produce* (less used than *to generate*)	sa candidature a généré des tensions au sein du parti; je n'imaginais pas que ça générerait de telles réactions
produire 2	*to produce*	produire un résultat / un effet; produire de l'électricité / de l'argent / des objets manufacturés; nous ne produisons pas assez pour satisfaire la demande
rapporter 2	*to yield* (in financial terms)	rapporter beaucoup d'argent; ça peut rapporter gros

---

profit   profit

gain m 3–2	*gain, profit*	l'appât du gain; des gains considérables; un gain de temps appréciable
bénéfice m 2	*profit* (used literally and figuratively) (often occurring in the plural)	tirer bénéfice de quelque chose; elle a fait de gros bénéfices; elle a fait du bénéfice; elle a fait mille francs de bénéfice net
profit m 2	*profit* (used literally and figuratively) (often occurring in the plural)	tirer profit de quelque chose; les profits d'une entreprise; il a fait de gros profits
bénéf m 1	*profit* (in financial terms)	mon frère a fait dix mille francs de bénéf en vendant ses actions
boni m 1	*profit* (in financial terms)	il a fait cent francs de boni

projet   plan, scheme

but m [2]	*goal, aim*	elle a pour but de réussir ; son but est d'y arriver seule
dessein m [2]	*intention, plan*	dans le dessein de se venger
intention f [2]	*intention*	c'est dans mon intention de les rejoindre ; quelles sont vos intentions à l'égard de ma fille ?
objectif m [2]	*objective*	l'objectif du gouvernement est de réduire l'inflation
plan m [2]	*plan, scheme* (already decided)	quels sont vos plans ? ; ce n'est pas dans mes plans immédiats
projet m [2]	*plan, scheme* (with respect to the future and not necessarily complete)	j'ai des projets pour cet été ; réaliser un projet ; un projet de mariage

---

promenade   walk

balade f [2]	*walk, stroll*	on va faire une balade du côté de la rivière
excursion f [2]	*excursion*	ils sont partis en excursion de bon matin
promenade f [2]	*walk*	on va faire une promenade à la campagne / au bord de la mer / en forêt
randonnée f [2]	*walk* (hard and often long)	une randonnée pédestre ; ils ont fait une randonnée de six jours dans les Pyrénées
sortie f [2]	*outing*	une sortie en mer ; c'est ma première sortie avec lui
tour f [2]	*walk*	ils sont allés faire un tour
vadrouille f [2]	*ramble, jaunt*	ils sont partis en vadrouille pour découvrir la ville
virée f [2]	*walk, drive, ride*	il m'a emmenée faire une virée dans sa voiture

protection   protection

sous les auspices de mpl 3	*under the auspices of*	faire/entreprendre quelque chose sous les auspices du comité; sans les auspices bienveillants de mon oncle, je ne serais jamais devenue ce que je suis
sous l'égide de f 3	*under the aegis of*	l'exposition s'est tenue sous l'égide de l'ambassadeur
patronage m 3–2	*patronage*	le gala est placé sous le haut patronage du Président de la République
tutelle f 3–2	*tutelage*	dès qu'elle s'est débarrassée de la tutelle de ses parents
sous l'aile de f 2	*under the wing of*	il a couru se réfugier sous son aile
parrainage m 2	*sponsorship, patronage* (the verb **parrainer** is more common)	le parrainage devient une pratique de plus en plus courante dans les compétitions sportives
protection f 2	*protection*	l'ambassade lui a offert sa protection
sponsor m 2	*sponsor*	le bateau porte le nom du sponsor

puissance   power, authority, force, strength

autorité f 2	*authority*	l'autorité de l'Etat / d'une mère; il s'exprime avec beaucoup d'autorité
énergie f 2	*energy*	il a défendu sa cause avec une énergie féroce
force f 2	*strength, force*	il a beaucoup de force de caractère; elle vient montrer sa force
pouvoir m 2	*authority, power*	le gouvernement au pouvoir; le pouvoir de l'argent; il détient le pouvoir
puissance f 2	*power, authority, force, strength*	les grandes puissances économiques; la puissance militaire / du gouvernement / du pays
souveraineté f 2	*sovereignty*	la souverainté de l'Etat est mise en cause

purger

to cleanse

expier
3

to expiate

il a largement expié sa faute; expier ses péchés

purifier
3

to purify

un masque pour purifier le teint de ses impuretés; un dentifrice qui purifie l'haleine

débarrasser
2

to clear, to clear away, to get rid of

débarrasser la table; j'apporte le dessert, tu débarrasses?

épurer
2

to purge, to cleanse

sous prétexte d'épurer le régime, ils se sont livrés à un véritable massacre; une version épurée du livre pour jeune public

purger
2

to cleanse, to serve (a prison sentence), *to bleed* (a machine)

purger sa peine; il devra purger une peine de trois ans; purger un radiateur / un moteur

---

se quereller

to quarrel

s'accrocher
2

to clash, to be at loggerheads

ils sont ensemble toute la journée, c'est normal qu'ils s'accrochent de temps en temps

avoir des mots
2

to have words

la tension est montée, on a eu des mots

se brouiller
2

to fall out

ils se sont brouillés depuis vingt ans; ils se sont brouillés à cause d'une histoire d'argent

se disputer
2

to quarrel, to argue

on ne s'est jamais disputés devant les enfants

se quereller
2

to quarrel

ils se sont encore querellés au sujet de l'argent

avoir un accroc
2–1

to have a brush

on a eu un accroc au sujet du boulot

se bouffer le nez
1

to be at each other's throats

encore une réunion de famille où tout le monde se bouffe le nez

se chamailler
1

to quarrel

ils se chamaillent à longueur de journée, mais ils s'adorent

s'engueuler
1

to row, to tear into each other, to have a slanging match

ils se sont engueulés comme du poisson pourri

se manger le nez [1]	*to be at each other's throats*	il vaut mieux qu'ils se séparent au lieu de rester ensemble à se manger le nez

quotidien daily

diurne [3]	*of the day* (as opposed to the night)	des papillons / des rapaces diurnes
journalier [2]	*daily* (suggesting work paid by the day)	un travail journalier; des occupations journalières
quotidien [2]	*daily*	la routine quotidienne; faites participer les enfants à vos activités quotidiennes

rabais rebate, reduction

discount m [2]	*discount* (often occurring in apposition to a noun)	un magasin / des produits discount; je l'ai acheté en discount
promotion f [2]	*special offer* (a more common word than **réclame**)	les petits pois étaient une promotion; la promotion de la semaine; j'ai acheté dix camemberts parce qu'ils étaient en promotion
rabais m [2]	*rebate, reduction*	nous vous ferons un rabais de cinq pour cent
réclame f [2]	*special offer* (this word is disappearing from use)	ils faisaient une réclame pour les télés couleur; c'était en réclame
réduction f [2]	*reduction*	on m'a fait une réduction de quinze pour cent; je l'achète si vous me faites une réduction
remise f [2]	*discount*	une remise de dix pour cent; on vous fera une remise si vous prenez les deux
solde f [2]	*sale*	pendant les soldes; je l'ai acheté en solde
ristourne f [1]	*rebate, refund, commission* (for someone selling goods)	faire une ristourne à quelqu'un; j'ai eu une ristourne parce que c'est mon beau-frère

rachat   takeover, redemption

| **rédemption** f
3 | *atonement* (by Christ, a religious term) | la rédemption de nous autres pécheurs ; le prisonnier a achevé sa peine dans la rédemption |
| **rachat** m
2 | *takeover, redemption* (in both the religious and non-religious senses) | une multinationale a proposé le rachat de l'entreprise ; le rachat des âmes |

raconter   to tell, to relate

conter 3	*to relate*	des histoires contées au coin du feu
narrer 3	*to relate*	une aventure qu'il avait plaisir à narrer encore et encore
relater 3	*to relate, to narrate*	son témoignage relate fidèlement les événements marquants de cette année-là
conter fleurette 3–2	*to flatter, to say sweet nothings* (to a female)	conter fleurette à une femme
raconter 2	*to tell, to relate*	raconter une histoire / une blague ; il m'en a raconté une bien bonne
rapporter 2	*to report*	les faits nous ont été rapportés tels quels ; le compte-rendu de la réunion vous sera rapporté

raisonnable   reasonable

circonspect 3–2	*circumspect*	une conduite / une personne circonspecte ; restez circonspect devant les journalistes
pondéré 3–2	*level-headed, careful*	une personne / une attitude pondérée ; c'est un homme pondéré qui n'a jamais pris une décision légère
réfléchi 3–2	*thoughtful, considerate*	une décision / une personne réfléchie ; tâche d'être plus réfléchi cette fois-ci
modéré 2	*moderate* (sometimes used with a humorous connotation)	un radicalisme modéré ; une position modérée ; il est d'un zèle modéré

modeste [2]	*modest, unassuming*	un sourire modeste ; une somme modeste
modique [2]	*modest* (of price)	pour un prix modique
prudent [2]	*careful*	une attitude prudente ; sois prudent sur la route
raisonnable [2]	*reasonable*	une personne / une attitude raisonnable ; un prix raisonnable ; sois raisonnable, tu sais que c'est impossible
responsable [2]	*responsible, serious*	une attitude / une personne responsable ; c'est quelqu'un de très responsable

---

ramasser   to pick up, to gather, to gather up

glaner [3–2]	*to glean, to collect up* (used literally and figuratively)	des fleurs que nous avons glanées ; glaner des idées dans un livre ; j'ai pu glaner quelques informations
collecter [2]	*to collect*	collecter des fonds / des signatures / des dons ; le camion de la coopérative passe pour collecter le lait
cueillir [2]	*to pick, to round up* (sometimes used with a humorous connotation)	cueillir des fruits / des fleurs ; nous avons cueilli des jonquilles en chemin ; les flics les ont cueillis à la descente de l'avion
ramasser [2]	*to pick up, to gather, to gather up* (see below)	ramasser un caillou / du bois ; les éboueurs ramassent les ordures vers cinq heures
recueillir [2]	*to gather, to collect*	recueillir des informations / des témoignages ; le pollen recueilli par les abeilles
ramasser [1]	*to pick up* (by the police ; see above)	il s'est fait ramasser par les flics

---

rame   oar

| **aviron** m [2] | *oar, scull* (for a rowing competition) | faire de l'aviron ; une course d'aviron |
| **pagaie** f [2] | *paddle* | la pagaie d'un canoë / d'un kayak ; ils donnaient de grands coups de pagaie pour faire avancer le canot |

| **rame** f
2 | *oar* (of a small boat, for fishing or recreation) | il maniait les rames avec vigueur |

---

rang   row

caravane f 2	*caravan*	une caravane de secouristes a été dépêchée sur les lieux de l'accident
colonne f 2	*column*	une colonne d'hommes / de voitures; les fourmis avancent en colonne; des colonnes de chiffres; mettez-vous en colonne deux par deux
convoi m 2	*convoy*	un convoi de camions / de wagons / de marchandises; le premier convoi de soldats vient de partir
file f 2	*line*	une file d'arbres / de soldats; une longue file de spectateurs faisait la queue; en file indienne; le chef de file; une voiture est garée en double file (= *double parked*)
ligne f 2	*line*	une ligne d'arbres; mettez-vous en ligne; la ligne Maginot (*a military term*)
rang m 2	*row* (it is very difficult to distinguish between **rang** and **rangée**; the choice of word depends upon the noun qualified)	un rang d'oignons / de haricots / de laitues; mettez-vous en rang
rangée f 2	*row* (see the comment under **rang**)	une rangée de chaises / de bouteilles / d'arbres; il a dérangé toute la rangée de spectateurs en se levant

---

ranimer   to revive

raviver 3	*to revive, to rekindle*	raviver le feu; l'évocation du passé a ravivé ses regrets
ressusciter 3	*to resurrect* (used figuratively only; see below)	ces visages du passé que la mémoire ressuscite
ragaillardir 2	*to liven up, to give life to*	je me sens tout ragaillardi

ranimer [2]	to revive	ranimer un blessé ; ranimer l'intérêt / l'ardeur de quelqu'un ; il a fait quelques plaisanteries pour ranimer la conversation
ravaler [2]	to renovate, to restore (the front of a house)	ravaler un mur / une façade ; l'immeuble a été complètement ravalé
remonter [2]	to cheer up, to revive (both physically and emotionally)	mange quelque chose, ça te remontera ; ça m'a remonté le moral d'en parler avec toi
renouveler [2]	to renew	renouveler sa garde-robe ; il faudra que je fasse renouveler mon passeport ; les stocks sont renouvelés régulièrement
rénover [2]	to renovate, to renew	rénover une pièce / une maison / des peintures ; l'appartement a été complètement rénové ; un projet pour rénover l'orthographe du français
ressusciter [2]	to resurrect (used literally only ; see above)	ton café ressusciterait un mort !
restaurer [2]	to restore	restaurer une peinture / une maison ancienne ; il restaure des meubles anciens
réveiller [2]	to awaken, to reawaken	réveiller l'intérêt de quelqu'un ; nous n'allons pas réveiller cette vieille querelle
retaper [2–1]	to buck up, to do up, to fix up, to sort out	retaper le moral de quelqu'un ; on a retapé une vieille maison à la campagne ; cette cure de vitamines m'a retapé ; je vais retaper le lit, toutes les couvertures sont de ton côté
ravigoter [1]	to buck up	un petit vin qui ravigote
requinquer [1]	to pep up, to buck up	le grand air m'a requinqué

rapidement   quickly, rapidly, speedily

sans délai [3–2]	without delay	nous lui avons répondu sans délai ; il faut partir sans délai
à toute allure [2]	at top speed	il est parti à toute allure

en coup de vent 2	(the meaning depends upon the meaning of the verb with which it is combined)	il est passé en coup de vent ce matin (= *he tore by*); elle est entrée en coup de vent (= *she rushed in*)
à la hâte 2	*hastily*	un travail fait à la hâte; j'ai noté ça à la hâte sur un bout de papier
en hâte 2	*hastily* (less common than **à la hâte**)	il est ressorti en hâte dès qu'il a eu votre message
hâtivement 2	*hastily*	il a répondu trop hâtivement
promptement 2	*promptly, hastily*	j'ai réagi un peu promptement; il s'est promptement porté au secours des blessés
rapidement 2	*quickly, rapidly, speedily*	je fais mes courses rapidement et je te rejoins
bon train 2	*at a good pace* (restricted to two expressions: **aller bon train** and **mener bon train**)	les conversations allaient bon train; ses affaires sont menées bon train
vite 2	*quickly*	viens vite
en vitesse 2	*quickly*	prépare-toi en vitesse, on s'en va
à toute vitesse 2	*at full speed*	ils sont repartis à toute vitesse
à vitesse grand V 2–1	*at top speed*	il a avalé son repas à vitesse grand V
à toute berzingue 1	*at full pelt*	il a filé à toute berzingue

---

se rappeler   to remember

| **avoir souvenance de** 3 | *to remember* | je n'en ai pas souvenance |
| **se remémorer** 3–2 | *to remember* | il s'est tout remémoré avec précision |

se rappeler 2	to remember (see below)	je ne me rappelle plus son nom
se souvenir de 2	to remember	elle s'est souvenue de moi; je ne m'en souviens plus
se rappeler de 1	to remember (this construction is criticized by purists; see above)	elle s'est rappelée du nom que j'avais oublié

---

rapporter   to inform, to tell, to split

dénoncer 2	to denounce	il a dénoncé ses complices à la police
rapporter 2	to inform, to tell, to split (used transitively and intransitively)	ne t'avise pas de rapporter ça aux parents / à la maîtresse; c'est parce qu'il rapporte qu'il est le chouchou
balancer 1	to grass on (used transitively only)	quelqu'un l'a balancé
cafarder 1	to sneak, to tell tales on (used transitively and intransitively)	cafarder quelqu'un; ne dis rien devant lui, il cafarde
moucharder 1	to tell, to tell on, to split on (used transitively and intransitively)	gare à toi si tu mouchardes; il m'a mouchardé pour se faire bien voir

---

rayure   stripe

bande f 2	strip (sometimes on the edge of something)	un drapeau avec une bande rouge et une bande bleue; la nappe est ornée d'une bande de dentelle; la bande de Gaza
ligne f 2	line	tracer des lignes; la ligne de touche / d'arrivée (= touch line / finishing line, in sport)
raie f 2	line, stripe, parting (in hair)	une chemise à fines raies blanches; elle se coiffe avec la raie au milieu
rayure f 2	stripe (wider than **raie**)	un maillot de rugby à rayures noires

strie f ☐2	*streak*	les stries de la roche ; un coquillage marqué de stries profondes ; les stries blanches des avions dans le ciel
striure f ☐2	*streak*	les striures de la roche ; le parquet était marqué de nombreuses striures ; les striures blanches des avions dans le ciel
trait m ☐2	*line, streak*	un trait de crayon ; tracer un trait sur le sable
zébrure f ☐2	*stripe, streak* (eg on an animal's skin)	les zébrures du tigre / du zèbre ; la zébrure de l'éclair ; les coups lui avaient laissé des zébrures sur le dos

---

en réalité   in reality, in fact

en effet ☐2	*in fact, indeed*	c'est, en effet, ce que nous avions convenu
de fait ☐2	*as it turned out*	il lui a refusé une augmentation – de fait il était opposé à son promotion
en fait ☐2	*in reality, in point of fact*	j'ai demandé son avis – en fait il n'y connaît rien
en réalité ☐2	*in reality, in fact*	ils ont l'air froids, mais en réalité ils sont très accueillants
en vérité ☐2	*in truth, in fact*	ce n'était pas sa faute, en vérité
à vrai dire ☐2	*really, in fact*	à vrai dire, je n'y connais pas grand-chose

---

recevoir   to receive

attraper ☐2	*to catch*	tu vas attraper un rhume ; essaie d'attraper la balle ; j'ai juste eu le temps d'attraper le bus
encaisser ☐2	*to cash* (a cheque), *to receive* (money) (see below)	encaisser un chèque / de l'argent ; il va encaisser une belle somme
essuyer ☐2	*to receive, to undergo, to endure*	essuyer une défaite / un revers / un affront ; il a fait une proposition, mais il a essuyé un refus

percevoir [2]	*to be paid, to receive, to collect* (money only)	elle perçoit des indemnités journalières; l'ensemble des taxes perçues par l'Etat
recevoir [2]	*to receive*	recevoir de l'argent / un cadeau; en voulant m'interposer, j'ai reçu un coup
subir [2]	*to receive, to undergo, to endure*	subir une défaite / un affront; on lui a fait subir un interrogatoire serré
toucher [2]	*to receive* (money), *to cash* (a cheque)	toucher son traitement / de l'argent / un chèque; je n'ai pas encore touché ma paye
écoper + nom **de** + nom [2-1]	*to get, to cop* (usually something unpleasant)	écoper d'une amende; il devra écoper trois ans de prison
empocher [2-1]	*to pocket* (money)	empocher de l'argent; il s'est empressé d'empocher ses sous / son chèque
encaisser [2-1]	*to let in* (a goal), *to take* (suggesting something unpleasant) (see above)	encaisser un but; il a encaissé les coups sans chercher à se défendre

---

rêche   rough

accidenté [2]	*rough* (of terrain)	un terrain accidenté; la piste, très accidentée, est difficilement praticable
grumeleux [2]	*rough, lumpy*	une poire à la peau grumeleuse; ta béchamel est un peu grumuleuse
raboteux [2]	*rough, bumpy*	un chemin raboteux; une surface raboteuse; le plancher est encore raboteux
râpeux [2]	*rough* (of a surface) (rougher than **rêche**)	la langue râpeuse d'un chat
rêche [2]	*rough* (of a surface)	une peau rêche; j'ai la plante des pieds toute rêche; je vais mettre de l'adoucissant, les draps sont très rêches
rugueux [2]	*rough* (often of the skin of fruit)	une peau / une écorce rugueuse; une variété d'avocats à peau rugueuse; son menton rugueux et mal rasé

recherche   research

enquête f 2	*investigation* (by the police), *survey* (in journalism)	l'inspecteur mène l'enquête; notre journal publiera une enquête sur les conditions d'accueil des immigrés
fouille f 2	*dig, excavation*	des fouilles archéologiques
investigation f **investigations** fpl 2	*investigation*	la thèse m'a permis d'élargir le champ de mes investigations
recherche f 2	*research* (as a concept)	elle abandonne l'enseignement pour la recherche; les progrès dans le domaine de la recherche scientifique
recherches fpl 2	*research, search*	elle fait des recherches en physique; les recherches, après la disparition de l'enfant, n'ont toujours rien donné
sondage m 2	*survey, poll* (in journalism)	effectuer un sondage d'opinion; selon notre sondage, le favori est le candidat sortant

réconcilier   to reconcile

concilier 2	*to reconcile* (in a more abstract way than **réconcilier**; not used of people)	concilier des intérêts opposés; un style qui concilie rigueur et élégance
rapprocher 2	*to bring together*	rapprocher deux adversaires / deux idées; les difficultés nous ont rapprochés
réconcilier 2	*to reconcile* (in a more concrete way than **concilier**; used of people)	réconcilier deux personnes / des ennemis; ça m'a réconcilié avec l'alpinisme
se réconcilier 2	*to be reconciled, to become reconciled*	je voudrais me réconcilier avec lui
remettre d'accord 2	*to bring together*	il a fallu écouter la version de chacun avant de les remettre d'accord
se rabibocher 1	*to become reconciled, to patch things up*	on était un peu fâchés, mais on s'est rabibochés

| **se raccommoder** [1] | to come together, to be reconciled | ils finiront bien par se raccommoder |

---

reçu   receipt

acquit m [2]	receipt (an administrative term)	pour acquit (= received, of a cheque or payment)
quittance f [2]	receipt (often for domestic matters)	une quittance d'eau / d'électricité ; il suffit d'une quittance de loyer pour s'inscrire à la bibliothèque du quartier
récépissé m [2]	receipt (in a bank or post office, for any transaction)	vous me donnez un récépissé, s'il vous plaît ; le facteur m'a fait signer un récépissé
reçu m [2]	receipt (generally **récépissé** and **reçu** are used interchangeably)	le caissier m'a donné un reçu ; aucun échange ne pourra être effectué sans reçu

---

récupérer   to get back, to recover

recouvrer [3–2]	to recover	recouvrer la vue / la santé ; il a vite recouvré ses forces
récupérer [2]	to get back, to recover (used transitively and intransitively)	récupérer ses forces / son argent / un livre ; dix minutes de sommeil, ça me suffit pour récupérer
reprendre [2]	to take up again, to recapture, to get back, to recover, to continue	reprendre son travail ; reprendre une ville ; reprendre un objet perdu ; reprendre son souffle / ses forces ; les cours reprendront le 15 septembre
retrouver [2]	to get back, to find again	retrouver ses forces / son argent / quelque chose qu'on a perdu ; je ne retrouve plus mes lunettes, tu les as vues ?

---

rédaction   essay

| **composition** f [2] | essay (restricted to certain expressions) | il a été premier en composition française (= une rédaction ; see below) ; le prof a corrigé les compositions de sciences naturelles |

dissertation f [2]	(*formal*) *essay*	j'ai une dissertation à faire sur Gide
mémoire m [2]	*dissertation*	j'ai mis trois mois à rédiger mon mémoire
rédaction f [2]	*essay* (usually of less importance than a **dissertation**)	la maîtresse nous a donné une rédaction à faire sur la campagne
thèse f [2]	*thesis*	une thèse de doctorat; une thèse de troisième cycle; un jury de thèse
travail écrit m [2]	*piece of written work*	vous me remettrez un travail écrit sur votre projet de maîtrise
disserte f [1]	= **dissertation**	j'ai une disserte à rendre pour lundi
rédac f [1]	= **rédaction**	donne-moi une idée pour ma rédac

réel   real

authentique [2]	*authentic, genuine*	un meuble authentique; des documents authentiques; l'histoire est authentique
concret [2]	*real, concrete*	un problème / un détail concret; je n'arrive pas à m'en faire une idée concrète
palpable [2]	*palpable, tangible* (more physical than **tangible**)	des preuves palpables; il me faudrait des signes plus palpables pour que j'y croie
réel [2]	*real*	un danger / un fait réel; une nécessité réelle; leurs difficultés sont réelles
tangible [2]	*tangible* (more abstract than **palpable**)	montrez-moi des preuves tangibles; des faits tangibles
véridique [2]	*truthful, true* (of a story or account)	c'est parfaitement véridique; une histoire véridique
véritable [2]	*real, genuine*	en cuir véritable; sa véritable identité a été découverte; il lui voue une véritable passion
vrai [2]	*true, authentic*	une histoire vraie; son vrai nom; c'est vrai, je t'assure

refléter

to reflect

refléter 2	*to reflect*	le lac reflétait la lumière de la lune
réfléchir 2	*to reflect* (a more technical term than **refléter**) (used literally and figuratively; when used figuratively, it is intransitive)	les miroirs réfléchissent la lumière; la lune réfléchit le soleil; réfléchis bien avant de prendre une décision
renvoyer 2	*to reflect* (of a slightly lower register than **refléter**)	le miroir nous renvoie notre image; un miroir permet de renvoyer la lumière dans l'autre direction

NB for most French people, there is little difference between these three verbs when they are used transitively.

---

réfrigérateur

refrigerator

chambre froide f 2	*refrigerator* (usually in a shop), *cold store*	la chambre froide du boucher / du poissonnier; la nourriture est stockée dans les chambres froides
congélateur m 2	*freezer*	il faudra dégivrer le congélateur
freezer m 2	*freezer compartment of a fridge* (sometimes used in apposition to **compartiment**) (not = *freezer*)	le compartiment freezer du réfrigérateur; j'ai mis les surgelés dans le freezer
frigidaire m 2	*refrigerator* (a trade mark) (becoming more frequently used than **réfrigérateur**)	il n'y a plus rien dans le frigidaire
glacière f 2	*ice-box, cooler*	il y a des sandwichs et des boissons dans la glacière
réfrigérateur m 2	*refrigerator*	le lait doit être gardé au frais dans le réfrigérateur
frigo m 1	*fridge*	tu as sorti le beurre du frigo?

réfugié   refugee

banni m ③	*exile, outcast, banished person*	le nouveau régime a rappelé les bannis
apatride m ③–②	*stateless person*	le statut d'apatride
proscrit m ③–②	*exile*	la vie des proscrits en Sibérie
déporté m ②	*deported person*	les déportés des camps nazis
exilé m ②	*exile*	il se sentait comme un exilé dans son propre pays
expatrié m ②	*expatriate*	une petite communauté d'expatriés
réfugié m ②	*refugee*	une terre d'asile pour les réfugiés politiques

---

regarder   to look at

toiser ③	*to look up and down, to weigh up*	il la toisait avec dédain
considérer ②	*to consider*	pendant que sa femme me considérait avec curiosité; la critique le considère comme un très grand écrivain; tout bien considéré (= *all things considered*)
contempler ②	*to contemplate*	nous nous sommes arrêtés pour contempler le paysage; il contemplait son bébé endormi avec fierté
dévisager ②	*to stare at* (someone)	elle m'a dévisagé sans bienveillance
examiner ②	*to examine* (not of an examiner in an examination)	le médecin l'a examiné; nous avons examiné la question de près; les prélèvements sont examinés au microscope
fixer du regard / fixer ②	*to stare at*	ses yeux me fixaient avec intensité; le léopard fixait sa proie du regard

jeter un coup d'oeil 2	*to glance, to glance at*	jeter un coup d'oeil par la fenêtre ; j'ai juste eu le temps de jeter un coup d'oeil sur le journal
regarder 2	*to look at*	je regarde la télé ; il aime regarder les livres d'images ; nous avons regardé une cassette vidéo hier soir
visionner 2	*to preview* (a film)	nous avons visionné la cassette-vidéo avant de la montrer aux étudiants
voir 2	*to see*	j'ai vu le facteur ce matin ; je n'ai pas vu ce film
zyeuter 1	*to take a dekko at, to look at*	qu'est-ce que tu as à me zyeuter comme ça ?

---

règle   rule

code m 2	*code*	le code de la route ; un code de conduite ; le code pénal/Napoléon
consigne f 2	*order, rule*	j'ai pour consigne de ne pas vous laisser sortir
convention f 2	*convention, accord*	se plier aux conventions sociales ; une convention a été signée entre les deux Etats afin de faciliter les échanges commerciaux
norme f 2	*norm*	un appareil conforme aux normes françaises
prescription f 2	*prescription*	suivez les prescriptions de votre médecin
règle f 2	*rule* (the way in which something is to be done, in sport, grammar, etc)	les règles du jeu / de grammaire ; appliquer la règle
règlement m 2	*administrative rule* (regulating behaviour or governing what may or may not be done), *collection of rules*	le règlement, c'est le règlement ; vous avez enfreint le règlement ; conformément au règlement

régler   to settle, to sort out

s'acquitter de 3–2	*to carry out, to complete, to clear*	s'acquitter d'une tâche / d'une dette ; il s'est acquitté de sa mission avec bravoure ; je suis venue m'acquitter de ma dette
amortir 2	*to pay off, to meet*	amortir une dette ; les frais ont été largement amortis
conclure 2	*to conclude*	conclure une affaire / la paix ; marché conclu !
liquider 2	*to liquidate*	liquider une affaire / une dette ; ils liquident leurs stocks avant la nouvelle collection
passer 2	*to conclude*	passer un contrat / un accord ; selon l'accord que nous avons passé
régler 2	*to settle, to sort out*	régler une note / l'addition ; il me reste quelques détails à régler
solder 2	*to pay off* (the balance of), *to settle* (an account) (a banking term)	solder un compte ; je voudrais solder mon compte courant

---

relier   to join, to connect

brancher 2	*to plug in, to turn on*	brancher la télévision / la radio / une lampe / un appareil électrique ; éteins la radio, je vais brancher l'aspirateur
connecter 2	*to connect* (electrical appliances)	connecter deux câbles / des appareils électriques ; les deux ordinateurs sont connectés
joindre 2	*to bring together, to join*	la conférence aura lieu à Venise, ce qui joint l'utile à l'agréable ; depuis que j'ai arrêté de travailler, on a du mal à joindre les deux bouts (= *to make ends meet*)
lier 2	*to link, to tie up, to relate*	lier quelqu'un à une chaise ; lier la cause à l'effet ; on lui a lié les mains et bandé les yeux ; les deux faits sont liés
raccorder 2	*to link up, to join, to put in a join*	raccorder des tuyaux ; une bretelle raccorde les deux autoroutes
relier 2	*to join, to connect*	relier deux tuyaux ; l'autoroute qui relie les deux villes

religieuse

nun

mère supérieure f 2	*mother superior*	la mère supérieure du couvent
religieuse f 2	*nun*	un établissement tenu par des religieuses
soeur f 2	*nun, sister*	elle a été élevée chez les soeurs
bonne soeur f 2–1	*nun*	une école de bonnes soeurs
nonne f 2–1	*nun* (disappearing from use; used with a humorous or pejorative connotation)	elle s'habille comme une nonne

---

remplir

to fill, to fill up

emplir 3	*to fill, to fill up*	emplir une tasse / un verre; le verre était empli à ras–bord
boucher 2	*to block up*	boucher un trou; la conduite est bouchée
colmater 2	*to close, to plug*	il faudra colmater la brèche
combler 2	*to fill, to fill in* (used literally and figuratively)	combler un vide / un gouffre / un fossé / une ornière / une lacune
remplir 2	*to fill, to fill up*	remplir un trou; remplir un verre aux trois quarts; la pièce était remplie de fumée

---

rendre

to give back

redonner 2	*to give back, to give again* (slightly less common than **rendre** in the sense of *to give back*)	redonne–lui son jouet; ça lui a redonné confiance en lui
rembourser 2	*to refund*	elle s'est fait rembourser son billet de train

remettre [2]	*to give, to give back*	vous lui remettrez la lettre en personne
rendre [2]	*to give back*	j'ai des livres à rendre à la bibliothèque; les articles soldés ne pourront être ni rendus ni échangés
renvoyer [2]	*to send back*	la lettre a été renvoyée à l'expéditeur
restituer [2]	*to restore, to hand back*	il a fallu l'intervention de la police pour qu'il accepte de restituer les bijoux
retourner [2]	*to send back* (usually in the commercial sense)	le colis a été retourné à l'expéditeur

---

rentrer   to return, to return home

s'en retourner [3–2]	*to return* (old-fashioned)	elle s'en retourna, la mort dans l'âme; il s'en retournera un jour chez lui au soleil
rentrer / rentrer à la maison / rentrer chez ... [2]	*to return, to return home*	c'est l'heure de rentrer; je ne l'ai pas vu, alors je suis rentrée à la maison
retourner [2]	*to return, to go back*	elle est retournée chez elle
revenir [2]	*to come back* (see below)	elle reviendra nous voir l'été prochain
revenir [1]	*to go back* (used to an interlocutor who is in the same place as the speaker)	je reste à Madrid jusqu'au vingt et après je reviens à Paris

---

renverser   to knock down, to knock over

| **terrasser** [3–2] | *to floor, to bring down* (an adversary) | elle a été terrassée par une crise cardiaque; il se sentait terrassé par l'émotion; d'un seul coup de poing il a terrassé son adversaire |
| **abattre** [2] | *to knock down* | abattre un arbre; un poteau télégraphique a été abattu par l'orage; le voleur a abattu le policier à coups de poing |

écraser 2	*to run over*	notre petit chien s'est fait écraser par une voiture ; fais bien attention en traversant ou tu vas te faire écraser
faire culbuter 2	*to knock over*	faire culbuter une chaise ; elle a fait culbuter un vase ; il m'a fait culbuter en tombant
jeter à terre 2	*to throw down, to throw off*	le cavalier a été jeté à terre avant la fin du parcours
renverser 2	*to knock down, to knock over*	il a manqué de se faire renverser par une voiture ; il a renversé du vin sur ma robe sans le faire exprès
ficher par terre 1	*to chuck onto the ground, to knock over*	ça l'amuse de tout ficher par terre et après je dois ranger
foutre par terre 1*	*to chuck onto the ground, to knock over* (a slightly stronger term than **ficher par terre**)	il a ouvert les tiroirs et tout foutu par terre

réparer   to repair

raccommoder 2	*to mend, to darn*	un vieux pull-over raccommodé aux coudes ; sur le pont, un pêcheur raccommodait son filet
radouber 2	*to repair, to refit* (a nautical term)	radouber un bateau / la coque d'un bateau
réparer 2	*to repair*	il faudra faire réparer la chaudière
repriser 2	*to darn*	elle sont encore bonnes les chaussettes, je vais te les repriser
rafistoler 1	*to patch up*	un vieux vélo mal rafistolé ; j'ai pu rafistoler la tringle avec du fil de fer

repas   meal

ripaille 3–2	*supper, dinner* (see below)	après la chasse, le châtelain et sa famille ont fait ripaille avec leurs invités

souper m 3-2	*supper, dinner*	un souper fin nous attendait après le théâtre
banquet m 2	*banquet*	un banquet de mariage
buffet m 2	*buffet*	il y avait un buffet somptueux
déjeuner m 2	*lunch*	un déjeuner d'affaires
dîner m 2	*evening meal, dinner*	on ira au cinéma après le dîner
festin m 2	*feast*	quel festin ! on s'est régalés
repas m 2	*meal*	j'aime trois bons repas par jour
bouffe f 1	*grub*	la bouffe était infecte
gueuleton m 1	*binge, blow-out*	on s'est fait un bon gueuleton
ripaille f 1	*feast, blow-out* (see above)	c'est toujours les mêmes qui font ripaille pendant que les autres crèvent de faim

---

reporter   to delay, to postpone

atermoyer 3	*to procrastinate*	il a accepté sans atermoyer
différer 3	*to delay, to postpone*	le chef de l'Etat a préféré différer la rencontre ; le paiement devra être effectué sans différer
ajourner 2	*to delay, to postpone*	elle a ajourné son départ de deux jours ; le rendez-vous a été ajourné
reculer 2	*to postpone*	l'heure / la date du rendez-vous a été reculée
remettre 2	*to delay, to postpone*	et si tu remettais ton départ à dimanche plutôt que samedi ?

reporter 2	*to delay, to postpone*	reporter un rendez-vous à une date ultérieure ; la date du mariage a été reportée
retarder 2	*to delay, to postpone*	en raison des grèves, tous nos vols seront retardés
surseoir à 2	*to postpone, to stay* (often occurring as an infinitive) (a term with a legal connotation)	surseoir à l'exécution / au jugement ; nous espérons encore que le juge surseoira à la saisie

---

se reposer   to rest

se décontracter 2	*to relax*	j'ai le trac ! – Décontracte-toi, respire ...
se délasser 2	*to relax* (not used in the imperative)	ça me délasse de feuilleter des magazines
se détendre 2	*to relax*	rien de tel qu'un bon bain chaud pour se détendre
se mettre à l'aise 2	*to take it easy, to make oneself comfortable*	tu peux retirer ta cravate, mets-toi à l'aise
prendre ses aises 2	*to take it easy* (used with a pejorative connotation)	je ne l'avais même pas invité, voilà qu'il se met à table avec moi, qu'il prend ses aises
prendre du repos 2	*to rest* (for an extended period)	prévoyez de prendre du repos après l'opération
se reposer 2	*to rest*	ton père est fatigué, il a besoin de se reposer
se relaxer 2–1	*to relax*	il se relaxe en faisant des mots croisés
se la couler douce 1	*to relax, to swing the lead*	je me crève pendant qu'il se la coule douce toute la journée
se défouler 1	*to unwind, to let off steam*	tous les samedis, ils se défoulent sur les pistes de danse

reprendre — to get going again, to start up again

ressusciter 3	*to revive, to reawaken* (see below)	ces vieilles chansons qui ressuscitent en nous les souvenirs passés
renaître 3–2	*to spring up again, to revive*	l'espoir / la joie renaît dans mon coeur; auprès d'elle il se sentait renaître
recommencer 2	*to begin again*	voilà que le bruit recommence de plus belle; nous allons tout recommencer de zéro
se remettre en marche 2	*to start up again* (of an engine), *to set off again*	le moteur ne veut pas se remettre en marche; ils se sont remis en marche après une courte halte
se remettre en mouvement 2	*to get going again* (of an engine or train)	lentement, le véhicule se remettait en mouvement
reprendre 2	*to get going again, to start up again*	les travaux de construction ont repris; le travail reprendra normalement après la grève
ressusciter 2	*to rise* (from the dead) (a religious term), *to revive* (see above)	le Christ est ressuscité d'entre les morts; ce traitement l'a ressuscité

réprimander — to reprimand

admonester 3	*to admonish*	le policier s'est contenté de l'admonester
gourmander 3	*to rebuke* (severely)	des vétilles pour lesquelles il se faisait régulièrement gourmander
morigéner 3	*to reprimand* (suggesting a high degree of moralizing)	il faudra le morigéner sévèrement
semoncer 3	*to reprimand*	j'ai dû le semoncer longuement
réprimander 3–2	*to reprimand*	son insolence lui a valu de se faire réprimander plus d'une fois
faire la morale à 2	*to lecture, to preach at*	tu es mal placé pour me faire la morale

gronder
2

to scold (usually a child)

gronder un enfant; tu vas te faire gronder

sermonner
2

to lecture, to preach at

il a encore tenu à nous sermonner sur la discipline

enguirlander
1

to give (someone) the works (a weak version of **engueuler***)*

dépêche-toi, ou on va encore se faire enguirlander parce qu'on est en retard

passer un savon à
1

to lay into, to give (someone) a right ticking off

le patron lui a passé un de ces savons!

engueuler
1*

to give (someone) a rocket

il va m'engueuler si je le lui dis

---

résonner   to resound, to echo

cliqueter
2

to jingle, to clink

les clefs cliquettent; son trousseau de clefs cliquetait dans son sac; des épées cliquetaient dans la salle d'escrime

se répercuter
2

to reverberate

on entendait le grondement du tonnerre se répercuter dans la vallée

résonner
2

to resound, to echo

un bruit de pas résonna sur les dalles

retentir
2

to resound, to ring out

la sonnerie retentit; des bruits de voix retentissaient dans l'escalier

tinter
2

to ring, to chime, to tinkle

des cloches tintaient au loin; il faisait tinter les pièces de monnaie dans sa poche

---

résoudre   to resolve, to solve

décider
   de + infinitif
2

to decide, to decide upon

décider une question / un projet / un programme; nous n'avons pas encore décidé ce que nous ferons; j'ai décidé de partir

résoudre
2

to resolve, to solve

résoudre un problème / un mystère / une énigme / une question; le mystère de sa disparition n'a jamais été résolu

trancher 2	*to make a definite decision on*	trancher une question; nous devons trancher entre les deux candidats; trancher le noeud gordien (= *to cut the Gordian knot*)
solutionner 1	*to solve* (a term which is unacceptable to purists)	solutionner un problème

---

retirer   to remove, to take off, to take away, to take out of

ôter 3–2	*to remove, to take away* (a less common term than **enlever**; see below)	il a ôté ses vêtements; elle a ôté ses lunettes pour voir de près; comment ôter une tache d'encre?
dégager 2	*to remove, to withdraw*	dégager sa main; dégager un blessé des décombres
enlever 2	*to remove, to take away*	enlever ses vêtements; enlève ton manteau; enlève son couvert, il ne viendra pas
retirer 2	*to remove, to take off, to take away, to take out of*	retirer ses lunettes / ses chaussures / son manteau; tu peux retirer ta cravate; il s'est fait retirer son permis de conduire
ôter 1	*to get out, to get away from* (see above)	ôte-toi de ma vue; ôte-toi de là, que je m'y mette

---

retraite   lair

antre m 2	*lair*	l'antre du lion / de l'ours; Don José a retrouvé Carmen et les gitans dans leur antre
bauge f 2	*lair* (of a boar)	la bauge du sanglier
gîte m 2	*shelter*	le gîte du lièvre
repaire m 2	*lair*	le repaire du lion / de l'ours
retraite f 2	*lair*	la retraite du lion / de l'ours; il resta caché dans sa retraite pendant une semaine
tanière f 2	*lair*	la tanière du lion / de l'ours; les policiers ont réussi à faire sortir le criminel de sa tanière

| **terrier** m [2] | *burrow, hole* | le terrier du lapin / du renard |

---

réunion

meeting

cénacle m [3]	*literary group, set, coterie*	un cénacle d'avant-garde
assemblée f [2]	*gathering, meeting*	il a pris la parole devant une assemblée nombreuse ; les étudiants réunis en assemblée générale ont voté pour la grève ; assemblée générale annuelle (= *AGM*)
colloque m [2]	*conference*	des savants du monde entier participeront au colloque
comité m [2]	*committee*	un comité de soutien aux familles des victimes ; un petit comité (= *select group*) ; nous nous retrouvons une fois par semaine en petit comité
commission f [2]	*commission, committee*	la commission chargée de l'octroi des bourses ; une commission d'enquête (= *committee/commission of inquiry*) ; nous attendons les résultats de la commission d'enquête
concile m [2]	*council* (a religious term)	le concile de Trente
congrégation f [2]	*congregation, assembly*	les membres de la congrégation
congrès m [2]	*congress, conference*	les thèmes abordés durant le congrès ; un congrès de lexicographie/lexicographes
meeting m [2]	*meeting* (often of a political nature)	il y aura un meeting pour protester contre l'intervention armée
plénum m [2]	*plenary session, plenary meeting*	le plénum du comité central du parti
rassemblement m [2]	*gathering, assembly*	un rassemblement silencieux a eu lieu devant l'ambassade
rendez-vous m [2]	*appointment, date*	prendre rendez-vous chez le médecin ; j'ai rendez-vous avec Sylvie ce soir
réunion f [2]	*meeting*	le procès verbal de la dernière réunion

séance f 2	*session, sitting*	la prochaine séance du conseil municipal
synode m 2	*synod* (a religious term)	les évêques réunis en synode

---

révéler   to reveal, to disclose

afficher 2	*to display*	il a toujours affiché un certain mépris pour les convenances
découvrir 2	*to uncover, to reveal*	il a découvert ses projets / ses plans; il a attendu d'être sûr de réussir avant de découvrir ses plans; découvrir son jeu (= *to show one's hand*); découvrir son coeur (R3)
démontrer 2	*to demonstrate, to prove*	il m'a démontré que j'avais tort; démontrer quelque chose par A et B; ça ne peut que réussir, il nous l'a démontré par A et B
dévoiler 2	*to disclose*	dévoiler ses sentiments / ses intentions; le mystère de sa disparition a enfin été dévoilé
divulguer 2	*to divulge*	divulguer un secret / une information; je vous demanderai de ne pas divulguer cette confidence
faire ressortir 2	*to bring out, to show*	le blanc fait ressortir ton bronzage; une mise en scène qui fait ressortir le jeu des acteurs
faire valoir 2	*to bring out, to show*	il a fait valoir son âge pour justifier son manque d'expérience
faire voir 2	*to show, to let* (someone) *see*	fais voir ce que tu as acheté
montrer 2	*to show*	je vais vous montrer le chemin; je lui ai montré ce que je savais faire; son écriture montre une forte volonté
proclamer 2	*to proclaim*	il n'a jamais cessé de proclamer son innocence; l'indépendance a été proclamée en 1957
révéler 2	*to reveal, to disclose*	révéler un secret / une information; la date du rendez-vous a été révélée à la presse

se révolter

to revolt, to rebel

s'insurger 3–2	to revolt	les provinces commençaient à s'insurger contre le gouvernement central ; une décision contre laquelle les syndicats s'insurgent
se dresser 2	to rise up, to resist	la population s'est immédiatement dressée contre l'envahisseur
s'élever 2	to revolt, to protest	je m'élève contre cette décision ; un projet contre lequel les syndicats s'élèvent unanimement
se mutiner 2	to mutiny, to rebel	les marins se sont mutinés à cause du manque de nourriture ; les prisonniers s'étaient mutinés contre leurs gardiens
se rebeller 2	to rebel	la population s'est soumise sans se rebeller ; une autorité rigide contre laquelle il se rebellait
se révolter 2	to revolt, to rebel	des discours enflammés qui appellent les opprimés à se révolter
se soulever 2	to revolt, to rise up	le peuple se souleva contre la tyrannie du général ; après des années de dictature, le peuple s'est soulevé

---

riche

rich

fortuné 3–2	wealthy (rarely = fortunate)	il venait d'une famille très fortunée
opulent 3–2	opulent	un luxe opulent ; nous menions une vie opulente
aisé 2	well-to-do, comfortable	un milieu aisé ; il est né et a grandi dans une famille aisée ; ils avaient économisé assez d'argent pour vivre une retraite aisée
cossu 2	very rich	un confort cossu ; il fréquentait la bourgeoisie cossue de Reims
riche 2	rich	il est devenu très riche ; une région riche ; ses parents ne sont pas riches
richissime 2	very rich	une femme d'affaires richissime

argenté
[1]
loaded, well–off
il n'était pas dans une période très argentée

(être) bourré de fric
[1]
(to be) loaded
il est bourré de fric, ce mec – il a une Mercédès

friqué
[1]
loaded
il faut être friqué pour se payer une bagnole comme ça

(être) pourri de fric
[1]
(to be) loaded
je suis pas pourrie de fric – je peux pas m'acheter une robe comme ça

---

rive   bank

berge f
[2]
edge, bank
la berge d'un fleuve / d'un canal; la berge d'un fossé / d'un chemin; la Seine est très haute, les voies sur berge seront fermées

bord m
[2]
bank, shore
le bord d'une rivière / d'un lac / de la mer; une maison au bord de la mer

en bordure de f
[2]
at the edge of, on the bank of
nous avons campé en bordure de la rivière; la ferme est située en bordure de forêt

littoral m
[2]
land running alongside the sea
le littoral méditerranéen; des hôtels ont été construits tout le long du littoral

rivage m
[2]
(sea) shore
le rivage de la mer / de l'océan; le bateau s'éloignait lentement du rivage; les déchets industriels rejetés sur le rivage

rive f
[2]
bank (of a river)
la rive d'une rivière / d'un fleuve / d'un lac; nous prenons le bac pour passer sur l'autre rive; la rive gauche/droite (de la Seine)

---

rivière   river

ru m
[3–2]
rivulet, small stream, brook
un petit ru traverse leur jardin

affluent m
[2]
tributary
les affluents de la Seine

cours d'eau m [2]	*any watercourse, river*	le Nord du pays est arrosé par de nombreux cours d'eau
fleuve m [2]	*(large) river*	le long du fleuve ; les bateaux qui montent le fleuve
rivière f [2]	*river* (smaller than a **fleuve**)	il fait de la planche à voile sur la rivière
ruisseau m [2]	*stream*	j'ai rempli ma gourde dans le ruisseau
ruisselet m [2]	*rivulet*	la pluie avait formé un ruisselet au bord du chemin

robe   dress

aube f [2]	*alb*	l'aube de ma première communion
blouse f [2]	*smock, (surgeon's) coat*	une blouse de paysan / d'infirmière / de chirurgien ; je portais une blouse quand j'allais à l'école
burnous m [2]	*burnous* (large woollen sleeveless cloak or coat)	je l'ai enveloppé dans son petit burnous pour qu'il ne prenne pas froid
djellaba f [2]	*long smock with hood* (worn in North Africa)	la djellaba marocaine
robe f [2]	*dress*	une robe du soir ; une robe de mariée ; je portais une robe rouge
soutane f [2]	*cassock*	une soutane de prêtre
tchador m [2]	*chador*	des femmes en tchador
toge f [2]	*gown*	une toge de professeur / d'avocat

ronronner   to purr, to whirr

bourdonner [2]	*to buzz*	j'ai les oreilles qui bourdonnent; les abeilles bourdonnaient autour de la ruche
ronfler [2]	*to hum, to purr, to rev up* (of an engine), *to snore*	il faisait longuement ronfler le moteur avant de démarrer; le moteur ronflait; il ronflait dans son fauteuil
ronronner [2]	*to purr, to whirr*	il caressait son chat qui ronronnait sur ses genoux; j'entendais ronronner le frigidaire
vrombir [2]	*to hum* (of an engine) (louder than **ronfler** and **bourdonner**)	la perceuse a brusquement cessé de vrombir; des milliers de guêpes vrombissaient dans la lumière

rouge   red

vermeil [3]	*light red, vermilion*	des lèvres vermeilles
carmin [2]	*maroon, carmine* (an invariable adjective)	un fard à joues carmin
cramoisi [2]	*crimson*	il était cramoisi de honte
écarlate [2]	*scarlet*	elle avait tellement couru qu'elle était écarlate
mauve [2]	*mauve, light purple*	le manque de sommeil lui faisait des ombres mauves sous les yeux
pourpre [2]	*purplish red*	il était pourpre d'indignation
rouge [2]	*red*	le rouge est ma couleur préférée
violet [2]	*violet, purple*	ses lèvres étaient violettes de froid

route   main road

artère f [2]	*artery*, *main road* (in a big town)	les grandes artères de Paris
autoroute f [2]	*motorway*	l'autoroute du Sud ; prendre l'autoroute
avenue f [2]	*avenue*	l'avenue des Champs-Elysées
axe routier m [2]	*main road* (linking towns)	évitez les grands axes routiers à cause des départs en vacances
boulevard m [2]	*boulevard*	les grands boulevards parisiens
boulevard périphérique / périphérique m [2]	*Paris ring road* (see below)	je suis passé par le périphérique pour éviter la circulation
chaussée f [2]	*road*, *roadway*	une chaussée goudronnée/bombée/ défoncée/déformée ; ne marche pas sur la chaussée !
chemin m [2]	*way* (leading somewhere)	ils habitent sur le chemin de Versailles ; le chemin qui mène à la gare
rocade f [2]	*ring road* (a slightly technical term)	les automobilistes empruntaient la rocade pendant la durée des travaux
route f [2]	*main road* (often linking towns)	la route qui mène à Angers
rue f [2]	*street*	nous habitons dans la même rue
ruelle f [2]	*lane*, *alley*	les petites ruelles de la vieille ville
voie f [2]	*route*, *way*	les grandes voies de communication reliant les capitales européennes
voie express f [2]	*dual carriageway*	la voie express rive gauche
périf m [1]	= **boulevard périphérique** (see above)	j'ai pris le périf pour venir

ruse   trick

fourberie f
3
deceit, deceitfulness
son rival a multiplié les fourberies pour parvenir à ses fins

perfidie f
3
perfidious/treacherous act
sa perfidie se retournera un jour contre lui; ses perfidies ont été étalées au grand jour

rouerie f
3
cunning method, trickery
il s'est enrichi à force de rouerie

supercherie f
3
trick, trickery
la supercherie a été rapidement découverte

détour m
2
roundabout means
il me l'a dit sans détour

faux-fuyant m
2
dodge, evasion
réponds-moi sans faux-fuyant

fraude f
2
fraud, cheating
la fraude électorale/fiscale; ils ont essayé de faire passer de la marchandise en fraude

mauvais tour m
2
dirty trick
jouer un mauvais tour à quelqu'un; encore un de ces mauvais tours!

ruse f
2
trick
j'ai trouvé une ruse pour lui faire prendre ses médicaments

stratagème m
2
strategem
j'ai pu déjouer son stratagème

subterfuge m
2
subterfuge
elle a usé d'un habile subterfuge pour échapper à notre surveillance

tour m
2
trick, practical joke (less serious than **ruse***)*
elle m'a fait/joué un tour; le hasard nous joue souvent des tours

tromperie f
2
deceit, trickery
ce n'est pas ce que disait le catalogue, il y a tromperie sur la marchandise

feinte f
2–1
dummy, feint
il m'a fait une feinte

canular m
1
hoax
monter un canular; tu n'as pas cru à ce canular!

coup en vache m
1
dirty trick
je ne m'attendais pas à un coup en vache

crasse f [1]	*dirty trick*	on lui a fait une crasse au bureau
roublardise f [1]	*crafty trick, cunning*	sa roublardise de paysan à qui on ne la fait pas (= *who is not easily duped*)
vacherie f [1]	*dirty trick*	il lui a fait une vacherie

---

rustique   rustic

agreste [3–2]	*wild, uncultivated*	un paysage au charme agreste
campagnard [2]	*rural* (redolent of the countryside)	l'hospitalité campagnarde ; des manières un peu campagnardes
champêtre [2]	*rural* (redolent of the countryside or village life)	un paysage / une fête champêtre ; un garde champêtre (= *country policeman*)
paysan [2]	*peasant* (redolent of country life)	le monde paysan ; la mentalité paysanne ; les habitudes paysannes
rural [2]	*rural*	la vie rurale ; l'économie rurale ; l'exode rural (= *drift away from the countryside*)
rustique [2]	*rustic*	un mobilier de style rustique ; une crêperie au décor rustique ; il a gardé le goût d'une vie rustique

---

sac   bag

attaché-case m [2]	*attaché case*	un jeune cadre dynamique avec son attaché-case
cartable m [2]	*satchel*	un cartable d'écolier ; range ta trousse dans ton cartable
filet à provisions / filet m [2]	*string bag*	je croyais avoir mis les tomates dans mon filet
musette f [2]	*haversack* (originally a military term, but now used for pleasure trips)	il a mis un sandwich dans sa musette avant d'aller à la pêche

pochette f [2]	*record sleeve, case* (small and practical for maps, or for working materials such as needles)	remets le disque dans sa pochette; elle a remis le fil dans la pochette
porte-documents m [2]	*attaché case* (made of leather or metal), *document wallet*	il portait un porte-documents sous le bras
sac m [2]	*bag*	un sac de/en toile; un sac en plastique; un sac de gym
sac à dos m [2]	*rucksack*	il avait tout ce qu'il lui fallait dans son sac à dos
sac à main m [2]	*handbag*	fais bien attention à ton sac à main dans le métro; un sac à main en cuir verni
sachet m [2]	*sachet, bag* (for shopping)	un sachet de thé; un sachet en plastique / en papier
sacoche f [2]	*bicycle pannier, bag* (made of cloth)	le facteur avait une lettre pour lui dans sa sacoche
serviette f [2]	*attaché case, briefcase* (made of leather)	tous les documents étaient dans ma serviette
plastique m [1]	*plastic bag*	mets les légumes dans un plastique
poche f [1]	*bag* (usually of plastic)	elle a enveloppé les fruits dans une poche / une poche en plastique

---

sain   healthy

en bonne (etc) **forme** [2]	*healthy, in good shape* (of a person)	je l'ai trouvé en excellente forme
sain [2]	*healthy* (not used of a person)	un climat sain; une nourriture saine; l'ambiance est très saine
salubre [2]	*healthy, salubrious*	un environnement salubre; le climat est très sec mais salubre
tonique [2]	*healthy, invigorating*	il faisait un froid tonique; la douche est plus tonique que le bain

saint   holy

religieux 2	*religious*	une fête religieuse ; ils ont fait un mariage religieux ; il vient d'une famille très religieuse
sacré 2	*sacred* (sometimes occurring as a noun)	de la musique sacrée ; il s'est référé aux textes sacrés ; pour lui, le foot est sacré ; le profane et le sacré
sacrosaint 2	*sacrosanct* (often used with an ironic or pejorative connotation)	des habitudes sacrosaintes ; oh toi et ta sacrosainte liberté ! ; le rituel sacrosaint de son endormissement
saint 2	*holy*	la sainte Bible ; les Ecritures Saintes / les Saintes Ecritures ; un saint homme ; le saint siège / patron ; le Saint Père ; le Saint-Esprit ; un pèlerinage en terre sainte (= *the Holy Land*) ; c'est un lieu saint pour les musulmans

---

saisir   to seize

étreindre 3–2	*to embrace, to clasp in one's arms* (a stronger term than **serrer**)	il l'étreignit tendrement avant de monter dans le train
se saisir de 3–2	*to grasp, to take hold of* (used literally and figuratively)	les policiers se sont immédiatement saisis du forcené ; il s'est tout simplement saisi de l'opportunité qui lui était offerte
attraper 2	*to catch, to get hold of* (often suggesting speed or skill)	attrape la balle ! ; ils n'ont toujours pas attrapé le voleur
s'emparer de 2	*to take, to get hold of* (an object or power)	il s'est servi de l'armée pour s'emparer du pouvoir ; il s'est emparé de la télécommande et n'a plus voulu la lâcher
empoigner 2	*to take hold of* (suggesting violence), *to lay hands on*	il l'a empoigné par les cheveux ; laisse-moi faire, dit-il, en empoignant la pelle
prendre 2	*to take*	prends ton parapluie, il risque de pleuvoir ; il a pris son fils dans ses bras ; j'ai pris mon journal qui traînait sur la table
saisir 2	*to seize*	il a saisi le chandelier pour se défendre ; le gardien de but a réussi à saisir la balle ; il a saisi l'occasion au passage
serrer 2	*to squeeze, to hold tightly*	il m'a longuement serrée dans ses bras ; elle serrait son porte-monnaie dans sa main

salaire   salary, pay

appointements mpl 2	*salary* (often in private business, for a manager, collaborator, etc)	verser/toucher/recevoir des appointements ; mes appointements de décembre n'ont pas été versés
gages mpl 2	*wages* (a rather old-fashioned term, applying to someone living in ; but occurring most commonly in a set expression)	les gages d'un domestique ; un tueur à gages (= *hired killer*)
honoraires mpl 2	*fees* (of a doctor or solicitor)	ses honoraires sont beaucoup trop élevés ; il touchera un pourcentage qui correspond à ses honoraires
paie/paye f 2	*pay* (weekly or monthly)	toucher sa paie / paye ; ma paie est directement virée sur mon compte
paiement m 2	*one single payment*	effectuer un paiement ; il fait tous ses paiements par carte de crédit
rémunération f 2	*remuneration* (any sum of money given for a piece of work done)	mes rémunérations sont fixes ; un petit travail universitaire que j'ai fait pour une rémunération
salaire m 2	*salary*, *pay* (weekly or monthly)	il a un très bon salaire
smic m 2	(= **salaire minimum interprofessionnel de croissance**) *minimum salary*	les syndicats ont demandé une augmentation du smic
solde f 2	*military pay*	toucher sa solde
traitement m 2	*salary* (for civil servants, teachers, etc)	toucher un bon traitement

salaud   bastard, bugger

gredin m 3	*rascal, knave*	ce gredin me le paiera cher
scélérat m 3	*foul type, villainous person*	je me vengerai, scélérat !

canaille f 2	scoundrel, low type, crook, bastard (but sometimes used with a humorous connotation)	c'est une canaille; donne–moi un bisou, canaille
crapule f 2	villain, riff-raff (but sometimes used with a humorous connotation)	c'est une crapule!; qui est la crapule qui a mangé le dernier chocolat?
fripon m 2	rascal, knave (but sometimes used with a humorous connotation)	ce grand/petit fripon; alors ce petit fripon ne veut pas faire dodo?
charogne f 2–1	sod, bastard	son patron est une vraie charogne
ordure f 2–1	sod, bastard	ce mec est une ordure, il faut qu'elle le quitte
peau de vache f 1	sod, bastard	une vraie peau de vache, la directrice!
saligaud m 1	sod, bastard	laisse-la tranquille, saligaud!
fumier m 1*	bastard, bugger	il avait trafiqué la comptabilité, le fumier!
salaud m 1*	bastard, bugger	il ne m'a pas laissé me garer, le salaud!
salopard m 1*	bastard, bugger	ce salopard a essayé de m'avoir
salope f 1*	bitch, cow	quelle salope, elle a tout inventé!

---

sale   dirty

croupi 3–2	stagnant	de l'eau croupie
impur 3–2	impure (especially used figuratively)	des penchants impurs
obscène 3–2	lewd, obscene	des propos obscènes

ordurier [3–2]	*filthy, lewd*	tenir un langage ordurier; des propos orduriers
immonde [2]	*foul, squalid*	les légumes baignaient dans une sorte de sauce immonde
infect [2]	*foul, filthy*	une odeur infecte; un goût infect; la cuisine était infecte
malpropre [2]	*grubby, dirty*	des ongles malpropres; il est encore malpropre quand il mange
sale [2]	*dirty*	ces vêtements sont sales; mes cheveux sont sales
vicié [2]	*polluted, tainted*	une atmosphère viciée
crasseux [2–1]	*filthy, grimy*	un vêtement crasseux; des ongles crasseux
cracra [1]	*grotty, mucky* (used euphemistically for **crado**)	viens prendre ton bain, t'es tout cracra
crado [1]	*grotty, mucky*	il portait un vieux jean crado
salingue [1]	*filthy*	il est salingue, ce mec
dégueulasse [1*]	*filthy*	je vais me laver les cheveux, ils sont dégueulasses

---

saleté   dirt, filth, excrement

crotte f [3]	*mud* (an old-fashioned term; see below)	il essuya la crotte de ses chaussures
immondices fpl [3–2]	*refuse, rubbish*	les services de la voirie se chargent d'enlever les immondices
boue f [2]	*mud*	les enfants aiment patauger dans la boue
crasse f [2]	*filth* (suggesting a layer) (a stronger term than **saleté**)	tu aurais vu la couche de crasse sur la cuisinière!

crotte f ☐2	*dog muck* (see above)	j'ai encore marché dans une crotte de chien
ordure f ☐2	*excrement, rubbish*	le chien fait ses ordures n'importe où; les ordures ménagères; une boîte à ordures
saleté f ☐2	*dirt, filth, excrement* (used euphemistically)	ses vêtements étaient couverts de saletés; le chat a encore fait ses saletés dans la cuisine
gadoue f ☐2–1	*mud, slush*	j'ai dû patauger dans la gadoue pour venir

---

sauf   except for, save

hormis ☐3	*except for, save* (an old-fashioned, literary term)	il faut préciser que, hormis ma vieille tante, personne n'était dans la confidence
à part ☐2	*apart, apart from*	à part Paul, il n'y avait personne que tu connais
en dehors de ☐2	*except for, save*	c'est ouvert tous les jours, en dehors des congés scolaires
excepté ☐2	*except for, save*	je n'en ai parlé à personne, excepté ma femme
exception faite de ☐2	*except for, save*	tous les magasins ferment à sept heures, exception faite de l'épicier
à l'exception de ☐2	*except for, save*	vous pouvez tous aller jouer, à l'exception de Jean qui est puni
mis à part ☐2	*except for, save*	tout le monde était d'accord, mis à part lui, comme d'habitude
sauf ☐2	*except for, save*	il y a un bus tous les quarts d'heure, sauf le dimanche

---

sauter   to jump

bondir ☐2	*to jump, to bound* (a more formal term than **sauter**) (used literally and figuratively)	il a bondi comme un tigre sur sa proie; il était d'une telle mauvaise foi, ça m'a fait bondir

gambader [2]	to leap about, to gambol (playfully)	des biches gambadaient dans le parc; les enfants gambadaient dans l'herbe en poussant des cris de joie
sauter [2]	to jump	il peut sauter deux mètres; sauter à la corde (= to skip with a rope)
sautiller [2]	to hop	des moineaux sautillaient sur le bord de la fenêtre; il s'amusait à sautiller sur une jambe

---

sauvage   wild

farouche [2]	hostile, antisocial	la petite chatte n'était pas farouche et se laissait caresser en ronronnant; c'est un enfant farouche
hagard [2]	wild-eyed, frantic (not = haggard)	il errait l'air hagard
sauvage [2]	wild, frightened, sensitive to strangers	une bête sauvage; à cet âge-là, le bébé devient sauvage et a peur des visages inconnus

---

savant   knowledgeable

érudit [3–2]	erudite, learned	un homme très érudit
lettré [3–2]	well read, learned	il n'a pas de diplômes mais il est lettré
cultivé [2]	learned	c'est une femme très cultivée; il ne vient pas d'un milieu cultivé
intelligent [2]	intelligent	un enfant particulièrement intelligent
savant [2]	knowledgeable	elle est très savante sur cette question
calé [1]	clever, bright	elle est calée en maths
doué [1]	clever, gifted	il est doué pour la musique; un élève exceptionnellement doué

savoir   to know how to

| **pouvoir** 2 | to be able to, to have the physical ability to | tu peux nager jusqu'aux rochers?; allez, tu peux y arriver!; il ne peut s'empêcher de fumer |
| **savoir** 2 | to know how to | elle sait nager/tricoter/jouer du piano; il sait très bien faire la cuisine |

savoir   to know
used transitively

ne pas ignorer 3–2	to know, not to be unaware	vous n'ignorez pas que des licenciements sont prévus dans notre entreprise
connaître 2	to be acquainted with	connaître une personne / une ville / une langue / un livre / un pays; merci, je connais le chemin
être au courant de 2	to be in the know about	je n'étais pas au courant de ses projets
savoir 2	to know (through having learned)	savoir une langue / sa leçon; je ne savais pas qu'il était invité

scientifique   scientist

biologiste m ou f 2	biologist	un biologiste spécialisé en bio-technologie
botaniste m ou f 2	botanist	des greffes mises au point par des botanistes belges
chercheur m 2	researcher	il est chercheur au CNRS
chimiste m ou f 2	chemist	nos laboratoires pharmaceutiques recrutent des chimistes
mathématicien m 2	mathematician	des mathématiciens ont calculé les risques
physicien m 2	physicist (not = physician)	un congrès de physiciens

savant m 2	*prestigious scientist* (often with a high reputation)	un savant de grand renom
scientifique m 2	*scientist, person on the science side* (at school)	c'est un scientifique, pas un littéraire; un phénomène sur lequel les scientifiques se sont penchés
zoologiste m ou f 2	*zoologist*	une classification faite par des zoologistes du siècle dernier
matheux m 1	*mathematician*	seul un matheux peut comprendre ça

---

scolaire   school, of school

éducatif 2	*educational*	le système éducatif; dans un but éducatif
pédagogique 2	*educational* (more used than *pedagogical*)	une nouvelle méthode pédagogique; des réformes pédagogiques
scolaire 2	*school, of school*	les raisons de l'échec scolaire; pendant l'année scolaire; le car du ramassage scolaire
universitaire 2	*university*	une résidence universitaire; des études universitaires; pendant l'année universitaire

---

sécher   to dry, to dry out

assécher 2	*to dry out* (deliberately, eg a natural water area or canal)	assécher une mare / un canal / un marais
déshydrater 2	*to dehydrate*	des légumes déshydratés; ma peau est très déshydratée; je me sens complètement déshydratée
dessécher 2	*to dry out* (suggesting an involuntary action)	le soleil dessèche la peau; une terre aride et desséchée
essuyer 2	*to dry up* (dishes), *to wipe*	essuyer la vaisselle; essuie ta bouche!
lyophiliser 2	*to dehydrate* (a much stronger term than **déshydrater**)	un potage en sachet avec des légumes lyophilisés; du café lyophilisé

sécher 2	to dry, to dry out (when the verb is used transitively, the action is involuntary, eg performed by the sun or a machine; when used with **faire**, the action is deliberate, ie it is performed by a person)	il fait sécher ses vêtements; mettre le linge à sécher; ma machine lave et sèche

---

second   second

deuxième 2 **second** 2	second (there is no clear distinction between **deuxième** and **second**; previously **second** signified the second in a series of two; but this is no longer its only meaning; both are restricted to certain expressions, but are used interchangeably in others; **second** has a slightly higher literary connotation than **deuxième**)	**deuxième** only: à la deuxième personne (in grammar) le deuxième sexe; la deuxième chaîne de télévision; un deuxième classe (soldat); un deuxième essai; la deuxième symphonie (de Beethoven, par exemple) **second** only: un second souffle; en second lieu; de seconde main; à nul autre second; être en seconde (classe); le Second Empire; en second lieu; les causes secondes; être dans un état second (= to be out of this world – with tiredness, drink, etc) both: en deuxième/seconde mi-temps (in sport); voyager en deuxième/seconde classe; la deuxième/seconde guerre mondiale; au deuxième/second étage; elle a terminé (en) deuxième/seconde (position); le deuxième/second set (in tennis)

---

secrètement   secretly, in secret

en catimini 3	on the sly, on the quiet (used with a humorous connotation)	je me suis approché de lui en catimini pour le surprendre
à la dérobée 3	in secret	il me regardait à la dérobée
en tapinois 3	on the sly	il s'est glissé vers la sortie en tapinois

en cachette [2]	*on the quiet, behind someone's back*	je lui ai téléphoné en cachette de ma femme
clandestinement [2]	*secretly, illicitly*	il a quitté clandestinement le pays
furtivement [2]	*furtively*	elle est sortie furtivement ; j'ai regardé furtivement par-dessus son épaule
en secret [2]	*secretly, in secret*	il continue de la voir en secret
secrètement [2]	*secretly, in secret*	ils se sont mariés secrètement
sous le manteau [2]	*secretly*	un livre publié sous le manteau ; leur journal, interdit par la censure, circule sous le manteau
à la sauvette [2–1]	*without proper authorization*	vendre à la sauvette ; des articles de contrebande vendus à la sauvette

---

sécurité   safety, security

salut m [3–2]	*salvation*	faites quelque chose, je vous en prie, il y va de son salut ; seul contre tous, il ne dut son salut qu'à votre intervention ; travaillez à votre salut (= *work out your own salvation*) ; l'Armée du Salut (= *the Salvation Army*)
sécurité f [2]	*safety, security*	la sécurité routière/sociale ; une impression de sécurité ; la sécurité de l'emploi ; par mesure de sécurité ; assurer la sécurité d'un personnage important ; attachez vos ceintures de sécurité
sûreté f [2]	*safety, security*	voyager en sûreté ; mettre quelque chose / quelqu'un en sûreté ; un complot contre la sûreté de l'Etat ; pour plus de sûreté il faut verrouiller la porte ; une épingle de sûreté ; la sûreté individuelle (= *habeas corpus*) ; la Sûreté nationale / la Sûreté (= *national security*)

sein   breast

gorge f 3	*bosom, breasts*	une gorge opulente ; une gorge naissante
décolleté m 2	*what is revealed by the cut of a dress*	elle a un beau décolleté ; un décolleté plantureux
mamelle f 2	*breast* (of a female animal), *udder, teat*	la mamelle d'une louve / d'une vache
poitrine f 2	*(female) breast, bosom*	elle a une belle/forte/petite poitrine ; un soutien-gorge qui met la poitrine en valeur
sein m 2	*(female) breast* (considered individually)	elle a de beaux seins ; se baigner les seins nus (= *topless*)
nichons mpl 1	*boobs*	elle a de gros/petits nichons
roberts mpl 1	*boobs*	elle se paye des sacrés roberts
téton m 1	*boob* (an old-fashioned word, used with a humorous connotation)	elle a du téton !
du monde au balcon 1	*big boobs*	il y a du monde au balcon !

---

faire semblant   to pretend

affecter **de** + infinitif 3–2	*to pretend, to feign*	il affectait un certain mépris pour l'argent ; il affectait de ne pas me reconnaître
feindre **de** + infinitif 3–2	*to pretend, to feign*	il feint l'indifférence ; elle feignit de ne pas nous voir
simuler 3–2	*to pretend*	elle simulait le plaisir ; il a simulé un malaise / une amnésie
contrefaire 2	*to forge, to imitate* (a more formal term than **imiter**)	contrefaire des parfums / des billets de banque / l'écriture de quelqu'un ; il t'a suivi en contrefaisant la démarche pour nous faire rire

faire mine de 2	*to pretend* (a less formal term than **faire semblant**)	elle a fait mine de ne pas me voir
faire semblant de 2	*to pretend*	elle faisait semblant de dormir
imiter 2	*to imitate*	il sait imiter ma signature ; elle a imité ta voix pour me faire une blague

---

sensuel   sensual

lascif 3	*lascivious*	un regard / un tempérament lascif ; des déhanchements lascifs
libidineux 3	*libidinous, lustful* (often used with a humorous connotation)	un regard / un vieillard libidineux
luxurieux 3	*lustful*	des provocations luxurieuses
lubrique 3–2	*lustful, lecherous* (often used with a humorous connotation)	il lui jeta un regard lubrique ; qu'est-ce que c'est que ce vieillard lubrique !
charnel 2	*carnal*	le désir charnel ; il éprouvait pour elle une attirance charnelle
érotique 2	*erotic*	un film érotique ; des lectures érotiques
physique 2	*physical*	l'amour physique ; le désir physique
sensuel 2	*sensual*	un geste / un parfum sensuel ; une démarche sensuelle
sexy 2–1	*sexy* (an invariable adjective)	elle est très sexy ; une tenue sexy
bandant 1	*sexy*	elle est bandante, ta soeur !

sentiment
emotion, feeling

émoi m 3	*agitation, excitement*	l'attentat a eu lieu ce matin, toute la ville était en émoi; il avait du mal à dissimuler son émoi
attendrissement m 2	*tenderness, pity*	ne cédons pas à un attendrissement facile
émotion f 2	*emotion, feeling, commotion*	ils ont reçu la nouvelle sans aucune émotion; la disparition du petit garçon a provoqué une grande émotion
excitation f 2	*excitement*	avec la fatigue et l'excitation du voyage, les enfants étaient intenables
sentiment m 2	*emotion, feeling*	il éprouvait un sentiment d'isolement; je partage votre sentiment; il avait du mal à réprimer un sentiment d'envie
surexcitation f 2	*overexcitement* (the past participle **surexcité** is very commonly found)	il fallait voir la surexcitation des enfants devant tous ces paquets!; les enfants étaient surexcités
trouble m 2	*agitation, distress*	les troubles du sommeil / du comportement; son trouble était visible

sentir
to smell
used transitively

humer 3–2	*to smell, to inhale*	il a ouvert la fenêtre pour humer l'air de la campagne; on pouvait déjà humer la bonne odeur du pain qui cuit
flairer 2	*to smell, to sniff* (often of an animal)	on a fait flairer aux chiens un vêtement de l'enfant; flairer un danger (= *to sense danger*)
renifler 2	*to sniff* (a more colourful word than **sentir**) (used transitively and intransitively)	j'ai beau renifler, je ne sens rien; le chien a reniflé dans tous les coins
sentir 2	*to smell* (used transitively and intransitively)	je sens une odeur de gaz; elle m'a fait sentir son nouveau parfum; sens comme ça sent bon!
sniffer 1	*to sniff* (drugs)	sniffer de la colle / de la coke

sentir   to smell of

empester [2]	*to stink of*	la salle de réunions empestait le tabac froid
puer [2]	*to stink of*	ça puait la cigarette ; il pue des pieds
sentir [2]	*to smell of*	ça sent le gaz
chlinguer [1]	*to pong, to reek*	il chlingue, ce camembert !
fouetter [1]	*to reek*	il vit avec treize chats, ça fouette dès l'entrée

sermon   sermon

prédication f [3]	*sermon*	les prédications du pape pendant l'année mariale
prône m [3]	*sermon*	le prône du dimanche
homélie f [2]	*homily*	prononcer une homélie
prêche m [2]	*sermon* (formerly used only of Protestants, but now also of Roman Catholics)	il a fait un prêche sur la paix
sermon m [2]	*sermon*	je me suis endormi pendant le sermon

siège   seat

| **bergère** f [3] | *winged chair* (belonging to a certain style and period) | une bergère imitation Louis XV ; une bergère d'époque |
| **banc** m [2] | *bench* (usually hard and made of wood) | le banc d'une salle de classe / d'une église / d'un jardin ; des amoureux s'embrassaient sur un banc public |

banquette f 2	*bench* (softer than **banc**)	la banquette d'un café / d'un train / d'un bus ; il a glissé sa valise sous la banquette
canapé m 2	*sofa*	un canapé à deux places ; un canapé-lit
chaise f 2	*chair*	une table et quatre chaises
chaise longue f 2	*deckchair, sun-lounger*	il fait beau, sortons les chaises longues
divan m 2	*divan, couch*	un divan-lit ; le divan du psychanalyste
escabeau m 2	*wooden stool* (a less common word than **tabouret**)	un escabeau à trois pieds ; prends l'escabeau pour attraper le pot de confiture
fauteuil m 2	*armchair*	se prélasser dans un fauteuil ; un fauteuil en osier ; les fauteuils sont confortables au théâtre / au cinéma
siège m 2	*seat* (the part of any chair on which one sits)	un siège inclinable ; prenez un siège, s'il vous plaît
sofa m 2	*sofa*	elle était allongée sur le sofa
strapontin m 2	*foldaway seat* (disappearing from use, for safety reasons)	les strapontins d'un car / d'un cinéma ; il ne reste que des strapontins
tabouret m 2	*stool*	un tabouret de cuisine / de piano
transatlantique m 2	*deckchair*	les transatlantiques et les parasols sont réservés aux clients de l'hôtel
transat m 1	*deckchair* (the final **t** is pronounced)	il passait la sieste sur un transat au bord de la piscine

---

soir   evening

| **crépuscule** m
 3–2 | *twilight* | on allumait les réverbères au crépuscule |
| **soir** m
 2 | *evening* | je n'avais rien de prévu ce soir-là ; le repas du soir ; rendez-vous ce soir à 7 heures |

| **soirée** f
2 | *evening* (with the stress on duration) | au cours de la soirée; les longues soirées d'hiver |

---

sol intérieur   floor, flooring

carrelage m 2	*tiled floor* (consisting of small tiles)	le carrelage de la cuisine / de la salle de bains; il a renversé de l'eau sur le carrelage
dallage m 2	*tiled floor* (consisting of large tiles; usually outside)	un palais au somptueux dallage de marbre
parquet m 2	*wooden floor, parquet*	elle exigeait qu'on porte des patins sur le parquet
plancher m 2	*boarded floor*	on a recouvert le plancher d'une moquette
sol intérieur / **sol** m 2	*floor, flooring*	nettoyer le sol de la cuisine; un produit d'entretien pour les sols carrelés
parterre m 1	*floor*	laver le parterre; le parterre est tout sale

---

sombrer   to sink

s'abîmer 3–2	*to sink, to flounder, to crash into the sea and sink* (of a plane)	le navire s'abîma dans les flots; l'avion s'est abîmé au large de la Corse
couler à pic / **couler** 2	*to sink* (more quickly than with **sombrer**)	le paquebot a coulé après avoir heurté un iceberg; touché par une torpille, le navire a coulé à pic
s'enfoncer 2	*to sink, to go into*	la voiture dérapa, quitta la chaussée et s'enfonça dans le fleuve
s'engloutir 2	*to be engulfed*	le paquebot s'est englouti dans la mer
plonger 2	*to dive, to plunge*	elle plongea la tête la première

| **sombrer** [2] | *to sink* (often suggesting slowly) | le bateau sombra lentement/rapidement |

---

sommeil   sleep

assoupissement m [2]	*sleepiness*	il se sentait émerger d'un long assoupissement
sieste f [2]	*siesta*	faire la sieste
somme m [2]	*nap* (see below)	faire un somme
sommeil m [2]	*sleep*	avoir sommeil; son sommeil est très agité
somnolence f [2]	*sleepiness*	c'est un médicament qui peut provoquer la somnolence
roupillon m [1]	*doze, snooze*	piquer un roupillon
somme m [1]	*kip* (see above)	piquer un somme

---

sonner   to ring

tintinnabuler [3-2]	*to tinkle*	une clochette / un grelot tintinnabulait au loin; elle faisait tintinnabuler les breloques à son poignet
se répercuter [2]	*to reverberate*	les bruits se répercutaient dans le corridor désert
résonner [2]	*to resound, to echo*	l'écho résonne; un bruit de pas résonnait dans l'escalier
retentir [2]	*to ring out, to resound*	son cri retentit dans la vallée
sonner [2]	*to ring*	une cloche / le téléphone sonne; je n'ai pas entendu sonner le réveil

tinter [2]	*to tinkle* (suggesting a gentle sound), *to ring*	la cloche du portail tintait ; des bracelets tintaient à son poignet ; les oreilles me tintent (= *my ears are ringing*)

sonnette   doorbell, hand bell

bourdon m [2]	*large church bell* (with a deep sound)	le bourdon de Notre-Dame
cloche f [2]	*bell*	les cloches de l'église ; mettez-vous en rang dès que la cloche sonne
clochette f [2]	*small bell*	les clochettes du bétail ; les vaches faisaient entendre leurs clochettes
grelot m [2]	*small bell* (originally with a small metal ball inside)	mon chien a un grelot attaché à son collier ; il a fait sonner le grelot de sa bicyclette
sonnette f [2]	*doorbell, hand bell*	la sonnette d'une porte ; une sonnette d'alarme ; agiter une sonnette
timbre m [2]	*small bell* (with a striking hammer)	un timbre de bicyclette ; le timbre d'une pendule

sortie   exit

débouché m [2]	*career opening*	c'est une formation qui offre de nombreux débouchés
issue f [2]	*way out*	une issue de secours ; toutes les issues sont gardées
sortie f [2]	*exit*	une sortie de cinéma / d'autoroute ; je t'attendrai devant la sortie

sottises   stupid words and actions

âneries fpl [2]	*stupid things* (in words and actions)	faire/dire des âneries ; ne l'écoute pas, il dit des âneries
balivernes fpl [2]	*nonsense* (spoken)	tu n'as pas cru à ces balivernes, j'espère !

balourdises fpl [2]	*blunders (suggesting clumsiness)*	faire/dire des balourdises; j'ai pensé l'inviter, mais il est capable de telles balourdises!
bêtises fpl [2]	*stupid words and actions*	faire des bêtises; sois sage, ne fais pas de bêtises; on a passé une soirée agréable à plaisanter, raconter des bêtises; tu ne m'aimes plus – ne dis pas de bêtises!
imbécilités fpl [2]	*stupid words and actions*	tu es responsable pendant mon absence, alors pas d'imbécilités!
sornettes fpl [2]	*nonsense, twaddle*	dire/raconter des sornettes; ne crois pas à ces sornettes
sottises fpl [2]	*stupid words and actions*	faire/dire/raconter des sottises; pas de sottises pendant mon absence
du bidon m [1]	*rubbish*	tout ce qu'il t'a raconté, c'est du bidon
char/charre m [1]	*nonsense (suggesting that someone is showing off)*	arrête ton char, frimeur!
cinéma m [2]	*show, act*	il nous a fait tout un cinéma; arrête ton cinéma!
conneries fpl [1*]	*bloody silly words and actions*	raconter/dire/faire des conneries; je te passe la voiture, mais pas de conneries!

---

souffrir   to suffer, to endure

pâtir de [3]	*to suffer from (only occurring as a past participle or infinitive or in the future tense; see below)*	sa santé pâtira de ses excès
endurer [2]	*to endure, to put up with*	endurer une épreuve pénible / des privations; ses parents n'étaient pas commodes, qu'est-ce qu'il a dû endurer!
pâtir de [2]	*to suffer from (restricted to one expression; see above)*	le prof de maths était très mauvais, j'en ai pâti par la suite
souffrir [2]	*to suffer, to endure*	ses dents le font souffrir; quand on lui a arraché sa dent, il a souffert le martyre

subir [2]	*to undergo*	on lui a fait subir un long interrogatoire ; subir le supplice de Tantale (= *to suffer the torment of Tantalus*)
supporter [2]	*to bear, to put up with*	il ne supporte pas qu'on le critique ; je ne peux plus la supporter ; je ne supporte pas le nylon
avaler [2–1]	*to put up with, to take*	tu vas tout de même pas avaler ça sans réagir ? ; c'était dur à avaler !
blairer [1]	*to stick, to put up with*	je peux pas le blairer
sentir [1]	*to stick, to put up with*	je peux pas le sentir

---

soupçonner   to suspect

se défier de [3]	*to mistrust*	je me défie de ses belles promesses
se douter de [2]	*to suspect* (not necessarily suggesting anything sinister)	je me doutais qu'elle serait à la maison ; je m'en doute ; il ne se doutait de rien
se méfier de [2]	*to mistrust*	il lui a ouvert la porte sans se méfier ; il faut toujours se méfier de promesses extravagantes
mettre / remettre en cause [2]	*to question, to challenge*	il a été mis en cause au cours de l'enquête
soupçonner [2]	*to suspect* (a stronger word than **se douter**)	il a été le premier à être soupçonné
suspecter [2]	*to suspect* (a stronger word than **soupçonner**)	suspecter la bonne foi de quelqu'un ; suspecter un criminel

---

soupe   soup

| **bouillabaisse** f [2] | *fish soup* (in the South of France) | une bouillabaisse comme à Marseille |

bouillon m [2]	*broth*, *stock* (made from boiled meat and vegetables)	un bouillon de légumes ; un bouillon cube (= *stock cube*)
consommé m [2]	*clear soup* (with a meat stock)	un consommé de volaille
panade f [2]	*bread soup* (the word is disappearing from use)	le pain rassis servait à préparer la panade
potage m [2]	*vegetable soup* (sometimes including meat)	des pâtes pour potage
soupe f [2]	*soup*	une soupe de poisson ; la soupe au pistou
velouté m [2]	*cream* (of tomato, etc) *soup*	un velouté de tomates / d'asperges

---

soutenir   to support, to defend

affirmer [2]	*to affirm, to support*	affirmer une idée / une opinion ; c'est l'âge où ils ont besoin d'affirmer leur personnalité ; son mari affirme le contraire
appuyer [2]	*to support*	appuyer un candidat / une candidature ; sa femme a appuyé son témoignage
confirmer [2]	*to confirm*	elle l'a confirmée dans ses intentions ; la nouvelle n'a pas été confirmée
conforter [2]	*to confirm, to strengthen*	voilà de quoi conforter vos hypothèses
défendre [2]	*to protect, to defend*	défendre les intérêts de quelqu'un ; vous devrez défendre votre projet devant le jury
épauler [2]	*to support*	épauler un candidat ; ses parents ont toujours été là pour l'épauler
protéger [2]	*to protect*	des complices ont protégé sa fuite ; elle portait un foulard pour protéger ses cheveux
renforcer [2]	*to strengthen*	renforcer quelqu'un dans une opinion ; de nouveaux témoignages sont venus renforcer nos soupçons

soutenir [2]	*to support, to defend*	soutenir une cause / une thèse / une idée / un candidat; mon mari m'a toujours soutenue
pistonner [1]	*to pull strings for* (*someone*)	elle s'est fait pistonner par son père pour avoir le job
supporter [1]	*to support* (in sport)	supporter un sportif / une équipe de foot

souvenir   memory

souvenance f [3]	*recollection*	je n'en ai aucune souvenance
réminiscence f [3–2]	*reminiscence*	je n'ai plus que de vagues réminiscences de mon enfance
mémoires mpl [2]	*memoirs*	écrire/publier ses mémoires
souvenir m [2]	*memory* (ie what is remembered)	j'en ai gardé un très bon souvenir

souvent   often

maintes fois [3–2]	*frequently*	elle l'a fait maintes fois; je le lui ai pourtant répété maintes et maintes fois
à maintes reprises [3–2]	*many a time*	nous nous sommes revus à maintes reprises
de nombreuses fois [2]	*many times*	j'ai fait ce voyage de nombreuses fois
plusieurs fois [2]	*several times*	je l'ai rencontré plusieurs fois
fréquemment [2]	*frequently*	je la vois fréquemment
généralement [2]	*generally*	c'est généralement moi qui fais la cuisine

| à plusieurs reprises 2 | *several times* | j'ai dû m'y prendre à plusieurs reprises |
| souvent 2 | *often* | je n'y vais pas souvent |

---

spectateurs   audience, spectators

assistance f 2	*audience*	la conférence / le débat a divisé l'assistance
assistants mpl 2	*audience*	le ministre était parmi les assistants
auditeurs mpl 2	*listeners* (to the radio or music)	les auditeurs de Radio-France
auditoire m 2	*audience* (at a lecture or concert)	le concert a attiré un auditoire nombreux
public m 2	*spectators, audience*	le film / la pièce a beaucoup plu au public
spectateurs mpl 2	*audience, spectators*	les spectateurs ont beaucoup ri

---

subitement   suddenly

à brûle-pourpoint 3–2	*point blank*	il m'a annoncé son départ à brûle-pourpoint
inopinément 3–2	*unexpectedly*	le voyage a été décidé inopinément
brusquement 2	*abruptly, suddenly*	il a brusquement raccroché
de but en blanc 2	*point blank, just like that*	je lui ai posé la question de but en blanc
en un clin d'oeil 2	*in a jiffy, in a flash*	ça s'est passé en un clin d'oeil

en coup de vent 2	(the meaning depends upon the meaning of the verb with which it is combined)	elle est entrée/partie en coup de vent, sans rien dire
à l'improviste 2	*unexpectedly*	il est arrivé à l'improviste
instantanément 2	*instantaneously*	ça se dissout instantanément
du jour au lendemain 2	*overnight*	du jour au lendemain il s'est retrouvé chômeur
soudain 2	*suddenly*	soudain on a entendu un coup de feu
soudainement 2	*suddenly*	il est mort soudainement
subitement 2	*suddenly* (this word is of a slightly higher register than the other R2 words and expressions in this frame)	elle a subitement décidé de partir sans explication
en sursaut 2	*with a start*	son coup de fil m'a réveillée en sursaut
tout à coup 2	*suddenly*	tout à coup son nom m'est revenu
tout d'un coup 2	*suddenly*	j'ai compris tout d'un coup qu'il était arrivé quelque chose
subito 1	*all of a sudden*	il est ressorti subito

---

sud   south

midi m 3	*southern part* (of any country) (see below)	le midi de l'Espagne
midi m 2	*the South of France* (see above)	nous avons passé des vacances dans le midi

| **sud** m [2] | *south* | ils ont une propriété dans le sud de la France / des Etats–Unis |

---

suer   to sweat

suer [2]	*to sweat* (of a slightly lower register than **transpirer**)	une personne / un cheval sue ; j'ai sué sang et eau pour y arriver (= *I sweated blood and tears*)
suinter [2]	*to sweat, to ooze*	les murs suintaient ; une plaie suinte ; une goutte de sang suintait sur sa lèvre
transpirer [2]	*to perspire*	je transpire beaucoup des pieds

---

suivre   to follow

emboîter le pas à [2]	*to follow in someone's steps, to follow suit* (used figuratively)	je me suis dirigé vers la sortie, il m'a emboîté le pas ; les conservateurs ont emboîté le pas au premier ministre
filer [2]	*to shadow, to tail*	nos agents le filent
pister [2]	*to tail*	pister un criminel ; un dispositif électronique nous permet de le pister
poursuivre [2]	*to pursue, to chase after*	pendant des heures les policiers ont poursuivi les malfaiteurs à travers Paris
suivre [2]	*to follow*	son chien le suit partout ; nous l'avons suivi à la trace jusqu'à Marseille
talonner [2]	*to follow hot on the heels of* (*someone*)	ses poursuivants le talonnent de près
traquer [2]	*to hunt down*	il se sentait comme une bête traquée

---

super   terrific, wicked

| **excellent** [2] | *excellent* | excellent ! on peut partir tout de suite |

fabuleux 2	*fabulous*	des vacances aux Bahamas ? – ça c'est fabuleux
incroyable 2	*incredible, unbelievable*	c'est incroyable, j'ai gagné 3 000 000F au Loto
magnifique 2	*magnificent*	être reçu à l'agrég, c'est magnifique
merveilleux 2	*marvellous*	c'est merveilleux, j'ai eu une promotion au travail
parfait 2	*perfect, great*	le repas est prêt – parfait !
splendide 2	*splendid*	la finale de la Coupe Davis était absolument splendide
bath 1	*wicked, splendid* (disappearing from use)	c'est bath !
chouette 1	*great, wicked*	il est chouette, ton imper ! ; son père a été très chouette
comme ça 1	*terrific* (accompanied by a thumb pointing upwards)	un mec comme ça !
extra 1	*splendid, great*	on a passé une soirée extra
génial 1	*great, fantastic*	son mec a été génial ; il a plu, ce n'était pas génial
impeccable / impecc 1	*marvellous, terrific*	je passe te prendre ? – impecc !
le pied 1	*marvellous, terrific*	on a passé la soirée devant la télé, c'était le pied
sensass 1	*terrific* (disappearing from use)	le concert était sensass
sensationnel 1	*marvellous*	un spectacle sensationnel
super 1	*terrific, wicked*	super, des frites !

sur   on

au-dessus de [2]	(*immediately*) *above*	mon nom est au-dessus du vôtre
par-dessus [2]	*over* (suggesting a movement)	il est passé par-dessus le mur
sur [2]	*on*	le livre est sur la table
dessus [1]	*on*	le chat est dessus le toit

sûr   sure, certain

irrécusable [3–2]	*incontestable*	une preuve / un témoignage irrécusable
certain [2]	*certain*	j'en suis certaine ; il est certain qu'il a fait des progrès
incontestable [2]	*incontestable*	il montre un désir incontestable de changer
indéniable [2]	*undeniable*	il est indéniable que sans l'opération il n'aurait pas survécu ; il fait de son mieux, c'est indéniable
indiscutable [2]	*indisputable*	le chômage a baissé, c'est indiscutable ; je m'appuie sur des faits indiscutables
irréfutable [2]	*irrefutable*	c'est un fait irréfutable ; des preuves irréfutables
sûr [2]	*sure, certain*	je suis sûr qu'elle viendra
sûr et certain [2]	*really definite*	c'est sûr et certain ; j'en suis sûre et certaine

surface   surface

| **aire** f [2] | *area* (a special place for a rest or games) | une aire de repos sur l'autoroute ; une aire de jeu a été aménagée pour les enfants |

revêtement m 2	*(road) surface*	la chaleur a fait fondre le revêtement de la route
superficie f 2	*measurable area*	la superficie de l'Afrique / d'un champ ; calculez la superficie du champ
surface f 2	*surface*	une planche à voile glissait sur la surface du lac ; un produit d'entretien pour les surfaces

---

surveiller   to watch over, to invigilate

contrôler 2	*to check, to watch over*	contrôler une machine / les billets de chemin de fer
examiner 2	*to examine (not in a school or university examination)*	examiner un patient ; on lui a examiné le fard de l'oeil
guetter 2	*to watch out for, to spy on*	il guettait l'arrivée du facteur ; comme un chat qui guette une souris
inspecter 2	*to inspect*	inspecter un bureau / une classe ; j'ai inspecté sous les lits pour vérifier que c'était propre
superviser 2	*to supervise*	superviser les opérations / les travaux ; l'architecte chargé de superviser les travaux
surveiller 2	*to watch over, to invigilate*	surveiller des étudiants pendant un examen ; pouvez-vous surveiller la classe pendant mon absence ? ; surveille le feu, il ne faut pas que ça bouille
veiller sur 2	*to watch over, to keep an eye on*	veiller sur un malade ; je veillerai sur la maison pendant votre absence ; veillez à ce que tout se passe bien

---

tableau   painting, canvas

aquarelle f 2	*water colour*	une aquarelle de Dufy
peinture f 2	*painting*	une peinture à l'huile
retable m 2	*altar piece, reredos*	le retable du Greco à Tolède

tableau m [2]	*painting, canvas*	les tableaux de Monet ; une exposition de tableaux impressionnistes
toile f [2]	*painting, canvas*	une toile de maître
croûte f [1]	*painting of poor quality* (used with a pejorative connotation)	une vieille croûte héritée de ma grand-tante

---

se taillader   to slash

balafrer [2]	*to slash* (usually someone's face) (usually occurring as a past participle)	une bagarre lui a laissé le visage balafré
écharper [2]	*to hack down* (a much stronger word than **balafrer**, suggesting the involvement of more people) (often used hyperbolically)	je reviens des soldes, j'ai failli me faire écharper pour ce pull
entailler [2]	*to cut, to gash*	il s'est profondément entaillé la main en faisant du bricolage
se taillader [2]	*to slash* (usually one's body) (always occurring as a reflexive verb)	il menaçait de se taillader les poignets avec une lame de rasoir

---

tampon   large plug, tampon

bonde f [2]	*bung, plug*	une bonde de baignoire / de barrique / d'évier ; maintiens la bonde levée pour que l'eau s'écoule
bouchon m [2]	*cork, stopper*	un bouchon de bouteille ; le bouchon d'un flacon ; remets le bouchon ; un bouchon en liège
cheville f [2]	*(rawl)plug*	enfonce la cheville avant de mettre la vis
tampon m [2]	*large plug, tampon*	j'ai fait un tampon avec des vieux chiffons pour arrêter la fuite ; un tampon hygiénique/périodique

tard
late, late on

après coup ⟨2⟩	*after the event*	je ne l'ai appris qu'après coup
en retard ⟨2⟩	*late* (after a specified time)	dépêche-toi, tu vas être en retard
par la suite ⟨2⟩	*afterwards, later on*	j'ai découvert par la suite que nous étions presque voisins
tard ⟨2⟩	*late, late on*	il est arrivé tard dans la soirée; je me lève tard
tardivement ⟨2⟩	*belatedly*	elle s'en est rendu compte un peu tardivement
ultérieurement ⟨2⟩	*afterwards, later on*	un compte-rendu de la réunion vous sera distribué ultérieurement

---

tas
heap, pile

amas m ⟨2⟩	*heap, pile*	un amas de feuilles mortes / de vieux papiers
amoncellement m ⟨2⟩	*piling up*	un amoncellement de vaisselle sale traînait dans l'évier
entassement m ⟨2⟩	*(the process of) piling up*	évitez l'entassement des marchandises à l'entrée de l'entrepôt; j'ai dégagé l'entassement de vieux cartons qui encombrait le grenier
monceau m ⟨2⟩	*heap, pile* (suggesting a mess)	un monceau de vêtements était entassé sur la chaise
pile f ⟨2⟩	*pile* (one on top of the other, as opposed to **tas**)	une pile de livres / de chaises / de linge; elle cachait ses économies sous une pile de draps
tas m ⟨2⟩	*heap, pile* (in a round shape)	des tas de cailloux bloquait le passage; il y a tout un tas de linge sale à laver

tasse   cup

bol m 2	*bowl*	un bol en faïence ; un bol de chocolat
calice m 2	*chalice* (for use in a church)	quand le prêtre lui a présenté le calice
chope f 2	*mug* (for beer)	une chope de bière ; une chope en étain
coupe f 2	*goblet*	une coupe à champagne ; une coupe en métal
flûte f 2	*flute glass*	une flûte à champagne
gobelet m 2	*beaker*	un gobelet en carton / en plastique / en étain
mazagran m 2	*goblet* (made of pottery ; used for drinking coffee)	un mazagran de porcelaine
quart m 2	*beaker* (made of metal or plastic, for soldiers or when camping)	un quart de soldat
tasse f 2	*cup*	une tasse à café / à thé
timbale f 2	*metal beaker*	il sait déjà boire dans une timbale
verre m 2	*glass*	un verre en cristal
verre à pied m 2	*glass with a stem*	un service de verres à pied

télégramme   telegram

| **dépêche** f 2 | *telegram* (usually supplying information for a journalist) | une dépêche de dernière minute vient de nous parvenir |
| **télégramme** m 2 | *telegram* | je viens de recevoir un télégramme |

terre   earth

sol m [2]	*ground, floor, surface, land*	un sol fertile; l'appauvrissement du sol; en raison du mauvais temps, les avions ont été retenus au sol; un missile sol–sol/sol–air; au ras du sol (= *at ground level*)
terrain m [2]	*piece of land* (suggesting well-defined dimensions)	un terrain de football; un terrain vague (= *waste ground*)
terre f [2]	*earth* (= both *world* and *soil*)	faire le tour de la terre; une terre fertile/argileuse; des assiettes en terre cuite (= *terracotta*)

---

testicules   testicles

testicules mpl [2]	*testicles*	on racontait à une certaine époque que Staline avait trois testicules!
boules fpl [1*]	*balls, bollocks*	il lui a filé un coup de pied dans les boules
couilles fpl [1*]	*balls, bollocks*	il lui a filé un coup de pied dans les couilles
roubignoles fpl [1*]	*balls, bollocks*	il lui a filé un coup de pied aux roubignoles
roustons mpl [1*]	*balls, bollocks*	il lui a filé un coup de pied aux roustons

---

tirer   to pull

hâler [2]	*to tow* (a boat on a canal)	hâler une péniche
remorquer [2]	*to tow* (a car, caravan or boat on the road)	la dépanneuse a remorqué le véhicule jusqu'au garage
tirer [2]	*to pull*	tirer une brouette; le cheval tire la charrette; le traîneau est tiré par des chiens
tracter [2]	*to tow* (usually only a caravan)	tracter une caravane

traîner 2	*to drag*	les chevaux ont du mal à traîner le chargement
trimbaler 1	*to lug, to cart around*	j'ai dû trimbaler les valises jusqu'à la gare

---

tombe tomb, grave

sépulcre m 3	*sepulchre*	le saint sépulcre
sépulture f 3	*burial place*	une violation de sépulture
caveau m 2	*tomb, vault* (for a family)	elle a été enterrée dans leur caveau de famille
fosse f 2	*grave* (sometimes little more than a pit)	la fosse commune ; ensevelir quelqu'un dans une fosse
monument funéraire m 2	*monument* (for an historic personage)	les monuments funéraires du cimetière du Père-Lachaise sont très impressionnants
tombe f 2	*tomb, grave* (usually for one person)	descendre le cercueil dans la tombe ; nous nous sommes recueillis sur sa tombe
tombeau m 2	*tomb, vault* (for more than one person)	nous avons visité les tombeaux du cimetière du Père-Lachaise ; les tombeaux des Pharaons

---

tomber to fall

choir 3–2	*to fall* (only occurring as an infinitive ; always used in conjunction with **laisser** or **faire** ; used with a literary or humorous connotation)	il n'a jamais laissé choir ses amis ; j'en ai laissé choir ma tasse de thé
s'écraser 2	*to crash*	l'avion s'est écrasé contre une montagne
tomber 2	*to fall*	elle est tombée du toit ; attention, tu vas tomber !

trébucher [2]	*to stumble*	j'ai trébuché sur un jouet qui traînait par terre
se casser la figure [2]	*to have a bad fall, to come a cropper*	il y a du verglas, j'ai failli me casser la figure
chuter [1]	*to fall* (used figuratively)	ça va faire chuter les prix; la température a chuté brutalement
se crasher [1]	*to crash* (of a plane)	le moteur a pris feu et l'avion s'est crashé
dégringoler [1]	*to tumble down, to whizz down*	dégringoler d'un toit / dans l'escalier; j'ai dégringolé l'escalier quatre à quatre pour l'embrasser
se prendre une bûche / une gamelle / une pelle [1]	*to have a bad fall, to come a cropper*	j'ai raté une marche, je me suis pris une de ces gamelles
se ramasser une bûche / une gamelle / une pelle [1]	*to have a bad fall, to come a cropper*	il a failli se ramasser une bûche / une gamelle / une pelle en glissant sur une peau de banane
se casser la gueule [1*]	*to come down with a helluva bang/wallop*	descends, tu vas te casser la gueule
se planter la gueule [1*]	*to come down with a helluva bang/wallop*	fais gaffe, tu vas te planter la gueule!

---

toucher   to touch

effleurer [2]	*to touch lightly, to brush against*	il lui a effleuré la joue du bout des doigts
friser [2]	*to graze, to be close to* (used literally and figuratively)	la balle a frisé la ligne de touche; elle doit friser la cinquantaine
frôler [2]	*to touch lightly, to brush against*	il avançait en frôlant le mur; il la frôla en passant

manier [2]	*to handle* (suggesting care)	un véhicule difficile à manier ; il sait déjà manier sa fourchette avec précision
manipuler [2]	*to handle, to manipulate*	des substances explosives qu'il faut manipuler avec précaution
palper [2]	*to feel* (suggesting exploration or appreciation)	il palpait le billet de banque avec incrédulité ; c'est de la soie naturelle, me précisa-t-il, en me la faisant palper
raser [2]	*to graze, to skim, to skim over*	l'avion rasait le sol ; il s'en est fui en rasant les murs
tâter [2]	*to feel, to touch*	il tâtait les fruits pour choisir les plus mûrs ; tâter le pouls à quelqu'un (= *to take someone's pulse*)
toucher [2]	*to touch*	toucher un objet de sa main / ses doigts ; n'y touche pas !
tripoter [1]	*to handle, to fiddle around with*	il tripotait sa chaîne de montre tout en me parlant ; arrête de tripoter tes cheveux

---

traîner — to dawdle, to be a layabout

traîner [2-1]	*to dawdle, to be a layabout*	dépêche-toi, ce n'est pas le moment de traîner
flâner [1]	*to hang about*	ne flânez pas, ça doit être fini avant lundi !
lambiner [1]	*to dawdle*	ne lambinez pas en chemin, les gars !
traînasser [1]	*to dawdle*	ne traînasse pas, tout le monde t'attend

---

tranche — slice

entame f [2]	*first slice* (of bread or meat)	l'entame du pain / du jambon
médaillon m [2]	*thin, round slice* (of meat)	un médaillon de foie gras ; médaillons de veau à la crème

rondelle f 2	*slice* (round in shape)	une rondelle de saucisson / de concombre / de tomate
talon m 2	*last slice* (of ham or cheese)	un talon de jambon / de fromage
tartine f 2	*slice of bread* (with butter and jam)	une tartine de confiture ; je te fais une tartine ?
tranche f 2	*slice* (of bread, etc)	une tranche de pain / de jambon / de viande ; on m'a servi une tranche de rôti avec de la salade
quignon m 1	*large slice, doorstep* (of bread)	il ne me restait qu'un quignon de pain rassis

---

transporter   to carry, to transport

bouger 2	*to move* (not a very great distance)	bouge ta chaise, je ne vois rien ; il n'a pas bougé le petit doigt (= *he did not raise a finger* (*to help*))
déménager 2	*to move, to remove* (furniture from a house)	déménager des meubles ; nous avons eu du mal à déménager le piano ; nous déménageons le mois prochain
déplacer 2	*to move, to shift*	déplacer un objet / des meubles ; j'ai déplacé la table contre le mur pour faire de l'espace
porter 2	*to carry, to take*	il veut que sa mère le porte tout le temps
transborder 2	*to transfer* (from one ship or train to another)	transborder des marchandises / des voyageurs ; la cargaison a été transbordée à Athènes
transporter 2	*to carry, to transport* (more common than *to transport*)	le camion a transporté les marchandises ; le car arrivera bientôt pour transporter les élèves à l'école ; les blessés ont été transportés par hélicoptère
transvaser 2	*to decant*	j'ai transvasé le reste du jus de fruit dans un récipient plus petit
transbahuter 1	*to lug, to hump along*	ils ont transbahuté l'armoire jusqu'au salon

trimbaler / **trimballer** [1]	*to lug, to cart around*	j'ai dû trimbaler les valises toute la journée ; quand les cousins de Marseille sont venus, il a fallu les trimbaler dans tous les musées

---

travail   work

labeur m [3]	*labour, hard work*	l'écriture est un dur et pénible labeur
besogne f [2]	*(hard) work* (which has to be done)	élever plusieurs enfants est sans aucun doute une rude besogne
tâche f [2]	*task*	les tâches ménagères
travail m [2]	*work*	laisse-moi, j'ai du travail
boulot m [1]	*work*	j'ai beaucoup de boulot en ce moment
corvée f [1]	*chore, sweat, fatigue* (in military sense)	quelle corvée ! ; la corvée des patates (= *spud bashing*)
turbin m [1]	*grind, slog*	allez, au turbin !

---

trembler   to tremble

chanceler [2]	*to stagger, to tremble*	la fatigue le faisait chanceler
chevroter [2]	*to quaver* (of someone's voice) (usually occurring as a present participle)	d'une voix chevrotante
flageoler [2]	*to shake* (usually of someone's legs)	j'en ai les jambes qui flageolent
frémir [2]	*to shudder, to tremble*	frémir de peur / de froid ; le vent faisait frémir les feuilles ; c'était effrayant, j'en frémis encore
osciller [2]	*to sway*	il se balançait sur sa chaise qui oscillait dangereusement

tituber 2	*to stagger, to stagger along*	l'alcool le faisait tituber
trembler 2	*to tremble*	une personne / une flamme / une main tremble; sa voix tremblait d'émotion; il tremblait de fièvre
trembloter 2	*to tremble (slightly)*	la bougie tremblotait dans l'obscurité; elle essayait d'enfiler l'aiguille de ses mains qui tremblotaient
vaciller 2	*to flicker (of a flame), to stagger*	la flamme de la bougie vacilla un peu avant de s'éteindre; la peur le faisait vaciller sur ses jambes
vibrer 2	*to vibrate*	le moteur vibrait tranquillement; l'explosion a fait vibrer les vitres
gigoter 1	*to shake one's legs, to wriggle about*	arrête de gigoter; c'est difficile de changer sa couche quand il gigote dans tous les sens

très   very

fort 3–2	*very*	j'en suis fort contente; et tu le sais fort bien
bien 2	*very (of a slightly higher register than* **très***)*	j'en suis bien contente; du linge bien blanc
extrêmement 2	*extremely*	c'est extrêmement difficile; un numéro extrêmement dangereux
très 2	*very*	j'étais très fatigué; j'en suis très satisfaite
drôlement 2–1	*very, tremendously*	ils étaient drôlement contents
follement 2–1	*madly*	il est tombé follement amoureux d'une actrice
hyper- + adjectif 1	*very, jolly*	un concours hyper-dur; un mec hyper-sympa; il s'est lancé dans des explications hyper-compliquées
joliment 1	*very well, jolly, really*	son compte en banque s'est joliment arrondi; il est entré dans la bagarre, il a été joliment arrangé

rudement [1]	*awfully, hopelessly*	elle danse rudement bien ; c'est rudement compliqué
super- + adjectif [1]	*very, jolly*	ils nous ont filé un problème super-dur/super-compliqué ; sa nana est super-sympa
vachement [1]	*damned, blooming*	c'est vachement difficile ; c'était vachement bien

tribu   tribe

éthnie f [3-2]	*tribe* (a less common word than **tribu**)	différentes éthnies peuplent la région
peuplade f [2]	*tribe* (a less well-defined concept than **éthnie** or **tribu**)	les peuplades de l'intérieur de l'Afrique
peuple m [2]	*people* (in the sense of nation)	les peuples du monde entier
tribu f [2]	*tribe*	une tribu africaine/d'Indiens

tromper   to deceive

en faire accroire [3]	*to hoodwink*	il a beaucoup de prestance, mais ne vous en faites pas accroire
fourvoyer [3]	*to mislead, to put off the track*	ce n'est pas du tout la bonne direction, on nous a fourvoyés ; il faut que je recommence mes calculs, je me suis fourvoyée
gruger [3]	*to dupe*	il est entouré d'associés qui le grugent
se jouer de [3]	*to dupe*	elle le croyait sincère, il se jouait d'elle
abuser [3-2]	*to deceive, to mislead*	la ressemblance m'a abusé ; c'était un lundi, si je ne m'abuse (= *if I'm not mistaken*)
berner [2]	*to fool, to hoax*	il croyait pouvoir me berner facilement

bluffer [2]	*to bluff*	ne le crois pas, il bluffe ; il bluffe toujours au poker
en conter de belles / en conter [2]	*to trick*	il te promettra monts et merveilles, ne t'en laisse pas conter
donner le change à [2]	*to mislead*	elle crâne pour nous donner le change
duper [2]	*to fool, to trick*	tu t'es encore fait duper
frauder [2]	*to defraud, to cheat*	il a été accusé d'avoir fraudé à l'examen
tricher [2]	*to trick*	il triche aux cartes ; tu triches, je t'ai vu !
tromper [2]	*to deceive*	il la trompe avec sa secrétaire ; ce n'est pas comme sur le catalogue, on m'a trompé sur la marchandise
voler [2]	*to steal*	on lui a volé son porte-feuille
attraper [2–1]	*to catch out*	tu te croyais malin, te voilà bien attrapé !
avoir [2–1]	*to deceive* (but restricted in use)	il s'est fait avoir ; on t'a eu, c'est un poisson d'avril !
embobiner [2–1]	*to bamboozle*	il m'a donné plein d'explications pour mieux m'embobiner
rouler [2–1]	*to swindle*	il s'est fait rouler ; tu t'es fait rouler, c'est moitié prix en face
arnaquer [1]	*to diddle*	il s'est fait arnaquer par le garagiste
escroquer [1]	*to swindle*	ça ne vaut rien, tu t'es fait escroquer ; il s'est fait escroquer de l'argent par un promoteur véreux
faire marcher [1]	*to take for a ride*	c'est vrai, ou tu essaies de me faire marcher ?
flouer [1]	*to diddle, to swindle* (an old-fashioned word)	la canaille voulait me flouer

mener en bateau [1]	*to lead up the garden path*	tu m'as bien menée en bateau avec tes histoires
pigeonner [1]	*to take for a ride*	il a voulu me pigeonner en me faisant croire que la bagnole était bonne pour la casse
posséder [1]	*to dupe* (but very restricted in use; disappearing from use)	ce gredin m'a possédé
baiser [1*]	*to take in*	c'est lui qui est baisé dans cette affaire
couillonner [1*]	*to swindle, to do*	il a essayé de me couillonner
entuber [1*]	*to con, to do*	c'est du toc, tu t'es fait entuber

---

trou   hole

trouée f [3–2]	*gap*	le ciel était nuageux, sans aucune trouée de ciel bleu ; on pouvait voir le château à travers une trouée dans le feuillage
brèche f [2]	*breach, gap*	ouvrir une brèche ; colmater une brèche
crevasse f [2]	*crevice, crack*	des crevasses fendaient le sol desséché ; un glacier aux crevasses profondes ; une crème pour prévenir les crevasses
échancrure f [2]	*opening* (in a garment)	l'échancrure d'une robe ; la robe a une échancrure dans le dos
fente f [2]	*split, slit*	introduire une pièce de monnaie dans la fente pour avoir la tonalité ; une fente entre les rideaux laissait passer de la lumière ; il y a une fente dans le toit
fissure f [2]	*fissure, gap*	une fissure dans le mur laissait suinter de l'humidité
interstice m [2]	*narrow gap, slit*	l'eau passait par un interstice entre les pierres ; des débris de verre étaient coincés dans les interstices du plancher
jour m [2]	*gap* (in a wall letting light through or in cloth), *slit, opening*	une clôture à jours ; broder des jours sur des draps

lézarde f 2	*crack* (in a wall) (not = *lizard*)	une lézarde dans le mur; un vieux mur parcouru de lézardes
ouverture f 2	*opening* (usually of regular proportions)	une ouverture dans un grillage / un mur / une barrière
percée f 2	*gap* (in a wall or roof), *breach* (a military term)	faire une percée dans un mur; la cinquième division blindée a fait une percée dans la ligne ennemie
trou m 2	*hole*	un trou dans un objet / un mur / un vêtement / un paquet / une poche / la terre; j'ai un trou dans ma poche

---

se trouver
with reference to people

to be, to find oneself

être assis 2	*to be sitting, to be seated*	elle était assise près de la fenêtre à lire le journal
être installé 2	*to be settled*	elle était confortablement installée dans son fauteuil
être placé 2	*to be placed*	elle a été placée à la droite du maître de maison
être planté 2	*to be stuck*	il était planté devant la vitrine à regarder les jouets
être posté 2	*to be posted*	un garde était posté devant l'entrée
rester planté 2	*to be stuck*	ne reste pas planté là à rien faire
se trouver 2	*to be, to find oneself*	il ne se trouvait pas chez lui le jour du meurtre

---

se trouver
with reference to objects

to be, to lie, to be situated

se dresser 2	*to be standing, to rise up*	la tour se dresse en haut de la colline; un rocher se dressait devant nous

s'élever 2	*to be standing, to rise up*	la cathédrale s'élève en haut de la colline
s'étaler 2	*to stretch out*	le lac s'étale vers l'horizon ; les champs de blé s'étalent à perte de vue
s'étendre 2	*to stretch out*	le lac s'étend vers l'horizon ; les champs de blé s'étendent à perte de vue
être disposé 2	*to be laid out, to be placed*	les chaises étaient disposées autour du poêle
être installé 2	*to be standing*	le piano était installé au centre de la pièce
être planté 2	*to be stuck*	les piquets étaient plantés à intervalles réguliers
être rangé 2	*to be laid out, to be placed*	les photos sont rangées dans le tiroir
être situé 2	*to be situated*	la maison est située au bord de la route
se situer 2	*to be, to lie, to be situated*	la ville se situe à cent kilomètres de Lyon
se trouver 2	*to be, to lie, to be situated*	la ville se trouve à cent kilomètres de Lyon

---

tuer   to kill

occire 3	*to kill (used with a humorous or archaic connotation) (occurring as an infinitive or past participle only)*	ils avaient bien l'intention de l'occire
assassiner 2	*to kill (not just = to assassinate)*	il s'est fait lâchement assassiner
égorger 2	*to slit someone's throat, to slaughter*	un rasoir à la main, il menaçait de l'égorger
empoisonner 2	*to poison*	elle a empoisonné son mari avec de l'arsenic

massacrer [2]	*to massacre, to murder with violence* (a number of people)	la ville a été pillée, la population massacrée
tuer [2]	*to kill*	l'épidémie a déjà tué des milliers de personnes
bousiller [1]	*to bump off* (with a gun)	il n'a pas hésité à bousiller son complice
descendre [1]	*to shoot down*	trois de nos agents se sont fait descendre
flinguer [1]	*to bump off* (with a gun)	s'il essaie de nous faire chanter, il faudra le flinguer
liquider [1]	*to liquidate*	ils ont décidé de liquider leur chef
trucider [1]	*to knock off, to bump off*	il trucidait ses maîtresses
zigouiller [1]	*to do in* (sometimes with a humorous connotation)	celui-là, si je l'attrape, je le zigouille

---

usager   user

abonné m [2]	*subscriber*	les abonnés du téléphone ; le service des petites annonces est réservé à nos abonnés
consommateur m [2]	*consumer*	une revue pour la défense du consommateur ; satisfaire la demande des consommateurs
usager m [2]	*user*	les usagers de la route / des trains ; les usagers du téléphone
utilisateur m [2]	*user* (used less than **consommateur** and **usager**)	nos agents se déplacent pour expliquer le fonctionnement de l'appareil aux utilisateurs

---

utiliser   to use

| **user de** [3] | *to use* (NB **user** = *to wear out* is R2) | il a usé de son influence pour obtenir une situation à son fils |

pratiquer 3–2	*to use, to practise*	pratiquer une profession ; il a profité des vacances pour pratiquer son espagnol ; elle pratique le yoga
employer 2	*to use*	il a employé une tournure incorrecte ; elle n'emploie que de la peinture à l'huile
se servir de 2	*to use* (with a more concrete noun than **employer**)	il ne sait pas se servir de l'ordinateur
usité 2	*used* (occurring only as a past participle and in certain expressions)	un mot peu usité ; le mot le plus usité
utiliser 2	*to use* (of a slightly higher register than **se servir de**)	est-ce que je peux utiliser ta machine à écrire ? ; ils n'utilisent que des produits de culture biologique

---

vacances   holidays

congé m 2	*holiday, break* (sometimes but not always of short duration)	les congés scolaires ; j'ai trois jours de congé ; il me reste un jour de congé ; les congés payés ; j'ai quatre semaines de congé annuel
jour férié m 2	*public holiday*	le 14 juillet est un jour férié ; nous sommes fermés les weekends et jours fériés
fête f 2	*holiday* (see below)	les fêtes de Pâques / de la Toussaint / de Noël ; la fête du 14 juillet
fêtes fpl 2	*holidays* (when unspecified, = *Christmas and New Year holidays* only ; see above)	nous faisons la moitié de nos bénéfices pendant la période des fêtes
permission f 2	*military leave*	il sera à Paris pendant sa permission ; il est en permission
pont m 2	*long weekend*	les ponts du mois de mai sont beaucoup appréciés
vacances fpl 2	*holidays*	les enfants iront en colonie pendant les grandes vacances
jour chômé m 2–1	*public holiday*	le premier mai est un jour chômé
perme f 1	*military leave*	il a une perme de deux jours

vacancier   holiday-maker

estivant m
2
holiday-maker (in the summer)
les estivants affluent sur les plages

hivernant m
2
winter sports enthusiast on holiday
les Alpes sont envahies par les hivernants

vacancier m
2
holiday-maker
beau temps pour les vacanciers de la Rochelle

aoûtien m
1
August holiday-maker (disappearing from use)
chaque année la région est envahie par les aoûtiens

congés payés mpl
1
August holiday-makers (used with a pejorative connotation)
les congés payés s'entassaient dans les campings

juilletiste m
1
July holiday-maker (disappearing from use)
le chassé croisé des juilletistes et les aoûtiens a provoqué hier les traditionnels bouchons

vagabond   tramp, person who wanders around

chemineau m
3–2
tramp
un chemineau demandait de l'argent devant l'église

bohémien m /
bohémienne f
2
gipsy
une bohémienne lui a dit la bonne aventure

clochard m
2
tramp, down-and-out
les clochards qui dorment sous les ponts de Paris

gitan m
2
gipsy
un gitan d'Espagne / de Camargue; le pèlerinage des gitans aux Saintes-Maries-de-la-Mer

vagabond m
2
tramp, person who wanders around
il errait comme un vagabond

clodo m
1
tramp, down-and-out (perhaps the most common term in this frame)
il est habillé comme un clodo

vadrouilleur m
1
person who wanders around, person who hangs about
une bande de vadrouilleurs rôdaient autour de la voiture

vague

wave

onde f 3	*wave*	son beau bateau voguait sur l'onde
flots mpl 3–2	*waves*	le navire s'en allait, porté par les flots
clapotis m 2	*lapping* (of waves)	on s'endormait bercé par le clapotis des vagues
lame f 2	*wave* (often large)	attention aux lames de fond
raz de marée m 2	*tidal wave*	le tremblement de terre a été suivi par un raz de marée
rouleau m 2	*roller, breaker*	les vagues formaient des rouleaux avant de s'écraser sur la grève
vague f 2	*wave*	les enfants s'amusaient à plonger dans les vagues

vapeur

vapour, steam

exhalaison f 3	*emanation* (often unpleasant)	une exhalaison âcre
brouillard m 2	*fog*	un brouillard à couper au couteau
brume f 2	*mist*	la brume matinale ; une corne de brume (= *foghorn*)
buée f 2	*steam, condensation*	il y avait de la buée sur les vitres
émanation f 2	*emanation, emission*	une émanation de gaz ; des émanations toxiques
embruns mpl 2	*spray*	le pont était balayé par les embruns
vapeur f 2	*vapour, steam*	une locomotive à vapeur ; la machine à vapeur de Denis Papin ; un bain de vapeur ; des vapeurs d'essence ; la cuisson à la vapeur

| **purée de pois** f [1] | *pea-souper* | il y avait un brouillard épais, une vraie purée de pois |

---

venir   to come

arriver [2]	*to arrive, to come*	elles arrivent aujourd'hui ; j'arrive tout de suite
venir [2]	*to come*	elle vient demain ; je ne pourrai pas venir
s'abouler [1]	*to come, to turn up* (occurring especially in second person singular)	alors, tu t'aboules ?
s'amener [1]	*to turn up*	allez, amène-toi ! ; il s'est amené à trois heures
se pointer [1]	*to appear, to turn up*	le voilà qui se pointe ! ; elle s'est pointée à six heures pile
se radiner [1]	*to turn up*	ils se sont tous radinés pour déjeuner
se ramener [1]	*to turn up, to come*	elle s'est ramenée vers cinq heures

---

verre   glass
see also **fenêtre**

carreau m [2]	*pane (of glass)*	quelqu'un a frappé au carreau
rosace f [2]	*rose window*	la rosace de Notre Dame
verre m [2]	*glass (the material)*	un bol en verre ; attention, il y a du verre par terre
verrière f [2]	*stained-glass window, glass conservatory*	la façade de la cathédrale est ornée d'une magnifique verrière ; une verrière protège la véranda
double vitrage m [2]	*double glazing*	le double vitrage permet une meilleure isolation

vitrail m ⟨2⟩	*stained-glass window* (a more common word than **verrière**)	les vitraux de la cathédrale de Chartres
vitre f ⟨2⟩	*pane* (of a slightly higher register than **carreau**)	les enfants ont cassé une vitre en jouant au ballon

veste   jacket

jaquette f ⟨3–2⟩	*jacket* (the word is disappearing from use)	la mariée était en jaquette; un tailleur en jaquette pied-de-poule
anorak m ⟨2⟩	*anorak*	un anorak de ski
blouson m ⟨2⟩	*jacket, blouson*	un blouson en toile; un blouson en cuir
caban m ⟨2⟩	*three-quarter-length coat*	un caban en laine
canadienne f ⟨2⟩	*fur-lined jacket*	une canadienne en agneau retourné
imperméable m ⟨2⟩	*raincoat*	il va pleuvoir, prends ton imperméable
manteau m ⟨2⟩	*overcoat* (particularly for a woman or child)	un manteau de femme / d'enfant; un manteau bien chaud pour l'hiver
pardessus m ⟨2⟩	*overcoat* (for a man)	un long pardessus
veste f ⟨2⟩	*(casual) jacket*	une veste en tweed
veston m ⟨2⟩	*jacket* (often part of a suit)	il portait un gilet assorti à son veston; un complet-veston
imper m ⟨1⟩	*mac*	prends ton imper, il va pleuvoir

vestibule

entrance, hall, foyer

vestibule m 3–2	*entrance, hall* (often of a private house), *foyer*	j'ai laissé mon parapluie dans le vestibule
entrée f 2	*entrance, hall*	il a laissé ses bagages dans l'entrée
hall m 2	*large hall* (for the public)	il m'a donné rendez-vous dans le hall de l'hôtel
salle des pas perdus f 2	*large waiting hall* (in a station or law court)	l'avocat nous retrouvera dans la salle des pas perdus

---

vider

to empty, to gut, to remove the innards

décharger 2	*to unload*	décharger un camion / un navire ; tu m'aides à décharger le coffre de la voiture ?
vidanger 2	*to empty* (used of a machine and especially a car)	vidanger le radiateur d'une voiture
vider 2	*to empty, to gut, to remove the innards of*	vider une fosse septique ; les enfants ont vidé le frigidaire ; vide tes poches avant de mettre ton pantalon dans la machine à laver ; vider un poulet / un poisson

---

vieux

old

obsolète 3–2	*obsolete*	une technologie / un appareil obsolète
âgé 2	*old* (of a person) (a more polite word than **vieux**)	une personne âgée ; mes parents sont très âgés ; il y a des réductions pour les personnes âgées
du troisième âge m 2	*old-age* (used only of an old-age pensioner)	les personnes du troisième âge
ancien 2	*old*	un château ancien ; des meubles anciens

antique 2	*old, ancient* (older than **vieux** and **ancien**)	un vase antique ; la Grèce antique
caduc 2	*out-of-date* (of a law or custom)	une coutume caduque ; une théorie considérée comme caduque
périmé 2	*old, out-of-date*	un passeport périmé
primitif 2	*primitive* (relating to an historical period)	l'homme primitif ; l'ère primitive
vétuste 2	*old* (of a building)	un bâtiment vétuste ; des locaux vétustes
vieux 2	*old*	une vieille maison ; mes parents se font vieux
croulant 1	*old, crotchety* (of a person)	ses parents sont du genre croulant

---

ville   city, town

agglomération f 2	*built-up area*	une agglomération urbaine ; l'agglomération parisienne
bidonville m 2	*shanty town*	les bidonvilles de Johannesburg
capitale f 2	*capital*	arriver dans la capitale
cité f 2	*city* (suggesting historic importance), *historic centre* (of a town)	l'Ile de la Cité (*in Paris*) ; la cité de Carcassonne
métropole f 2	*metropolis* (more common than *metropolis*)	les grandes métropoles économiques de l'Europe
municipalité f 2	*town, municipality* (suggesting the administration of the town)	la municipalité de Paris
ville f 2	*city, town*	la ville de Nantes

vin   wine

boisson alcoolisée f 2	*alcoholic drink*	nous ne servons pas de boissons alcoolisées aux mineurs
du blanc 2	*white wine*	je prendrai du blanc avec le poisson
du rosé 2	*rosé wine*	on nous a servi du rosé
du rouge 2	*red wine*	nous n'avons que du rouge
gros rouge m 2	*red table wine*	du gros rouge qui tache
vin m 2	*wine*	un grand vin; du vin de table
piquette f 2–1	*cheap, poor quality wine, plonk*	une infâme piquette
pinard m 1	*wine (but not **grand vin**)*	il a un faible pour le pinard

---

visage   face

minois m 3–2	*small face (of a child or young woman, suggesting attractiveness)*	un minois d'enfant; elle a un joli minois
face f 2	*face, countenance*	lui et sa grosse face réjouie!
figure f 2	*face (a less common word than **visage**, but used in many set expressions)*	se casser la figure; il l'a cogné en pleine figure; va te laver la figure
physionomie f 2	*face (referring especially to its expression)*	elle a une physionomie très expressive
tête f 2	*face, head*	elle a une drôle de tête; sa tête ne me revient pas (= *I can't place her*)
visage m 2	*face*	elle a un beau visage; des lunettes qui vont bien aux visages ronds/allongés

frimousse f 2–1	*sweet little face*	une frimousse d'enfant
binette f 1	*mug, dial*	je vais lui laver la binette
bouille f 1	*mug, kisser, fissog*	il a une bouille sympathique
caboche f 1	*mug, kisser, fissog*	il faudra lui faire rentrer ça dans la caboche
carafe f 1	*mug, kisser, fissog*	il a pris un coup sur la carafe
cassis m 1	*mug, kisser, fissog*	elle a un beau cassis
citron m 1	*mug, kisser, fissog*	il a pris un coup de poing sur le citron
gueule f 1	*mug, kisser, fissog*	il a une belle gueule ; une gueule de bois (= *hangover*)
tirelire f 1	*mug, kisser, fissog*	il a pris un coup de poing sur la tirelire
trogne f 1	*mug, kisser, fissog*	elle a une trogne formidable
tronche f 1	*mug, kisser, fissog*	j'aime pas sa tronche

visiter

to visit

fréquenter 2	*to frequent, to see often*	fréquenter des gens / un café ; il fréquente des artistes connus
faire une visite à 2	*to visit (someone) socially*	je lui ai fait une visite ce matin
rendre visite à 2	*to visit (someone) socially*	elle lui a rendu visite hier

visiter
2

to visit (a place; if **visiter** is used with people, it suggests a visitation; it may also be used with people to mean a social visit, but this usage is condemned by purists)

visiter un monument / une ville; le curé visite régulièrement ses paroissiens; le médecin est sorti visiter un malade; nous sommes allés à Marseille, visiter la famille

---

vivant   living

en vie
2

living, still alive (suggesting a precarious hold on life)

ses grands-parents sont toujours en vie

vivant
2

living

il a eu de la chance de s'en tirer vivant

---

voisin   nearby, next-door

adjacent
2

adjacent, close by

des rues adjacentes; des angles/triangles adjacents (*a mathematical term*)

annexe
2

next to (but of less importance than)

l'entrepôt est dans le bâtiment annexe

attenant
2

contiguous (often with an administrative connotation)

nous avons acheté la maison et le garage attenant

avoisinant
2

nearby

le village avoisinant; les enfants des rues avoisinantes viennent jouer dans le square

contigu
2

contiguous

ma chambre et la sienne sont contiguës

limitrophe
2

with common frontiers

des pays limitrophes

voisin
2

nearby, next-door

nous habitons la maison voisine

voler

to steal

dérober 3–2	to rob, to relieve (someone) of (often used with a humorous connotation)	dérober une montre / un porte-feuille ; on lui a dérobé ses bijoux
soustraire 3–2	to remove (by fraud or trickery)	une déclaration d'impôts frauduleuse pour soustraire de l'argent au fisc
cambrioler 2	to burgle, to break into	cambrioler une maison / une voiture ; les voisins se sont fait cambrioler
détourner 2	to embezzle	détourner des fonds ; le caissier a détourné de l'argent
détrousser 2	to rob, to relieve (someone) of (often used with a humorous or old-fashioned connotation)	il s'est fait détrousser de sa montre dans le métro
dévaliser 2	to rob, to plunder	dévaliser une personne / une banque ; des casseurs ont profité de la manifestation pour dévaliser les vitrines
escroquer 2	to swindle, to cheat (someone) of	escroquer quelqu'un ; il nous a escroqué tout notre argent
marauder 2	to steal apples, to scrump, to go scrumping (used intransitively)	un vagabond a maraudé dans le potager
subtiliser 2	to spirit away (used with a humorous connotation)	on lui a subtilisé son porte-monnaie pendant qu'il faisait ses courses
voler 2	to steal	voler quelqu'un ; on lui a volé ses bijoux ; qui vole un oeuf vole un boeuf (= in for a penny, in for a pound)
chaparder 2–1	to nick, to steal	il a chapardé une pomme chez le marchand de fruits
escamoter 2–1	to filch, to whisk away (often suggesting the use of deftness)	un pickpocket lui a escamoté son porte-feuille
arnaquer 1	to swindle, to cheat (someone) of	ton garagiste t'a arnaqué
chiper 1	to pinch, to filch	il m'a chipé mon idée
chouraver 1	to pinch, to filch	il m'a chouravé ma montre

chourrer 1	to swipe	on m'a chourré mon stylo
faucher 1	to nick, to swipe	on lui a fauché son sac
piquer 1	to nick, to swipe (**piquer** is the most common of the R1 words)	quelqu'un a essayé de lui piquer son vélo

---

volonté   will, wish

vouloir m 3	will, wishes (mainly restricted to certain expressions)	selon son bon vouloir
conviction f 2	conviction	travailler sans conviction; c'est mon intime conviction
désir m 2	desire, wish	ses yeux brillaient de désir
détermination f 2	determination	elle a fait preuve d'une grande détermination
résolution f 2	resolution	je prends la ferme résolution de cesser de fumer
volonté f 2	will, wish	elle a beaucoup de volonté; elle lui fait faire ses quatre volontés (= *she imposes her will on her/him*)

---

vomir   to vomit, to be sick

rendre 2	to bring up, to be sick (often used of a child; the least strong of the verbs in this frame)	le petit a rendu tout son repas
vomir 2	to vomit, to be sick	je ne me sens pas bien, j'ai envie de vomir
dégobiller 2–1	to bring up	il était bourré, il a dégobillé partout

dégueuler
☐1
to spew up
une odeur de graillon à vous faire dégueuler

gerber
☐1
to puke up
ça me fait gerber

---

vote
vote, voting

ballotage m
☐2
second ballot or vote
être en ballotage

**consultation
électorale** f
☐2
vote, electoral consultation
le gouvernement a proposé une consultation
électorale

référendum m
☐2
referendum
le référendum sur l'adhésion au Marché
Commun

scrutin m
☐2
*vote, voting (of a slightly
higher register than* **vote**)
il a été élu au premier tour de scrutin ; le
scrutin a lieu le dimanche

suffrage m
☐2
*suffrage (the act by which
one declares one's vote)*
une élection au suffrage universel

voix f
☐2
vote (cast by an individual)
le candidat socialiste a obtenu la majorité
des voix

vote m
☐2
vote, voting
en France le vote a lieu le dimanche

---

voyage
voyage, journey, trip

croisière f
☐2
cruise
ils partent en croisière aux Antilles

odyssée f
☐2
odyssey
le voyage a été une véritable odyssée

parcours m
☐2
*journey (by bus ; an
administrative term)*
le bus effectue le parcours en deux heures
seulement

périple m
☐2
*very long journey (lasting
days or weeks)*
un long périple qui nous a conduits de
Rome à Athènes

raid m 2	*long-distance journey, trek*	un raid en voiture à travers le Sahara
randonnée f 2	*drive, ride, ramble* (lasting one or many days)	une longue randonnée à bicyclette; nous sommes partis faire de la randonnée en Provence
tour m 2	*tour, trip*	on a fait un tour du côté de Versailles
tournée f 2	*tour* (to perform music or sport)	il revient d'une tournée triomphante aux Etats-Unis
trajet m 2	*journey*	j'ai effectué le trajet à pied
traversée f 2	*crossing*	la traversée de la Manche en ferry-boat; une traversée mouvementée
voyage m 2	*voyage, journey, trip*	partir en voyage; le voyage a été long et fatigant

---

vulgaire   vulgar, coarse

inconvenant 3	*unseemly*	une attitude inconvenante; des propos inconvenants
trivial 3–2	*vulgar* (not = *trivial*)	une conversation triviale; des propos triviaux
choquant 2	*shocking*	une conduite / une tenue choquante
cru 2	*crude*	un vocabulaire cru / des mots crus
grossier 2	*vulgar, coarse*	une conduite / une attitude / une personne grossière; un langage grossier
obscène 2	*obscene*	un geste obscène; tenir des propos obscènes
ordurier 2	*low, foul*	des propos orduriers
vulgaire 2	*vulgar, coarse*	une personne / une remarque / un langage / un goût vulgaire

| **shocking** [1] | *shocking* (the speaker pretends to be offended) | shocking ! s'exclama-t-elle en riant |

---

wc		toilet, lavatory, loo
vespasienne f [3]	*urinal* (used at the beginning of the 20th century)	l'odeur fétide des vespasiennes
lieux d'aisances mpl [3–2]	*lavatory, public toilets* (an old-fashioned term)	les lieux d'aisances sont indiqués par un panneau
cabinets de toilette / cabinets mpl [2]	*toilets* (the register is higher when **de toilette** is included)	où sont les cabinets de toilette, s'il vous plaît ?
commodités fpl [2]	*conveniences* (this word is disappearing from use)	les commodités sont au fond du jardin
latrines fpl [2]	*latrines*	dès notre arrivée nous avons dû creuser les latrines
sanisette f [2]	*toilet* (fully automated ; found in large towns)	je n'ai pas de pièces pour la sanisette
toilettes fpl [2]	*toilets*	les toilettes, s'il vous plaît ?
urinoir m [2]	*urinal*	des urinoirs où l'eau coulait en permanence
le petit coin m [2–1]	*the smallest room*	maman, je veux aller au petit coin
vécés mpl [2–1]	*toilet, lavatory, loo*	une minute, je dois aller aux vécés
doubles vc mpl [2–1]	*toilet, lavatory, loo*	je vais aux doubles vc
wc mpl [2–1]	*toilet, lavatory, loo*	je vais aux wc
water closet m [2–1]	*toilet, lavatory, loo* (a slightly old-fashioned term)	est-ce qu'il y a un water closet près d'ici ?

waters mpl

2–1

toilet, lavatory, loo

je vais aux waters

pissotières fpl

1

bogs

les pissotières sont à côté du téléphone

chiottes fpl

1*

bogs, shit house

les chiottes sont occupées

gogs/goguenots
mpl

1*

loo

le trou des gogs; les goguenots étaient
dégueulasses

Index of English items with frame titles

aback, taken	**désorienté**
abandon, to	**s'abstenir, ne pas tenir compte**
abbot	**prêtre**
abduction	**enlèvement**
abhor, to	**détester**
ability	**compétence**
ability, to have the physical	**savoir**
ability to breathe	**haleine**
able, to be	**savoir**
able to stand, not to be	**détester**
able to stand, to be	**permettre**
able to stomach, not to be	**détester**
able to take any more, not to be	**en avoir assez**
abode	**maison**
abolish, to	**annuler**
abolished	**disparu**
abominate, to	**détester**
abound, to	**foisonner**
about	**autour de**
about, to be on	**dire**
above	**dessus**
abrasion	**égratignure**
abridge, to	**diminuer**
abrogate, to	**annuler**
abruptly	**subitement**
absent-minded	**négligent**
absorb, to	**comprendre**
abstain, to	**s'abstenir**
abstruse	**obscur**
absurd	**absurde**
abundance, in	**abondamment**
abundance, to be in	**foisonner**
abundance, to grow in	**foisonner**
abuse, to	**insulter**
abuse, to hurl	**insulter**
abyss	**défilé**
academic	**érudit**
accept, to	**accepter, être d'accord**
accepted	**d'accord**
accident	**accident**
acclaim, to	**évaluer**

accompanies, someone who	**compagnon**
accompany, to	**emmener**
accomplish, to	**accomplir, faire**
accord	**règle**
account	**compte-rendu, facture**
account, not to take into	**ne pas tenir compte**
accumulate, to	**cueillir**
accuse, to	**attaquer**
accustomed, to become	**s'habituer**
acme	**haut**
acquainted, to be	**savoir**
acquiesce, to	**accepter**
acquire, to	**obtenir**
act	**sottises**
act, perfidious	**ruse**
act, treacherous	**ruse**
act of founding	**base**
act of sowing	**grain**
actions, bloody silly words and	**sottises**
actions, stupid words and	**sottises**
actor	**acteur**
actor's shoe	**chaussure**
actress	**acteur**
add up to, to	**calculer**
added tax, value	**impôt**
address, to	**envoyer**
adipose	**gros**
adjacent	**voisin**
adjoining	**près de**
administer, to	**mener**
administration	**administration**
administration, head of	**chef**
administrative district	**département**
administrative muddle	**désordre**
administrative rule	**règle**
admit, to	**accepter**
admonish, to	**réprimander**
adorable	**joli**
adore, to	**aimer**
adorn, to	**améliorer, orner**

adroitness	**compétence**	alive with, to be	**foisonner**
adulate, to	**flatter**	all, after	**au fond**
advance	**avance**	all at sea	**désorienté**
advance, to	**avancer**	all in	**fatigué**
advance, in	**autrefois**	all in all	**au fond**
advances, to make	**avancer**	all of a sudden	**subitement**
advent	**arrivée**	all things considered	**au fond**
adventures	**complications**	alleviate, to	**calmer**
adversity	**malheur**	alley	**chemin, route**
advert	**affiche**	ally	**partisan**
advertisement	**affiche**	allow, to	**accepter, permettre**
advertising	**affiche**	alms	**cadeau**
advertising banner	**affiche**	altar piece	**tableau**
advertising brochure	**brochure**	alternative, there is	**falloir**
aegis, under the	**protection**	no	
affable	**aimable**	amass, to	**cueillir**
affect, to	**émouvoir**	amateur sailor	**marin**
affection	**affection**	amazed	**étonné**
affirm, to	**dire, soutenir**	amazing	**étonnant**
afflict, to	**affliger**	ambition	**attente**
affliction	**malheur**	ambush	**guet-apens, piège**
afore(mentioned)	**dessus**	amplify, to	**augmenter**
after all	**au fond**	amuse, to	**amuser**
after, immediately	**après**	amusements, fair	**fête**
after the event	**après, tard**	with	
after which	**ensuite**	amusing	**comique**
afternoon nap, to	**dormir**	anaesthetic	**drogue**
have an		analysis, as a final	**au fond**
afterwards	**après, ensuite, tard**	ancestor	**ancêtres**
again	**à nouveau**	ancestors	**ancêtres**
again, once	**à nouveau**	ancestry	**lignée**
age	**époque**	ancient	**vieux**
agent, double	**espion**	anger	**colère**
agent, secret	**espion**	anger, outburst of	**crise**
agent, secret police	**policier**	angry, to be	**se mettre en colère**
Ages, of the Middle	**médiéval**	angry, to become	**se mettre en colère**
agitated	**inquiet**	angry, to make	**irriter**
agitation	**sentiment**	angst	**désespoir**
ago, a little time	**autrefois**	anguish	**désespoir**
agree on, to	**être d'accord**	anguished	**inquiet**
agree to, to	**être d'accord**	anguished, extremely	**inquiet**
agreeable	**agréable**	animal	**animal**
agreed	**d'accord**	ankle sock	**chaussette**
agreement	**complicité**	annihilate, to	**détruire**
agricultural fair	**fête**	announce, to	**dire, indiquer**
aid of, to come to the	**aider**	annoy, to	**ennuyer, irriter**
aim	**projet**	annoyed, to be	**en avoir assez, se**
air	**aspect**		**mettre en colère**
air balloon, hot	**ballon**	annoying	**désagréable**
air from the lungs	**haleine**	annoying, bloody	**désagréable**
alarm, to	**effrayer**	annul, to	**annuler**
alb	**robe**	anorak	**veste**
alcoholic drink	**vin**	antisocial	**sauvage**
alive, to leave	**épargner**	anti-terrorist unit	**groupe**
alive, still	**vivant**	anxious	**inquiet**

barman	**domestique**	behaviour	**comportement**
barney, to have a	**se disputer**	behind	**derrière, fesses**
barricade, to	**fermer, obstruer**	belatedly	**tard**
barrier	**barrière**	belief	**foi**
barrister	**avocat**	believer	**pieux**
barter	**échange**	believing	**pieux**
base	**honteux**	bell	**sonnette**
bash, to	**abîmer, battre,**	bell, door	**sonnette**
	blesser	bell, hand	**sonnette**
bash someone's face	**battre**	bell, large church	**sonnette**
in, to		bell, small	**sonnette**
bash to pieces, to	**abîmer**	belligerence	**colère**
basis	**base**	bellow	**cri**
basket	**corbeille**	bellow, to	**crier**
bastard	**salaud**	bellowing	**cri**
baton, conductor's	**bâton**	belly	**estomac**
bats	**fou**	belly, pot	**estomac**
batter, to	**battre**	belongings	**biens, équipement**
battle	**bagarre**	beloved	**petit ami**
battle, to give	**se battre**	below, mentioned	**en dessous**
battleship	**bateau**	belt, to	**battre**
bauble	**bricole**	belt down, to	**descendre**
bawl, to	**crier**	belt, to give a	**battre**
bazaar, church	**fête**	belt, to tighten one's	**s'abstenir**
be, to	**se trouver**	belting, to give a	**battre**
be on about, to	**dire**	bench	**siège**
beach hut	**cabane**	bend, to	**plier**
beach umbrella	**parapluie**	beneath	**en dessous de**
beacon	**lampe**	bereavement	**mort**
beaker	**tasse**	beret	**chapeau**
beam	**planche**	bermuda shorts	**pantalon**
beam, to	**briller**	beside oneself, to be	**se mettre en colère**
bean	**argent**	besides	**d'ailleurs**
bear, to	**souffrir**	besmirch, to	**attaquer**
bearing	**comportement**	best seller	**livre**
beat, to	**dépasser, maltraiter**	bestow, to	**donner**
beat, dead	**fatigué**	bet, to	**parier**
beat up, to	**battre**	better	**meilleur**
beat violently, to	**battre**	better, to go one	**dépasser**
beautiful	**joli**	better than, to do	**dépasser**
because	**parce que**	bewildered	**désorienté**
become reconciled, to	**réconcilier**	beyond, to go	**dépasser**
bed, to go to	**se coucher**	beyond the limit, to	**en avoir assez**
bed for, to find a	**loger**	have gone	
bedeck, to	**améliorer, orner**	bicycle	**bicyclette**
bedroom	**pièce**	bicycle pannier	**corbeille, sac**
bedside rug	**moquette**	big	**grand**
before	**autrefois, en face de**	big and tough	**fort**
before, to arrive	**dépasser**	big-bellied	**gros**
beforehand	**autrefois**	big boobs	**sein**
beg, to	**demander**	big building	**bâtiment**
begin, to	**commencer**	big name	**chef**
begin again, to	**reprendre**	big one, to do a	**chier**
beginning	**début**	big shot	**chef**
beginnings	**esquisse**	big solid wall	**mur**

border	**bord**
bordering	**près de**
boring	**désagréable**
bosom	**sein**
boss	**chef**
botanist	**scientifique**
botch, to	**abîmer**
botch up, to	**abîmer**
bother, to	**ennuyer**
bother, spot of	**accident**
bothered	**inquiet**
bottleneck	**embouteillage**
bottom	**fesses**
boulevard	**route**
bound, to	**sauter**
bouquet	**odeur**
bow and scrape, to	**flatter**
bowl	**tasse**
bowler hat	**chapeau**
box	**boîte**
box, cardboard	**boîte**
box, presentation	**boîte**
box, strong	**boîte**
box, wooden	**boîte**
boy	**garçon**
boy, black	**nègre**
boy, cabin	**marin**
boy, ship's	**marin**
boyfriend	**ami, homme, petit ami**
brake	**buisson**
brake, to	**arrêter, s'arrêter**
brain	**cervelle**
brains	**cervelle**
brat	**enfant**
brave	**courageux**
brave, to	**opposer**
brawl	**bagarre**
brawny	**fort**
bray	**cri**
braying	**cri**
breach	**défaut, manque, trou**
bread	**argent, bâton**
bread, loaf of	**bâton**
bread soup	**soupe**
break	**cassure, vacances**
break, to	**casser, changer, échouer**
break a journey, to	**s'arrêter**
break in, to	**dompter**
break into, to	**voler**
break off, to	**s'arrêter, casser**
break up, to	**abîmer, détruire**
breaker	**vague**

breaking	**cassure, délit**
breaks into a car, someone who	**malfaiteur**
breast	**sein**
breastfeed, to	**nourrir**
breasts	**sein**
breath	**haleine**
breathe, ability to	**haleine**
breathing	**haleine**
bred, well	**courtois**
bridge	**crête, pont**
brief	**court**
briefcase	**sac**
brigand	**malfaiteur**
brighten up, to	**amuser, orner**
brightness	**lumière**
brilliant	**intelligent**
bring, to	**amener, donner**
bring back, to	**amener**
bring closer, to	**approcher**
bring down, to	**baisser, renverser**
bring nearer, to	**approcher**
bring out, to	**révéler**
bring to fruition, to	**préparer**
bring to heel, to	**maîtriser**
bring to naught/nothing, to	**détruire**
bring together, to	**cueillir, se joindre, réconcilier, relier**
bring under control, to	**dompter**
bring up, to	**enseigner, vomir**
brochure	**brochure**
brochure, advertising	**brochure**
broke	**pauvre**
broken down	**en panne**
brolly	**parapluie**
brook	**rivière**
broom, to clean with a	**nettoyer**
broth	**soupe**
brownies, female leader of	**chef**
bruise	**contusion**
bruise, to	**blesser**
brush against, to	**toucher**
brush, to have a	**se quereller**
bubble, to	**grésiller**
buccaneer	**pirate**
buck up, to	**encourager, ranimer**
bucket, to kick the	**mourir**
buffoon	**clown**
bugger	**salaud**
bugger off, to	**partir**

build, to	**préparer**	café, small, unpretentious	**café**
building	**bâtiment**	cajole, to	**flatter**
building, big	**bâtiment**	cake, it's not a piece of	**difficile**
building, large	**bâtiment**	calculate, to	**calculer, peser**
building, modern	**bâtiment**	calculating machine	**calculatrice**
built-up area	**ville**	calculations, to make	**calculer**
bulletin, news	**information**	calculator	**calculatrice**
bullshit	**erreur**	calculator, small pocket	**calculatrice**
bully, to	**maltraiter**	call, telephone	**conversation**
bump	**contusion, coup**	call, to	**appeler, insulter**
bump off, to	**tuer**	call for, to	**demander**
bumpy	**rêche**	call into question, to	**attaquer**
bunch	**ensemble, grappe, groupe**	calm	**calme**
bung	**tampon**	calm, to	**calmer**
bung, to	**jeter, mettre**	calm down, to	**calmer**
burden	**charge, poids**	calvinist	**austère**
bureaucracy	**administration**	calvinistic	**austère**
burial	**enterrement**	camera	**caméra**
burial place	**tombe**	camouflage, to	**cacher**
burglar	**malfaiteur**	cancel, to	**annuler**
burgle, to	**voler**	candle	**bougie**
burn, to	**brûler**	cane	**bâton**
burn to a cinder, to	**brûler**	canoe	**bateau**
burnish, to	**polir**	canoe, dugout	**bateau**
burnous	**robe**	cannon	**arme à feu**
burnt up, to be	**brûler**	cannon ball	**balle**
burrow	**retraite**	canton	**département**
burst into, to	**arriver**	canvas	**tableau**
burst into tears, to	**pleurer**	canyon	**défilé**
burst into view, to	**arriver**	cap	**chapeau**
bury, to	**enterrer**	cap, peaked	**chapeau**
burying	**enterrement**	capital	**ville**
bus	**autobus**	capricious	**capricieux, étrange**
bush	**buisson, maquis**	captain	**chef**
bush, uncultivated	**buisson**	captivate, to	**maîtriser**
bush, wild	**buisson**	captivating	**attrayant**
business	**magasin**	car rear window	**fenêtre**
businessman	**marchand**	car tax licence	**permis**
businesswoman	**marchand**	car window	**fenêtre**
bustling	**content**	caravan	**rang**
butler	**domestique**	cardboard box	**boîte**
buttocks	**fesses**	cardinal	**prêtre**
buying back	**rachat**	care, to treat with	**épargner**
buzz, to	**ronronner**	care for, having no	**désinvolte**
by	**au moyen de**	cared for, well	**élégant**
by means of	**au moyen de**	career opening	**sortie**
		carefree	**désinvolte**
cabin	**cabane**	careful	**attentif, avare, désinvolte, raisonnable**
cabin, habitable	**cabane**		
cabin boy	**marin**		
caca	**excrément**		
cackle, to	**parler**	carmine	**rouge**
cacophony	**bruit**	carnal	**sensuel**
café	**café**		

craft	**bateau**	cruiser	**bateau**
crafty	**malin**	crumb	**morceau**
crafty trick	**ruse**	crumble, to	**s'effondrer**
cram, to	**étudier**	crunch, to	**grincer**
cram oneself, to	**manger**	crush	**affection**
cramped	**étroit**	crush, to	**écraser**
crank-handle	**poignée**	crush to a pulp, to	**écraser**
cranky	**étrange**	cry, to	**pleurer**
crash down, to	**descendre, tomber**	cry noisily, to	**pleurer**
crash into the sea and sink, to	**sombrer**	cub mistress	**chef**
		cudgel	**bâton**
crate, wooden, slatted	**boîte**	cult	**messe**
crawl, to	**flatter, marcher**	culture	**connaissances**
crayon	**crayon**	cunning	**malin, ruse**
craze	**affection**	cunning method	**ruse**
crazy	**fou**	cup	**tasse**
crazy person	**déséquilibré**	curator	**gardien**
cream soup	**soupe**	curious	**étrange**
creak, to	**grincer**	curl up, to	**s'accroupir**
create, to	**faire, produire**	currency, foreign	**argent**
creation	**invention**	currency exchange	**échange**
creature	**animal**	custody, to keep in	**emprisonner**
credo	**foi**	custom	**habitude**
credulous	**naïf**	customs	**habitude**
creed	**foi**	cut	**égratignure**
crest	**crête**	cut, to	**couper, élaguer, se taillader**
crevice	**trou**		
crime	**délit**	cut closely, to	**couper**
crime, heinous	**délit**	cut down, to	**diminuer**
crime, serious	**délit**	cut into, to	**commencer, couper**
criminal	**malfaiteur**		
criminal attempt	**délit**	cut out, to	**couper**
crimson	**rouge**	cut top part of, to	**élaguer**
cripple, to	**blesser**	cut through, to	**couper**
criticize, to	**attaquer**	cut up, to	**couper**
crook	**bâton, malfaiteur, salaud**	cute	**joli**
		cutting	**cassure**
crook, shepherd's	**bâton**	cutting, to take a	**couper**
crop	**moisson**	cycle	**bicyclette**
cropper, to come a	**tomber**		
cross, to	**effacer**	daft, bloody	**absurde, fou**
cross off, to	**effacer**	daily	**journal, quotidien**
cross out, to	**effacer**	damage, to	**abîmer**
crossing	**voyage**	damage, to cause extensive	**abîmer**
crossroads	**carrefour**		
crossroads, main	**carrefour**	damage, slight	**égratignure**
crotchety	**vieux**	damaged, to get	**se détériorer**
crouch, to	**s'accroupir**	dame	**femme**
crowd	**foule**	damn fool	**nigaud**
crowds	**foule**	damned	**très**
crozier	**bâton**	damp	**mouillé**
crude	**malpoli, vulgaire**	dapple, to	**moucheter**
crude oil	**carburant**	daredevil	**courageux**
cruel	**cruel**	daring	**courageux**
cruise	**voyage**	dark	**obscurité**

dry up, to	**sécher**
dual carriageway	**rue**
dubbing	**double**
duffer	**nigaud**
dugout canoe	**bateau**
dull	**maussade**
dumb-founded	**désorienté, étonné**
dummy	**ruse**
dump	**baraque**
dung	**excrément**
dungarees	**combinaison**
dungarees, female	**combinaison**
dungarees, mechanic's	**combinaison**
dupe, to	**tromper**
duplex	**appartement**
duplicate	**double**
during	**sans arrêt**
dust	**poudre**
duster	**chiffon**
duster, knuckle	**bague**
dwarf	**petit**
dwelling	**maison**
dwelling, poor	**baraque**
dwelling, squalid	**baraque**
dwelling, wretched	**baraque**
dye	**couleur**
dye, to	**colorer**
dyeing	**couleur**
dying, to be	**mourir**
dynamism	**ardeur**
dynasty	**lignée**
ear, nose and throat specialist	**médecin**
early	**aube**
earn, to	**donner**
earth	**terre**
ease	**compétence**
easy	**facile**
easy, it's not	**difficile**
easy, to take it	**se reposer**
eat, to	**manger, paître**
eccentric	**étrange**
echo, to	**résonner**
edge	**bord, rive**
edge, sharp	**crête**
edible boletus	**champignon**
edict	**loi**
educate, to	**enseigner**
education, to give an	**enseigner**
educational	**scolaire**
effect, to	**accomplir**
effort, relentless	**ardeur**
elaborate, to	**faire, préparer**

elation	**joie**
electoral consultation	**vote**
elegant	**élégant, joli**
elegant woman	**femme**
elementary	**facile**
eliminate, to	**effacer**
elucidate, to	**expliquer**
emanation	**vapeur**
embellish, to	**améliorer, orner**
embezzle, to	**voler**
embrace, to	**saisir**
emergency ward	**hôpital**
emission	**vapeur**
emit, to	**disperser**
emotion	**sentiment**
employer, top	**chef**
employment	**emploi**
empty, to	**vider**
enamoured, to become	**aimer**
enclose, to	**fermer**
encourage, to	**encourager**
end	**bord**
end, to	**s'arrêter, finir**
end, to come to an	**s'arrêter, finir**
end to, to put an	**finir**
endure, to	**recevoir, souffrir**
energy	**puissance**
engage, to	**engager**
engender, to	**produire**
engulfed, to be	**sombrer**
enigmatic	**obscur**
enjoin, to	**ordonner**
enjoy, to	**avoir, jouir**
enlighten, to	**expliquer**
enormous	**grand**
enough, to be	**en avoir assez**
enough, to have had	**en avoir assez**
enough, to have had more than	**en avoir assez**
enquiries	**information**
enrol, to	**engager**
ensemble	**ensemble**
enter, to	**inscrire**
enterprising	**courageux**
entertain, to	**amuser**
entertaining	**agréable**
enthusiast, winter sports	**vacancier**
entrance	**vestibule**
entreat, to	**demander**
envisage, to	**avoir l'intention**
envy, to	**désirer**
ephemeral	**court**
epic poem	**poème**

face, to laugh in someone's	se moquer	fat	grand, gros
face, to paint one's	se maquiller	fatal	fatal
face in, to bash someone's	battre	fate	hasard
		fateful	fatal
face of, in the	en face de	fatigue	travail
face to face, to place	affronter	fattened chicken	poule
face up to, to	affronter	fatter, to get	augmenter
facelift, to give something a	améliorer	fault	défaut
		favourable	opportun
facilities	équipement	fear, to	avoir peur
facility	compétence	fear, to fill with	effrayer
facing	en face de	fearless	courageux
fact, in	en réalité	feasible	facile
fade, to	se détériorer	feast	repas
faded	pâle	fecal matter	excrément
fail, not to	échouer	fed up, to be	en avoir assez
fail, to	congédier, échouer	fee, licence	permis
fail, to cause to	déjouer	feeble	faible
fail in, to	échouer	feed, to	nourrir
failing	manque	feel, to	toucher
failure	échec, manque	feel uncomfortable, to make someone	ennuyer
fair	fête, honnête		
fair, agricultural	fête	feeling	affection, sentiment
fair, industrial	fête	fees	salaire
fair, village	fête	feign, to	faire semblant
fairy light	lampe	feint	ruse
faith	foi	fellow	garçon, homme
faith, lack of	désespoir	fellow, little	garçon
fall, to	glisser, tomber	fellow student	ami
fall, to have a bad	tomber	felt hat	chapeau
fall apart, to cause to	abîmer	felt-tip pen	crayon
fall in love, to	aimer	female breast	sein
fall into ruin, to	se détériorer	female companion	compagnon
fall out, to	se quereller	female dungarees	combinaison
fall-out	déchets	female leader of brownies	chef
family hotel, small	gîte		
famous	célèbre	female teacher	enseignant
famous opera singer	chanteur	fence	clôture, malfaiteur
fanciful	étrange	fervour	ardeur
fancy man	homme	festival, national	fête
fanlight	fenêtre	fête, village	fête
far as I'm concerned, as	personnellement	fiasco	échec
		fib	mensonge
far as … is concerned, as	concernant	fickle	capricieux
		fiddle around with, to	toucher
far as, in so	parce que		
far off	éloigné	fiddle with, to	manier
farm animal	animal	fidget, to	bouger
farmer	fermier	field	champ
farmer, tenant	fermier	fierce blast	orage
farmworker	fermier	fierceness	ardeur
fascinating	attrayant	fight	bagarre
fashion, in	au courant	fight, to	se battre
fastener	attache	fighting	bagarre
		figure	chiffre

funny, very	comique	geometrical square	carré
fur	poil	germ	microbe
fur hat	chapeau	get, to	obtenir, recevoir
fur-lined jacket	veste	get a bloody move	se dépêcher
furnace	feu	on, to	
furnish, to	fournir	get a move on, to	se dépêcher
furnished flat	appartement	get away, to	retirer
furthermore	d'ailleurs	get back, to	récupérer
furtively	secrètement	get by, to	s'arranger
fury	colère	get damaged, to	se détériorer
fuss	complications	get drunk, to	boire
future	futur	get fatter, to	augmenter
future, in the near	bientôt	get going, to	bouger
		get going again, to	bouger
gaiety	joie	get hold of, to	saisir
gain	profit	get in a huff, to	se mettre en colère
gallivanting, to go	courtiser	get in a paddy, to	se mettre en colère
gallop, to	courir	get in a temper, to	se mettre en colère
gamble, to	parier	get in touch with, to	se joindre
gambol, to	sauter	get into the habit of,	s'accoutumer
gamekeeper	gardien	to	
gang	foule	get off with, to	courtiser
gangster	malfaiteur	get on someone's	ennuyer, irriter
gap	différence, manque,	nerves, to	
	trou	get on someone's tits,	ennuyer
gap, narrow	trou	to	
gap in wall	fenêtre	get on someone's	irriter
gaping	étonné	wick, to	
garden path, to lead	tromper	get out, to	retirer
up the		get out of, to	s'arranger, s'évader
garden shed	cabane	get pissed, to	boire
gardener, market	fermier	get ready, to	préparer
garrigue	maquis	get rid of, to	congédier, mettre,
gas away, to	parler		purger
gash, to	se taillader	get round, to	flatter
gate	barrière	get sloshed, to	boire
gateway	barrière	get spoilt, to	se détériorer
gather, to	cueillir, ramasser	get underway, to	bouger,
gather round, to	cueillir		commencer
gather up, to	cueillir	get up, to	habiller, se lever
gathering	foule, réunion	get used to, to	s'habituer
gauge, to	évaluer	get worked up, to	se mettre en colère
gay	content	get worried, to	s'inquiéter
gazette	journal	get worse, to	se détériorer
gee-gee	cheval	ghastly	laid
general practitioner	médecin	ghost	fantôme
generally	souvent	gift	cadeau
generate, to	produire	gifted	intelligent, savant
genre	genre	gigantic	grand
gentle	agréable	gipsy	vagabond
gentleman	homme, monsieur	girl	fille
gentlemanly	courtois	girlfriend	petit ami
genuine	réel	girls, to chase	courtiser
geological layer	couche	girl's fancy man	homme
geological vein	couche	girl's fellow	homme

give, to	**donner, rendre**
give someone a belt, to	**battre**
give someone a belting, to	**battre**
give something a facelift, to	**améliorer**
give someone a good hiding, to	**battre**
give someone a good time, to	**amuser**
give a hand to, to	**aider**
give someone a helluva wallop, to	**battre**
give a kiss/smacker, to	**embrasser**
give a number to, to	**inscrire**
give a right ticking off, to	**réprimander**
give a rocket, to	**attaquer, réprimander**
give a sense of security, to	**calmer**
give again, to	**rendre**
give an education to, to	**enseigner**
give artificial colour to, to	**colorer**
give back, to	**rendre**
give battle to, to	**se battre**
give different types of colour to, to	**colorer**
give in, to	**en avoir assez**
give in marriage, to	**se marier**
give life to, to	**encourager, ranimer**
give natural colour to, to	**colorer**
give notice, to	**informer**
give one's approval to, to	**accepter**
give rise to, to	**produire**
give someone a pain in the arse, to	**irriter**
give the boot, to	**congédier**
give the go-ahead to, to	**permettre**
give the works, to	**réprimander**
give value to, to	**évaluer**
given that	**parce que**
given to sudden changes	**capricieux**
giving rise to pain	**difficile**
glamour	**pompe**
glance, to	**regarder**

glance at, to	**regarder**
glass	**verre**
glass cloth	**chiffon**
glass conservatory	**verre**
glass with a stem	**tasse**
glazing, double	**verre**
glean, to	**ramasser**
glisten, to	**briller**
gloomy	**maussade**
gloomy, to be	**s'inquiéter**
gloomy, to be very	**s'inquiéter**
glove puppet	**marionnette**
go, in a single	**sans arrêt**
go, in one	**sans arrêt**
go, to	**aller**
go-ahead, to give the	**permettre**
go away, to	**partir**
go back, to	**rentrer**
go bad, to	**se détériorer**
go beyond, to	**dépasser**
go for a stroll, to	**marcher**
go for a walk, to	**marcher**
go for a wander, to	**errer**
go gallivanting, to	**courtiser**
go hunting, to	**chasser**
go in search of, to	**chercher**
go into, to	**sombrer**
go on a spree, to	**faire la fête**
go on foot, to	**marcher**
go one better, to	**dépasser**
go pale, to	**se détériorer**
go rotten, to	**se détériorer**
go scrumping, to	**voler**
go through, to	**chercher**
go to bed, to	**se coucher**
go to sleep, to	**dormir**
go to sleep again, to	**dormir**
go to stool, to	**chier**
go to the loo, to	**aller aux toilettes**
go to the toilet, to	**aller aux toilettes**
go towards, to	**aller**
go up, to	**augmenter, se lever, monter**
go up in smoke, to	**brûler**
goad, to	**encourager**
goal	**projet**
gobble, to	**manger**
goblet	**tasse**
going, to get	**bouger**
going, to set	**bouger**
going again, to get	**reprendre**
gold bar	**barre**
golf club	**bâton**
gone beyond the limit, to have	**en avoir assez**

goner, it's a	**abîmer**
good	**aimable, intelligent**
good laugh, to have a	**plaisanter**
good luck	**chance**
good number	**beaucoup de**
good pace, at a	**rapidement**
good shape, in	**sain**
good time, to give a	**amuser**
good time, to have a	**faire la fête**
goods, receiver of stolen	**malfaiteur**
gorge	**défilé**
gorge, narrow	**défilé**
gossip	**cancans**
gossip, to	**parler**
gossip, small items of	**cancans**
gossip, spiteful	**cancans**
gossiping	**cancans**
govern, to	**gouverner, mener**
gown	**robe**
graceful	**joli**
gracious	**agréable, joli**
grammar school, state	**école**
grandiloquent	**pompeux**
grant, to	**donner**
grape harvest	**moisson**
grasping	**gourmand**
grasp, to	**saisir**
grass	**espion**
grass on, to	**rapporter**
grave	**tombe**
gravely, to offend	**insulter**
gravity	**poids**
graze, to	**paître, toucher**
grease, to	**frotter**
great	**grand**
greatly, to worry	**effrayer**
greedy	**gourmand**
grey matter	**cervelle**
grief	**malheur**
grief, extreme	**désespoir**
grievance	**plainte**
grieve, to	**attrister**
grill, to	**brûler, interroger**
grimy	**dégoûtant, sale**
grind	**travail**
groan, to	**gémir**
groceries	**nourriture**
groomed, well	**élégant**
grotesque	**déformé**
grotesque attire	**habillement**
grotty	**sale**
ground	**terre**
ground, to chuck onto the	**renverser**

group	**groupe**
group, literary	**club, réunion**
group, political	**groupe**
group, small	**groupe**
group, terrorist	**groupe**
group of guards	**gardien**
grouping	**groupe**
grow, to	**augmenter**
grow in abundance, to	**foisonner**
grub	**nourriture, repas**
grub, disgusting	**nourriture**
grubby	**sale**
gruff	**maussade**
grumble, to	**gémir**
grumpy	**maussade**
guard	**gardien**
guard, military	**gardien**
guards, group of	**gardien**
guest	**invité**
guide, to	**mener**
guileless	**naïf**
gullet	**gorge**
gulp	**bouchée**
gumption	**cervelle**
gun	**arme à feu**
gun, heavy	**arme à feu**
gun, light sub-machine	**arme à feu**
gun, machine	**arme à feu**
gust	**orage**
gust, sudden	**orage**
gut, to	**nettoyer, vider**
guts	**estomac**
guy	**homme**
habit	**habitude**
habit, to get into the	**s'accoutumer**
habitable cabin	**cabane**
hack down, to	**se taillader**
half-caste	**métis**
half-open, to	**ouvrir**
hail, to	**appeler**
hair	**cheveux**
hall	**vestibule**
hall, large	**vestibule**
hall, large waiting	**vestibule**
halt, to	**arrêter**
hammer in, to	**enfoncer**
hand, to	**donner**
hand, to give a	**aider**
hand, to lend a	**aider**
hand bell	**sonnette**
hand in, to	**donner**
hand over, to	**donner**

hand towel	**chiffon**
handbag	**sac**
handkerchief, square	**carré**
handle	**poignée**
handle, to	**manier**, **toucher**
handle roughly, to	**maltraiter**
hand-rail	**garde-fou**
hands on, to lay	**saisir**
handsome	**joli**
hang about, to	**marcher**, **traîner**
hang out, to	**habiter**
hangs about, person who	**vagabond**
happen, to	**se passer**
happen unexpectedly, to	**se passer**
happiness	**joie**
happy	**content**
happy-go-lucky	**négligent**
hard	**austère**, **difficile**, **dur**
hard work	**travail**
harm, to	**blesser**
harmful	**nuisible**
harsh	**dur**
harshly, to treat	**maltraiter**
harvest	**moisson**
hashish	**drogue**
hasten, to	**se dépêcher**
hastily	**rapidement**
hat	**chapeau**
hat, bowler	**chapeau**
hat, chef's	**chapeau**
hat, felt	**chapeau**
hat, fur	**chapeau**
hat, top	**chapeau**
hat, woollen	**chapeau**
hate, to	**détester**
haughty	**fier**
haunches, to sit on one's	**s'accroupir**
have, to	**avoir**
have a bad fall, to	**tomber**
have a barney, to	**se disputer**
have a bite, to	**manger**
have a brush, to	**se quereller**
have a good laugh, to	**plaisanter**
have a good time, to	**faire la fête**
have a nap, to	**dormir**
have a natter, to	**parler**
have a piss, to	**aller aux toilettes**
have a real nosh-up, to	**manger**
have a siesta, to	**dormir**
have a slanging match, to	**se disputer**
have a snooze, to	**dormir**
have an afternoon nap, to	**dormir**
have at one's disposal, to	**avoir**
have children, to	**augmenter**
have fun, to	**plaisanter**
have had enough, to	**en avoir assez**
have had it up to here, to	**en avoir assez**
have it out, to	**se battre**
have lost one's patience, to	**en avoir assez**
have more than enough, to	**en avoir assez**
have one's eye on, to	**désirer**
have one's pad, to	**habiter**
have sexual intercourse, to	**embrasser**
have stage fright, to	**avoir peur**
have the physical ability, to	**savoir**
have to, to	**falloir**
have words, to	**se quereller**
haversack	**sac**
having no care for	**désinvolte**
havoc	**désordre**
hay, to hit the	**se coucher**
haymaking	**moisson**
head	**chef**
head, to lose one's	**s'inquiéter**
head of administration	**chef**
head of restaurant	**cuisinier**
headband	**chapeau**
headlight	**lampe**
headmaster	**chef**, **enseignant**
headmistress	**enseignant**
headscarf	**écharpe**
headteacher	**enseignant**
healing process	**guérison**
healthy	**sain**
heap	**tas**
heathland	**maquis**
heavily, to drink	**boire**
heavy gun	**arme à feu**
Hebrew	**Juif**
hedge	**clôture**
heedless	**négligent**
heel, to bring to	**maîtriser**
heels, to dig in one's	**s'obstiner**
heels, to kick one's	**attendre**
heels of, to follow hot on the	**suivre**
height	**colline**, **haut**

hovel	**baraque**
however	**cependant**
howl, to	**pleurer**
hubbub	**bruit**
hubby	**mari**
huddle, to	**s'accroupir**
huff, to get in a	**se mettre en colère**
hum, to	**ronronner**
hum, rumbling	**bruit**
humid	**mouillé**
hump along, to	**transporter**
hunch up, to	**s'accroupir**
hunt, to	**chercher**
hunt down, to	**chasser, suivre**
hunt for, to	**chercher**
hunting, to go	**chasser**
hurl abuse, to	**insulter**
hurry, to	**se dépêcher**
hurry, to be in a	**se dépêcher**
hurry up, to	**se dépêcher**
hurt, to	**blesser, offenser**
hurtle down, to	**descendre**
husband	**mari**
husk	**pelure**
hustle, to	**maltraiter**
hut	**baraque, cabane**
hut, beach	**cabane**
hut, mountain	**cabane**
hut, native	**cabane**
hut, wooden	**cabane**
hymn	**chanson**
hypermarket	**magasin**
ice, black	**gel**
ice-box	**réfrigérateur**
idea	**opinion**
idiomatic expression	**expression**
idiotic	**fou**
idle	**oisif**
idolize, to	**aimer**
ignoble	**honteux**
ignominious	**honteux**
ignore, to	**ne pas tenir compte**
ill	**malade**
ill-bred	**malpoli**
ill-fated	**fatal**
ill-tempered	**maussade**
ill-treat, to	**battre, maltraiter**
illicitly	**secrètement**
illogical	**absurde**
illuminate, to	**éclairer**
illumine, to	**éclairer**
illustrate, to	**orner**
illustrious	**célèbre**
imam	**prêtre**

imitate, to	**faire semblant**
immediately	**immédiatement**
immigrant	**immigrant**
immobilize, to	**arrêter**
impecunious	**pauvre**
impenetrable	**obscur**
imperative, to be	**falloir**
imperfect	**défectueux**
imperfection	**défaut**
implore, to	**demander**
impolite	**malpoli**
important, to make more	**évaluer**
impoverished	**pauvre**
imprison, to	**emprisonner**
impromptu	**imprévu**
improve, to	**améliorer, moderniser**
improve on, to	**améliorer, dépasser**
impure	**sale**
in	**dans**
in fact	**en réalité**
in my opinion	**personnellement**
in reality	**en réalité**
in return for	**au moyen de**
in so far as	**parce que**
in truth	**en réalité**
inadequacy	**manque**
inattentive	**négligent**
inauguration	**début**
incarcerate, to	**emprisonner**
incident, nasty	**bagarre**
incidents	**complications**
incinerate, to	**brûler**
incoherent	**absurde**
incompatibility	**désaccord**
incomplete	**déformé**
inconvenience, to	**ennuyer**
incontestable	**sûr**
incorrect	**défectueux, incorrect**
increase, to	**augmenter**
increase the value of, to	**évaluer**
incredible	**étonnant, super**
indecorous	**incorrect**
index finger	**doigt**
Indian pipe of peace	**pipe**
indicate, to	**dire, indiquer**
indigenous	**originaire**
indigent	**pauvre**
indiscreet	**incorrect**
indispensable, to be	**falloir**
indisposed	**malade**
indisputable	**sûr**

lens	**lentille**	limit	**bord**
lessen, to	**diminuer**	limit, to have gone beyond the	**en avoir assez**
lesson	**leçon**		
lesson in class	**discours**	limit, to reach one's	**en avoir assez**
let, to	**permettre**	line	**lignée, rang, rayure**
let in, to	**recevoir**	line of reasoning	**argument**
let know, to	**dire, informer**	lineage	**lignée**
let off steam, to	**amuser, se reposer**	liner	**bateau**
let see, to	**révéler**	link, to	**relier**
let up, without	**sans arrêt**	link up, to	**relier**
letters, man of	**auteur**	lip	**lèvre**
letters, woman of	**auteur**	lip, lower	**lèvre**
letting up, without	**sans arrêt**	liquid for dyeing hair	**couleur**
level off, to	**s'arrêter**	liquid fuel	**carburant**
level out, to	**s'arrêter**	liquidate, to	**régler, tuer**
level-headed	**raisonnable**	listeners	**spectateurs**
lewd	**sale**	literary coterie	**groupe**
libel, to	**insulter**	literary group	**club**
libidinous	**sensuel**	literary set	**club**
licence	**permis**	little devil	**enfant**
licence fee	**loyer**	little face, sweet	**visage**
licence, trading	**permis**	little fellow	**garçon**
licence, TV	**permis**	little pig	**cochon**
licentious	**corrompu, érotique**	little time ago, a	**autrefois**
lie	**mensonge**	little value, object of	**bricole**
lie, to	**se trouver**	liturgical prayer, short	**prière**
lie down, to	**se coucher, s'étendre**		
		live, to	**habiter**
lie down for a rest, to	**s'étendre**	live it up, to	**faire la fête**
lie down to sleep, to	**s'étendre**	liveliness	**ardeur**
lie in wait, to	**s'accroupir, observer**	lively	**content, intelligent**
		liven up, to	**encourager, ranimer**
lies	**mensonge**		
life to, to give	**encourager, ranimer**	livestock	**animal**
		living	**vivant**
light	**lumière**	living room	**pièce**
light, fairy	**lampe**	load	**charge, poids**
light, first	**aube**	loaded	**riche**
light, to reflect	**briller**	loading	**charge**
light, to shine with one's/its own	**briller**	loaf around, to	**errer**
		loaf of bread	**bâton**
light, street	**lampe**	loathe, to	**détester**
light, traffic	**lampe**	loathe, to come to	**détester**
light purple	**rouge**	loathsome	**honteux**
light red	**rouge**	local school	**école**
light sub-machine gun	**arme à feu**	lock, to	**fermer**
		lock, to double	**fermer**
light up, to	**éclairer**	lock up, to	**emprisonner**
lighten, to	**calmer**	lodge, to	**loger**
lightning	**lumière**	lodging	**maison**
lightly, to touch	**toucher**	loft	**mansarde**
lights, traffic	**lampe**	lofty	**fier**
like, to	**aimer**	loggerheads, to be at	**se quereller**
like the clappers	**immédiatement**	lolly	**argent**
liking for, to have a	**aimer**	long journey, very	**voyage**

make someone laugh, to	**amuser**	matter, subject	**matière**
make understandable, to	**expliquer**	maul, to	**maltraiter**
		mauve	**rouge**
male pig	**cochon**	mayor and member of parliament	**homme politique**
male teacher	**enseignant**	meadow	**champ**
man	**homme**	meal	**repas**
man, correct	**monsieur**	meal, evening	**repas**
man, fancy	**homme**	mean	**avare**
man, leading	**acteur**	mean, to	**avoir l'intention**
man, old	**mari**	means, roundabout	**ruse**
man, top	**chef**	means, without	**pauvre**
man of letters	**auteur**	means of, by	**au moyen de**
manage, to	**s'arranger, gouverner, mener**	measurable area	**surface**
		measure, to	**peser**
management	**administration**	mechanic's dungarees	**combinaison**
manager	**chef**	meddle, to	**intervenir**
managing director	**chef**	mediate, to	**intervenir**
manhandle, to	**maltraiter**	medic	**médecin**
manifest	**évident**	medical student	**médecin**
manipulate, to	**manier, toucher**	medieval	**médiéval**
mansion, private	**maison**	meditate to	**penser**
many	**beaucoup de**	meet, to	**se joindre, régler**
many a	**beaucoup de**	meeting	**réunion**
many a time	**souvent**	meeting, plenary	**réunion**
many times	**souvent**	melting snow	**boue**
marble	**balle**	member of parliament	**homme politique**
march	**avance, défilé**	member of parliament, mayor and	**homme politique**
march past	**défilé**		
mare	**cheval**	member of police militia	**policier**
margin	**bord**		
mark down, to	**inscrire**	member of special police force	**policier**
mark, stamp	**cachet**		
market gardener	**fermier**	memoirs	**souvenir**
maroon	**rouge**	memory	**souvenir**
marriage	**mariage**	mend, to	**réparer**
marriage, to give in	**se marier**	mentally sick person	**déséquilibré**
marry, to	**se marier**	mentally unbalanced person	**déséquilibré**
marvellous	**célèbre, super**		
mash, to	**écraser**	mentioned below	**en dessous**
mask, to	**cacher**	merchant	**marchand**
mass	**foule, messe**	mess	**désordre**
mass, to	**cueillir**	mess, bloody	**désordre**
massacre, to	**tuer**	mess up, to	**abîmer**
master, to	**dompter, maîtriser**	messed up	**en panne**
match, to have a slanging	**se disputer, se quereller**	metamorphose, to	**changer**
		method, cunning	**ruse**
mate	**ami**	metropolis	**ville**
material	**matière**	mew	**cri**
maternity hospital	**hôpital**	mewing	**cri**
mathematician	**scientifique**	mickey, to take the	**se moquer**
matter	**matière**	micro-computer	**calculatrice**
matter, fecal	**excrément**	microbe	**microbe**
matter, grey	**cervelle**		

not on form	malade
notary	avocat
note, to	inscrire
note down, to	écrire, inscrire
notebook	carnet
nothing, to bring to	détruire
nothings, to say sweet	courtiser, raconter
notice	affiche
notice, public	affiche
notice, to	observer
notice, to give	informer
notify, to	dire, informer
notwithstanding	cependant, malgré
novel	histoire
novelist	auteur
novice sailor	marin
now on, from	désormais
nuance	couleur
numb	engourdi
number	chiffre, ensemble
number, to give a	inscrire
number, good	beaucoup de
numerous	beaucoup de
nun	religieuse
nuptials	mariage
nursery school	école
nut	balle
nuts	fou
nuts on, to be	aimer
nutty	absurde, fou
oafish	maladroit
oar	rame
obese	gros
object, small, decorative	bricole
object of little value	bricole
objective	projet
obligatory, to be	falloir
oblige, to	forcer, ordonner
obliging	aimable
obscene	sale, vulgaire
obscure	obscur
observe, to	observer
obsession, to have an	aimer
obsolete	vieux
obstacle in the way, to put an	obstruer
obstruct, to	obstruer
obtain, to	fournir, obtenir
obvious	évident
occur, to	arriver
odd	étrange
odyssey	voyage
of course	certainement

off-colour	malade
offend, to	insulter, offenser
offend greatly, to	insulter
offender, persistent	malfaiteur
offender, second	malfaiteur
offenders, institution for young	prison
offensive	désagréable
offer, special	rabais
offering, special	cadeau
off-hand	désinvolte
office	bureau, emploi
office, secretary's	bureau
officer, security	gardien
offices, secretarial	bureau
official	chef
official report	compte-rendu
offspring, to have	augmenter
often	souvent
often, to see	visiter
oil	carburant
oil, to	frotter
oil, crude	carburant
oil, diesel	carburant
oil, unrefined	carburant
OK	d'accord
old	médiéval, vieux
old age	vieux
old bag	femme
old building	bâtiment
old-fashioned	médiéval
old man	mari
old rags	habillement, haillons
omit, to	ne pas tenir compte
on	sur
on about, to be	dire
once	autrefois
once, at	immédiatement
once again	à nouveau
once more	à nouveau
once upon a time	autrefois
one, to do a big	chier
one-bedroomed flat	appartement
one better, to go	dépasser
ooze, to	suer
open	aimable, honnête
open, to	commencer, ouvrir
open coach	carrosse
opening	trou
opening, career	sortie
opera singer	chanteur
opinion	foi, opinion
opinion, difference of	différence
opinion, in my	personnellement

person concerned with literary activity	**auteur**
person in charge	**chef**
person on science side	**scientifique**
person who hangs about	**vagabond**
person who wanders about	**vagabond**
person who wanders around	**vagabond**
personal flag	**drapeau**
personally	**personnellement**
perspire, to	**suer**
persuade, to	**convaincre**
pertinent	**opportun**
perverse	**corrompu**
petite	**petit**
petrol	**carburant**
phantom	**fantôme**
phrase	**expression**
phrase, turn of	**expression**
physical	**sensuel**
physical ability, to have the	**savoir**
physical blindness	**aveuglement**
physicist	**scientifique**
pick, to	**cueillir, ramasser**
pick up, to	**cueillir, ramasser**
pick up, to try and	**courtiser**
picking	**moisson**
piece	**morceau**
piece of cake, it's not a	**difficile**
piece of information	**information**
piece of land	**terre**
piece of news	**information**
piece of written work	**rédaction**
pieces, to bash to	**abîmer**
pig	**cochon**
pig, little	**cochon**
pig, male	**cochon**
pig-sty	**étable**
pigeon-hole	**boîte**
pile	**tas**
pile, disorderly	**désordre**
pile up, to	**cueillir**
piling up	**tas**
pill	**comprimé**
pill, sleeping	**drogue**
pillage, to	**piller**
pilot	**marin**
pin	**jambe**
pinch, to	**voler**
pious	**pieux**

pipe	**pipe**
pipe of peace, Indian	**pipe**
pirate	**pirate**
piss, to have a	**aller aux toilettes**
pissed, to get	**boire**
pissed off, to be	**en avoir assez**
pistol	**arme à feu**
pitfall	**guet-apens**
pity	**sentiment**
pity, to move to	**émouvoir**
place	**endroit**
place, to	**mettre**
place, burial	**tombe**
place, out of	**incorrect**
place, to take	**se passer**
place face to face, to	**affronter**
place of residence	**maison**
placed, to be	**se trouver**
placid	**calme**
plan	**projet**
plan, to	**faire, avoir l'intention, préparer**
plank	**planche**
plank, very thick	**planche**
plastered	**ivre**
plastic bag	**sac**
plastic beaker	**tasse**
plate, name	**affiche**
play around, to	**plaisanter**
playful	**content**
pleasant	**agréable, aimable**
pleasant smell	**odeur**
pleasure	**joie**
pleasure in, to take	**jouir**
plenary meeting	**réunion**
plenary session	**réunion**
plimsoll	**chaussure**
plonk	**vin**
ploughman	**fermier**
plug	**tampon**
plug, to	**remplir**
plug in, to	**relier**
plug, large	**tampon**
plump	**gros**
plunder, to	**piller, voler**
plunge, to	**enfoncer, sombrer**
pocket, to	**recevoir**
pocket calculator	**calculatrice**
pocket calculator, small	**calculatrice**
pod	**pelure**
podgy	**gros**
poem	**poème**
poem, epic	**poème**

put off the track, to	**tromper**	rant, to	**crier**
put on, to	**mettre, couvrir**	rant and rage, to	**se mettre en colère**
put on file, to	**ordonner**	rascal	**salaud**
put on trial, to	**attaquer**	rates	**coût**
put out of order, to	**abîmer**	rat-trap	**piège**
put out of the way, to	**mettre**	ravishing	**joli**
		reach one's limit, to	**en avoir assez**
put right in, to	**enfoncer**	ready, to get	**préparer**
put the finishing touches to, to	**améliorer**	real	**réel**
		real laugh, a	**comique**
put to one side, to	**garder**	real nosh-up, to have a	**manger**
put together, to	**cueillir**		
put up, to	**habiter, loger**	reality, in	**en réalité**
put up with, to	**permettre, souffrir**	realize, to	**accomplir, comprendre, faire**
quack	**médecin**		
quack doctor	**médecin**	really	**en réalité, très**
quality, painting of poor	**tableau**	really definite	**sûr**
		rear	**fesses**
quality wine, poor	**vin**	rear window, car	**fenêtre**
quantify, to	**calculer**	reason	**cause**
quarrel	**bagarre, désaccord**	reasonable	**raisonnable**
quarrel, to	**se disputer, se quereller**	reasoning	**argument**
		reasoning, line of	**argument**
quash, to	**annuler**	reassure, to	**calmer**
quaver, to	**trembler**	reawaken, to	**ranimer, reprendre**
quench one's thirst, to	**boire**	rebate	**rabais**
		rebel, to	**se révolter**
question, to	**interroger, soupçonner**	rebuke, to	**réprimander**
		recapture, to	**récupérer**
question, to ask a	**interroger**	receipt	**billet, reçu**
quickly	**rapidement**	receive, to	**cacher, recevoir**
quiet, on the	**secrètement**	receiver of stolen goods	**malfaiteur**
quiet conversation	**conversation**		
		recently	**autrefois**
rabbi	**prêtre**	recite, to	**dire**
race around, to	**courir**	reckless	**courageux**
racket	**bruit**	recognize, to refuse to	**contredire**
racketeer	**malfaiteur**		
rag	**chiffon, journal**	recollection	**souvenir**
rage, to	**crier**	reconcile, to	**réconcilier**
rage, to be in a	**se mettre en colère**	reconciled, to be	**réconcilier**
rage, to be wild with	**se mettre en colère**	reconciled, to become	**réconcilier**
rage, to rant and	**se mettre en colère**	recondite	**obscur**
rags	**haillons**	record sleeve	**sac**
rags, old	**habillement, haillons**	recover, to	**couvrir, récupérer**
		recovery	**guérison**
rail, ship's	**garde-fou**	recruit, to	**engager**
rail, window	**garde-fou**	red	**rouge**
railing	**clôture, garde-fou**	red, light	**rouge**
rain	**pluie**	red, purplish	**rouge**
raincoat	**veste**	red, to see	**se mettre en colère**
raise, to	**cueillir**	red table wine	**vin**
raised bank	**bord**	red tape	**administration**
ramble	**excursion, voyage**	red wine	**vin**

redemption	**rachat**	remuneration	**salaire**
reduce, to	**diminuer**	renegade	**fugitif**
reduce the size of, to	**diminuer**	renew, to	**moderniser,**
reduce to ashes, to	**brûler**		**ranimer**
reduction	**rabais**	renounce, to	**arrêter, contredire**
reek, to	**sentir**	renovate, to	**améliorer,**
referendum	**vote**		**moderniser,**
refit, to	**réparer**		**ranimer**
reflect, to	**refléter**	renowned	**célèbre**
reflect light, to	**briller**	rent	**loyer**
reform, to	**moderniser**	rent paid by farmer	**loyer**
refrain, to	**s'abstenir**	rental charge	**loyer**
refreshment stall	**café**	repeal, to	**annuler**
refrigerator	**réfrigérateur**	report	**compte-rendu**
refugee	**fugitif, réfugié**	report, expert's	**compte-rendu**
refund	**rabais**	report, legal	**compte-rendu**
refund, to	**rendre**	report, school	**compte-rendu**
refuse	**déchets, saleté**	report, to	**raconter**
refuse to recognize, to	**contredire**	reprimand, to	**réprimander**
		repugnant	**dégoûtant, laid**
refute, to	**contredire**	repulsive	**dégoûtant, laid**
regiment, to	**gouverner**	request, to	**demander**
region	**pays, terre**	rescind, to	**annuler**
region of, in the	**autour de**	research	**recherche**
register, to	**inscrire**	researcher	**érudit, scientifique**
reimburse, to	**payer**	reserve, to hold in	**garder**
rejoicing	**joie**	reserve, to keep in	**garder**
rekindle, to	**ranimer**	reside, to	**habiter**
relate, to	**raconter, relier**	residence, place of	**maison**
related to death	**fatal**	resigned, to be	**accepter**
relax, to	**se reposer**	resist, to	**opposer, se révolter**
relaxed	**calme, désinvolte**	resolution	**volonté**
release, to	**libérer**	resolve, to	**décider, résoudre**
releasing	**début**	resound, to	**résonner, sonner**
relentless effort	**ardeur**	respect, to	**épargner**
reliable	**aimable, honnête**	respect to, with	**en face de**
relieve, to	**calmer, dégager,**	responsible	**raisonnable**
	libérer, voler	responsibility, to claim	**demander**
religion	**foi**		
religious	**pieux, saint**	rest, to	**se reposer**
religious, very	**pieux**	rest, to lie down for a	**s'étendre**
religious offering	**cadeau**	rest, to set one's mind at	**calmer**
relinquish, to	**s'abstenir**		
relish, to	**jouir**	restaurant, head of	**cuisinier**
reluctant to part with money	**avare**	restaurant, small	**café**
		restaurant owner	**cuisinier**
remand, institution for prisoners on	**prison**	restless	**inquiet**
		restore, to	**améliorer,**
remark, to	**indiquer**		**moderniser,**
remember, to	**se rappeler**		**ranimer, rendre**
reminiscence	**souvenir**	restricted	**étroit**
remove, to	**effacer, retirer,**	resurrect, to	**ranimer**
	transporter,	retailer	**marchand**
	voler	retain, to	**garder**
remove the innards, to	**vider**	return, to	**partir, rendre**

return for, in	au moyen de	roar	cri
rev up, to	ronronner	roaring	cri
reveal, to	révéler	roast, to	brûler
reverberate, to	résonner, sonner	rob, to	voler
review	histoire, journal	robber	malfaiteur
revile, to	attaquer, insulter	robust	fort, gros
revive, to	encourager,	rock	caillou
	ranimer,	rock, to	balancer
	reprendre	rocket, to give a	attaquer,
revoke, to	annuler		réprimander
revolt, to	se révolter	rod	bâton
revolver	arme à feu	rod, long	bâton
rich	riche	rogue	malfaiteur
rich, very	riche	roll up, to	arriver
rid, to	dégager	roller	vague
rid of, to get	congédier, mettre	room	pièce
ride	promenade, voyage	room, living	pièce
ride, to take for a	tromper	room, living and	pièce
ridge	crête	dining combined	
ridicule, to	se moquer	room, smallest	wc
ridiculous look	aspect	rope	corde
riff-raff	salaud	rope, small	corde
rifle	arme à feu	rose window	verre
rig up, to	habiller	rosé wine	vin
rigging	corde	rot, to	se détériorer
right, just	précis	rotten	corrompu, cruel
right away	immédiatement	rotten, to go	se détériorer
rigid	austère	rotten luck	malchance
rigid, morally	austère	rough	dur, rêche
rigorous	précis	rough shoe	chaussure
rime	gel	roughly, to handle	maltraiter
ring	bague	roughly, to treat	battre
ring, to	résonner, sonner	round	gros
ring, signet	bague	round slice	tranche
ring, wedding	bague	round up, to	ramasser
ring out, to	résonner, sonner	round window	fenêtre
ring road	route	roundabout	carrefour
rise, to	se lever, reprendre	roundabout means	ruse
rise in temperature,	crise	roundish	gros
sudden		route	route
rise to, to give	produire	row	bruit, rang
rise to pain, giving	difficile	row, to	se disputer, se
rise up, to	se lever, se révolter,		quereller
	se trouver	row, in a	sans arrêt
rise up unexpectedly,	apparaître	rowing boat, small	bateau
to		rub, to	frotter
rivalry	concours	rub out, to	effacer
river	rivière	rubbish	saleté, sottises
rivulet	rivière	rubbish, domestic	déchets
road, fork in	carrefour	rubble	déchets
road, main	route	rucksack	sac
road, ring	route	rude	malpoli
road tax disc	permis	rug	moquette
roads, junction of	carrefour	rug, bedside	moquette
roadway	route	ruin, to	abîmer

scribble down, to	**écrire**	self-important	**fier**
script	**page**	self-service shop	**magasin**
scrub	**maquis**	selvage	**bord**
scrump, to	**voler**	semi-permanent shop, small	**étalage**
scrumping, to go	**voler**		
scuffle	**bagarre**	send, to	**envoyer**
scull	**rame**	send back, to	**rendre**
sea, all at	**désorienté**	send for, to	**amener**
sea, land running alongside the	**rive**	send up in smoke, to	**brûler**
		sense of security, to give a	**calmer**
seadog	**marin**		
seal	**cachet**	sense that, in the	**parce que**
seaman	**marin**	sensitive to strangers	**sauvage**
search	**recherche**	sensual	**érotique, sensuel**
search, to	**chercher**	sentence	**jugement**
search for, to	**chercher**	separation	**cassure**
search of, to go in	**chercher**	sepulchre	**tombe**
search thoroughly, to	**contrôler**	serene	**calme**
seat	**siège**	series	**défilé**
seat, foldaway	**siège**	serious	**raisonnable**
seated, to be	**se trouver**	serious crime	**délit**
second	**second**	sermon	**sermon**
second ballot	**vote**	servant	**domestique**
second home	**maison**	serve, to	**purger**
second offender	**malfaiteur**	service	**messe**
second vote	**vote**	service, church	**messe**
secondary modern school	**école**	service charges	**coût**
		session, plenary	**réunion**
secret	**privé**	set	**club, ensemble, groupe**
secret, in	**secrètement**		
secret agent	**espion**	set, artistic	**club**
secret police agent	**espion, policier**	set, literary	**club, réunion**
secretarial offices	**bureau**	set, political	**club**
secretary's office	**bureau**	set about looking for, to	**chercher**
secretly	**secrètement**		
section	**brochure**	set fire to, to	**brûler**
security	**sécurité**	set going, to	**bouger**
security, to give a sense of	**calmer**	set of kitchen utensils	**ensemble**
		set off, to	**bouger**
security officer	**gardien**	set off again, to	**reprendre**
sedative	**drogue**	set on, to be	**s'obstiner**
seductive	**attrayant**	set out, to	**bouger**
see, to	**regarder**	set someone's mind at rest, to	**calmer**
see, to let	**révéler**		
see, policy of wait and	**attente**	set up, to	**préparer**
see after, to	**visiter**	setback	**échec**
see red, to	**se mettre en colère**	setbacks	**déception**
seed	**grain**	setting in motion	**début**
seeing that	**parce que**	settle, to	**payer, mettre, régler**
seek out, to	**chasser**		
see-saw	**balançoire**	settled, to be	**se trouver**
seethe, to	**foisonner**	several times	**souvent**
seize, to	**comprendre, saisir**	sexual	**érotique**
self-contained, one-bedroomed flat	**appartement**	sexual intercourse, to have	**embrasser**

sexually exciting	**érotique**
sexually, to stimulate	**exciter**
sexy	**attrayant**, **érotique**, **sensuel**
shack	**baraque**
shacks, group of	**baraque**
shade	**couleur**
shadow, to	**suivre**
shaft	**poignée**
shake, to	**trembler**
shake one's legs, to	**trembler**
shaky	**défectueux**
shambles	**désordre**
shameful	**honteux**
shameless	**corrompu**
shanty town	**ville**
shape, in good	**sain**
shape with precision, to	**élaguer**
shapeless	**déformé**
share, to	**distribuer**
sharp	**coupant**
sharp edge	**crête**
sharpen, to	**encourager**
sharpened	**coupant**
shatter, to	**casser**
shawl	**écharpe**
shed, garden	**cabane**
sheep pen	**étable**
sheer, to	**couper**
sheet	**affiche**, **page**
sheet of paper	**page**
shell	**coquillage**, **pelure**
shell, to	**peler**
shelter	**retraite**
shift, to	**bouger**, **transporter**
shimmer, to	**briller**
shine, to	**briller**
shine intermittently, to	**briller**
shine with own's light, to	**briller**
shiner	**contusion**
shingle	**caillou**
ship	**bateau**
ship, large	**bateau**
ship's boy	**marin**
ship's rail	**garde-fou**
shit	**excrément**
shit, to	**chier**
shit house	**wc**
shocking	**vulgaire**
shoe	**chaussure**
shoes, actor's	**chaussure**
shoes, big	**chaussure**

shoes, dancing	**chaussure**
shoes, sports	**chaussure**
shoot down, to	**tuer**
shop	**magasin**
shop, self-service	**magasin**
shop, small semi-permanent	**étalage**
shopkeeper	**marchand**
shopping	**achats**
shopping bag	**corbeille**
shopping centre	**magasin**
shore	**rive**
short	**court**
short blade, sword with wide	**épée**
short formal speech	**discours**
short, in	**au fond**
short liturgical prayer	**prière**
short poem	**poème**
short steep climb	**montée**
short steep hill	**montée**
short steep path	**chemin**
short story	**histoire**
short test	**examen**
short trousers	**pantalon**
shortage	**manque**
short-coming	**manque**
shorten, to	**diminuer**
shortly	**bientôt**
shorts	**pantalon**
shorts, bermuda	**pantalon**
shorts, long	**pantalon**
shot, big	**chef**
shout, to	**crier**
shout oneself hoarse, to	**crier**
shout out, to	**crier**
shout out loud, to	**crier**
show	**sottises**
show, to	**révéler**
show oneself, to	**apparaître**
show up, to	**arriver**
shower	**pluie**
shred	**morceau**
shreds	**haillons**
shrink, to	**diminuer**
shrink away, to	**s'accroupir**
shrink, to cause to	**diminuer**
shrub	**buisson**
shudder, to	**trembler**
shut, to	**fermer**
sick	**malade**
sick, to be	**vomir**
sick, to be worried	**s'inquiéter**
sick to death, to be	**en avoir assez**

straight off	**immédiatement**	stupid things	**sottises**
straightaway	**immédiatement**	stupid words	**erreur**
straightforward	**honnête**	stupid words and	**sottises**
stranded	**en panne**	actions	
strange	**étrange**	style	**aspect**
strange attire	**habillement**	stylish	**élégant, joli**
strangers, sensitive to	**sauvage**	sub-machine gun,	**arme à feu**
strategem	**ruse**	light	
stratum	**couche**	subdue, to	**maîtriser**
streak	**rayure**	subject, to	**maîtriser**
stream	**rivière**	subject matter	**matière**
stream, small	**rivière**	subjugate, to	**maîtriser, opprimer**
street	**rue**	submarine	**bateau**
street light	**lampe**	subscriber	**usager**
strength	**puissance**	subsequently	**après**
strengthen, to	**soutenir**	substance	**matière**
stress, to	**indiquer**	subterfuge	**ruse**
stressed	**inquiet**	suburbs	**banlieue**
stretch out, to	**s'étendre, se**	succour, to	**aider**
	trouver	succumb, to	**mourir**
strew, to	**couvrir**	sudden	**imprévu**
strike, to	**battre, frapper**	sudden, all of a	**subitement**
striking	**étonnant**	sudden changes,	**capricieux**
string	**corde, défilé**	given to	
string bag	**corbeille, sac**	sudden gust	**orage**
strings, to pull	**aider, soutenir**	sudden rise in	**crise**
strip	**rayure**	temperature	
stripe	**rayure**	suddenly	**subitement**
strive after, to	**désirer**	suffer, to	**souffrir**
strive for, to	**essayer**	suffering	**malheur**
strive to, to	**essayer**	suffrage	**vote**
stroke	**crise**	suggest, to	**dire**
stroll	**promenade**	suit, to follow	**suivre**
stroll, to	**errer**	suitable	**opportun**
stroll, to go for a	**marcher**	sullen	**maussade**
strong	**fort**	sully, to	**attaquer**
strong box	**boîte**	sum of money	**cadeau**
struggle, to	**se battre**	sum paid out	**coût**
stubbornly, to persist	**s'obstiner**	summary	**compte-rendu**
stuck, to be	**se trouver**	summon officially, to	**appeler**
stud, to	**moucheter**	sunburn	**insolation**
stud, press	**attache**	sun-lounger	**siège**
student	**édudiant**	sunrise	**aube**
student, fellow	**ami**	sunshade	**parapluie**
student, medical	**médecin**	sunshade, woman's	**parapluie**
student, of a	**étudiant**	sunstroke	**insolation**
study, to	**étudier**	super	**super**
stuff, to	**mettre**	supergrass	**espion**
stuff into, to	**enfoncer**	superior	**meilleur**
stuff oneself, to	**manger**	superior, mother	**religieuse**
stumble, to	**tomber**	supermarket	**magasin**
stunned	**étonné**	supermarket, small	**magasin**
stupefied	**étonné**	supervise, to	**surveiller**
stupid	**absurde, fou**	supervisor	**chef, gardien**
stupid error	**erreur**	supper	**repas**

tidal wave	**vague**
tidy up, to	**dégager**
tie, to	**lier**
tie up, to	**lier, relier**
tight-fisted	**avare**
tight-fitting	**étroit**
tighten, to	**fermer**
tighten one's belt, to	**s'abstenir**
tightly, to hold	**saisir**
tights	**chaussette**
tile	**carré**
tiled floor	**sol**
time	**époque**
time, to	**calculer**
time ago, a little	**autrefois**
time, to give a good	**amuser**
time, to have a good	**faire la fête**
time, many a	**souvent**
time, once upon a	**autrefois**
time, opening	**début**
times, many	**souvent**
times past, in	**autrefois**
times, several	**souvent**
tinkle, to	**sonner, résonner**
tint, to	**colorer**
tiny	**étroit, mince, petit**
tiny, very	**petit**
tip, to drive in by the	**enfoncer**
tipsy	**ivre**
tired	**fatigué**
tits, to get on someone's	**ennuyer**
toadstool	**champignon**
toast	**discours**
toast, to	**brûler**
toddler	**enfant**
toe	**doigt**
toe, big	**doigt**
togs	**habillement**
toilet	**wc**
toilet, to go to the	**aller aux toilettes**
toilets	**wc**
toilets, public	**wc**
tolerate, to	**permettre**
tomb	**tombe**
ton, by the	**abondamment**
tone down, to	**calmer**
tons of	**abondamment, beaucoup de**
tons of people	**beaucoup de**
tools	**équipement**
tools, collection of	**équipement**
top	**haut**
top employer	**chef**
top hat	**chapeau**

top man	**chef**
top of the house	**mansarde**
top part	**crête**
top part, to cut	**élaguer**
top speed, at	**rapidement**
tormented	**inquiet**
touch, to	**émouvoir, exciter, toucher**
touch, to get in	**se joindre**
touch lightly, to	**toucher**
touch up, to	**améliorer**
touches, to put the finishing	**améliorer**
tough	**dur, fort**
tough, big and	**fort**
tour	**voyage**
tow, to	**tirer**
towel	**chiffon**
towel, hand	**chiffon**
towel, tea	**chiffon**
tower block	**bâtiment**
town	**ville**
town, shanty	**ville**
toxic	**nuisible**
track, to put off the	**tromper**
track down, to	**chasser**
tradesman	**marchand**
tradeswoman	**marchand**
trading licence	**permis**
tradition	**habitude**
traditions	**habitude**
traffic jam	**embouteillage**
traffic light	**lampe**
traffic lights	**lampe**
train, to	**enseigner**
trainer	**chef**
tramp	**vagabond**
tranquillizer	**drogue**
transfer, to	**changer, transporter**
transform, to	**changer**
transgression	**délit**
transient	**court**
transitional	**court**
transitory	**court**
transport, to	**transporter**
trap	**guet-apens, piège**
trap, police	**piège**
treacherous act	**ruse**
treat harshly, to	**maltraiter**
treat roughly, to	**battre, maltraiter**
treat with care, to	**épargner**
treatment	**guérison**
treatment, special	**guérison**
treble, to	**augmenter**

trek	**voyage**	turn up, to	**arriver, venir**
trellis	**clôture**	turnstile	**barrière**
tremble, to	**trembler**	tussle, to	**se battre**
tremendously	**très**	tutelage	**protection**
tremor	**coup**	tutorial	**leçon**
trendy	**au courant**	TV licence	**permis**
trial, to put on	**attaquer**	twaddle	**sottises**
tribe	**tribu**	twilight	**soir**
tributary	**rivière**	twinkle, to	**briller**
trick	**blague,**	twit	**nigaud**
	machinations,	twitter	**cri**
	ruse	twittering	**cri**
trick, to	**tromper**	two-edged sword	**épée**
trick, crafty	**ruse**	type	**genre**
trick, dirty	**ruse**	type, foul	**salaud**
trickery	**ruse**	type, low	**salaud**
trickle, to	**s'égoutter**	types of colour, to	**colorer**
tricycle	**bicycle**	give different	
trim, to	**couper**	tyrannize, to	**opprimer**
trinket	**bricole**		
trip	**voyage**	udder	**sein**
triple, to	**augmenter**	ugly	**laid**
troubadour	**chanteur**	ugly, bloody	**laid**
trouble, to	**ennuyer,**	umbrella	**parapluie**
	s'inquiéter,	umbrella, beach	**parapluie**
	irriter	unable to find work	**oisif**
troublesome	**désagréable**	unassuming	**raisonnable**
trousers	**pantalon**	unattractive	**laid**
trousers, short	**pantalon**	unaware, not to be	**savoir**
trousseau	**ensemble**	unaware of	**désinvolte**
trudge, to	**marcher**	unbalanced person,	**déséquilibré**
true	**réel**	mentally	
trumpet	**cri**	unbelievable	**super**
trumpeting	**cri**	uncalled for	**imprévu**
truncheon	**bâton**	uncertain	**défectueux,**
truncheon, to whack	**battre**		**désorienté**
with a		uncomfortable, to	**ennuyer**
trustee	**avocat**	make someone	
trustworthy	**honnête**	unconstant	**capricieux**
truth, in	**en réalité**	uncover, to	**révéler**
truth, to deny the	**contredire**	uncultivated	**rustique**
truthful	**réel**	uncultivated bush,	**buisson**
try, to	**essayer**	wild	
try and pick up, to	**courtiser**	undaunted	**courageux**
tubby	**gros**	undeniable	**sûr**
tumble, to	**descendre**	under	**en dessous de**
tumble down, to	**descendre, tomber**	undergo, to	**recevoir,**
tumbler	**clown**		**souffrir**
tummy	**estomac**	undergrowth	**buisson**
turd	**excrément**	underline, to	**indiquer**
turgid	**pompeux**	underneath	**en dessous**
turn back, to	**arrêter**	understand, to	**comprendre**
turn in, to	**se coucher**	understand, to come	**comprendre**
turn of phrase	**expression**	to	
turn on, to	**attrayant, relier**	understand, to give to	**dire**

way, to make one's	**aller**
way, to put out of the	**mettre**
way of arguing	**argument**
way out	**sortie**
weak	**faible**
weakness	**défaut**, **manque**
wealthy	**riche**
weary	**fatigué**
wedding ceremony	**mariage**
wedding, to conduct a	**se marier**
wedding ring	**bague**
wee, to do a	**aller aux toilettes**
weed, to	**nettoyer**
weekend, long	**vacances**
weekly	**journal**
weekly test	**examen**
weep, to	**pleurer**
weigh, to	**calculer**, **peser**
weigh up, to	**calculer**, **évaluer**, **regarder**
weight	**charge**, **poids**
weight, to estimate the	**peser**
weightlessness	**poids**
weird look	**aspect**
welcome	**opportun**
welcoming	**agréable**
well	**très**
well bred	**courtois**
well cared for	**élégant**
well groomed	**élégant**
well-built	**fort**
well-defined	**évident**
well-known	**célèbre**
well-mannered	**courtois**
well-off	**riche**
well-read	**savant**
well-read person	**érudit**
well-to-do	**riche**
wet	**mouillé**
wet, to	**éclabousser**
whack with a truncheon, to	**battre**
whacked	**fatigué**
what is more	**d'ailleurs**
wheeler-dealing	**machinations**
when, at the moment	**pendant que**
whereas	**pendant que**
which, after	**ensuite**
while	**pendant que**
whimsical	**étrange**
whinny	**cri**
whip, to	**fouetter**
whirr, to	**ronronner**
whisk away, to	**voler**
whisper, to	**chuchoter**
white chief, big	**chef**
white frost	**gel**
white wine	**vin**
whiten, to	**nettoyer**
whizz down, to	**descendre**, **tomber**
whopping great book	**livre**
wick, to get on someone's	**irriter**
wicked	**super**
wide short blade, sword with a	**épée**
wide-eyed, to stare	**ouvrir**
wild	**cruel**, **rustique**, **sauvage**
wild boar	**cochon**
wild uncultivated bush	**buisson**
wild with rage, to be	**se mettre en colère**
wild-eyed	**sauvage**
will	**volonté**
win, to	**obtenir**
win over, to	**changer**
wind	**haleine**
window, car	**fenêtre**
window, car rear	**fenêtre**
window, casement	**fenêtre**
window, dormer	**fenêtre**
window, French	**fenêtre**
window, rose	**verre**
window, round, oval	**fenêtre**
window, sash	**fenêtre**
window, stained-glass	**verre**
window catch	**poignée**
window frame	**cadre**
window pane	**carré**
window rail	**garde-fou**
wine	**vin**
wine, cheap	**vin**
wine, poor quality	**vin**
wine, red	**vin**
wine, red table	**vin**
wine, rosé	**vin**
wine, white	**vin**
wine waiter	**domestique**
wing, under the	**protection**
winged chair	**siège**
winter sports enthusiast	**vacancier**
wipe, to	**sécher**
wish	**volonté**
wish, to	**désirer**

Index of French items with frame titles

boules, avoir les	**se mettre en colère**
boules, foutre les	**ennuyer, irriter**
boulette	**balle, erreur**
boulevard	**route**
boulevard périphérique	**route**
boulot	**emploi, gros, travail**
boulotter	**manger**
bouquet	**grappe, odeur**
bouquin	**livre**
bourde	**erreur**
bourdon	**dépression, sonnette**
bourdonner	**ronronner**
bourrasque	**orage, pluie**
bourré	**ivre, plein**
bourré de fric, être	**riche**
se bourrer	**boire**
bourrin	**cheval**
bourru	**maussade**
bourse	**porte-monnaie**
boursouflé	**enflé, pompeux**
bouse	**excrément**
bouse de vache	**excrément**
bousillé	**en panne**
bousiller	**abîmer, tuer**
boustifaille	**nourriture**
bout	**bord, morceau**
bout, être à	**en avoir assez**
boutique	**magasin**
bouton-pression	**attache**
braiement	**cri**
brailler	**crier, pleurer**
brancher	**relier**
branlée, flanquer une	**battre**
branlée, foutre une	**battre**
brasier	**feu**
brasserie	**café**
brave	**aimable, courageux**
braver	**affronter, opposer**
brèche	**trou**
bredouiller	**bafouiller**
bref	**court**
brefs délais, dans les plus	**bientôt, immédiatement**
bricole	**bricole**
brigand	**malfaiteur**
brillant	**intelligent**
briller	**briller**
briller, faire	**polir**
bringue, faire la	**faire la fête**
brioche	**estomac**
brique	**argent**
briquer	**frotter**

briser	**casser**
se briser	**casser**
broc	**pot**
brochure	**brochure**
brouhaha	**bruit**
brouillard	**vapeur**
brouille	**désaccord**
se brouiller	**se quereller**
broussailles	**buisson**
brousse	**maquis**
brouter	**paître**
broutille	**bricole**
broyer	**écraser**
broyer du noir	**s'inquiéter**
bruine	**pluie**
bruit	**bruit**
brûle-pourpoint, à	**subitement**
brûler	**brûler**
brume	**vapeur**
brunir	**polir**
brusquement	**subitement**
brut	**carburant**
brutalement	**subitement**
brutaliser	**maltraiter**
bûche, se prendre une	**tomber**
bûche, se ramasser une	**tomber**
bûcher	**étudier**
buée	**vapeur**
buffet	**repas**
building	**bâtiment**
buisson	**buisson**
bulletin	**billet, compte-rendu**
bulletin de naissance, avaler son	**mourir**
bulletin trimestriel	**compte-rendu**
bureau	**bureau**
bureaucratie	**administration**
burettes, casser les	**ennuyer**
burnous	**robe**
bus	**autobus**
businessman	**marchand**
but	**projet**
but en blanc, de	**subitement**
se buter	**s'obstiner**
butte	**colline, montée**
buvette	**café**
ça, comme	**super**
caban	**veste**
cabane	**cabane, prison**
cabane, mettre en	**emprisonner**
cabanon	**cabane**
cabas	**corbeille**

carrelage	**sol intérieur**	cerveau	**cervelle**
carrosse	**carrosse**	cervelle	**cervelle**
cartable	**sac**	CES	**école**
carton	**boîte**	cesse, sans	**sans arrêt**
case	**cabane**	cesser	**arrêter, s'arrêter,**
caser	**loger, mettre**		**finir**
casier	**boîte**	chagrin	**malheur, maussade**
casquer	**payer**	chagriner	**attrister**
casquette	**chapeau**	chaise	**siège**
casse-cou	**courageux**	chaise longue	**siège**
casser	**casser**	chaland	**bateau**
se casser	**casser, partir**	châle	**écharpe**
casser, les	**ennuyer**	chalet	**cabane**
casser la croûte	**manger**	chaleur	**ardeur**
casser la figure	**battre**	se chamailler	**se disputer, se**
se casser la figure	**tomber**		**quereller**
casser la gueule	**battre**	chambre	**pièce**
se casser la gueule	**glisser, tomber**	chambre, femme de	**domestique**
casser les burettes	**ennuyer**	chambre à coucher	**pièce**
casser les couilles	**irriter**	chambre froide	**réfrigérateur**
casser les pieds	**irriter**	champ	**champ**
casser sa pipe	**mourir**	champ, sur le	**immédiatement**
cassis	**visage**	champêtre	**rustique**
cassure	**cassure**	champignon	**champignon**
catastrophe	**accident**	champignon	**champignon**
catimini, en	**secrètement**	vénéneux	
cause	**cause**	chance	**chance**
cause, mettre en	**attaquer,**	chanceler	**trembler**
	soupçonner	chandelle	**bougie**
cause, remettre en	**soupçonner**	change	**échange**
causer	**parler**	change, donner le	**tromper**
causerie	**discours**	changeant	**capricieux**
cavale	**escapade**	changer	**changer**
cavaler	**courir**	chanson	**chanson**
cavalier	**désinvolte**	chant	**chanson, cri**
caveau	**tombe**	chanterelle	**champignon**
caverne	**grotte**	chanteur	**chanteur**
cécité	**aveuglement**	chanteur, maître	**malfaiteur**
ceinture, se serrer la	**s'abstenir**	chanteuse	**chanteur**
célèbre	**célèbre**	chantre	**chanteur**
cénacle	**club, groupe,**	chaos	**désordre**
	réunion	chaparder	**voler**
centre commercial	**magasin**	chapeau	**chapeau**
centre des urgences	**hôpital**	chapeau haut-de-	**chapeau**
centre hospitalier	**hôpital**	forme	
centre hospitalier	**hôpital**	chapeau melon	**chapeau**
universitaire		chapelle	**église**
cèpe	**champignon**	char	**carrosse, sottises**
cependant	**cependant**	charge	**charge**
cercle	**club**	chargement	**charge, poids**
cérémonie	**pompe**	charger	**ordonner**
certain	**évident, sûr**	charges	**coût**
certain, sûr et	**sûr**	chariot	**carrosse**
certainement	**certainement**	charismatique	**attrayant**
certes	**certainement**	charitable	**aimable**

charlatan	**médecin**	chiures	**excrément**
charmant	**joli**	chlinguer	**sentir**
charnel	**sensuel**	choc	**coup**
charnière	**charnière**	choir	**tomber**
charnu	**gros**	chômé, jour	**vacances**
charogne	**salaud**	chope	**tasse**
charre	**sottises**	choquant	**vulgaire**
charrette	**carrosse**	chose	**machin**
chasser	**chasser, congédier**	chouette	**aimable, super**
châssis	**cadre**	chouraver	**voler**
chatoyer	**briller**	chourrer	**voler**
chauffe, bleu de	**combinaison**	chronométrer	**calculer**
chaussée	**route**	CHU	**hôpital**
chaussette	**chaussette**	chuchoter	**chuchoter**
chausson	**chaussure**	ci-dessous	**en dessous**
chaussure	**chaussure**	ci-dessus	**dessus**
chaussure de foot	**chaussure**	cierge	**bougie**
chaussure de marche	**chaussure**	cime	**haut**
chaussure de ski	**chaussure**	cimeterre	**épée**
chef	**chef**	cinéma	**sottises**
chef-cuisinier	**cuisinier**	cinglé	**fou**
chef-cuistancier	**cuisinier**	cingler	**fouetter**
cheftaine	**chef**	cintre	**arc**
chemin	**chemin, route**	circonscription	**département**
chemineau	**vagabond**	circonspect	**raisonnable**
chercher	**chercher**	cirer	**polir**
chercheur	**érudit, scientifique**	cité	**ville**
chétif	**faible**	citron	**visage**
cheval	**cheval**	clair	**évident**
chevaleresque	**courtois**	clair, tirer au	**expliquer**
chevalière	**bague**	clairvoyant	**intelligent**
chevelure	**cheveux**	clamecer	**mourir**
cheveu	**cheveux**	clamer	**crier**
cheveux	**cheveux**	clamser	**mourir**
cheville	**tampon**	clandestinement	**secrètement**
chevroter	**trembler**	clapotis	**vague**
chiader	**étudier**	claque	**gifle**
chialer	**pleurer**	claque, donner une	**battre**
chiant	**désagréable**	claque, en avoir sa	**en avoir assez**
chic	**élégant, joli**	claqué	**fatigué**
chiche	**avare**	clarifier	**expliquer**
chienlit	**désordre**	clarté	**lumière**
chier	**chier**	classer	**ordonner**
chier, faire	**ennuyer, irriter**	classifier	**ordonner**
chiffon	**chiffon**	claustral	**austère**
chiffre	**chiffre**	clef, fermer à	**fermer**
chiffrer	**calculer**	clin d'oeil, en un	**subitement**
se chiffrer	**calculer**	clinicien	**médecin**
chimiste	**scientifique**	clinique	**hôpital**
chinoiseries administratives	**administration**	clique	**groupe**
		cliqueter	**résonner**
chinoiseries de l'administration	**administration**	clivage	**différence**
		clochard	**vagabond**
chiottes	**wc**	cloche	**sonnette**
chiper	**voler**	clochette	**sonnette**

cracra	**sale**	croupi	**sale**
cradeau	**dégoûtant**	croûte, casser la	**manger**
crado	**dégoûtant, sale**	croyance	**foi**
craindre	**avoir peur**	croyant	**pieux**
cramer	**brûler**	CRS	**policier**
cramoisi	**rouge**	cru	**vulgaire**
crapahuter	**marcher**	cruche	**pot**
crapule	**salaud**	cruel	**cruel**
craquelé	**fêlé**	cueillette	**moisson**
craquer	**grincer**	cueillir	**cueillir, ramasser**
se crasher	**tomber**	cuirassé	**bateau**
crasse	**ruse, saleté**	cuisine, batterie de	**ensemble,**
crasseux	**dégoûtant, sale**		**équipement**
cravacher	**fouetter**	cuisiner	**interroger**
cravate, arranger la	**battre**	cuisinier	**cuisinier**
crayon	**crayon**	cuisinière	**cuisinier**
crayon à bille	**crayon**	cuisse	**jambe**
crayon de couleur	**crayon**	cuistancier	**cuisinier**
crayon feutre	**crayon**	cuisteau	**cuisinier**
création	**invention**	cuistot	**cuisinier**
crécher	**habiter**	cuit	**ivre**
credo	**foi**	cul	**chance, fesses**
crédule	**naïf**	cul, en avoir plein le	**en avoir assez**
créer	**faire, produire**	cul, lécher le	**flatter**
créneau, monter au	**intervenir**	culbuter, faire	**renverser**
crépiter	**grésiller**	culminant, point	**haut**
crépuscule	**soir**	culotte	**pantalon**
crescendo, aller	**augmenter**	culotté	**courageux**
crête	**crête**	culte	**messe**
crétin	**fou**	cultivateur	**fermier**
crevant	**comique**	cultivé	**savant**
crevasse	**trou**	culture	**connaissances**
crevassé	**fêlé**	cupide	**gourmand**
crevé	**fatigué, mort**	cure	**guérison**
crever	**mourir**	curé	**prêtre**
cri	**cri**	curieux	**étrange**
criailler	**crier**		
crier	**crier**	dada	**cheval**
crime	**délit**	dague	**épée**
criminel	**assassin, malfaiteur**	dallage	**sol**
crise	**crise**	dalle	**gorge**
crisser	**grincer**	dalle, se rincer la	**boire**
critiquer	**attaquer**	dame	**femme**
croisée	**fenêtre**	dans	**dans**
croisement	**carrefour**	d'après moi	**personnellement**
croiseur	**bateau**	dare-dare	**immédiatement**
croisière	**bateau, voyage**	d'autres	**encore**
croître	**augmenter**	davantage	**encore**
croquer	**grincer**	de but en blanc	**subitement**
croquis	**esquisse**	de fait	**en réalité**
crosse	**bâton**	de nouveau	**à nouveau**
crotte	**excrément, saleté**	déambuler	**errer, marcher**
crottin	**excrément**	déballer	**ouvrir**
croulant	**vieux**	débarquer	**arriver**
crouler	**s'effondrer**	débarrasser	**dégager, purger**

école, maîtresse d'	**enseignant**
école libre	**école**
école maternelle	**école**
école normale	**école**
école primaire	**école**
école supérieure	**école**
Ecoles, Grandes	**école**
éconduire	**congédier**
écoper	**recevoir**
écorce	**pelure**
écorchure	**égratignure**
écourter	**diminuer**
écrabouiller	**écraser**
écraser	**écraser, renverser**
s'écraser	**tomber**
écrin	**boîte**
écrire	**écrire**
écrit, travail	**rédaction**
écriteau	**affiche**
écrivain	**auteur**
écrouer	**emprisonner**
s'écrouler	**s'effondrer**
écumer	**piller**
écurie	**étable**
édifice	**bâtiment**
édit	**loi**
éducatif	**scolaire**
éduqué, bien	**courtois**
éduqué, mal	**malpoli**
éduquer	**enseigner**
effacer	**effacer**
effarer	**effrayer**
effectuer	**accomplir, faire**
effet, en	**en réalité**
effets	**équipement**
effleurer	**toucher**
s'effondrer	**s'effondrer**
s'efforcer	**essayer**
effrayer	**effrayer**
égard de, à l'	**concernant**
égayer	**amuser, orner**
égide de, sous l'	**protection**
église	**église**
égorger	**tuer**
s'égosiller	**crier**
s'égoutter	**s'égoutter**
égratignure	**égratignure**
élaborer	**faire, préparer**
élaguer	**couper, élaguer**
élancé	**mince**
élargir	**libérer**
électorale, consultation	**vote**
élégant	**élégant, joli**
élémentaire	**facile**
élevé	**haut**
élevé, bien	**courtois**
élevé, mal	**malpoli**
élever	**éduquer**
s'élever	**se lever, se révolter, se trouver**
éloigné	**éloigné**
élucider	**expliquer**
émanation	**vapeur**
embarcation	**bateau**
embaucher	**engager**
embellir	**améliorer, orner**
embêtant	**désagréable**
embêter	**ennuyer, irriter**
embobiner	**flatter, tromper**
emboîter le pas	**suivre**
embouteillage	**embouteillage**
emboutir	**frapper**
embrasement	**feu**
embrasser	**embrasser**
embrouillé	**obscur**
embruns	**vapeur**
embûche	**guet-apens**
embuscade	**guet-apens, piège**
éméché	**ivre**
émettre	**dire**
émigrant	**immigrant**
émigré	**immigrant**
éminence	**colline**
emmener	**emmener**
emmerdant	**désagréable**
emmerder	**ennuyer, irriter**
émoi	**sentiment**
émonder	**couper, élaguer**
émotion	**sentiment**
émouvoir	**émouvoir, exciter**
s'emparer	**saisir**
empêche, cela n'	**cependant**
empêche, il n'	**cependant**
s'empêcher	**s'abstenir**
empester	**sentir**
emphatique	**pompeux**
s'empiffrer	**manger**
empirer	**se détériorer**
emplacement	**endroit**
empli	**plein**
emploi	**emploi**
emploi, mode d'	**brochure**
employé de maison	**domestique**
employée de maison	**domestique**
employer	**utiliser**
empocher	**recevoir**
empoigner	**saisir**
empoisonner	**empoisonner, irriter, tuer**

garçonnière	**appartement**	gigantesque	**grand**
garde	**gardien**	gigot	**jambe**
garde champêtre	**gardien**	gigoter	**bouger, trembler**
garde forestier	**gardien**	girolle	**champignon**
garde-chasse	**gardien**	gisement	**couche**
garde-fou	**garde-fou**	gitan	**vagabond**
garder	**garder**	gîte	**maison, retraite**
garder à vue	**emprisonner**	givre	**gel**
gardien	**gardien**	givré	**fou**
gardien de la paix	**policier**	glabre	**lisse**
garnir	**orner**	glacer	**geler**
garrigue	**maquis**	glacière	**réfrigérateur**
gars	**homme**	glaive	**épée**
gars, petit	**garçon**	glandes, foutre les	**irriter**
gasoil	**carburant**	glaner	**ramasser**
gaspiller	**abîmer**	glisser	**glisser**
gâteau, ce n'est pas du	**difficile**	glouton	**gourmand**
gâter	**abîmer**	gnard	**enfant**
se gâter	**se détériorer**	gnion	**gifle**
gauche	**maladroit**	gnon	**gifle**
gauche, mettre à	**cacher**	gobelet	**tasse, verre**
gauche, passer l'arme à	**mourir**	godasse	**chaussure**
		godillot	**chaussure**
gaule	**bâton**	gogo, à	**abondamment**
se gausser	**se moquer**	gogs	**wc**
se gaver	**manger**	goguenots	**wc**
gazette	**journal**	goinfre	**gourmand**
gazole	**carburant**	se goinfrer	**manger**
gazouillement	**cri**	gommer	**effacer**
géant	**grand**	gond	**charnière**
geindre	**gémir**	gonflé	**courageux, enflé**
gel	**gel**	gonfler, les	**ennuyer**
gelée	**gel**	gonze	**homme**
geler	**arrêter, avoir froid, geler**	gonzesse	**femme**
		gorge	**défilé, gorge, sein**
gémir	**gémir**	gorgée	**bouchée**
gendarme	**policier**	gorille	**gardien**
gêner	**ennuyer**	gosier	**gorge**
général, président directeur	**chef**	gosse	**enfant, garçon**
		gouffre	**défilé**
généralement	**souvent**	goulu	**gourmand**
généraliste	**médecin**	gourdin	**bâton**
générer	**produire**	gourmand	**gourmand**
génial	**super**	gourmander	**réprimander**
genre	**genre**	goûter	**jouir**
gentil	**aimable**	gouverner	**gouverner**
gentilhomme	**monsieur**	grabuge	**bagarre**
gentleman	**monsieur**	grâce à	**au moyen de**
gerber	**vomir**	gracieux	**courtois, joli**
gercé	**fêlé**	gracile	**mince**
gérer	**gouverner, mener**	grailler	**manger**
germe	**microbe**	grain	**grain, orage, pluie**
gestion	**administration**	graine	**grain**
giboulée	**pluie**	graisser	**frotter**
gifle	**gifle**	grand	**grand**

néanmoins	**cependant**
néant, réduire à	**détruire**
nécessaire, être	**falloir**
nécessiteux	**pauvre**
néfaste	**fatal, nuisible**
négligent	**négligent**
négliger	**ne pas tenir compte**
négociant	**marchand**
nègre	**nègre**
négresse	**nègre**
négrillon	**nègre**
neige	**neige**
nénette	**femme**
nerfs en boule, avoir les	**se mettre en colère**
nerfs en boule, mettre les	**irriter**
nerfs en pelote, avoir les	**se mettre en colère**
nerfs, être à bout de	**en avoir assez**
nerfs, taper sur les	**irriter**
net	**évident**
nettoyer	**nettoyer**
neuf	**nouveau**
neuf, remettre à	**moderniser**
nez	**nez**
nez, se bouffer le	**se quereller**
nez, se manger le	**se quereller**
nez, rire au	**se moquer**
niais	**nigaud**
se nicher	**s'accroupir**
nichons	**sein**
nier	**contredire**
nigaud	**nigaud**
nipper	**habiller**
nippes	**habillement**
niveau	**concernant**
noce	**fête**
noce, faire la	**faire la fête**
noces	**mariage**
nocif	**nuisible**
noir	**ivre, nègre, noir, obscurité**
noir, beurre	**contusion**
noir, broyer du	**s'inquiéter**
noir, point	**embouteillage**
noir, un oeil au beurre	**contusion**
noircir	**insulter**
noire	**nègre**
noires, avoir des idées	**s'inquiéter**
noires, donner des idées	**s'inquiéter**
noires, idées	**dépression**
nombre	**chiffre**
nombre de	**beaucoup de**
nombre de, bon	**beaucoup de**
nombreuses fois, de	**souvent**
nombreux	**beaucoup de**
nominer	**appeler**
nommer	**appeler**
nonchalant	**désinvolte**
nonne	**religieuse**
nonobstant	**cependant, malgré**
Normale	**école**
Normale Sup	**école**
Normale Supérieure, Ecole	**école**
norme	**règle**
notaire	**avocat**
note	**facture**
noter	**écrire**
notifier	**dire, informer**
notoire	**célèbre**
nouba, faire la	**faire la fête**
nouer	**lier**
nourrir	**nourrir**
nourriture	**nourriture**
nouveau	**nouveau**
nouveau, à	**à nouveau**
nouveau, de	**à nouveau**
nouvelle	**histoire, information**
nouvelle fois, une	**à nouveau**
nouvelles	**information**
noyau	**coquillage, groupe**
nuance	**couleur**
nuire	**blesser**
nuisible	**nuisible**
nuit	**obscurité**
numéro	**chiffre**
nuque	**cou**
obèse	**gros**
obligatoire, être	**falloir**
obligeant	**aimable**
obliger	**forcer, ordonner**
objectif	**lentille, projet**
obsolète	**vieux**
obscène	**sale, vulgaire**
obscur	**obscur**
obscurité	**obscurité**
obsèques	**enterrement**
observer	**observer**
observer, faire	**indiquer**
obsolète	**vieux**
s'obstiner	**s'obstiner**
obstruer	**obstruer**
obtenir	**obtenir**

râpé, c'est	**abîmer**	récidiviste	**malfaiteur**
rapetisser	**diminuer**	récit	**histoire**
râpeux	**rêche**	réciter	**dire**
rapidement	**rapidement**	réclamation	**plainte**
raplapla	**fatigué**	réclame	**affiche, rabais**
se rappeler	**se rappeler**	réclamer	**demander**
rapport	**compte-rendu**	récolte	**moisson**
rapporter	**amener, produire,**	recommencer	**reprendre**
	raconter,	réconcilier	**réconcilier**
	rapporter	se réconcilier	**réconcilier**
rapporteur	**espion**	recouvrer	**récupérer**
rapprocher	**approcher,**	recouvrir	**couvrir**
	réconcilier	se recroqueviller	**s'accroupir**
se rapprocher	**approcher**	recruter	**engager**
rapt	**enlèvement**	reçu	**billet, reçu**
ras l'bol / ras-le-	**en avoir assez**	recueillir	**cueillir, ramasser**
bol, en avoir		reculé	**éloigné**
raser	**détruire, toucher**	reculer	**reporter**
rassemblement	**réunion**	récupérer	**récupérer**
rassembler	**cueillir**	récurer	**nettoyer**
rassurer	**calmer**	rédac	**rédaction**
rater	**échouer**	rédaction	**rédaction**
ratière	**piège**	rédemption	**rachat**
raturer	**rayer**	redevance	**loyer, permis**
ravagé	**fou**	rédiger	**écrire**
ravaler	**moderniser,**	redouter	**avoir peur**
	ranimer	redressement, maison	**prison**
ravigoter	**ranimer**	de	
ravissant	**joli**	réduction	**rabais**
ravissement	**enlèvement**	réduire	**diminuer**
ravitaillement	**nourriture**	réduire à néant	**détruire**
ravitailler	**fournir, nourrir**	réduire en bouillie	**écraser**
raviver	**ranimer**	réel	**réel**
rayer	**rayer**	référendum	**vote**
rayure	**rayure**	refouler	**arrêter**
raz de marée	**vague**	réfléchi	**raisonnable**
re-	**à nouveau**	réfléchir	**refléter**
réaliser	**accomplir,**	refléter	**refléter**
	comprendre,	réformer	**moderniser**
	faire	réfrigérateur	**réfrigérateur**
réalité, en	**en réalité**	refuge	**cabane**
se rebeller	**se révolter**	réfugié	**fugitif, réfugié**
rebut	**déchets**	réfugié politique	**réfugié**
recaler	**échouer**	réfuter	**contredire**
receler	**cacher**	regard de, en	**en face de**
receleur	**malfaiteur**	regard, fixer du	**regarder**
récent	**nouveau**	regardant	**avare**
récépissé	**billet, reçu**	regarder	**regarder**
recevoir	**recevoir**	régénérer	**moderniser**
rêche	**dur, rêche**	régenter	**gouverner**
recherche	**recherche**	régie	**entreprise**
recherche, se mettre à	**chercher**	régime	**grappe**
la		région	**pays**
rechercher	**chasser, chercher**	régir	**gouverner, mener**
recherches	**recherche**	règle	**règle**

se solidifier	**geler**	soumettre	**maîtriser**
solive	**planche**	soupçonner	**soupçonner**
solliciter	**demander**	soupe	**soupe**
solutionner	**résoudre**	souper	**repas**
sombrer	**sombrer**	soupeser	**calculer, évaluer,**
sombrero	**chapeau**		**peser**
somme	**sommeil**	souricière	**piège**
somme, en	**au fond**	souris	**femme**
somme, faire un	**dormir**	sournois	**malin**
somme toute	**au fond**	sous	**argent, en dessous**
sommeil	**sommeil**		**de**
sommeiller	**dormir**	sous le manteau	**secrètement**
sommelier	**domestique**	sous peu	**bientôt**
sommer	**ordonner**	sous-bois	**buisson**
sommet	**haut**	sous–marin	**bateau, espion**
somnifère	**drogue**	soustraire	**voler**
somnolence	**sommeil**	soutane	**robe**
somnoler	**dormir**	soutenir	**aider, dire, soutenir**
son	**bruit**	souvenance	**souvenir**
sondage	**recherche**	souvenance, avoir	**se rappeler**
sonder	**interroger**	souvenir	**souvenir**
songer	**penser**	se souvenir	**se rappeler**
sonnant	**précis**	souvent	**souvent**
sonné	**fou**	souveraineté	**puissance**
sonner	**sonner**	spartiate	**austère**
sonnet	**poème**	spécialiste	**médecin**
sonnette	**sonnette**	spectateurs	**spectateurs**
sornettes	**sottises**	spectre	**fantôme**
sort	**hasard**	spéculer	**parier**
sorte	**genre**	splendeur	**pompe**
sortie	**promenade, sortie**	splendide	**super**
sortir	**dire**	sponsor	**protection**
s'en sortir	**s'arranger**	stand	**étalage**
sottises	**sottises**	star	**acteur**
sou	**argent**	stationner	**s'arrêter**
sou, sans le	**pauvre**	statuer	**décider**
souche	**lignée**	stimuler	**encourager, exciter**
souci, se faire du	**s'inquiéter**	stoïque	**austère**
soucieux	**inquiet**	stopper	**arrêter, s'arrêter**
soudain	**subitement**	strapontin	**siège**
soudainement	**subitement**	stratagème	**ruse**
souffle	**haleine**	strate	**couche**
souffler	**chuchoter**	stressé	**inquiet**
soufflet	**gifle, gorge**	strie	**rayure**
souffrance	**malheur**	striure	**rayure**
souffrant	**malade**	studio	**appartement**
souffrir	**souffrir**	stupéfait	**étonné**
souhaiter	**désirer**	stupéfiant	**drogue, étonnant**
souiller	**attaquer**	stupéfié	**étonné**
souillure	**défaut**	stups	**drogue**
soûl	**ivre**	stylo	**crayon**
soulager	**calmer**	stylo à plume	**crayon**
se soulever	**se lever, se révolter**	stylo encre	**crayon**
soulier	**chaussure**	stylo plume	**crayon**
souligner	**indiquer**	stylobille	**crayon**

COMPANION VOLUME

Using French
A guide to contemporary usage

R. E. BATCHELOR and M. H. OFFORD

This is a revised and updated edition of the same authors' acclaimed *A guide to contemporary French usage*, first published in 1982. It provides guidance for those who have already acquired the basics of French and wish to extend their knowledge of the language. Unlike conventional grammars, it gives special attention to those areas of vocabulary and grammar which cause most difficulty to English-speakers, and takes full account of questions of style and register which are all too often ignored. Clearly laid out and easy to consult, it will prove invaluable to all who wish to improve their fluency and confidence in French.

- ■ designed to promote the fluency and accuracy vital to effective communication
- ■ tailored to the needs of the English-speaking user
- ■ clear format for ease of reference
- ■ full treatment of key grammatical areas
- ■ highlights problems of register and style
- ■ important section on vocabulary extension, with index for efficient access
- ■ invaluable to all advanced learners, and to anyone requiring up-to-date guidance on points of grammar and vocabulary

ISBN 0 521 44361 X hardback

ISBN 0 521 44821 2 paperback

ALSO OF INTEREST

La Passerelle
French grammar in use

KATE BEECHING and ISABELLE LE GUILLOUX

La Passerelle provides a bridge to spoken and written fluency for students in the final years of school courses, as well as for adult learners seeking to improve their knowledge of the language for business or leisure purposes. It deals with French grammar in everyday use, and does not separate grammar from communication.

Each chapter sets out from a grammatical point that is known to be a problem area for students at this level, with clear and succint grammar explanations supported by examples and followed by exercises.

All grammar presentation is in French, but for students using the book on their own, there is a comprehensive section in English defining both French and English terms.

ISBN 0 521 36857 X paperback

ISBN 0 521 36471 X cassette